AMERICANISM AND 'RACE'

アメリカニズムと「人種」

Masaki Kawashima
川島正樹 ── 編

名古屋大学出版会

はじめに

　アメリカ研究において「人種差別」問題は語り尽くされ，いささか食傷気味でさえあるテーマだと思われるかもしれない。また「人種」の問題をアメリカ史の克服すべき，あるいは克服し難い否定的特徴として再確認するだけではあまり意味があるとは言えないのではないか，と懸念される向きもあろう。しかしながら，なぜ現在に至るまで「人種」はアメリカ社会の無視し難い特徴であり続けるのかという，日本の多くの読者が抱くであろう素朴な疑問に答えてくれる書物が，果たしてどれほどあるだろうか。10年以上の歳月を経て「ヒトゲノム」の全貌が解明され，世界の著名な科学者によって「人種」は生物学的実体を持たないと宣言されても，住み分けが進むアメリカのメトロポリスの住宅事情を一瞥すれば，そこには社会的現実としての「人種」が依然として拭い去り難く存在する。ここで一つの仮説が思い浮かぶ。すなわち，「自由」や「民主主義」といった「普遍的価値」を追求し実現するシステムとしての「アメリカニズム」が，「人種」が象徴するある種の不平等正当化論を「例外」としてきたというよりも，むしろそもそも当初から両者は不可分のものとして発展し，現在の「自己責任」論に見られるように，「人種」概念はよりいっそう「普遍」の装いを凝らしながら再定義され続け，それが今やグローバル化しつつある段階に到達していると見ることができるのではないかということである。

　ここでは，それを考えるために，本書の基本概念である「人種」の定義，アメリカ史におけるその意義，さらにグローバリゼーション下の世界における意味に関して，若干の言葉を費やしておきたい。

　まず，本書で使用する「人種」という用語は，現在生物学や形質人類学においてその学問的意味を否定されつつある分類学的範疇としてではなく，アメリカ史において一貫して社会的ないし政治的制度化圧力を保持し続けてきた点に注目して用いられる言葉である。したがって，本来であればすべて「　」を付して用いるべきものであるが，それではあまりにも煩雑になるため本文中では原則として

「　」を外してある[1]。この点，読者の御理解を乞いたい。

さて「新世界」，とりわけ他の植民地と異なって当初から永住型植民地として発展したイギリス領北米植民地は，多様な「人種」が出会う「多人種」社会として出発した。そして「人種」は，肌の色といった外見的特質に基づいて人を生まれながら不平等な地位に固定するための分類装置として，まず奴隷貿易が盛んになる植民地時代初期にアメリカ史の基層に設定された。当初は曖昧だった「人種」の社会的意味は，法的整備を経て奴隷制が完成されるや，公的な（外見を異にする人びとに対する単なる偏見という私的領域を超えた）制度化圧力と差別構造をもつ「人種主義(レイシズム)」を生んでゆく。「すべて人は生まれながら平等に創られている」という宣言に端を発した独立革命は，憲法で「奴隷」や「奴隷制」に言及しないままに奴隷制を「私有財産不可侵」原則で認め，また1790年の移民法では帰化可能者を「自由な白人男性」と限定して「アメリカ人」の境界を定めるなど，むしろ「国民」の創造過程で「人種」化を促進する契機となった。独立後も，南部の奴隷たちが生み出す綿花によって獲得された外貨が内需拡大と投資のための資源を生み，また綿工業（法的禁止前の奴隷貿易で原資を得て設立された）のための原料供給を受ける北部もしばらくは奴隷制の恩恵に浴し続けた。そして，西方への膨張主義をめぐる軋轢に端を発した南北戦争という連邦分裂の危機を，多分に政治的な「奴隷解放宣言」で乗り切った後に達成された，奴隷制廃止および「人種」平等を定めた三つの憲法修正によっても，「人種」の制度化圧力は解消されず，再定義され生き延びてゆく。むしろ「人種」は，「識字」や「投票税」，「祖父条項」，あるいは「平等な分離施設」といったレトリックを駆使してジムクロウ法時代の南部に引き継がれるだけでなく，ヨーロッパ系でありながら異質な「新移民」が北部大都市に大量流入し，アジア系移民の先陣を切って西海岸にやって来た中国系移民が全国的に政治問題化し，有色人が居住者の大半を占める海外領土を領有する時代にあって，さらには南部黒人の北部への「大移動」の時代を迎えるにつれ，北部を含めたアメリカ全体の，言わば標準概念として定着する。「新移民」の「アメリカ化」が「白人」化として進んだだけでなく，南部出身黒人の「アンダークラス」化も同様に，工業化と都市化の時代に適応してゆく「アメリカニズム」が生んだもう一つの側面であった。ある意味で，南北戦争後にアメリカ全体が「南部

1）竹沢泰子編『人種概念の普遍性を問う――西洋的パラダイムを越えて』人文書院，2005年，所収諸論文参照。

化」されてゆくと見ることもできるのである。「人種」はこのように、「自由と平等の歴史」として一般に語られるアメリカ史において、「例外」を正当化する、あるいは放置する根拠として特異な機能を保持してきたが、実際にはアメリカ史において例外的と言うよりも本質的な役割を果たしてきたと言えるだろう。

　第二次世界大戦を契機に「人種正義」が国民的課題として追求され、冷戦下で第三世界の発言力が増す1960年代半ばになってようやく、「国民国家」としての最低条件とも言うべき法的平等が達成された。それは同時に南部が「北部化」する、すなわち法的差別からより巧妙な「合法的」差別へと適応する過程でもあった。今や南部の地方都市でさえも、北部大都市と同様に、郊外に小奇麗なショッピングモールが建ち並ぶ一方で、都心部に黒人ゲットーが形成されて「人種」別の住み分けが進み、それとともに公立学校では再隔離がなされた。こうして「公民権革命」以降現在に至るまで、「人種」は「アンダークラス」や「都市荒廃」、「少年犯罪」、「非婚世帯増」、「福祉依存」、「逆差別」などの論点をめぐる言説において一種の婉曲語法(ユーフェミズム)によって語られ、アメリカ社会の抱える本質的問題の核心を隠蔽する装置として機能してゆく。

　このように「人種」は、アメリカの歴史と社会において、一貫して或る種の不平等正当化論として機能し続け、また社会的・政治的・経済的な制度化圧力をもった構築物として力を発揮し続けているが、他方で確かに被差別者には抵抗のための政治的結集軸を用意してきたし、その結果として「公民権革命」がもたらされたとも言える。しかしながら、多分に情念に訴えた「ブラック・パワー」の叫びにも、否定できない側面として、「生得的」または「歴史的な差異」に基づく「アイデンティティ」政治の高揚によって、階級やジェンダーといった、被抑圧者や被差別者にとってより普遍的な連帯の根拠となる別の選択肢の可能性を結果的に狭めてきた面があるのも事実であろう。

　敢えて極論を恐れずに言えば、「普遍的価値」の追求とその実現のシステムとしての「アメリカニズム」は、実は当初から「生得的特徴」への一般的偏見に根ざした「人種」概念を、不平等正当化論、あるいは支配構造の安定化装置として意識的に組み込みながら発展してきた、と見ることができるのではないだろうか。この意味でアメリカ史は、「人種」概念が奴隷制の確立によって法的拘束力をもって以来、奴隷制解体後も「識字力」、「税支払能力」といった婉曲語法を創出しつつ繰り返し再定義され、「国民国家」として全構成員の法的平等を達成した「公民

権革命」後も,「アンダークラス」や「文化戦争」,あるいは「福祉依存」の諸論争を通じていっそう洗練され,「普遍」の装いをさらに整えながら,「民主主義」と「自由」の根幹を支える現下の「自己責任」レトリックに凝縮される過程である,と見なすことも可能なのである。そしてこの「自己責任」レトリックは,「アメリカニズム」が原則とする「自由競争」の結果として生じる,あるいは事実上の生まれながらの不平等を,「自由競争」や「市場原理」のやむを得ない付随現象として,言い換えれば,公権力が介入し得ない,ないし介入すべきでない「私的領域」として是認し,結果として生じる重大な社会的格差を正当化ないし放置する論理の中核概念となって,今や日本を含む世界の他の国々にも重大な影響を及ぼしつつあるのである。実質的に「アメリカニズム」の世界標準化を意味するグローバリゼーションは,冷戦後に各地で噴出しグローバリズムの浸透でさらに喚起されつつある「民族」や「文化」や「宗教」をめぐる紛争や「文明間の衝突」を,時に強力な軍事力行使を伴いつつ,究極的には「多様な個人の生得的資源の発揮努力」に基づく「平等な条件下での自由競争」という原理によって個々の人びとの「自己責任」に還元しようとする,強力なシステム化圧力をもたらしていると見ることができる。争いが収まればそれでよいではないかという人もいるかもしれない。しかし,「人種」を根底に抱えた「アメリカニズム」の世界への浸透は,真に普遍的な価値の創造の契機たりうる人びとの結集軸を曇らせることにもなっているのである。そして「アメリカニズム」と不可分に発展してきた「人種」概念は脱構築されるどころか,さらに「普遍」の論理で補強されつつ,あるべきグローバル社会の構築へ向けた本質的障害物との対峙を阻み,国境を越えた集団的不平等正当化論として機能し続ける可能性があるのである。

　南アフリカ生まれのある国際ジャーナリストが観察するように,アメリカでは,代議制民主主義に基づく憲政システムにおいて,ジョン・ロールズがかつて唱道し一定の共感を得た公正の第二原理の確立をめざして心ある人びとが不平等正当化論に立ち向かい「人種」を脱構築するために闘ったが,満足のゆく成果を得られないままですでにあらゆる手立てが尽きてしまったかに見える[2]。それでもなお,植民地時代以来現在までのアメリカの歴史と社会を「人種」をキーワードに批判的に概括し,同時に「人種」の脱構築の可能性を展望する試みは,グローバル化

---

2) 　ロナルド・シーガル,富田虎男監訳『ブラック・ディアスポラ』明石書店,1999年,635頁;ジョン・ロールズ,田中成明他訳『公正としての正義』木鐸社,1979年,31-33頁。

が進行する中で，つまり「アメリカニズム」が世界に拡大する中で，今後よりいっそう意味を増すものと思われる。このようなアメリカ把握を切り口に，狭いアメリカ史の文脈に拘泥することなくそれを意識的に相対化し，現下進行中のグローバリズムが各地で呼び起こす深刻な対立への対処法を模索する試みとしても，本書が位置づけられればと念願している。

　なお本書では，まず序章で，理念の国民国家とも言われるアメリカ合衆国の基底にある普遍的イデオロギーとしての「アメリカニズム」とその対極に立つ「人種」の歴史的関係性を概観した上で，全体を二つのパートに分けて論じていく。第Ⅰ部では，植民地時代から公民権運動の高揚した1960年代までを編年的に六つの章で叙述し，「アメリカニズム」と「人種」の関係を通史的に理解できるようにする。第Ⅱ部では，現代のアメリカ社会の本質的問題に関わる重要テーマごとに各章が配され，必要な範囲でそれぞれの歴史的背景にも言及しつつ，普遍的理念の国民国家における「人種」の脱構築の，現在における困難と将来への展望が提示される。さらに終章では，南アフリカ共和国との対比から，とかく絶対視されがちなアメリカ合衆国の歴史的経験を相対化することを試みる。

　「アメリカニズム」と「人種」概念の不可分の発展は，まさに奴隷貿易からグローバリズムに至る「近代世界システム」の発展と重なる。本書が，アメリカ研究のみならず，グローバル社会の行方に関心をもつ多くの人びとにとって，「近代」の歩みを再考し現在と未来を考えてゆく糧となれば，編者としてこれにまさる喜びはない。

川　島　正　樹

目　次

はじめに……………………………………………………川島正樹…i

序　章　アメリカニズムと「人種」………………………古矢　旬…1
　　　　――その原点と現在――

　　1　「人種問題」の現在――アメリカ社会の二極化　2
　　2　アメリカニズムの創出と「人種」概念の変容　6
　　3　20世紀アメリカニズムと「人種問題」　20
　　おわりに　31

第Ⅰ部　アメリカ史と「人種」

第1章　アメリカ史の初期設定と「人種」………………西出敬一…36

　　1　黒人奴隷制度の形成　36
　　2　奴隷制と人種偏見　42
　　3　奴隷制と人種主義　49

第2章　奴隷制廃止運動と「人種」………………………真下　剛…62

　　1　奴隷所有共和国の成立――奴隷財産の保持と黒人「除去」の願望　63
　　2　北部における漸進的奴隷解放――自由黒人の「向上」追求と白人による抑圧・排除　68
　　3　奴隷制即時廃止運動の展開――人種観の固定化　76
　　4　政治的アボリショニズムの伸張――「建国理念」の再構築　81

第3章　インディアンと「人種」イデオロギー…………佐藤　円…88
　　　　――チェロキー族の黒人奴隷制を事例に――

　　1　チェロキー族固有の奴隷制　91
　　2　インディアン奴隷交易への参入　95

3　黒人奴隷交易と人種意識の受容　97
　　　4　チェロキー族の「文明化」と黒人奴隷制　100
　　　5　チェロキー族の奴隷取締法　105
　　　おわりに　108

第4章　未完の革命と「アメリカ人」の境界 ……………貴堂嘉之…113
　　　──南北戦争の戦後50年論──
　　　1　問題の所在──戦後社会における国民化と人種化の相克　114
　　　2　もう一つの奴隷制──環太平洋世界の人の移動　122
　　　3　戦後社会の時空間──国民化と人種化の時代としての再建期　125
　　　4　世紀転換期における国民の帝国的再編──移民制限と海外領土問題　134

第5章　新移民とホワイトネス ……………………………中野耕太郎…140
　　　──20世紀初頭の「人種」と「カラー」──
　　　1　ハンキー・ステレオタイプと移民政策の形成　143
　　　2　揺れ動く「カラー」の境界　149
　　　3　「大移動」と超愛国主義　154
　　　おわりに──カラーラインの全国化とアメリカナイゼーションの完成　159

第6章　公民権運動から黒人自立化運動へ ………………川島正樹…164
　　　──南部を中心に──
　　　1　モントゴメリーとリトルロック　167
　　　2　南部公民権運動の高揚　172
　　　3　ミシシッピの「自由の夏」　174
　　　4　「ヘッドスタート」　182
　　　5　真の自立化を目指して　186

第Ⅱ部　現代アメリカと「人種」

第7章　住宅と「人種」 ……………………………………川島正樹…194
　　　1　居住区隔離の現状と歴史的展望　196
　　　2　北部都市の事例から　199
　　　3　「北部化」する南部　213

おわりに──グローバル化の中で　217

第8章　教育と「人種」……………………………中村雅子…222
　　　　──再隔離とアファーマティヴ・アクション──

　1　ブラウン判決──その背景と意義　222
　2　公教育における人種隔離廃止へのとりくみ──ブラウン判決後の展開　227
　3　平等な教育機会の模索──共学化と補償教育　230
　4　高等教育におけるアファーマティヴ・アクション　236
　5　教育における「人種」──カラーコンシャス v. カラーブラインド　244

第9章　「人種」と結婚……………………………松本悠子…250
　　　　──人種混淆をめぐる政治学──

　1　異人種間結婚禁止法　251
　2　異人種間結婚のもつ意味　259
　3　多人種主義運動と 2000 年センサス　263
　4　人種混淆とジェンダー　268
　5　鏡としてのブラジル　274
　おわりに　277

第10章　スポーツにおける「人種」……………小澤英二…280

　1　スポーツ・レイシズムの発生と展開　283
　2　スポーツ界における「人種統合」の展開　290
　3　スポーツにおける黒人の「身体的優位」と「スタッキング」　295
　4　スポーツにおけるアファーマティヴ・アクション　298
　おわりに──スポーツにおける「平等」とは　301

第11章　「人種」をめぐる権利政治………………中野博文…304
　　　　──20世紀アメリカ国家とその市民像──

　1　21世紀のカラーライン　304
　2　権利革命の衝撃──20世紀国家の形成と発展　306
　3　アメリカ市民の条件──人種的排斥を生み出す政治の論理　312
　4　多文化主義への疑問──市場経済と道義的共同体の狭間で　318
　5　21世紀アメリカの課題　326

終　章　アメリカの経験，南アフリカの経験 ……………峯　陽一…329
　　　1　植民地化の時代　330
　　　2　人種隔離体制の成立と起源　335
　　　3　アメリカとアフリカのフロンティア　346
　　　おわりに——収斂し，分岐する課題　354

おわりに——過去の清算から未来の展望へ …………………川島正樹…359
索　　引 ……………………………………………………………………367

序章　アメリカニズムと「人種」
―― その原点と現在 ――

古矢　旬

　……建国の父祖の時代より，われわれは地球上すべての男女が，諸権利を，尊厳を，そして何ものにもまさる価値を持つことを訴え続けてきました。それは，すべての人が天と地の創造主になぞらえて造られているからです。世代を越えて，われわれは自治が絶対不可欠であることを訴え続けてきました。それは，何人たりといえども，他人の主人にも，奴隷にもふさわしくないからです。……
　国民は，自由というアメリカの理想のうちに，ぎりぎりの生活を強いられての労働によってではなく，経済的自立によってもたらされる尊厳と安心を見いだすのです。これこそは，ホームステッド法，社会保障法，GI法などの立法をうながした，より広い自由の定義にほかなりません。そして今や，われわれは，われわれの時代の要請に応えるために偉大な諸制度をさらに改革することによって，このヴィジョンをいっそう拡張しようとしています。すべてのアメリカ国民に，わが国の約束と未来に賭けるチャンスを与えるために，われわれは教育制度を最高度の水準に上げ，「所有者社会」(ownership society) を創り上げようではありませんか。住居と仕事を，退職後の貯蓄と健康保険を所有する権利を拡張し，わが国の国民が，安んじて自由社会における人生に起こるさまざまな挑戦に向かって行けるような備えをしようではありませんか。すべての市民を自らの運命の担い手とすることによって，アメリカ国民に欠乏と恐怖からのより大きな自由を与えようではありませんか。そして，アメリカ社会をより豊かに，正義にかなった，平等な社会にしようではありませんか。
　　　　――ジョージ・W・ブッシュ大統領「第二期就任演説」2005年[1]

　そこでは，大多数のティーンズや若者は，学校からも労働市場からも完全に切り離されている。彼らの多くは，麻薬取引にたずさわるギャング組織のメンバーである。多くが，市，州，国の膨れあがりつつある監獄＝産業複合体の原材料として，もうすでに服役しているか，これからすぐにも服役するであろう。より年長の失業者たちの多くは（もはや労働人口に加わろうと行動していないという意味で「諦めた」人びととして）すでに国の公式な失業統計にも記録されないままに，酒屋やセツルメントの周辺にたむろしている。彼らの表情には，風土病のようなストレスや失望やインナー・シティの生活の危険が深く刻まれている。同じくあきらかなことは，ここにはより豊かな白人居住区には当たり前に見られる店やサービスや施設が何も見られないことである。フル・サービ

---

1) *New York Times*, January 21, 2005.

スの近代的な食料品店も，ドラッグ・ストアも，本屋も，レストランも，医院も，歯医者も，弁護士も，コイン・ランドリーも，銀行も，個人投資会社も，家族向けの保険会社も，ブティックも，コーヒー・ショップも，何もかもがそこにはない。
——ポール・ストリート，2004年[2]

1　「人種問題」の現在——アメリカ社会の二極化

　はじめに「アメリカニズム」を，アメリカ合衆国という国民国家，国民社会を成り立たせてきた（あるいは今も成り立たせている）基底的なイデオロギーと定義することにしよう。それは，通常であればアメリカ・ナショナリズムと呼んでもさしつかえないイデオロギーであろう。しかし，合衆国以外のケースでは，ナショナリズムとは，部族集団や血縁や特定の土地などに結び付いた共同性としてイメージされることが多い。すなわち，通常，ナショナリズムは，ある民族が自らの独自の生活様式を防衛し，永続化させうる一定の領地を占有しているという神話——ジョン・ハイアムの言葉をかりるならば「排他的占有」(exclusive possession)の神話——を核心とするイデオロギーである。それに対して，多民族からなる流動性の高い開かれた移民社会というもう一つの神話に立脚する合衆国の国民社会としての一体性を語る場合には，より近代啓蒙主義的な，その意味で（そしてそのかぎりで）血や土地に規定された共同性を越える普遍的な，あるいはよりコスモポリタンな理念の果たす役割の大きさを無視するわけにはゆかない。たしかにあらゆる近代国家のナショナリズムは，一次的もしくは直接的な血縁，地縁の共同性をはるかに越えた抽象的な国民的一体性の創出なしには成立しえない。しかし，アメリカの場合，そうした一体性の核となる「排他的占有」の神話が，きわめて微弱であり，求心力を欠いていた。そしてそれだけに，国民的一体性の成立に，コスモポリタンな理念が果たす役割も大きくなった。そこにアメリカニズムをアメリカ・ナショナリズムと同一視することをためらわせる一つの理由がある[3]。

---

[2] Paul Street, *Empire and Equality : American and the World Since 9/11*, Paradigm Publishers, 2004, pp. xiv-xv.
[3] ジョン・ハイアム，斎藤眞他訳『自由の女神のもとへ——移民とエスニシティ』平凡社，1994年，第9章; John Higham, *Hanging Together : Unity and Diversity in American Culture*, ed. Carl J. Guarneri, Yale University Press, 2001, p. 102.

しかしながら，このことは合衆国史に「排他的占有」の神話がまったく欠けていたことを意味するわけではない。それどころか，初期のピューリタンの選民意識であれ，19世紀以来の「白人の責務」論であれ，最近のハンティントンのアングロサクソン国家という定義であれ，アメリカを基本的に一つの民族の占有物と見なす議論は，アメリカニズムのもう一つの伝統であるとすらいえよう[4]。そしてアメリカ社会が現在まで長く「人種」(race)の概念そのものや「人種差別」(racism)を存続させてきた歴史的事実こそは，アメリカ国民社会が，その普遍的理念の装いの下，特定の優越民族による排他的占有の支配下に置かれてきた現実を裏から物語っているといえるであろう。アメリカニズムという国民的イデオロギーに「人種」という光を当てるならば，そこにはたちまち狭隘で排他的なナショナリズムの相貌が浮かび上がってくるのである。「人種」そして「人種差別」こそは，合衆国の近代啓蒙的，普遍主義的性格の限界を画するもっとも強固な壁となってきた。普遍的理念の強調とそれを裏切る「人種」の壁や「人種差別」の冷厳な社会的事実とは，じつのところアメリカニズムの不離の二側面をなしてきたといわなければならない。

冒頭に掲げた二つの引用の対照はまさに，今に続くこのアメリカニズムの二面性を象徴的に示している。はじめに引いたジョージ・W・ブッシュ大統領の第二期就任演説の一節は，ロック的な自然権を彷彿させる抽象的な人間の所有権を掲げ，アメリカ国家体制の本来あるべき普遍主義的原理を謳いあげているかに聞こえる。そこには，アメリカ国民が個々の財産権にもとづく経済的自立をはかり生活上の安心立命を得るとき，真の自由が達成されるという理想状態が示されている。ブッシュはこれを「所有者社会」(ownership society)と呼ぶ。それによってアメリカ人が欠乏と恐怖からのより大きな自由を得，そしてアメリカ社会が豊かに正義にかなった平等な社会になるはずであると，ブッシュは主張している。

しかし，一見普遍的なアメリカの夢をすべてのアメリカ人に向かって語るかに見えて，この一節はきわめて党派的な争点を含んでいる。より直接にはそれは，ブッシュ政権下でふたたび急速に拡大した財政赤字の削減のために，社会保障の主体と責任を国家から個々の国民に移そうという主張にほかならない。社会保障制度の財源である雇用保険料という「税」を納税者の懐に戻し，すべてのアメリ

---

4) サミュエル・ハンティントン，鈴木主税訳『分断されるアメリカ——ナショナルアイデンティティの危機』集英社，2004年。

カ人がそれを元手に自己責任において資産運用をはかり，老後に備えるという「所有者社会」の構想が，そのじつ国家の社会福祉責任の解除を含意していることはあきらかであろう。そしてより長期的には，この構想の主要な標的は，社会保障という形での所得の再配分政策に立脚したニューディール体制下の「大きな政府」そのものにほかならない。その意味で，「所有者社会」構想は，1980年代以来の共和党政権が進めてきた「小さな政府」論の延長上にある。

　この「小さな政府」論は，しばしば中産階級の自発性，自律性の回復を謳い文句として展開されてきた。ところが，一方でその実現のための現実政策は，つねに中産階級の上下への分解を促進してきた。公的福祉の縮減は，上層中産階級の税負担を軽減するとともに，公的社会保障制度の最大の受益者たる下層中産階級以下の人びとの生活を直撃する結果となったからである。ブッシュの「所有者社会」構想も，その実態において貧困者，最下層の労働者階級など低所得層を公的福祉制度への依存から引きはがし，競争的市場社会に投げ込む事態につながりかねない。その意味でこの構想も，階級ごとの公的福祉への依存度の違いに現れる経済的不平等を等閑視し，結果として貧富の較差の拡大を生じさせる恐れがある。

　現在のアメリカにおいて貧困問題は，じつのところ最悪のかたちで黒人社会に集中的に現出している。冒頭の第二の引用は，「所有者社会」の理想とはおよそ相容れない，同時代の社会的現実を語っている。ここには，シカゴのサウスサイド，ウエストサイドにおける黒人居住区の社会実態——老若男女おしなべて失業と貧困と犯罪の淵に沈み，およそ将来への期待や向上心を閉ざされた状況——が映し出されている。そして，この都市中心部の惨状は，いうまでもなくシカゴに限ってみられるわけではない。ロサンゼルスも，ニューヨークも，ニューアークも，それ以外の多くの大都市も，同様の実態にある居住区を抱えている。それらいくつもの惨状こそは，国勢調査などの社会統計が数字をもって客観的・抽象的に示す「差別」や「貧困」の具体的な姿にほかならない[5]。大統領が強調する，近代啓蒙的な「所有者社会」のイメージでは，貧困につきまとう「カラー」の問題，人種差別の実態は完全に脱色されている。しかし現実には，アメリカ社会のもっとも重大な差別や貧困は，いまもなお人種問題として露呈している。

---

5)　黒人層の貧困の全体像を簡潔に示すデータについては，以下を参照のこと。Sam Roberts, *Who We Are Now : The Changing Face of America in the Twenty-first Century*, Times Books, 2004, ch. 9.

いうまでもなくアメリカ国民社会の宿痾ともいうべきこうした人種的な差別や貧困は，古く植民地時代の奴隷制に起源をもつ。そしてそれらの克服の努力も強弱の波はありながらも，4世紀にわたり，繰り返し試みられてきた。しかし同時に，人種問題の具体的な現れ方が，数次の改革と反動の波動をとおして，しだいに変化してきたこともまた事実である。植民地時代，アメリカ革命期，南北戦争後の再建期，そして1960年代の公民権運動の時代へと，それぞれに人種問題の態様は大きく変容してきている。

　第二次世界大戦後1960年代まで，人種問題の核心は，ジムクロウ法に基づく南部の人種隔離制度にあった。その時代，頂点に達した公民権運動は，この人種隔離制度の廃止，南北戦争後の憲法修正がつとに約束していた法的な人種統合の実現を明示的な政治課題として展開された。それが，連邦の「公民権法」と「投票権法」の成立によって一応の達成を見た後，人種問題の焦点は，人種隔離の法制度から現実の社会経済的差別に移っていった。この人種問題の変容を，いちはやく誰よりも敏感に察知し，人種差別との闘いの主戦場を深南部からシカゴのゲットーなどの北部都市に移しつつ，闘いの主目的を憲法的な人種統合から社会経済的な貧困の克服へと転換しようと試みたのが，マーティン・ルーサー・キングにほかならなかった。彼の死がその試みを頓挫させて以後40年近く，人種問題は，過剰富裕社会を実現させたはずのアメリカ型福祉国家のただ中に残る黒人貧困層（とりわけその女性と青少年）の悲惨な社会経済生活の実態をめぐって展開されてきている。しかし，その間，レーガンから両ブッシュの共和党右派政権は，人種隔離制度の撤廃を既成事実と目すことによって，貧困・福祉問題の「人種」的側面を極力脱色，隠蔽しつつ，民営化による競争原理や市場原理の導入によって福祉国家の解体をもくろむ保守的な政治プログラムを推し進めてきたといえよう。

　今，21世紀の初頭のアメリカにおける人種問題の最大の特徴の一つは，特定の人種に対する差別を当然のものとして正当化する生物科学上，実定法上の根拠が失われたにもかかわらず，なお黒人社会への差別や貧困の集中が見られる点にある。現代のアメリカのナショナリズムは，少なくとも公的な教義の上では否定しているはずの人種差別を，社会実態としては払拭しがたく内包しているのである。以下，本章では，こうした現状を背景としつつ，歴史を遡ってアメリカニズムにおける「人種問題」の変容過程をあきらかにすることとしよう。コスモポリタニズムと普遍性を旨とするアメリカニズムは，歴史的に，人種問題をいかに取り扱

ってきたのであろうか。人種やエスニシティにつきまとう「特殊主義的」傾向は，アメリカニズムの普遍性にどのような歪みをもたらしてきたのであろうか。はたしてこのアメリカニズムの二面性は，人口動態学的かつ政治社会学的に，今後いかなる展開を示してゆくのであろうか。こうした問いに答えることが，本章の課題となろう。

2　アメリカニズムの創出と「人種」概念の変容

1）「多から一を」

　近代以降の世界史において，アメリカ合衆国ほど，その初発から内側の社会的・文化的な多元性を意識しつつ形づくられた国民国家はないといってよい。実際，コロンブス以後の北アメリカ大陸には，主としてヨーロッパから，出身地，民族的背景，信仰，言語，道徳，生活文化をいちじるしく異にする多様な植民・移民集団が陸続と押し寄せ，時に共同し，時に住み分け，時に対立・排斥し合うことをとおして，ついにはきわめて緩やかに結合された新しい社会が形成されていった[6]。独立革命のさなかの1782年，「この新しい人間，アメリカ人とは何者なのでしょうか」という自ら発した疑問に対し，クレヴクールは次のように答えている。「その人は，ヨーロッパ人か，ヨーロッパ人の子孫であり，それゆえにほかのどの国にも見られない，あの奇妙な混血なのです。……彼は，その古来の偏見や習俗をすべて脱ぎ捨てて，彼が選びとった新しい生活様式，彼が忠誠を誓った新しい統治制度，そして彼が獲得した新しい身分に由来する新しいものの考え方や習俗を身につけたアメリカ人なのです。彼は，われわれの母なる大地の広い懐に抱かれることによってアメリカ人になるのです。ここでは，あらゆる民族 (nations) に出自を負う個人が，溶け合って新しい人種 (a new race of man) になるのです」(『あるアメリカ農夫からの手紙』)[7]。

　たしかに，18世紀中葉のアメリカ社会の民族的構成に照らしたとき，この言明はかならずしも誇張ではなかった。1710年から1750年にかけて，イギリス領アメ

---

[6]　James A. Henretta, *The Evolution of American Society, 1700-1815 : An Interdisciplinary Analysis*, D. C. Heath and Company, 1973, pp. 120-125

[7]　J. Hector St. John de Crèvecoeur, *Letters from an American Farmer*, E. P. Dutton & Co., INC., 1957, p. 39.

リカ植民地には，35万のヨーロッパ人(うち半数は，ドイツ，スコッツ゠アイリッシュ)が到来した。この移民の波により1790年までに，アメリカ合衆国は，総白人人口320万のうち，イングランド系がなお60.9％を占めていたとはいえ，スコットランド系(8.3％)，アイルランド系(9.7％)，ドイツ系(8.7％)，オランダ系(3.4％)，フランス系(1.7％)，スウェーデン系(0.7％)などを含み，多様な出自のヨーロッパ人からなる混合社会の体をなすにいたった[8]。こうした急激な民族構成の多様化を背景としたとき，1776年の独立直後，大陸会議によって任命された「国璽デザイン選定委員会」が，国璽に刻むべきナショナル・モットーとして「多から一を」(*E Pluribus Unum*)の標語を選んだことは[9]，ごく自然な成り行きであったといってもよい。それは，数年後にクレヴクールが雄弁に語ることになるアメリカに特異なナショナリティの創出過程が，革命の勃発時にはすでに社会的に広く共通に認識されていたことを裏書きする事実にほかならない[10]。

しかしながら，この「一」の創出は，けっしてたんなる「多」の寄せ集めや共存，あるいは社会的事実過程としての混合のみによって可能であったわけではない。「一」が統合的に形成されるためには，「多」は，それぞれに集団として有する民族的な特異性を一定程度放棄し，抽象的な個人性，個々の市民へといったん分解される過程が不可避であった。「すべての人間は神によって平等に造られ，一定の譲り渡すことのできない権利を与えられている」という前提から，新たな政治的共同体の形成を宣言した「独立宣言」は，まさに多元的な人的要素を一つに統合するための要となる新しい抽象的な人間観を示すものであった。アメリカ革命が革命であったゆえんである。

ところで，初期アメリカにおける具体的な「多から一を」の創造過程は，たんに多様な民族的要素の混淆から一つの新しい「人種」，新しい民族，新しいナショナリティが創出されてくるという，いわばクレヴクール的なアメリカ(人)理解にとどまらない次元を含んでいた。独立期のアメリカ社会は，それまでの1世紀半にわたる植民地社会の拡大と内的発展の結果，多様な移民集団を抱えるのみならず，

---

8) Mark C. Carnes, *Historical Atlas of the United States*, Routledge, 2003, p. 59；合衆国商務省編，斎藤眞/鳥居泰彦監訳『アメリカ歴史統計——植民地時代〜1970年』第Ⅰ・Ⅱ巻・別巻，原書房，1986年，Ⅰ，14頁，A91-104；Ⅱ，1168頁，Z20-23.
9) *The Papers of Thomas Jefferson*, ed. Julian P. Boyd, Princeton University Press, 1950-, 1：495-496.
10) Oscar Handlin, *Race and Nationality in American Life*, Doubleday, 1957, p. 23.

政治，経済，文化のいずれの分野においてもきわめて多元的な諸制度を展開していた。いうなれば，「多から一を」の「多」の意味自体がすでにして多岐であり，したがって，「一」へ向かう経路（すなわちアメリカ・ナショナリティの創出への経路）も，たんに多民族間の生物学的混淆にとどまらない複雑多岐な政治社会学的次元を含んでいたといってよい。

　第一に，イギリス植民地社会は，実際にはたがいに一定の政治的自律性をもつ13の植民地から構成されていた事実に着目しなければならない。それぞれが内側にすでに多様な民族，宗教集団を抱えていた13植民地は，イギリスからの独立とともに13の憲法と主権をもつ独立邦 (States) へと変貌した。そしてさらに独立戦争が継続するなかで，これら諸邦の軍事的一体化と政治的統合がはかられたのである。「多から一を」のモットーは，多民族間の融合以上に，まずこの憲法的「多主権性」の克服，政治統合を念頭において採用されたといってよい。

　第二に，アメリカのナショナリティはその萌芽的な段階においてすでに，各地にきわめて多様かつ相対的に自律的な地域経済を含んでいたことが注目される。南のジェームズタウンと，北のプリマス植民地という400〜500マイル相離れた二つの植民地から発したイギリス植民地は，1世紀半の間に北アメリカ大陸東海岸沿いの広大な自然環境を背景として拡大を続けてきた。独立時までに13の植民地は，それぞれの風土的条件への適応をはかることによって，独自の生産関係に立脚する地域産業を発展させていった。新しい国家は，こうした多元的な経済利益間を調整しつつ，国民経済の統合を図る必要にも直面していた[11]。

　第三の，クレヴクールが主として念頭においていた宗教的，民族的，文化的な多元性は，以上のようなアメリカ社会の政治的，経済的，自然地理的な分散性，多元性の条件下で，受容され展開されていった。このような条件の下では，一体の国民的共通文化の形成が，遅れたのは当然であった。宗教についてみるならば，広大な粗放的空間は，教派の分離やそれからの離脱を容易にし，教派間紛争が深刻な宗教戦争へとエスカレートする危険性を未然に防止する結果となった。そこでは，ヨーロッパ渡来のさまざまなキリスト教教会やセクトの隣接と併存が可能であった。植民地時代150年の歴史は，アメリカ大陸に点々と多様な教派集団が散在する宗教的モザイクを作り上げていったのである。このいちじるしく多元的な

---

11)　Henretta, *The Evolution of American Society*, esp., chs. 1, 2.

序章 アメリカニズムと「人種」 9

宗教世界は，限られた空間内における教義の統一や信仰の一元化というヨーロッパ・キリスト教の陥った隘路を，無限の拡張可能性をもつかに見えた空間内での棲み分けという共存方式によって回避しえたのであった。クレヴクールのいうヨーロッパ出自の「人種」(race)や「民族」(nation)は，また各集団が大西洋を越えてなお温存してきた衣食住のスタイル，家族や血縁をめぐる習俗や規範にかかわる生活文化の多元化をもたらした。これらについても，植民地時代をとおして，一方ではそれらの集団ごとの棲み分けと相互寛容によって，他方では新大陸の風土を介しての混淆によって，しだいにナショナルな文化的習慣や生活様式の形成にゆっくりと向かっていったとみることができる[12]。

　このようにみるならば「多から一を」に集約されたナショナル・ヴィジョンは，多様な人的構成，多元的な政治制度，変化に富んだ自然的風土的環境を前提とし，そうした種々の要素間の共存と混淆をとおして新たなナショナリティが生み出されてくる可能性を示唆したものとして理解されよう。そして，合衆国憲法こそは，このようなナショナル・ヴィジョンの上からの集大成にほかならなかった。その成立によって，大陸大にわたる単一主権国家が設立され，各邦はその主権性を相対化され，独立の「邦」よりは中央政府下の「州」へと性格を一変させた。この時，合衆国は，連邦と州といういわば「二重主権」制度をとった緩やかな連邦国家としての歩みを開始した。このアメリカ的連邦制は，何よりも統一国家の形成と多元的な地域自治の擁護という二つの要請の微妙なバランスを企図した新しい国家制度であった。それは，この国家の西に広がる無限の大陸への拡張という遠心的モメントと拡張された領土の単一国家への再回収という求心的モメントとを，二つながらに生かそうとする柔軟性に富んだ統合制度であったといってよいかもしれない。

　このユニークな政治的装置は，国土の拡張にともなう経済生活の多様化をうながすとともに，より長期的にはそれら多様な要素間の競争と相互依存のシステムとしての統一的な国民経済の形成を可能にした。またそれは宗教的，文化的な社会生活については，多元的諸要素間の混淆を相互寛容の原則に基づき可能なかぎり個々の地域や集団の自律性に委ねる方式——すなわち植民地時代のアメリカが事実上採ってきた方式——を踏襲した。ただ各教派の宗教的自発性，自律性の

12）　たとえば独立革命前のアメリカ宗教界の変化とそれにともなう植民地社会の文化変容については，*Ibid*., pp. 129-138.

相互承認を可能にし，宗教的多元性それ自体を許容するために，憲法はその最初の修正条項の中で，内面の自由や思想信条の自由を明示的に認め，政教分離原則を全ての宗教勢力の共通了解として定めたのである。

かくして合衆国憲法は，独立以後のアメリカ社会の多分野にわたる多様性を，そして将来の発展にともなうさらなる多様化の可能性をも視野に入れ，それらを緩やかに統合する制度的枠組みを作り上げた。この憲法によって，アメリカ合衆国という国民国家は，あたかもあらゆる人的，文化的，宗教的な多様性の受容が可能な政治体であるかの相貌を帯びることになった。実際，以後2世紀にわたってこの国のこうした普遍的かつ開放的な側面は，世界中から多種多様な国家，地域に出自する民族集団を引きつけ続けてきたといってよい。そのかぎりで，合衆国憲法の約束は守られてきたといってよい。

しかしながらここではさらに，立憲という出発点におけるアメリカニズムの普遍的性格には，重大な例外があったこと，そしてそれがこの憲法下の社会システムの構造的な矛盾から生まれ，それゆえアメリカにその後払拭し難い「人種問題」をもたらしてきたことを，あらためて指摘しておかなければならない。

合衆国憲法が，あらゆるレベルのあらゆる多元的な人的要素の普遍的な受容を基本的前提としていたとすれば，それが人と人を分ける「民族」「人種」「文化」「宗教」（そしておそらくは「ジェンダー」）に関わる原初的な集団への「帰属性」(ascription)を極力無視し，基本的にこれらに対し「中立性」を守ろうとしたのは当然であった。こうした根本的な帰属に言及した瞬間に，憲法とそれを根本法とする国家との普遍的な外装に亀裂が走ることになるからである。ところが，こうして特定の原初的集団への「帰属性」に明示的に言及することを避けることによって「普遍性」を担保しえたはずの合衆国憲法が，唯一例外的に言及せざるをえなかった二つの「人種」集団が，先住民インディアンであり，黒人奴隷であった。

2）先住民の「人種化」

植民地時代をとおして，先住民たるインディアンは，ヨーロッパ人植民者社会にとって，文字通り境界線上の存在にほかならなかった。彼ら植民者たちが西への移動と膨張を当然の「使命」「権利」と考えるかぎり，先住インディアンはまず何よりも「新しい社会」をその上に築くべき土地から排除されなければならない「敵」として意識された。しかし，同時に彼らは，その約束の土地に太古から居住

し，その自然を知り尽くし，それと共存してきた「最初のアメリカ人」とみられることも少なくなかった。ヨーロッパ人からみたその二面性ゆえに，インディアンは時に激しい憎悪，排斥，殺戮の対象とされ，また時に未知の土地における得がたい先達として，また道案内としてロマンティサイズされたのであった。

たとえば，先述の『あるアメリカ農夫からの手紙』の中で，クレヴクールが，彼のペルソナの口をとおして語るインディアン世界のイメージは，おそらくアメリカのフロンティアにひきつけられたヨーロッパ人のインディアン観の一典型を示している。クレヴクールによれば，インディアン社会は，一面では，利己的な利益の達成に邁進するヨーロッパ人社会とまったく対照的である。それは豊かな自然との融和のうちに古来の共同性に基づく社会的道義性がなお息づく社会として描かれている。しかし他面では，それは人間の進歩に遅れた，文明の息吹と無縁な停滞的社会として描かれている。この二面的なインディアン観のうちに，近代以降のヨーロッパ人が各地の植民地に見出し続けてきた「高貴なる野蛮人」の原型をみることは，おそらく的外れではないであろう。先住民社会はクレヴクール自身にとってそうであったように，競争や投機や営利や虚栄に疲れたヨーロッパ人がフロンティアのかなたに夢見る精神の避難所であった。にもかかわらず，これもクレヴクールがそうであったように，ほとんどのヨーロッパ人は，最終的には先住民社会への移住，没入，同化という道をたどることはなかった。クレヴクールの描く農夫のヨーロッパ人社会への復帰をうながしたのは，結局のところ，アメリカ開拓の基底的イデオロギーとしての「農民神話」であった。狩猟にふけり森の中を徘徊するインディアンの生活様式は，いかに理想化されようと，農夫の選ぶところではなかった。文明的であり，しかも落ち着いた道義的生活は，クレヴクールによれば，一定の土地に定着し，日々農耕労働に着実に従事することによってのみ，はじめて到達可能な境地であった[13]。

クレヴクールの一見好意的なインディアン観は，またトマス・ジェファソンの所論のうちにもうかがうことができる。彼もまたインディアン文化に多大の関心を示し，その人間性を高く評価し，現状においてたとえインディアンがヨーロッパ文明の高みに達していないとしても，それはけっして彼らの本質的劣等性によるのではなく，環境に由来する欠点に過ぎないと判断している。ジェファソンの

---

13) Crèvecoeur, *Letters from an American Farmer*, Letter 12.

見解は，植民地時代のアメリカには，先住民のヨーロッパ人社会への同化（ヨーロッパ人の先住民社会への同化ではない！）可能性を支持する見解が，ある時期までは根強かったことを反映していたと考えられる[14]。

しかし，起こるであろうと当初は想定された同化は，植民地時代をとおしてめざましい進捗をみることはついになかった。結局のところ両者は，土地の領有をめぐり長く対立し，いずれの側も払拭しがたい大小さまざまな残虐な戦争の記憶をとおして互いに敵視し，疎隔し合う仇敵となったのであった。「インディアンの戦闘のルールとは，年齢や性，それに身分の違いにかかわりのない無差別の殺戮で有名である」という「独立宣言」に含まれる一節は，「インディアン」を「ヨーロッパ人」に置き換えれば，そのままインディアンの植民地人観を構成する言明ともなりえたであろう。いずれにしろ，こうした仇敵間の平和的関係の達成，ましてや（どちらの方向にしろ）社会的同化はいちじるしく困難であった。長い植民地時代に，たまたま「文明化された」先住民の一部が陥った生活破綻の実例も，両者の疎隔をうながした一因であった。白人との接触の結果，少なからぬインディアンは，その原始的な徳性を失い，その多くが「悪徳，飲酒癖，病弊」におちいったといわれる。こうした「文明化」の実態は，ヨーロッパ人の間に，インディアンが本質的に非文明的存在であることを印象づけ，同化不能論の根拠とされた。そして，こうした危険を察知した多くのインディアンも，植民地人社会内での定着生活を従来以上に強く忌避することとなったのである[15]。こうして同化への展望が消滅したとき，はじめてインディアンは「異人種」として，アメリカニズムの最周辺に位置づけられたといってよい。

こうした事態にいたった原因は，究極的には新大陸におけるヨーロッパ文明の定着，展開は，先住民の生活様式の解体と排除をもってはじめて可能であったという歴史のダイナミクスにあったといえよう。インディアンにもっとも好意的な評価を与えたクレヴクールやジェファソンが，もっとも強固な農民神話の主張者であったことは，無視できない歴史の皮肉であったといわなければならない。ジェファソンはいう。「もし神が選民をもつものとすれば，大地に働く人びとこそ神の選民であって……大地に耕作する者はもっとも高潔でかつ独立した市民なのである」[16]。この自らの言明が，やがて西部への拡張という国策を支える根本的なイ

---

14) T・ジェファソン『ヴァジニア覚え書』岩波文庫，101-111頁。
15) Handlin, *Race and Nationality in American Life*, pp. 26-27.

デオロギーとなるとき，分離し，独立したインディアン諸部族（当時彼らはインディアン・ネイションズと呼ばれた）を新しい共和国の外側に排除することになるという論理的帰結に，ジェファソンは，はたして気づいていたのであろうか。

合衆国憲法第1条第2節第3項は，「課税されないインディアン」（Indians not taxed）を国民人口から除くことによって，この民族排除の機制をさりげなく簡明に国家体制のうちに取り付けたのであった。そして同じく第8節第3項は，連邦政府の通商規制権が，諸外国との貿易，州間通商と並び「どの州の人民でもない」[17]インディアン部族（tribes）との交易にも及ぶことを定めている。この点にも，立憲当時のインディアンの境界的存在性が端的に示唆されている。憲法の制定とともに，多くのインディアンは，いずれかの州の市民となり「課税されるインディアン」となるか，部族国家の一員として合衆国への同化を拒否して西漸する辺境に生きるかの選択を迫られることとなった。そして，大半のインディアンが後者の道を選び，ジェノサイド的な滅亡の悲劇に直面したことは，合衆国の19世紀史の示すとおりである（インディアンと「人種」については，本書第3章も参照）。

3）動産奴隷の「人種化」

革命，建国の時代において，「人種」（race）は，なお共通の祖先もしくは出自によって類別される人間集団を指す言葉としても用いられていた[18]。たとえば，クレヴクールにとって，アメリカ人は（イギリス人ではなく）ヨーロッパ人を共通の先祖とする新しい「人種」（race）であった。同様に，黒人はアフリカ人を先祖とする人種集団であり，インディアンもまたヨーロッパ人とは出自を異にするという意味で別の人種集団であった。当初は，そうした意味でのどれか特定の人種集団に帰属すること自体が，ただちに社会的蔑視の対象となったわけではない。そうではなく，蔑視されたのは，「奴隷」というもっとも従属的で卑しい仕事を強制される社会的な地位であった。オスカー・ハンドリンによれば，1660年頃までのヨーロッパや北アメリカでは，それはもっとも下層の「奉公人」を意味しており，黒人に限らず，先住インディアン，白人と黒人の混血（mulattoes），白人と先住民と

---

16) ジェファソン『ヴァジニア覚え書』297，313頁。
17) アレグザンダ・ハミルトン／ジョン・ジェイ／ジェイムズ・マディソン，斎藤眞／武則忠見訳『ザ・フェデラリスト』福村出版，1991年，208-209頁。
18) Michael Banton, "The Idiom of Race : A Critique of Presentism," in Les Back and John Solomos (eds.), *Theories of Race and Racism : A Reader*, Routledge, 2000, pp. 52-54.

の混血(mestizos)，そして場合によっては白人のイギリス人も陥る地位であったという。その時期までは，植民地においても黒人は「奉公人」であった。しかし，その後10年ほどの間に，アメリカ植民地の黒人は，「奉公」の内容について，キリスト教との関係において，そして言語，生活文化，家族関係に関して，他の移民奉公人とはきわだった集団的特徴を帯びるにいたった。同時に，黒人奉公人の主人が，その長期的，あるいは永続的な所有に利益を見いだすようになるとともに，黒人は「奉公人」から「動産奴隷」へと徐々に変貌させられていった[19]。「動産奴隷」としての地位が，永続的なものとされるとき，黒人という「人種」は，たんに共通の「出自」を指す以上に，奴隷の地位にふさわしい共通の人間類型として理解されることとなった。M・バントンのいう「タイプとしての人種」概念の登場である[20]。この時アメリカ社会は，以後3世紀以上にわたり解決困難な「黒人問題」という「人種問題」に直面したといってよい。

　連邦憲法第1条第1節第3項が，各州に割り当てられる連邦下院議員数と直接税高の算定基準となるべき人口に「自由人以外のすべての人数の5分の3」を加えたことはよく知られている。また同じく第1条第9節第1項は，各州が「適当と認める」人びとの「来住および輸入」を，1808年までは連邦政府が禁止しえない（裏からいうならば1808年以降は「禁止しうる」）ことを規定している。これら二つの条項は，実際には「黒人奴隷」と「奴隷貿易」をめぐる連邦と州の権限関係の調整を目的とするものであった。そしてこの調整が，少なくとも条文上は「奴隷」という身分にも，ましてや「黒人」という人間のカテゴリーやタイプにも明示的に言及することなくなされたことのうちに，この憲法の近代啓蒙主義的性格が顕著に示されていたといってよい。しかし，この憲法に立脚するアメリカ合衆国という新しい国民社会は，すでに黒人奴隷制プランテーション・システムを中核とする南部の地域経済を不可欠の一要素として国民経済のうちに取り込んでいた。したがって上の二つの条項は，この多元的な社会経済的現実と国民社会統合のための近代啓蒙的なイデオロギーとの妥協の産物でもあったとみなすことができる（本書第1章も参照）。

　実際，南部地域で確立した制度としての黒人動産奴隷制 (chattel slavery) をめぐる合衆国憲法の起草者たちの論議は，苦衷に満ちている。ジェームズ・マディソ

---

19) Handlin, *Race and Nationality in American Life*, pp. 7–11.
20) Banton, "The Idiom of Race," pp. 54–57.

ンはいう。

> 奴隷は人間の地位から引き下げられて，法律上財産と呼ばれる地位におとされ，理性のない動物と同じ物とみなされるかもしれない。だが他方では，彼の労働と自由を支配する主人をも含むあらゆる他人の暴力に対しては，彼の生命も肉体も保護されており，他人に加えたあらゆる暴行に対しは，彼自身が罰せられる。すなわち，奴隷は法律により明らかに社会の一員とみなされ，理性のない動物の一部とはみなされていないし，また，単なる財物としてではなく，道徳的人格とみなされているのである。したがって，連邦憲法が，奴隷に関しては，人間と財産との混合性質をもつものとみなしたことは，きわめて妥当な決定をしたものといえる[21]。

また，「アメリカ諸邦においてその野蛮性が長年にわたり喧しく非難されてきた」奴隷貿易について，マディソンは，それがただちに禁止されることは当然に望ましいと断言している。その上で，禁止に 20 年の猶予を与えることは，その間連邦政府が可能なかぎりこの悪しき制度を停止させるべき努力を怠ってよいことをけっして意味しないともいう。またこの連邦政府の努力に応じて，現在この制度を継続している少数の州もやがてはそれを自発的に停止するにちがいないと，彼は期待するのである。したがってマディソンによれば，奴隷貿易を 20 年後には禁止することを暗に定めた憲法第 1 条第 9 節第 1 項は「人類の幸福のために獲得された重大な成果」にほかならなかった。「ヨーロッパに在住する彼らの同胞を圧迫から救済しているのと同じ光明が，もしアメリカ在住の不幸なアフリカ人の前にも見いだされるならば，彼らにとってどんなに幸福なことか！」[22]

こうしたマディソンの言明には，当面の現実的な妥協可能性を探りながら，なお将来に向けて奴隷制という邪悪な制度の廃絶を願望する啓蒙主義理念の反映をうかがうことができる。それは歴史家ジョン・ハイアムが南北戦争後の再建期，第二次世界大戦後の公民権運動期に先立つ「第一の戦後再建期」と呼んだ独立戦争後の時代精神が生みだした願望であったといってよい。自然権と自由と共通善を志向するキリスト教理念とが，国民社会全体を揺り動かし，新しいナショナリ

---

21) 『ザ・フェデラリスト』267 頁。
22) 同上，207 頁；エドワード・S・コーウィン，村上義弘他訳『アメリカ合衆国憲法——憲法とその現代的意味』有信堂，1960 年，79 頁。

ティが創出されていく中で，かすかにではあれ黒人解放の夢がかいま見られた瞬間であった[23]。

しかしながら19世紀の初頭までに，黒人は，文明国を自称するほかのいかなる国の被抑圧集団に比べても，より悲惨な境遇に閉じ込められていった[24]。たしかに「第一の戦後再建期」の理想主義は，北部を中心とする幅広い奴隷解放運動を刺激し，また1780年には，わずか5,000に過ぎなかった自由黒人の人口が，北部都市地域を中心に1810年には18万6,000に，さらに1830年には32万へと増加をみるという成果をもたらした。とはいえ，それらの成果は，黒人奴隷制の急速な拡張の前には微々たるものでしかなかった。この特異な制度は，18世紀末に開始されたイギリスの産業革命を背景とし，南部の綿花プランテーション産業のうちに新たな存続と拡張の機会を見いだしたのであった。1795年から1810年の間，奴隷制がけっして死滅に向かう制度ではないという広範な社会的信念を反映して，動産奴隷の値段は一貫して上昇を続けていった。自由黒人の増加などまったく無に帰するかのごとく，奴隷人口は，1810年には総計120万，1830年には200万，そして1850年には320万へと急増をとげていったのである[25]。

南部における人種奴隷制（奴隷制を南部の立場から擁護したカルフーンの言葉を借りるならば「特異な制度」(peculiar institution)[26]）の拡張は，普遍主義的理念に立脚した憲法体制と地域間バランスによる国民的経済利益の一体性の維持を，しだいに困難にしていった。その後の歴史の展開は，マディソンの期待とはまったく裏

---

23) John Higham, "Coda: Three Reconstructions," in Higham (ed.), *Civil Rights and Social Wrongs: Black-White Relations Since World War II*, The Pennsylvania State University Press, pp. 180-181. アメリカ史における「再建」とは，南北戦争後のそれをさし，「第二次再建」が1960年代の公民権運動をさすのがふつうである。本書第4章他も，これにしたがっている。しかし，ハイアムは本論文において，独立戦争，南北戦争，第二次世界大戦が戦後に人種統合を推進した点に着目して，あえてそれを順に第一次から第三次までの「戦後再建」と名づけている。通常の「再建」とは次数が，ずれていることに注意されたい。

24) Henretta, *The Evolution of American Society*, pp. 224-226.

25) *Ibid.*, p. 183; Dirk Hoerder, *Cultures in Contact: World Migrations in the Second Millennium*, Duke University Press, 2002, p. 254;『アメリカ歴史統計』I，14頁，A 91-104; David Brion Davis, *Slavery and Human Progress*, Oxford University Press, 1984, p. 164.

26) John C. Calhoun, *Union and Liberty: The Political Philosophy of John C. Calhoun*, ed. Ross M. Lence, Liberty Fund, 1992, p. 364.

腹に，革命のもたらした啓蒙の夢を挫折させ，ナショナリティを二分させ，ついには破局的な内戦へといたることになる（本書第2章も参照）。

4）南北戦争——国民統合の失敗

　アメリカにおける新しい共和国の樹立過程は，少なくともその指導者レヴェル，およびヨーロッパ系人口の間では，圧倒的に近代的啓蒙主義の影響下に進行した。繰り返しになるが，アメリカ革命が革命であったゆえんの一つは，それがヨーロッパ身分制社会から植民地社会を切断し，身分的隷従から解放され啓蒙された個人を市民のモデルとする共和制の骨格を準備したところにあった。しかしながら「独立宣言」のメッセージに立脚して，現実の多元的社会から具体的に共和主義的秩序を構想する過程において，合衆国憲法はやがて「人種」という「帰属性」で括られることになる黒人と先住民という二つの集団への例外的言及をよぎなくされたのであった。それらに触れざるをえなかったのは，いずれの集団の存在もが，合衆国の社会経済的統合を可能にする具体的条件と関わっていたからである。合衆国がヨーロッパ系市民の参加と忠誠を確保し，膨張と統合を同時に達成してゆくためには，先住インディアンは集団的に領域内から排除されなければならなかった。また南部という当時にあっては国民経済中でもっとも重きをなした地域を新しい共和国に統合し続けてゆくためには，黒人は動産奴隷として集団的に南部社会のうちに隔離され，従属的地位に閉じ込められなければならなかった。それ自体，出自を異にするというだけの並列的な人種の区分は，現実の社会経済制度と結びつき，社会的な排除，隔離，差別の動機と結びついたとき，人種をめぐる階統制へと変貌したといってもよい。こうして，国民統合という目的の犠牲に供されたこの二つの人種集団の成員たちのみは，近代啓蒙の理念から排除され，個人として合衆国の市民権を享受する権利を否定され，なおこの国民国家の最周辺と最下層に集団として留め置かれたのであった。この市民社会の例外的存在に対する排除，隔離，差別は，彼らを本来的，絶対的に（あるいは生物学的限界ゆえに）普遍的な文明的スタンダードを満たしえない同化不能集団であるとみなすことによって，正当化されざるをえなかったのである。

　その後の「人種」をめぐるアメリカ史は，アメリカニズムの中核をなす憲法システムに内包されたこの亀裂の解消努力とその蹉跌の連続としてみることができる。それは，一面において，啓蒙的，普遍主義が，その例外的とされた「帰属的

集団」に対する差別の固定をはかる制度を徐々に解体に追い込み，被差別者を市民社会に包摂していった過程であった。しかしそれは他面で，啓蒙の理想によって追い込まれ，立脚基盤を揺るがされた人種差別の構造が，そのつど新しい状況に巧みに適応して姿形を変えつつ，執拗に存続してきた歴史でもあった。

　いうまでもなく，このアメリカニズムの矛盾を解消する最初の機会は，南北戦争とともに訪れた。戦争前の時代，「人種問題」は，奴隷制という制度問題に集約されていた。やがて西部への領土拡張にともない，それはしだいにこの制度をめぐる地域間の対立問題へ，そして連邦主義をめぐる憲法の解釈問題へと変換されていった。この問題が，最終的に合衆国を分裂させ内戦へと追い込んでいった背景には，戦争前一世代にわたって戦わされてきた国家統合の基本的性格をめぐる論争があった。すなわち，一方には，従来の国家統合を守るためにも各州，各地域の特異な制度や利益は守られなければならないとするカルフーン流のナショナリズムがあり，他方には「各大地域の特異な利益（the peculiar interests of great sections）に，それらの地域が仮に独立の国家であったならば許されたようなすべての保護を与えることはできない」と主張するH・クレイ流のナショナリズムがあった[27]。世紀初頭には，西部への膨張とその無限の可能性という幻想とによって覆い隠されていた二つのナショナリズムの矛盾は，西部の州や準州で奴隷制の可否が問題になるたびに深刻さの度を増していった。そして，北部における奴隷制廃止論の高まりとともに，奴隷制が，しだいに南部の地域内問題から地域間対立の，さらには全国的な政治争点へと変わってゆくにつれ，緩い連邦制と地域経済間の協働のもとにかろうじて保たれてきた二つのナショナリズム間の均衡は，急速に破綻へと向かっていった。

　南北戦争の結末は，一次的には，普遍主義による地域的特殊利益の制圧を意味したといってよい。少なくとも，憲法システムは連邦解体の危機を乗り越え，危機の最大の原因となった奴隷制は廃絶されたのであった。連邦憲法体制は，その最大の内部的矛盾を取り去り，その普遍主義的原則の一貫性をより確かなものとした。それこそは，ハイアムのいう「第二の戦後再建期」がもたらした最大の成果であり，これをW・E・B・デュボイスとともに，「自由の夜明け」と呼ぶことは，けっしておおげさではない[28]。しかしながら，「特異な制度」の払拭が，ただ

---

27) *Ibid*.; Henry Clay, *The Works of Henry Clay*, ed. Calvin Colton, G. P. Putnam's sons, 1904, vol. 4, p. 81.

ちに「人種問題」を消滅させたわけではなかったこともまたいうまでもない。むしろ、それは「人種問題」の新しい局面の始まりであった。南北戦争中のリンカーンによる奴隷解放宣言と戦後の憲法修正は、合衆国国民社会が400万人以上にのぼる新しい市民を迎え入れることを意味していた。長く差別され続け、一見して従来の典型的な市民像とはいちじるしく異なった身体的、文化的特徴を帯びた、これらの大量の解放黒人をいかに国民社会のうちに統合し、同化してゆくかが、新しい課題として合衆国に突きつけられたのである。

　本書第4章にみられるように、再建期、この新しい課題は未完に終わった。たしかに再建は、地域政治に対する連邦政府の優位を決定し、アメリカの憲法システムを根本的に再定義する機会となった。しかし、再建政策の終了を告げた1876年の妥協により、敗戦からの復権をもくろむ南部の旧支配層と連邦国家の存続と安定を最重視する北部指導者とは、南部の支配構造の温存とその半自治的な政治的地域としての再編入とに同意した。この妥協が模索される過程で、南部社会における黒人の政治的、経済的、社会的解放という目的は二の次とされ、ついにはふたたび永遠の将来へと先延ばしされたのであった。デュボイスは、戦争直後の再建初期に華々しく約束された解放の夢（より具体的には、それを基礎づけるべき農地改革による土地所有への夢）が、数年を経ずして裏切られていったとき、それがいかに南部黒人大衆の解放に向けての志気に多大の打撃を与え、彼らをふたたび底なしの無力感の淵に突き落としていったかについて克明に書き留めている。歴史家エリック・フォーナーもいうように、黒人の間に、奴隷解放宣言が引き起こした多大の夢や理想からみても、あるいは彼らが市民として、自由労働者としての権利をどれほど確保できたかという実際的な規準に照らしてすらも、「再建政策は失敗であったと評価する以外になかった」のである[29]。

　かくして、1877年以降、「人種問題」は、ふたたび南部という地域内に封じ込められることとなった。人種問題が、全国的問題として浮上した時期は、戦争終結後10年ほどで終わりをみたのであった。復権した南部旧指導者は、あらためてこの地域の支配権を付与され、その下で新しい人種隔離制度が構築されていった。

---

28) John Higham, "Coda" pp. 183-184；W・E・B・デュボイス、木島始他訳『黒人のたましい』岩波文庫、1992年、第2章。
29) 同上；Eric Foner, *Reconstruction : American Unfinished Revolution, 1863-1877*, Harper & Row, 1988, p. 603.

こうして，南部政治を相対的自立地域として全国政治の中で「隔離」するともに，その内側で白人と黒人とを「隔離」するという，いわば人種をめぐる「二重の隔離」システムが生み出されたのであった。新しい世紀の初頭までに，きわめて強固に再構築されたこの「第二の奴隷制」を前にして，デュボイスは主張する。「20世紀の問題は，皮膚の色による境界線の問題である」[30]。しかし，「人種問題」がふたたび全国的な政治的課題としてクローズアップされ，この再建された隔離システムが大きく揺らぐのは，1950年代以降をまたねばならなかった。

3　20世紀アメリカニズムと「人種問題」

1）文化多元主義の限界

　再建の遺産としての「二重の隔離」システムを大きく揺るがし，ついにはその解体をもたらした原因は，直接には1950年代以降の公民権運動であったといってよい。しかし，より長期的にみるならば，それは，世紀転換期から第二次世界大戦後におよぶ時期に，アメリカ社会が農本的社会から大規模産業社会へと大きく転換してゆく過程によってもたらされた。この急速な産業社会の勃興は，国際的，国内的な労働人口の移動を引き起こし，都市社会を中心としてアメリカ国民社会の様相を一変させる結果となった。それにともない，アメリカニズムにおける「人種問題」も，あらためて再定義を余儀なくされたのであった。

　大規模な産業化にともなう労働力の全般的な不足は，合衆国の場合なによりもまずヨーロッパの周辺世界，そしてアジアからの新しい移民によって補充された。この国際的労働移動によって，アメリカ国民社会の構成は19世紀前半までのそれから劇的な変化を遂げることになる。20世紀初頭の合衆国の大都市は，これら旧世界の周辺農村地帯から到来した新移民たちによってあふれかえり，多様な人種集団，民族集団，宗教集団がひしめき合うコスモポリタンな世界へと急速な拡張と変容を遂げていった。マイケル・リンドによるならば，1875年以降，アメリカは，「アングロ・アメリカ」の時代から「ユーロ・アメリカ」の時代へと移ったのである[31]。

　そこにおいて，多様な移民集団は相互に都市内に住み分けつつ，移住のパター

---

30) デュボイス，前掲書，5, 61頁。

ン，家族関係，労働倫理，信仰，食や飲酒などの生活習慣をめぐって，都市を舞台に日常的にいわば小規模の文化紛争をくり広げていった。また，こうした都市の混乱と喧噪は，旧来の政治経済秩序のエリート層の危機意識をかき立てた。たしかに，彼らにとって新移民の到来は，合衆国の資本主義発展と国際的競争力強化のために必要不可欠な条件ではあった。しかし，同時にそれは，再建後，黒人の存在を南部地域に封じ込め，国民意識の表面から隠蔽することによって，かろうじて保たれてきたアングロサクソン系プロテスタントを中核とする「白人国家」の装いを大きく攪乱する事態でもあった。この時代の合衆国が，ほとんど無制約に大量の移民を迎え入れる一方で，広範にして執拗な移民排斥の排外主義的イデオロギーを表出させ続けた根本的な原因は，この新移民に対するアメリカ社会主流のアンビヴァレントな態度によっていたといってよい。

こうして，大量かつ多様な移民集団の流入にともなう多面的な文化紛争と既成の社会秩序の攪乱は，アメリカ社会にあらためて「アメリカ人とは何者なのか」というクレヴクール的問題，すなわち多様な民族的，人種的，文化的要素からいかに安定的秩序を紡ぎ出し，公共的世界を確立してゆくべきかという伝統的な「多から一を」の問題を突きつける結果となった。20世紀初頭草創期にあったアメリカ社会学が，この課題と取り組む中から，統合への理論モデルとして「アングロ・コンフォーミズム」や「メルティングポット論」や「文化多元主義論」を提起したことはよく知られていよう。ここでは，これらの記述的（そしてそれ以上に規範的）な社会学的論議を詳しく論じるゆとりも，また必要もない[32]。ただ，多元性と同化のメカニズムをめぐるこれらの議論をふりかえって，以下の数点だけは指摘しておくべきであろう。

第一に，これらの議論は，新移民集団の（強制的あるいは自発的）同化過程を強調しようが，その自律性への固執と文化的多元性を強調しようが，アメリカ社会が内包する普遍的な価値や信条の存在や正当性を，共通の前提としていたことである。その点で，当時の文化多元主義は，今日の多文化主義とは大きく性格を異にしている[33]。

---

31) Michael Lind, *The New American Nation: The New Nationalism and the Fouth American Revolution*, Free Press, 1995, ch. 2.

32) これらについて詳しくは，以下を参照のこと。Harold J. Abramson, "Assimilation and Pluralism," in *Harvard Encyclopedia of American Ethnic Groups*, ed. Stephan Thernstrom, Harvard University Press, 1980, pp. 150-160.

第二に，この共通のヘゲモニー的普遍文化に立脚したアメリカ国家の一体性(歴史家ゲアリー・ガーストルによれば「市民的ナショナリズム」(civic nationalism))は，アングロサクソンを頂点とする人種階統制による統合(同じく「人種的ナショナリズム」(racial nationalism))と併存していた点である。後者によれば，当初，新移民たちは，中国系，日系移民のアジア系移民はもとより，東南欧系のヨーロッパ移民も含めて，おしなべてアメリカ的な価値や信条への同化不能な「人種的な劣者」とみなされていた[34]。この人種階統制を暗黙の前提とし，特定の帰属集団の排除のメカニズムを併存させている限りにおいて，「市民的ナショナリズム」も，その究極的な包括性を疑わない文化多元主義も，アメリカ憲法システムの矛盾，亀裂を踏襲していたといってよい。

　その点，1920年代の移民法が，全体としてこの人種階統制の存在を背景としていたこと，そして文化多元主義の限界を画す立法であったことは，あらためて指摘するまでもない[35]。結局のところ，1950年代まで続く「ユーロ・アメリカ」の時代とは，ヨーロッパ系の新移民たちが，この限界を突破し，経済的，社会的同化過程をとおして「人種集団」から，「ハイフンつきアメリカ人」に，そしてついには「市民的ナショナリズム」に参画する「白人」へと脱皮してゆく過程と重なっている。本書第5章が明らかにするように，それはまた「ホワイトネス」の再定義の歴史でもあった。

　しかし，第三に，アジア系の「人種集団」の「市民的ナショナリズム」への包摂は，遅々として進まなかった。これらの有色移民の市民権は，彼らの市民社会への統合にともない徐々に獲得されていったというよりは，むしろ後の第二次世界大戦や冷戦にまつわる外交的，政治的配慮に促されて，いわば「上から」与えられたのであった。

---

33) Jeffrey C. Alexander and Neil J. Smelser, "Introduction : The Ideological Discourse of Cultural Discontent," in *Diversity and Its Discontents : Cultural Conflict and Common Ground in Contemporary American Society*, eds. Alexander and Smelser, Princeton University Press, 1999, p. 4.
34) Gary Gerstle, *American Crucible : Race and Nation in the Twentieth Century*, Princeton University Press, 2001, pp. 4, 104-105. この時代の，人種理論の形成過程については，John Higham, *Strangers in the Land : Patterns of American Nativism, 1860-1925*, Rutgers University Press, 1988, ch. 6 参照。
35) ジョン・ハイアム，斎藤眞他訳『自由の女神のもとへ──移民とエスニシティ』76-79頁。

そして最後に，人種的階統制の最下層に位置づけられた黒人は，この「ユーロ・アメリカ」の時代をとおして，なお事実的な社会的，経済的差別とジムクロウ法の圧制下に究極的な「人種集団」として隔離されたままであった。たしかに産業主義の勃興（くわえて，二度の世界大戦への参戦）にともなう労働力需要の急増の影響は，南部農村の隔離システムのうちに逼塞を余儀なくされていた黒人人口にも確実に及んでいった。1900年から20年にかけて，約70万の黒人が，南部農村からシカゴ，ニューヨーク，デトロイト，クリーブランド，フィラデルフィア，セントルイス，キャンザス・シティといった北の諸都市へと移動したといわれる。1920年の時点においてなお，黒人人口の85％は南部に留まっていたとはいえ，その北部への移動の流れは，その後も止むことはなく，1920年からの20年間には100万人，1940年から60年の間には250万人，1960年から80年までにはさらに150万人の黒人が南部から東北部，北西部をめざして移住していった[36]。しかし，そこで彼らを待ち受けていたのは，ふたたび強固なカラーラインによる雇用差別であり，住居，教育，結婚等に関わるデ・ファクトな社会的隔離にほかならなかった。長期にわたる「大移動」(The Great Migration) は，一面では，北部都市の南部化，黒人差別の全国化をもたらしたのであった（本書第II部を参照）。

結局のところ，安定した産業労働者の地位を得たのは，黒人ではなく，20年代の移民制限法までの40年間に2,400万人にのぼったヨーロッパ系移民たちであった。アメリカ国民社会は，黒人を産業社会の中核的労働者として迎え入れることによって「統合」する得がたい機会を，ふたたび逸したのであった。都市において黒人たちが得た仕事は，不定期な家事労働や臨時雇いや非熟練の低賃金労働にすぎなかった。「大移動」の終了した1970年代までには，地域を問わず大産業都市には，大量の黒人未熟練失業者が滞留する結果となった。今日まで続く，インナー・シティにおける下層階級の貧困問題は，ここにその起源がある[37]。

---

36) Richard K. Scher, *Politics in the New South : Republicanism, Race and Leadership in the Twentieth Century*, Paragon House, 1992, p. 31 ; Nicolas Lemann, *The Promised Land : The Great Black Migration and How It Changed America*, Vintage Books, 1992, pp. 6–7.

37) Stephen Steinberg, *Turning Back : The Retreat from Racial Justice in American Thought and Policy*, Beacon Press, 1995, pp. 209–211.

2）公民権運動から多文化主義へ[38]

　上にみた「ユーロ・アメリカ」の排他性や文化多元主義の限界を打破し，アメリカニズムと人種問題をめぐる基本的な視角を一変せしめたのは，1950年代から60年代のアメリカを席巻した公民権運動であった。それはハイアムのいう「第三の戦後再建」と呼ぶにふさわしく，長期にわたる民衆運動や政治的，法的な措置の累積の結果起こった，巨大な時代のうねりにほかならなかった。その詳細は，第6章に委ねるとして，ここではこの運動の原因と帰結について，それに続く多文化主義の時代状況と関わる範囲で，以下の数点に絞って指摘しておきたい。

　第一に，公民権運動とは，「ユーロ・アメリカ」の台頭の時代，南北の地域を問わず，また法による（de jure）か事実上である（de facto）かをも問わず，隔離と差別の社会制度下に逼塞させられた黒人たちによる解放の夢が生み出した大衆運動であった。上に述べたように，「大移動」が，一面で黒人差別の全国化をもたらしたことは事実であろう。しかし，同時に，奴隷解放によってはじめて獲得された移動の自由の実現が，黒人社会全体に，アメリカ人として当然に有すべき憲法的，市民的権利の存在を自覚させ，彼らの自由と平等への渇望をかき立てるきっかけをなしたことをも強調しておかなければならない。結果として，「大移動」は，都市的な新しい黒人文化と新しい民族的なアイデンティティの形成を促し，戦後公民権運動の遠因となったのである[39]。また「大移動」は，それまで南部ジムクロウ・システム固有の問題とされてきた黒人差別を，国民社会全体にかかわる問題として可視化する結果ともなった。それは，とりわけ北部の白人リベラルの覚醒を促してゆく。それまでもっとも一貫して黒人の法的権利擁護をはかってきた全国有色人地位向上協会（NAACP）などのインター・レイシャルな組織の活動もさらに活発化してゆく。以後今日まで，黒人大衆の平等化への渇望はやむことがない。そして，その渇望にいかに応え，黒人に対する社会的差別をいかに克服していくかという問題が，アメリカニズムの普遍主義的性格の一貫性をためす試金石であり続けている。

　第二に，公民権運動の全国的な拡大と盛り上がりを促した要因として，合衆国

---

38)　以下の2節について詳しくは，拙著『アメリカニズム――「普遍国家」のナショナリズム』東京大学出版会，2002年，第4章を参照されたい。

39)　John Higham, "Introduction : A Historical Perspective," in Higham (ed.), *Civil Rights and Social Wrongs*, pp. 4-5.「大移動」がアメリカ社会と黒人社会とをいかに変えたかについては，Lemann, *The Promised Land* 参照。

序章　アメリカニズムと「人種」　25

を取り巻く全般的な危機の亢進とそれにともなうナショナルな一体感情の強化を逸することはできない。大恐慌は，人種やエスニシティの対立線よりは，階級間の公平性の保障と国民経済全体の復興という課題へと国民の関心を集中させた。また1930年代以後の国際政治に蔓延した民族・人種・宗教に基づく不寛容，偏見，自民族中心主義，排斥，そしてジェノサイドは，アメリカ人に自国内の人種偏見や人種隔離に対する反省を迫った。合衆国が，全体主義体制という「新しい隷従」のシステムの打破を目的として戦った第二次世界大戦期，連邦政府は少なくとも軍隊内における隔離制度の部分的廃止を断行せざるをえなかった。さらに，それに続く冷戦期，アジア・アフリカにおけるソ連とのイデオロギー対立に直面して，アメリカ政府は自国内の人種隔離制度のいっそうの是正を迫られた。かくして内外の危機は，アメリカ国内の人種差別克服の動向を促進し，60年代公民権運動をもたらす圧力として作用したのであった[40]。第一次，第二次についてそうであったのと同様，第三次の「戦後再建」も，危機克服に向けてアメリカの理想が鼓舞され，それに向かって「国民的共同体」感覚が強化に向かう時代に進捗をみたのであった。ニコラス・レマンが指摘するように，ここでも「人種争点は国民の一体性という争点と結びついていた」のである[41]。

　公民権運動が以上のような内外の危機のもとで準備されていったことは，この運動に，かつての黒人解放運動には見られなかった新しい次元を付け加えたといってよい。すなわち，規範としてのアメリカ民主主義それ自体に対する批判という契機である。大恐慌から冷戦にいたる世界的危機は，伝統的アメリカニズムにかわりうる政治原理としての社会主義や共産主義の可能性を示すことになったのである。合衆国は，これらの原理に立脚する，自らのそれとは異質な民主主義的ヴィジョンとの対抗，競争に直面したのである。この状況下で，アメリカ民主主義の優越性と正当性を証明するためには，もはや抽象的にアメリカ建国の伝統的理念を掲げるだけでは，決定的に不十分であった。いまや，アメリカ民主主義の約束が，国民社会の内で実際にどれだけ現実化されているかが問われているのであった。人種問題の見直しは，危機に直面したアメリカ民主主義そのものの見直

---

40)　公民権運動の勃興を促した国際政治的要因については，Mary Dudziak, *Cold War Civil Rights : Race and the Image of American Democracy*, Princeton University Press, 2000 および Thomas Borstelmann, *The Cold War and the Color Line : American Race Relations in the Global Arena*, Harvard University Press, 2001 を参照のこと。

41)　*Ibid.*, pp. 351-352.

しの気運に後押しされていたといってよい。

　こうした背景の下に興起した公民権運動について，第三に確認しておくべきことは，それが，すべての個人の解放と平等化という憲法が前提とする近代啓蒙の理想に立脚しながら，現実の政治過程においては，被差別集団の権利回復を目標として展開された点である。それは，それまでの差別廃止の企てが失敗してきた経緯をふりかえるならば，ある意味で当然の展開であったといえる。すなわち，そもそも合衆国憲法それ自体が，啓蒙的な普遍主義を前提としながら，二つの例外的「人種集団」の隔離を温存するという妥協をはかったこと，南北戦争後の再建もまた市民的自由が人種を問わずすべての個人に妥当するという憲法修正を達成しながら，現実には南部に強固な人種隔離の制度を温存する結果に陥ったことをここでは想起すべきであろう。したがって，危機の渦中で人種隔離の撤廃を急ぐ第二次大戦後の公民権運動が，個々人の市民権の回復，個々人の平等化の達成という憲法的前提に潜むまやかしや現実社会の「カラーライン」の存在をあえて無視する憲法の「カラーブラインド」を黙過せず，まず黒人の集団としての即時全面的な平等権の獲得を目標としたのは当然であったといえる。

　1964年公民権法は，「人種，皮膚の色，宗教あるいは出身国を理由とする差別，隔離」を禁止し，連邦政府がそれらの集団の権利擁護のために行うべき措置を具体的に規定した点で，まさに画期的立法であった。それが，憲法の普遍主義的原則を確認，補強するための立法であったことは疑いない。しかし，同時にこの立法は，個人の平等という憲法的理想を達成するための近道として，帰属的集団の存在を前提とし，それら集団成員の一括した平等化への道筋を提示したのであった。それは，少なくとも過渡的には，「人種，皮膚の色，宗教あるいは出身国」によって区分される帰属的集団が，現実の政治過程の構成要素として，かつてなく重視される結果をもたらした。たとえば，奴隷制はもとより，先住民との条約に関する違反行為や，日系人の戦時中の強制収容問題など，人種的マイノリティ集団に対して合衆国がなした数々の歴史的加害行為が裁かれ，謝罪や賠償が繰り返されるといった状況は，まさにこの立法の背景をなす時代精神によって生み出されたといってよい。

　この時代以降，人種，民族的帰属集団が合衆国政治の表層に急速に浮上してきたもう一つの理由としては，1965年移民法改正を挙げておかなければならない。それはかつてヨーロッパ周辺地域からの「新移民」を制限するために，出身国別

の受け入れ措置を定めた1924年の移民法の民族差別を是正することを目的とした立法であった。しかし，すべての国から平等に移民を受け入れるという公民権時代にふさわしいこの移民立法は，中南米やアジア，アフリカなどの途上地域から，合法，非合法の大量の非ヨーロッパ系移民，非白人移民集団を到来させる結果となった。この国際的人口移動も，かつての文化多元主義が暗黙の内に想定していた多元性の枠組みを破砕するのに一役買い，ここにふたたび帰属集団の存在を前提とする「国民社会」の再定義を促すもう一つの要因となったのである。

　最後に，この時代の公民権運動が，突き当たった限界とその意味について，付言しておかなければならない。この運動が，1963年の有名なワシントン行進に，そしてその時のマーティン・ルーサー・キング師の演説「私には夢がある」によって頂点に達し，64年公民権法および65年投票権法によって，画期的な達成をみたことはよく知られている。しかしながら，数百年にわたる差別の累積の結果としてアメリカの社会経済に牢固として根付いた隔離構造は，それが廃絶された後の「夢」を示したからといって，またその不当性を国民社会があらためて立法をとおして確認したからといって，一朝一夕に解消に向かうものはなかったこともまた当然であった。そして，「夢」や「立法」への期待が大きければ大きいほど，容易に改善されえない現状への苛立ちも落胆も大きくなろう。実際にキング師の夢が破れるのには，そう時間はかからなかった。人種問題をめぐり，60年代後半のアメリカ社会が，一転して都市の暴動と性急な解放の目的を掲げるブラック・パワーの噴出をみたこともまた周知のとおりである。人種統合の夢は，一方で都市スラムの社会経済的現実によって，他方で人種紛争の暴力化によって頓挫していったのである。

　こうした事態がもたらした重大な帰結の一つは，公民権運動の興隆を促してきた憲法の根本的原則に対する黒人大衆の間の疑惑と絶望の広がりであった。その際，折悪しく泥沼化していくヴェトナム戦争が，アメリカ民主主義理念の普遍性と正当性を揺るがし，公民権運動の求心力をいちじるしく弱体化させたことも思い起こすべきであろう。

　かくして，第二次世界大戦後の公民権運動は，その成功と失敗の両方によって，アメリカニズムと「人種」をめぐる問題状況の新しい展開をもたらしたのであった。この運動の一つの成果は，人種的，民族的少数者集団に対する広範かつ反憲法的な差別の実態を暴きだし，その改善に向けて国民世論を突き動かしたことに

あった。しかしその過程で、この運動は、国民経済、国民社会における既得権益の偏った差別的配分の構造が、なお越えがたい現実であることを思い知らされたのであった。以後アメリカ社会は資本や権力の再配分をめぐる熾烈な集団間紛争に直面することになる。「多から一を」の課題を、啓蒙主義的、個人主義に立脚した憲法原則の提示のみによって解決することは、いまやいちじるしく難しくなったのである。

3) 多文化主義と人種問題

ふたたびマイケル・リンドの時代区分によるならば、アメリカ史は1972年を境として多文化主義（multiculturalism）の時代に入ったとされる[42]。その場合、多元主義とは、それまでの「多から一を」をめぐるすべての論議がそうであったように、客観的な社会的状況についての記述的な言説であると同時に、あるべき社会構成の展望や権利主張を含む規範的な言説でもある。しかし、多文化主義は、その記述対象となる社会的、文化的集団の多様性の幅についていうならば、文化多元主義以前の論議を大きく凌駕している。多文化主義時代のアメリカでは、1970年代以降さらに多様化した人種、民族、移民集団に加えて、1960年代の対抗文化の興隆を契機として形成された宗教、ジェンダー、世代に関わる多くの文化的集団の存在が表面化している。また規範的言説としても、多文化主義は、およそそれらの集団固有の存在に先立ち、それらを先験的に包摂するような社会的統合原理や普遍的理念に対する不信に貫かれている点でも、文化多元主義以前の論議とは隔たっている。多文化主義の立場からみるならば、それらの原理や理念は、現実社会の支配的集団の文化的ヘゲモニーの反映以上のものではない。多文化主義の言説では、近代啓蒙は解放の出発点としてではなく、新しい抑圧の出発点として理解されている。かつては、すべての多元的諸要素が、アメリカンネスやアメリカ人としてのアイデンティティの獲得に価値を見いだし、そのことが国民社会の求心力を生み出していたのに対し、多文化主義はなによりも個別、特殊な帰属集団のアイデンティティを優先し、全体社会に対しては、そうした多元的アイデンティティの無条件の承認を求めているのである。アメリカ革命と建国の理念を究極的な統合原理をみなす立場の人々が、こうした多文化主義的言説のうちに「ア

---

42) Lind, *The New American Nation*, ch. 3.

メリカの分裂」の危機を感じとったのは、けだし当然であったといえよう。

　前節でみたように、60年代の公民権法や移民法は、アメリカの憲法システムの内に、かつては憲法の条文により「例外」として排除されていた、特定の人種や民族への帰属に基づく集団を明示的に位置づけたのであった。これらの法によって、「多から一を」の課題は、もはや競争的社会過程における個人の努力によってではなく、被差別集団の権利の法的承認にもとづく行政措置に委ねられることになった。その端的な例は、少数者集団、とりわけ大都市の黒人たちの貧困、失業、劣悪な教育環境を是正するための積極的な差別是正策（affirmative action）であった。いうまでもなくそこで人種差別の撤廃に向けて、大きな役割を委ねられたのは連邦政府であった。そして、連邦政府の資源が、白人以外の、歴史的に差別と隔離の犠牲とされてきた黒人をはじめとする人種、民族的少数者集団(黒人、先住アメリカ人、アジア系、ヒスパニック系) 差別是正策に振り向けられたことによって、人種集団間の競争意識と対立感情が亢進していくことになる。

　このような現実の権力や資源の争奪を含む対立感情が、それぞれの集団のアイデンティティを強化していったのもまた当然の成り行きであった。各集団は、自らの存在とアイデンティティを、アメリカ史(さらにはそれを越える世界史、人類史)に照らして正当化することに多大の努力を傾注しはじめたのであった。こうして多文化主義の時代とは、また「歴史」の解釈権や「教育」の主導権やカリキュラムをめぐる「文化戦争」の時代ともなったのである。

　しかも、ここで注目すべきことは、それらの人種的、民族的集団のアイデンティティが、かならずしも「先祖を同じくする」集団のラインや「タイプを同じくする」集団のラインにそって強化されたわけではなかったことである。むしろ権力や資源配分の便宜から立てられた政治的カテゴリーにそって集団的アイデンティティが再構築され、そのようなアイデンティティを正当化するために「歴史」が再解釈され、動員されたのであった。その結果、たとえば、世界史の事実に照らすならば、本来多様な歴史的背景を含み、多様なエスニック・バックグラウンドを含んでいたはずの黒人は、すべて一つの人種集団に一括され、包括的な(ジェネリック)アフロ・セントリズムのイデオロギーによって、その存在とアイデンティティの正当化がはかられることとなった。また、たとえば文化多元主義のもとでは、それぞれに異なった閲歴を背景とし、きわめて多様な「ハイフンつき」の移民集団に分かたれていたはずのヨーロッパ系人口は、行政的な差別是正策の対象の外に、一

括して「(ヒスパニック以外の)白人」のカテゴリーに繰り入れられたのである。こうして，人口構成からみたアメリカ社会は，いまや公共政策の便宜から作られた(白人も含めた)「人種＝エスニック五角形」(ethno-racial pentagon)として表象されているといってよい。そこでは，ブラックネス，ホワイトネスに限らず，人種や民族は，極端に非歴史的，人為的，政治的に「構築された」概念へと意味転換することになったのである。

合衆国において多文化主義が，きわめて価値選択的，情緒的な争点となった一つの理由は，それがこのように人為的に構成された集団間に権力資源の再配分を行うという公共政策的次元を含む概念であったことによっている。しかし，理由はそれにつきない。もう一つの理由は，それが国民人口を構成する集団の多元性を客観的に記述する言葉でありながら(あるいはそのような言葉であるがゆえに)，アメリカ社会の将来像をあたかも客観的に示唆しているかに受け取られたからでもあった。すなわち，国勢調査が統計をもって示す人口構成の「多文化性」を将来に投影するならば，アメリカ社会では近い将来には非ヒスパニックの白人(white)が少数集団化するという「客観的」予測である。国勢調査の人種規定あるいは民族規定に関していうならば，1960年には，国勢調査に回答した人びとのうち，自己規定として「白人」を選んでいたものが88％を数えたのに対し，1990年には同じく「(非ヒスパニック系)白人」を選んだものの比率は76％となり，2000年には69％にまで減少してきている。さらに，それはおそらく2055年から60年の間には，50％以下になることが予測されている[43]。この統計的な事実と予測が，そしてそれらが，しばしば「アメリカの褐色化」(The browning of America)と形容され象徴化されていることが，とりわけ公民権運動と積極的差別是正策に対して憤懣を抱き続けてきた白人中間層の「人種意識」を少なからず亢進しているとみて間違いはない[44]。公民権運動以後の少数者集団の興隆に対する彼らの巻き返し (white

---

43) Roberts, *Who We Are Now*, pp. 139, 233.
44) 「アメリカの褐色化」という言葉自体は，すでに1970年代後半，一部の人口動態研究者が，ヒスパニック系移民の急増する現状を受けて，来るべき事態を予測した時に造語されたものである。*New York Times*, Dec. 30, 1979. Richard Rodriguez, *Brown : The Last Discovery of America*, Penguin, 2003 は，「褐色」の強調は，アメリカにおける「人種概念」を解体にむかわせるであろうことを期待している。しかし，少なくとも短期的には，「褐色化」は，白人の一部に排外主義的感情と白人優越主義の復興を起因している。ハンティントン『分断されるアメリカ』428-438頁。

backlash）は，もはや憲法の啓蒙的普遍主義に依拠した統合を志向しているとはいいがたい。それは，まさに「少数化」の危機におびえる一帰属集団の社会運動，政治運動という様相を呈しているのである。

　かくして，多文化主義時代のアメリカ社会においては，その人口構成の多元性や，多元的集団間の対立が，ふたたび「カラー」の問題へと縮約されているといってよい。多文化主義は，1960年代以前のアメリカにおいて差別され，隔離され，不可視とされた多様な少数者集団の自己主張とアメリカ社会への参入の期待を反映する主張にほかならない。しかし，それは同時に，合衆国憲法体制の根本的な統合原理への不信と弾劾を，そしてそれに立脚して展開されてきたアメリカ民主主義の歴史に対する批判と再解釈の要求とを含んでいる。その意味では，多文化主義は，人種的，民族的な多文化性を主張しながら，それを受容すべき伝統的な統合のイメージを破壊しつつ展開されている。アメリカにとって永遠の課題たる「多から一を」は，いまや新たなパラダイムの創出を必要とする時期に来ているといわなければならない。

おわりに

　21世紀最初のアメリカ大統領ジョージ・W・ブッシュの政権は，「多から一を」の問題に関して，いままでのところきわめて伝統主義的な対応を示してきているといってよい。伝統主義的な対応とは，「多」については，それをアメリカ社会の基礎的条件と認めながら，「一」については，その達成を近代啓蒙的な原則によるというものである。むろん歴代の大統領は，同じく「アメリカ社会の多様性」を言葉として強調してきているが，その場合，現実の国民社会のなかで許容されるべき「多様性」の幅については，時代によって広狭さまざまであったことはいうまでもない。ある時には，黒人や先住民が，またある時にはカトリックやユダヤ人が，さらには中国人や日本人やスペイン語系の移民たちが，「多元的社会」から排除されてきたこともここで繰り返すまでもない。しかし，にもかかわらずそのような限界の範囲内で，アメリカの主流は，「多元性」をアメリカ社会の最大の特色として賞揚してきたといってよい。その上で，アメリカの政治支配者として，大統領たちはつねに国民統合を志向し，おりおりの国家的危機に触れて，それを啓蒙主義的な憲法の原則によって正当化することを怠らなかった。

そして一見して、現在のブッシュ政権もまた、こうした「多から一を」の定式を遵守しているかのようである。たとえば、第一期、第二期のブッシュ政権の閣僚の陣容ほど、多様な民族、人種的出自を含む政権はこれまでになかった。黒人、ヒスパニック系はもとより、台湾系、日系、レバノン系などにいたるまで、その多様な人的構成は、この政権があたかも「褐色化」の度を強めるアメリカ社会の実情を忠実に反映しようとしているかに見える。またブッシュは、国内においてスペイン語で演説した最初の大統領ともなった。こうした事実は、たとえ「お化粧的」(cosmetic) と揶揄されようとも、ブッシュ政権が多文化主義の現実をある程度取り入れることによって、多元性の容認という伝統的立場に立っていることを示していよう。

「一を」に関していうならば、本章の冒頭に掲げたブッシュの第二期就任演説、とりわけその「所有者社会」の件が、ふたたび思い起こされよう。そこに憲法や独立宣言の伝統や、さらにはロック的な自然権思想の残響をすら聞くことができることは、すでに述べたとおりである。それは、徹頭徹尾、「近代的」であり、「啓蒙的」であり、したがって「カラーブラインド」であった。

問題は、この「多から一を」の伝統的な近代啓蒙的スキームが、いまや現実の社会経済に潜む人種階統制や人種差別を克服する力を失ってしまっている点にある。かつて、憲法や独立宣言は、不平等の克服を志す人びとや社会運動にとって、不動の導きの星々であった。しかし、いまや同じ規範が、ブッシュ政権によって、現実の差別や不平等を固定化（あるいは拡大）する保守的政策の正当化のために援用されている。それらの政策の帰結を危ぶむ多文化主義者たちは、これらの規範を支える近代啓蒙の原理それ自体の正当性、妥当性に疑いを投げかけている。アメリカニズムと「人種」問題の矛盾は、こうして一つの極点に達している。アメリカがこの隘路を突破して、その民主主義を新たな平等原理の上に再構築する可能性はまだ薄明のうちにあるといわなければならない。

【文献案内】

① George M. Fredrickson, *Racism : A Short History*, Princeton University Press, 2002.
② John Higham, *Strangers in the Land : Patterns of American Nativism, 1860-1925*, Rutgers University Press, 1988.
③ Gary Gerstle, *American Crucible : Race and Nation in the Twentieth Century*,

序章　アメリカニズムと「人種」　33

Princeton University Press, 2001.
④ John Higham (ed.), *Civil Rights and Social Wrongs : Black-White Relations Since World War II*, The Penn Sate University Press, 1997.
⑤ Sam Roberts, *Who We Are Now : The Changing Face of America in the Twenty-first Century*, Times Books, 2004.
⑥アンドリュー・ハッカー，上坂昇訳『アメリカの二つの国民——断絶する黒人と白人』明石書店，1994 年。
⑦中條献『歴史のなかの人種——アメリカが創り出す差異と多様性』北樹出版，2004 年。
⑧ Arthur Mann, *The One and the Many : Reflections on the American Identity*, The University of Chicago Press, 1979.
⑨ Stephen Steinberg, *Turning Back : The Retreat from Racial Justice in American Thought and Policy*, Beacon Press, 1995.
⑩ Alexander and Smelser (eds.), *Diversity and Its Discontents : Cultural Conflict and Common Ground in Contemporary American Society*, Princeton University Press, 1999.
⑪ジョン・ホープ・フランクリン，本田創造監訳『人種と歴史——黒人歴史家のみたアメリカ社会』岩波書店，1993 年。
⑫スタッズ・ターケル，田村博一他訳『人種問題』晶文社，1995 年。
⑬竹沢泰子編『人種概念の普遍性を問う——西洋的パラダイムを越えて』人文書院，2005 年。

　個別の時代，個別のテーマごとの参考文献は，以下の諸章の紹介に委ねることとし，ここでは，アメリカニズムやアメリカ・ナショナリズムという統合的イデオロギーと「人種」との関係を大きな見取り図のうちに提示していると思われる文献を紹介したい。①は，碩学による人種差別の思想史的考察。反ユダヤ主義と白人優越主義の異同を論じ，20 世紀における人種差別主義の盛衰史を一望する。②③は，普遍主義的な装いをもつアメリカ合衆国の市民社会に潜む排外主義や偏狭な人種主義の歴史的根源を問う二著。②はすでに古典と目され，③は問題を 20 世紀アメリカ史全体の脈絡において探究した近年の傑作と評価されている。④では，60 年代の理想主義的な公民権運動が，30 年後にいかなる人種的対立を生む結果になったかについて，「多元的統合論」に立つ編者をはじめとして，どちらかというと中道リベラルな研究者たちが，多文化主

義批判の立場から考察している。次に，10年ごとに新しい国勢調査が行われるたびに，その人口動態に関わる部分をまとめてきた⑤は，人口動態に連動する人種関係の変化を客観的に見るための基本的データを提供してくれる。⑥は，家族，所得，雇用，教育，犯罪などの指標に即して，今日のアメリカ社会になお執拗に存続する黒人差別の実態を克明に分析している。きわめてインフォーマティヴでありながら，社会的公正を志向する著者の強い意志がシンプルに示されている。⑦は，奴隷制時代からポスト公民権時代にいたる人種関係の変容を簡潔に論じている。たんなる事実史ではなく，それを「人種」をめぐる時代ごとの意識と理論の変容過程と交錯させていることが，同書の「人種問題」理解を深めている。⑧は，本章の主題のひとつである多元的エスニック・アイデンティティとアメリカン・アイデンティティとの相克を，建国以来の歴史に沿って，社会学の知見を用いて描いている。多文化主義の勃興以前の著作ではあるが，ポスト公民権時代の人種関係についても，依然として示唆に富む。⑨は，同じ著者の *The Ethnic Myth : Race, Ethnicity, and Class in America*, Beacon Press, 1981 に引き続き，保守主義の時代における人種差別の社会経済的構造を，60年代の知的ラディカリズムからの一貫した現状批判の視点に立ち分析している。⑩は，多文化主義の時代におけるいわゆる「文化戦争」について，多様な専門の研究者たちが，多面的に，かつ客観的，理論的に考察している。文化戦争についての数ある著作の中でももっとも重要な一冊である。⑪は，20世紀アメリカの最高の歴史家の一人による黒人史学の回顧と展望。本章との関係では，とくにアメリカにおけるエスニシティの展開と黒人史との関わり，人種に関する建国の父祖たちの功罪について，示唆に富む。⑫では，市井のアメリカ人たちが，第二次世界大戦をどのように経験し，それにどのような思い出を抱いているのか，普通のアメリカ人の仕事観などについて，広範なインタヴューを行ってきたターケルが，人種問題に関して同じ手法を用いて大量のインタヴューから，現代のミッド・アメリカの人種意識を描き出している。人種問題に関するアメリカの本音と理想をかいま見ることができる。⑬は，編者が数年にわたって国際的に組織してきた共同研究のめざましい成果。欧米で形成されてきた人種概念を，それによって抑圧され，差別されてきた側からの根源的批判を組み込み，学際的アプローチによって，相対化することに成功している。

第Ⅰ部

アメリカ史と「人種」

第1章　アメリカ史の初期設定と「人種」

西 出 敬 一

1　黒人奴隷制度の形成

1）プランテーション革命

　北米には, 1607年のヴァージニアから1733年のジョージアまで, 13のイギリス植民地が設立され, これが原13州として合衆国を樹立することになるが, 1780年にペンシルヴェニアが法律によって奴隷制の漸次的廃止を決めるまで, 奴隷禁止政策(1733～50年)をとっていたジョージアを含めて, 13植民地のすべてで黒人奴隷制度が行われていた。このうちで, 西半球の黒人奴隷制全般を特徴づけるプランテーション型経済をもっていたのは, ヴァージニア, メリーランド, 南北カロライナ, ジョージアの5植民地のみであった。

　イギリス人と黒人奴隷制との直接の係わりは, ジョン・ホーキンズなど一部の冒険的船長が大西洋奴隷貿易にゲリラ的に参入することで, すでに16世紀中ごろに始まっていたが, イギリス人が労働・生産制度としての黒人奴隷制を自ら構築するのは, アメリカ植民地の建設を通じてである。

　イギリス人にとって黒人奴隷制が歴史的存在価値をもちえたのは, なによりも, 16世紀から18世紀にかけて資本主義的世界システム創成の一環として成立した大西洋市場システムに, 大量に提供しうる世界的商品作物およびその加工品の生産に自植民地で成功することによってである。そのような北米奴隷制を発展させたプランテーション作物は, 大別して, 1620年代からのチェサピーク湾周辺(ヴァージニア, メリーランド, 北カロライナ)のタバコ, 1720年代からの南部低地(南カロライナ, ジョージア)の米, 19世紀に入ってからの低南部(ジョージア, アラバマ, ミシシッピ, ルイジアナ)の綿花であったが, 北米の黒人奴隷制度そのものは,

すでに17世紀のタバコ・プランテーション時代に法制的基礎が形成されていたのである。これら北米植民地における黒人奴隷制の成立は，孤立した地域的現象としてではなく，チェサピーク湾からブラジルまで南北アメリカに展開された，黒人奴隷を使役して世界市場向け商品作物を量産する近代的地域圏たる「プランテーション・アメリカ」の，北端として位置づけることが必要である。

1607年に植民されたヴァージニアで，1610年代にタバコの栽培とイギリスへの輸出に成功し，主にイギリス人年季奉公人を使役した生産が拡大し，1630年代には隣のメリーランドにも波及してゆく。ヴァージニアでのタバコ・ブームは，イギリス人商人によるカリブ海への植民事業につながり，1624年にはバルバドス島植民が行われた。そのバルバドスで1640年代に，タバコから，ブラジルで成功していた砂糖キビへの作物転換が起こり，この小さな島が，小農業と年季奉公人労働を主とする経済から，黒人奴隷制にもとづく大プランテーション型経済に急転回した。この「砂糖革命」は，ほかの英仏領カリブ諸島に波及し，大西洋システムの奴隷貿易を飛躍的に拡大した。そのうち，英領のバルバドス，ジャマイカ，リーワード諸島では，砂糖生産の拡大に比例して奴隷需要が拡大し，1640年から1700年にかけて26万人以上の黒人奴隷が輸入されている（1700年の黒人奴隷人口が10万人に満たなかったから，この地域の奴隷の消耗度の高さが歴然としている）。バルバドスでは，奴隷人口が1645年の6,000人から1700年の4万人（全人口の73％），ジャマイカでは，1670年の7,000人から1700年の4万人（全人口の85％）へと，それぞれ急増した。

チェサピーク湾地域でも，1680年代を境に，タバコ生産労働力の主力が白人奉公人から黒人奴隷へと転換した。この「タバコ革命」によって，ヴァージニアでは，奴隷人口が1660年代の2,000人から1708年に1万2,000人，1715年に2万3,000人（全人口の24％）にまで達し，メリーランドでも，1715年には黒人奴隷人口が1万人（同19％）となった。一方，カリブ海「砂糖革命」の波及というかたちで，1660年代にバルバドス砂糖プランターによって建設されたカロライナ植民地でも，1710年代に，タール，ピッチ，毛皮などの多角生産経済から，南部湿地での米作プランテーシンへの転換が起こり，この「米作革命」によって，奴隷人口が1703年の3,000人から1720年の1万2,000人（同57％）となり，一気に白人人口を上回ってしまった。続いてジョージアでも，南カロライナ米作プランターの，肥沃な低地を求めての南方展開という圧力をうけて，それまでの奴隷制禁止政策

を 1750 年に放棄した結果,米作奴隷制が急速に発達し,奴隷人口も,1754 年の 2,000 人から 1773 年には 1 万 5,000 人 (同 45％) に達した。大まかに見て,1680 年代から 1720 年代に起こった現象が,イギリス北米植民地における「プランテーション革命」(大規模プランテーション経済と黒人奴隷制の発展) とみなすことができる。北米における黒人奴隷制の法制度も,ほぼこの時代に基礎が確立されることになるのである。

　同じアメリカの植民地でも,イベリア半島のスペインやポルトガルの領土の場合,本国そのものが,8 世紀に西ゴート王国がイスラム勢力に滅ぼされて以来,ムーア人 (Moor:北西アフリカのベルベル人とアラブ人の混合したイスラム教徒) との長い接触の歴史があった。13 世紀からの『七部法典』(Las Siete Partidas) という奴隷法規の伝統もあり,アメリカ植民時代には本国に奴隷が多数存在していた。これと異なり 17 世紀のイギリスには奴隷制も奴隷法も存在せず,アメリカ植民地では,生産経済と労働力需要という事情に迫られて,「奴隷制という特異な制度」(alien system of slavery) を初手から構築しなければならなかったのである[1]。その場合,まったくの白紙に奴隷制度を書き込んだというより,既存のイギリスの制度や思想,価値観をベースにして,徐々にそれを成し遂げたとみるのが妥当であろう。

2) 終身奉公人

　まずその下敷きとなったイギリスの労働制度として,年季奉公人制度がある。アメリカ植民地に導入されたこの制度では,一般にイギリスから年季契約書を携えて入植し,植民地人に引き取られた奉公人は,4〜7 年の年季満了後は自由になるが,奉公期間中は,売買され,結婚などの自由が規制され,逃亡すれば年季追加処罰やムチによる体罰も受けた。例えばヴァージニアの 1643 年法では,主人の許可なしに結婚したり,逃亡した奉公人には,頬に R の烙印を押すと定められていた[2]。

　奴隷概念そのものはイギリス人にあったことは疑いなく,例えばトマス・モア

---

1) Allan Kulikoff, *Tobacco and Slaves : The Development of Southern Cultures in the Chesapeake, 1680-1800*, University of North Carolina Press, 1986, p. 44.
2) William Hening (ed.), *Statutes at Large : A Collection of All Laws of Virginia from 1619*, vol. I, Franklin Press, 1823, pp. 254-255.

の『ユートピア』(1516)やシェイクスピアの『ヴェニスの商人』(1596)などに出てくるし，先述したようにホーキンズが西アフリカの奴隷貿易に出ており，さらに，実行されたかどうかは別として，法文上でも奴隷概念が存在した。例えば1547年の「浮浪者取締法」で，逮捕された浮浪者には胸に烙印を押し，逃亡して捕まればSの烙印を押して，「終身奴隷」(slave forever)とすると規定されている[3]。

1619年にオランダ船が食料などと引き換えに20人の「ニグロ」(Negroes)をヴァージニア人に引き渡したのが，イギリス領北米植民地への黒人労働力導入の端緒とされているが，これら「ニグロ」はもちろん白人ではなく，年季契約書も所持しておらず，何らかの特殊な労働力として受け取られたものと考えられる。

しかし奴隷制や奴隷法が現実に存在しない限りでは，17世紀前半に散発的に輸入された「ニグロ」は，実態は別として，奉公人制の枠内で扱われたり，奉公人概念に包括されたりしていたものと考えられる。ところがヴァージニアの黒人奴隷人口は，1670年に白人奉公人の6,000に比べて2,000人と少なかったのに，1700年には，白人奉公人約3,000人に対して1万2,000人と急増した。17世紀後半の黒人奴隷人口の増加を背景に，終身年季概念を経て，年季奉公人制度の中から，1660年代を境に奴隷制度が分離する「漸進的プロセス」(evolution, gradual growth)[4]が展開されるのである。イギリス人が年季奉公人と奴隷を奉公人概念で一括する傾向は長く続いたが，年季の終身化こそ事実上の奴隷制の成立とみなしうるのである。早い例では，1636年のバルバドス法は，年季契約なしで輸入された「ニグロとインディアン」は終身奉公(serve for life)とする，と定めている[5]。また，イギリス商務拓殖委員会の1664年の文書には，「奉公人には白人と黒人の二種類があり，黒人奉公人(Negro servants)は貿易で買い取られたプランテーションの最も有用な道具で，終身奉公人(perpetual servant)である」という記述があり，この「黒人奉公人」という用語は，1660～70年代の王立アフリカ会社の文書にもよく出てくる[6]。1670年のヴァージニア法では，船舶で輸入された「非キリスト教徒の奉公

---

3) C. H. Williams (ed.), *English Historical Documents*, vol. 5, London, 1967, pp. 1029-1032.
4) Robert Cope, *Carry Me Back : Slavery and Servitude in Seventeenth Century Virginia*, Pikeville College Press, 1973, p. 5.
5) Richard Sheridan, *Sugar and Slavery*, Johns Hopkins University Press, 1973, p. 236.
6) Elizabeth Donnan (ed.), *Documents Illustrative of the History of the Slave Trade to America*, vol. 1, Carnegie Institute, 1930, pp. 156, 196, 215.

人」はすべて「終身奉公人」(servants for their lives) とみなす,と定めているし[7],当時の法文には,servant for life, servant forever, perpetual servant といった表現が使用されている。ヴァージニアのプランターだったロバート・ベバリーはその著書 (1705) で,「植民地人はその奉公人を終身 (servant for life) と一時的奉公人とに区別している。ニグロが奴隷とされるのはその奉公期間の終身性のためであるが,奉公人も奴隷も共にタバコ栽培に使役されている」と記している[8]。ヴァージニアの 1661 年法では,逃亡「ニグロ」にはイギリス人奉公人と同じ年季追加処罰が適用されないと定め,「ニグロ」が法的に別身分であることを示唆した。1672 年の法律では,逃亡した「奴隷または終身奉公人」(slave or servant for life) を殺害しても罪に問われないと定め,奴隷と終身奉公人が同一身分であることを認知している[9]。むろんこのことは,黒人の年季限定奉公人も存在したことを否定するものではない[10]。

　北米イギリス植民地の奴隷制構築につながるもう一つのイギリスの制度は,私有財産制である。イギリス人にとって,私有財産権がいかに市民の権利の基本とされていたかは,ジョン・ロックが,自然状態の人間が政治体として結集する最大の目的として,「所有権の享有を確保すること」をあげていることにも示されている[11]。北米植民当時のイギリスでは,商業経済が発展し,商取引や貿易を通じてあらゆるものが商品として売買され,所有され,それが財産権として認められていた。アメリカに渡った植民地人にとって,奴隷は商品として買い,所有しているものであり,法的には私有財産権の対象であった。また,年季があるとはいえ,労働力を売買し,所有することは,年季奉公制のもとですでに行われていた。ヴァージニアでみると,1669 年法では,懲罰中に奴隷を死亡させても,「人が殺意をもって自己の財産を破壊する」ということはありえないから殺人に当たらないとして,奴隷を財産毀損の対象と位置づけている。さらに 1671 年法は遺言なしに死亡した人の財産相続方法を定め,馬や牛などの家畜は相続人が一定年齢に達した時点で等価の現物で引き渡すが,奴隷については競売で現金化してから引き渡すとし,奴隷も牛馬と同じ「財産」(estate) と位置づけている。また 1705 年のヴァ

---

7) William Hening (ed.), *Statutes at Large*, vol. 2, p. 283.
8) Robert Beverley, *The History and Present State of Virginia*, London, 1705, p. 271.
9) William Hening (ed.), *Statutes at Large*, vol. 2, pp. 26, 299-300.
10) Robert Cope, *Carry Me Back*, pp. 1-40.
11) 鵜飼信成訳『市民政府論』[1690] 岩波書店, 100, 221 頁。

ージニア最初の包括的奴隷法は,「奴隷は不動産 (real estate) として取得, 所有されるものとし, 土地と同じ方法で相続する」とも定めた[12]。このように, 奴隷所有が私有財産権として法的にも正当化されたのであるが, この私有財産権としての奴隷所有の思想こそ, その後の独立革命の自然権思想に裏打ちされて, 南北戦争に至るまで, 奴隷制を支えるイデオロギーの柱の一つとして機能することになるのである[13]。

3) ハムの末裔

北米植民地で黒人奴隷制を構築した人々は, まぎれもなくイギリス人キリスト教徒であり, 彼らは, 自ら信仰するキリスト教と奴隷制を整合させる必要に迫られていた。17世紀初めのヴァージニア法には, しばらくの間, 黒人奴隷を「ニグロ」, これに対する白人を「クリスチャン」とする区分事例が見られたが, やがて, 少数ながらもキリスト教徒となった奴隷が現れると, この区分の意味があいまいとなり, 1667年法で, 奴隷が洗礼を受けても身分を変更しないことを定めた。これはキリスト教徒の奴隷の存在を肯定することで, キリスト教と奴隷制が共存できることを法的に確認したものであった。しかし, クリスチャン奴隷が確認されたとしても, 果たしてキリスト教徒たるものが奴隷を所有できるのかという根本問題が残る。これは, 奴隷制を正当化するためにどうしてもクリアーしなければならない課題であった。そのために, 17世紀の北米でも, キリスト教徒が奴隷を所有することを弁護する言説が牧師を中心に流布された。

『創世記』を引用して, 黒人は父ノアの裸姿を見て兄弟に告げたことでノアの怒りをかって, 奴隷となるよう運命づけられたハムの子孫である (「ノアの呪い」) とか, アブラハムも奴隷を所有していたなどとして, 旧約聖書を引用することで教義に基づいてキリスト教徒の奴隷所有を正当とした。また, アフリカの未開人を文明化してやることは善行であるとか, 黒人奴隷はアフリカでの戦争捕虜であり, 捕虜を奴隷にすることはキリスト教徒でも認められる, などと言われた。

このような, キリスト教の教義に基づく17世紀北米の奴隷制正当化の二つの典型が, マサチューセッツ植民地の商人ジョン・サッフィンと, 牧師のコットン・

---

12) William Hening (ed.), *Statutes at Large*, vol. 2, pp. 270, 288 ; vol. 3, p. 333.
13) James Huston, *Calculating the Value of the Union : Slavery, Property Rights, and the Economic Origins of the Civil War*, University of North Carolina Press, 2003, pp. xiv, 8.

マザーである。サッフィンは、『創世記』の中で、「我らすべての父」たるアブラハムが奴隷部隊を率いて戦った（14章14・16）とか，ゲラル王がアブラハムに男女奴隷を与えた（20章14）とか，『出エジプト記』の中で，エホヴァとモーゼの契約の一つに奴隷所有が肯定されている（「6日働いてすべての仕事を終えよ。7日目はエホヴァのための安息日である。汝も汝の奴隷もすべて仕事をしてはならない」20章10）などとして，旧約聖書で奴隷所有が認められていると主張した。また『コリント人への手紙』を引き合いに出して，「奴隷でも自由人でも同じくキリストの洗礼を受けられる」（12章13）とあるように，神は人に，ある者は主人，ある者は家臣や奴隷にという身分を与えられたと解釈して，新約聖書でも奴隷所有は正当化されるとした。それだけでなく，黒人を異教の地から救出して神の教えの恩恵を施すことは善行であるとして，奴隷制の積極的意義をも説いた[14]。

マザーは奴隷への布教を奨励し，奴隷をキリスト教に改宗してこそ，忠実な奴隷に仕立て上げられることを強調した。黒人も白人も，同じく神が創造された人間であり，処遇を改善し，神の教えに導くべきだと言う。奴隷に対しては，イエスを信じる者は自由人と奴隷の区別なく救われるのであって，奴隷という境遇に耐え，忠実に働くことがイエスにお仕えする信仰の道であり，そうすれば，やがて天国での幸せが約束されると説いた[15]。北米イギリス植民地で黒人奴隷制を正当化せんとした，上記のようなキリスト教徒の論理は，キリスト教信仰と奴隷制を整合させようとしたもので，南北戦争までの黒人奴隷制正当化のもう一つの有力イデオロギーとして，維持されてゆくのである。

2　奴隷制と人種偏見

1）黒いムーア人

北米イギリス植民地の黒人奴隷制構築につながる，もう一つ重要な素材が人種偏見である。イギリスには，遅くとも1550年代から黒人が入国しており，宮廷人などによって，ニグロ，ムーアなどと呼ばれて，エキゾチックな演芸師や召し使

---

14) John Saffin, *A Brief and Candid Answer to a Late Printed Sheet, the Selling of Joseph*, Boston, 1701, in Louis Ruchames (ed.), *Racial Thought in America*, University of Massachusetts Press, 1969, pp. 53-58.
15) Cotton Mather, *The Negro Christianized*, Boston, 1706, in *ibid.*, pp. 59-70.

いなどとして珍重されるようになった。北米植民地では，ニグロという外来語が，当初，「黒い」というそのスペイン語やポルトガル語の原義でなく，単に輸入された黒人奴隷をさすものとして慣用されていたが，ほどなく，人種や皮膚の色を意識した「黒人」(black) とか「黒人奴隷」(black slave) という用語が法文上に現れ，イギリス人には「白人」(white) があてられるようになった。例えば1705年の奴隷法では，「キリスト教徒白人奉公人」(Christian white servant) とか「白人男女」(white men and women) などの，人種・皮膚の色を意識した表現が用いられている。これらの用語には何らかの人種偏見が伴っていたのかという点であるが，モリスは「北米への植民者は，根深い人種偏見を携えてきた」と指摘し，デイヴィスも，黒人への人種偏見は奴隷制の産物ではなくて，イギリス人には先行的に偏見があった，と示唆している[16]。つまり，17世紀の北米へのイギリス人植民者の黒人に対する人種意識は，けっして空白ではなかったということである。

　彼らが当時のイギリスに何らかの形で存在した人種的偏見を抱いていたとすれば，それはどういうものだったのか。それを類推させる例にシェイクスピアのいくつかの演劇がある。例えば，ヴェネチアのムーア人将軍の，妻に対する嫉妬からくる悲劇を扱った『オセロー』(1603) がある。「奴隷に売られ，身代金で自由になった」と身の上を語るムーア人オセローに対して，人種的偏見を含んだ数々の台詞が向けられる。「あの唇厚め (the thicklips)」(ヴェネチア市民ロダリーゴー)，「老かいな黒羊 (old black ram) めが，あなた様の白い雌羊 (white ewe) を犯そうとしておりますぞ……(止めさせないと) あの悪魔があなた様の孫をつくってしまいますぞ」「同郷，同じ肌の色 (complexion)，同じ身分の者こそ (彼女の) 自然な相手ですぞ」(オセローの部下イアーゴー)，「(わしの娘が) おまえのような黒ずんだ胸 (sooty bosom) に身を投げだすはずがない」(オセローの義父ブラバンショー) といった具合である。イアーゴーの奸計にはまったオセローが「俺の色が黒いので (for I am black)，彼女の心が去ったのか」と動揺，嫉妬し，妻を殺害する。これを見たイアーゴーの妻エミーリアは「あなたはひどい。真っ黒なお顔よりもっと黒い悪魔 (blacker devil) ですわ」と，オセローを罵る。当時のイギリスでは，ムーア人は「黒人」(black)，「黒いムーア人」(blackamore) と同一視されており，『オセ

---

16) Richard Morris, "Preface," in Mathews Mellon (ed.), *Early American View on Negro Slavery*, Bergman Publishers, 1934, p. vi ; David Davis, *The Problem of Slavery in Western Culture*, Cornell University Press, 1966, p. 281.

ロー』には，オセローが黒人であることを強く意識した台詞が要所で配置されている。

　同じくシェイクスピアの『タイタス・アンドロニカス』(1594)がある。ローマの将軍アンドロニカスがゴート人女王タモーラを連れて凱旋して繰り広げられる，復讐の連鎖を扱う悲劇だが，その中で，タモーラの愛人アーロンが「石炭のように真っ黒なムーア人」であるという設定が意味をもち，アーロンへの人種的偏見と，黒人の血が白人に混ざることへの強いタブーが，筋書きや台詞となっている。例えば，王妃となったタモーラとアーロンの密会を知った皇帝の弟バシエーナスは，「あの闇の国の黒い男は，あなたの名誉を，あの汚く，忌わしい(spotted, detested, and abominable)身体の色に染めてしまいますぞ」と警告する。タモーラはアーロンの子を出産してしまい，密かに捨てるよう乳母に命じる。乳母はこの子を指して「これ（混血児）は悪魔の子です」と叫ぶ[17]。

　この両作品にみられる人種的偏見の共通点は，ムーア人の人種的特性(特に皮膚の色の黒さ)が劣等の表象とされていること，劣等な黒人の血が白人に混入することへのタブーであった。この両要素は互いに関連しているが，イギリス人の場合，特に人種混淆への拒絶感が強かった[18]。シェイクスピアの作品で黒人への人種的偏見が台詞に配置されているからといって，彼がそのような強い偏見をもっていたという意味ではなく，マルコムソンも言うように，「ロンドン市民の中にあった，黒い皮膚への嫌悪感を承知したうえで」[19]，意図的にこのテーマを盛りこんで作劇したのではないかということである。

　したがって，イギリス人の中にムーア人(黒人)への漫然とした人種的偏見があり，これが植民地に持ち込まれて，「奴隷制の正当化と弁護に利用された」という見方に無理はない。さらに北米現地では先述のように，黒人はハムの子孫であるという，キリスト教の教義に基づく「ノアの呪い」説も，奴隷制の人種主義的正当化に貢献した。ヴァージニアのプランターだったウィリアム・バードも，黒人

---

17) 福田恆存訳『オセロ』新潮社，菅泰男訳『オセロー』岩波書店，小田島雄志訳『タイタス・アンドロニカス』白水社，M. R. Ridley (ed.), *Othello*, The Arden Shakespere, 1979 ; *The Complete Works of William Shakespere*, Avenel Books, 1975 を参照。
18) Carter Woodson, "The Beginings of the Miscegenation of the Whites and Blacks," *Journal of Negro History*, 3 : 4 (1918), pp. 338-339.
19) Scott Malcomson, *One Drop of Blood : The American Misadventure of Race*, Farrar Straus Giroux, 2000, p. 162.

奴隷のことを「ハムの末裔」(descendant of Ham)と呼んでいる[20]。この説はキリスト教の教義が黒人への人種偏見と結びつけられた「典型的なケース」[21]であり、その後も長く利用されることになる。

　こうして皮膚の色が、奴隷身分だけでなく人種的劣等の烙印(stigma of inferiority)とされ、この烙印は奴隷となった黒人だけでなく、自由黒人にまで押しつけられた。例えば、1662年のヴァージニア法で自由人女性の人頭税は免除することになっていたが、解放された女奴隷については扱いが曖昧なことから、1668年法で、「ニグロは自由身分となっても、イギリス人女性と同一の権利や免除を認められない」との理由で、奴隷の時と同じく課税すると定めている。さらに1670年法で、自由ニグロが白人奉公人を所有することを禁止した[22]。つまり、黒人は奴隷であるがゆえに差別されたのではなく、黒人であるがゆえに奴隷とされ、差別されたことになる。先述したキリスト教によって奴隷制を弁護する一般的考えに対して、これに反論す少数の人々もいたが、その一人がマサチューセッツ植民地の商人サムエル・スウォールだった。彼は、奴隷所有がキリスト教に反するという自説に加えて、奴隷制に反対する理由として、「ニグロと我々との間には皮膚の色と髪の毛の違いがあるので、共にやってゆけない」[23]ことをあげている。奴隷制を批判する人にさえ、人種的偏見が浸透していたのである。

　もちろん、黒人のみが奴隷になったのではなく、南カロライナやベーコンの反乱時(1676年、ナサニエル・ベーコンが辺境農民らを率いて総督を追放した)のヴァージニアにみられたように、先住民奴隷も存在した。法文上でも、例えば、反抗する逃亡奴隷を殺害しても罪にならないと定めた1672年ヴァージニア法で、その対象が「ニグロ、ムラトー、インディアン奴隷または終身奉公人」と記されている。ベーコン議会の1676年法では、戦争で捕虜となったインディアンは奴隷とすると定めている[24]。しかし、北米のインディアン奴隷は、プランテーションの組織的な集団労働に適しておらず、またインディアンの抵抗が強く、西インド諸島へ輸出

---

20) Louis Ruchames (ed.), *Racial Thought in America*, pp. 1-2, 74.
21) Stephen Haynes, *Noah's Curse : The Biblical Justification of American Slavery*, Oxford University Press, 2002, pp. 220-221.
22) William Hening (ed.), *Statutes at Large*, vol. 2, pp. 267-280.
23) Samuel Sewall, *The Selling of Joseph*, Boston, 1700, in Louis Ruchames (ed.), *Racial Thought in America*, pp. 47-51.
24) William Hening (ed.), *Statutes at Large*, vol. 2, pp. 299, 346.

されたりして,人数も少なかった[25]。さらに,法的扱いにも一貫性がなかった。1656年法では,インディアンから人質とした子供は奴隷とせず,「キリスト教,礼儀作法,職業技術を教えるべし」としているし,インディアンを買い取ってはならず,返却すべしと定めた1658年法,周辺地域に住まないインディアンは奉公人としてもよいが,奴隷として売ったり,白人奉公人を上回る年季を設けてはならないとした1662年法などにみられるように,明らかに黒人とは異なる法的対応がみられるのである。

2）人種混淆タブー

イギリス人植民者の黒人への人種的偏見が差別として法律上に歴然と表れるのは,人種混淆(miscegenation)への強いタブーとしてであった。ヴァージニア議会での1630年の裁判で,ヒュー・デイヴィスなる白人が,「ニグロと同衾して,神を冒瀆する,キリスト教徒としての恥辱(shame of Christian)行為」を犯したとして,公開の鞭打ち刑を宣告されている[26]。これは,奴隷制確立よりも相当前から,黒人との性的関係が姦淫として,キリスト教徒のタブーであり,法律上の犯罪とみなされていたことを物語っている。1664年のメリーランド植民地の法律では,イギリス人女性がニグロ奴隷と結婚するという,「(イギリス)国民としての不名誉」(disgrace of our nation)たる「恥ずべき」行為を予防するため,そのような行為をなした女性は相手奴隷の主人の元でその奴隷が死ぬまで奉公し,両者の「自然に反する結合」(unnatural copulation)で生まれた子供は,父と同じ奴隷とすると定めている[27]。このような法律の裏を読み,さらに1670年代の法律に「ニグロおよびムラトー」という表現がよく使用されていることなどから類推すると,混血者が無視できない存在になっていたのではないかとも考えられるが,ヴァージニアのプランターだったウィリアム・バードがその日記で,友人が連れてきた「白いニグロ」(white negro)を見て,「皮膚の色以外は他のニグロと同じ容貌だった」[28]として,好奇の目でみたことを記していることからみても,両人種の身体的特性

---

25) Robert Cope, *Carry Me Back*, pp. 44-46.
26) William Hening (ed.), *Statutes at Large*, vol. 1, pp. 146, 396, 482 ; vol. 2, p. 143.
27) Willie Rose (ed.), *A Documentary History of Slavery in North America*, University of Georgia Press, 1976, p. 24.
28) L. Wright and M. Tinling (eds.), *The Secret Diary of William Byrd of Westover, 1709 -1712*, Richmond, 1941, p. 257.

の混淆は奇異の目でみられていた。

　ヴァージニアの1691年法は，白人とニグロの結婚を「忌わしい結合」(abominable mixture) とし，その白人は永久追放，生まれた混血児は「在り得べからざる子」(spurious issue) として，30歳まで奉公人となるように定めている[29]。また南カロライナの1717年年季奉公人法では，自由人，奉公人を問わず，すべての白人女性が奴隷または自由ニグロの子を産んだ場合，自由人女性なら7年の年季奉公人とされ，奉公人女性なら7年の年季追加とし，そのような「自然に反する法外な交合」(unnatural and inordinate copulation) で生まれた子供は，男児なら21歳，女児なら18歳まで奉公人とするものと定めた[30]。13植民地の中で最後に奴隷制を採用したジョージアでも，奴隷解禁を決めた1750年奴隷法で，白人と黒人の人種婚を無効とし，黒人と同衾した白人は10ポンドの罰金，相手となった黒人は体罰，としている[31]。この法律の制定に協力したヨハン・ボルジアス牧師は1751年の手紙で，「(白人とニグロの結婚)はひどく忌わしい行為 (terrible abominations) として禁止されましたが，現実にはよく起こっておりまして，私もニグロと交わって黒い子を産んだ白人女性を存じておりますし，白人男子の場合には，そのような罪を犯す人が多いのです。生まれた混血児 (half-black) は，キリスト教徒の恥辱です」と述べている[32]。

　黒人人口の増加にともなって，人種混淆への規制と処罰が厳しさを増した。例えばヴァージニアの「人種婚およびその産児を防止する法律」(1753年) では，白人女性がニグロの子を産むと，教区に15ポンドの罰金を支払い，「忌わしい混淆」の産物たるその子は「私生児」として教区が引き取り，31歳までの奉公人として売り払う。さらに，ニグロと結婚した白人男女は10ポンドの罰金と禁固6カ月と定めている[33]。まさに北米イギリス植民地では，白人と黒人の人種混淆はあってはならないことで，倫理上の悪徳としてだけでなく，法律上の犯罪とされ，混血児は存在してはならなかった。つまり北米植民地では，人種的中間たる混血者に中

---

29) William Hening (ed.), *Statutes at Large*, vol. 3, pp. 86-87.
30) W. B. Smith, *White Servitude in Colonial South Carolina*, Columbia, 1961, p. 117.
31) *The Colonial Records of the State of Georgia*, vol. 22, Franklin Printing and Publishing Co., 1914, p. 41.
32) Klaus Loewald (ed.), "Johan Martin Bolzius : Answers to a Questionnaire on Carolina and Georgia," *William and Mary Quarterly*, 14 (1957), p. 235.
33) William Hening (ed.), *Statutes at Large*, vol. 6, pp. 360-362.

間としての独自の社会的・法的地位を与えず，せいぜい「ニグロ，ムラトー」という表現で一括し，外見の区分よりも血の混淆を優先して，人種を白黒二元論的に区分してしまう慣習ができあがった。ウッドマンがすでに早くに「ムーア人との接触の歴史があるスペイン人，ポルトガル人は人種混淆に比較的寛容だったが，イギリス人はそれと決定的にちがっていた。黒人との結婚や混淆を否定し，禁止した」[34]と指摘していた通り，黒人との血の混淆への異常なまでのタブーこそ，北米イギリス植民地奴隷制社会の大きな特徴であった。これがアングロサクソン的人種主義(レイシズム)の源流となるのである。例えば，ミシシッピ州の1890年「黒人血統法」(Black Blood Act)は8分の1以上の黒人の血が混入している者を黒人と定めたし，外見上も白人で，本人も白人と思っている場合でも，世間は「白い黒人」(white Negro)として白眼視した。これに黒人と白人の人種結婚を禁止する法律が重なって，人種混淆への強いバリアーが設けられていた。また，ヴァージニアの1924年「人種保存法」(Racial Integrity Act)では，「ニグロの血が一滴でも混じっていれば」(one drop of Negro blood)白人とはみなされず，白人女性の出産届けを受理する郡役所で，新生児に黒人の血統が混入しているとみなされると，届けは受理されず，その子は将来白人との結婚が禁止された[35]。この法律はあまりにも残酷なアングロサクソン的人種差別であるだけでなく，ひどい女性差別を伴っていた。黒人と白人の結婚を禁止する法律を南カロライナ州が住民投票で廃止を決めたのは，ようやく1998年のことであった。

　しかし，17世紀の人種偏見は，総じて科学的装いや理論化に欠けており，諸要素が混在している段階に留まっていた。あえてそうしたことがなされなくても，黒人が奴隷だという事実だけで，奴隷制は維持，正当化できていたのである[36]。

---

34) Carter Woodson, "The Beginings of the Miscegenation of the White and Blacks," pp. 338-339.
35) Lisa Dorr, "Gender, Eugenics, and Virginia's Racial Integrity Acts of the 1920s," *Journal of Women's History*, 11 (1999), p. 153.
36) A. L. Higginbotham, *In the Matter of Color ; Race and the American Legal Process, The Colonial Period*, Oxford University Press, 1978, p. 39.

3　奴隷制と人種主義(レイシズム)

1）独立革命と奴隷制

　ヴァージニアでは，先述のベーコンの反乱後の1680年代から黒人奴隷輸入が増大し，奴隷に関する法規も確立されていく。そこには奴隷制南部社会の基本構造の形成がうかがえる。この反乱は，白人年季奉公人中心の労働力では，普通は4～5年毎に年季満了した奉公人の中から辺境自営農民となる者が続出して，大きな土地と奴隷を所有する東部プランターへの不満が高じて反乱にもつながりうることを思い知らせた。黒人奴隷制の発達はこの危険性を減じることになったのである。小農民の目標はプランターになること，つまり多くの奴隷を所有できるようになることであった。奴隷所有こそが彼らの成功の目標となった。そんな彼らにとって，プランターは目標とすべき地方社会の名士であり，指導者にほかならない。さらに，土地，奴隷所有の大小にかかわらず，黒人人口増大の危険に対峙して白人支配社会を防衛するための，階級を超えた白人の人種的結束(commonwealth)が必要であった。奴隷制南部は，中小農民の意向をくみあげる地方議会の代議制デモクラシーを通じてこの結束を維持したのである。こうして築き上げた南部社会と，地方の自治という自由権の伝統を守ること，これが南部人を反英レジスタンスに駆り立てた原動力となった。

　しかし，アメリカ独立革命は，ヨーロッパにおける啓蒙思想や自由主義理論の普及と独立原理とが相まって，北米奴隷制に初めての大きな理論的危機をもたらした[37]。トマス・ジェファソンが1776年の『独立宣言』前文で，「すべての人間は神によって平等に造られ，譲り渡すことのできない権利を与えられている。その権利には生命，自由，幸福追求が含まれる」という有名な文句を書いたとき，そこには明らかにジョン・ロック流の自然権思想が援用されていた。彼は1782年の『ヴァージニア覚書』の中で，「わが国の政治の基本原理は，イギリス憲法の自由原理と，自然権や自然理性に由来する原理とである」[38]と認めている。そのジョン・ロックは，前述したように，人間の自然権を生命，自由，財産とみなして，

---

37)　Peter Kolchin, *American Slavery, 1619-1877*, Hill and Wang, 2003, pp. 63-70.
38)　中屋健一訳『ヴァジニア覚え書』岩波書店，158頁；William Peden (ed.), *Thomas Jefferson : Notes on the States of Virginia*, W. W. Norton and Co., 1954, p. 84.

それを守るために人は政治体を結成すると考えたが,特にその中で,「財産の確保」を最重要視していたふしがある[39]。したがって,人間の自然権を唱えたロック本人も,奴隷貿易を行う王立アフリカ会社の重役になったり,『南カロライナ基本法』(1669)を起草して奴隷制を認めるなどの行動に示されている通り,「自然権思想と奴隷制を矛盾とは考えていなかった」[40]といえる。

イギリス議会が1773年に,東インド会社に北米での茶販売の独占権を与える茶法を制定したが,これに対する植民地人の反抗と,それへのイギリス議会の懲罰という危機の中で召集された第一回大陸会議(1774年)は,『植民地の権利と苦情の宣言』を採択する。この宣言では,「植民地人は生命,自由,財産(Life, Liberty, and Property)の権利を有する」となっていた。レキシントンの戦いをうけて召集された第二回大陸会議(1775年)が,イギリスへの武力抵抗を表明する『武器をとる理由の宣言』を採択したが,宣言は「我らと祖父が勤勉によって獲得したる財産(property)を守るために武器をとる」と結ばれていた。また,大陸会議に独立を宣言するように強く促していたヴァージニア植民地が,人民主権,三権分立,信仰・出版の自由などを盛り込み,人権宣言とさえ言える『権利法案』(Bill of Rights)を1776年6月に採択したが,同法は,「すべての人間は自然によって自由,独立であり,一定の生まれながらの権利を有する」とした上で,その自由権の中には「財産の取得と所有を含む」ことを強調している。さらに,イギリスがアメリカの独立を承認したパリ条約(1783年)では,「イギリス国王は,ニグロその他のアメリカ人の財産を持ち去ることなく,速やかに撤退する」ことが約束された[41]。

つまり独立革命の指導者たちは,イギリスへのレジスタンスの原理として採用した自然権の中で,とりわけその財産権を強調していたのである。ことに奴隷主階級にとっては,人間の自然権に財産権が含まれていることこそが意味をもっていたのであり,それは,17世紀以来奴隷制正当化の理由としてきた私有財産権論と合致していた。彼らにとって独立革命は,奴隷所有という財産権を防衛する闘

---

39) 鵜飼信成訳『市民政府論』岩波書店, 100, 221頁; John Locke, *Two Treatises of Government*, Everyman's Library, 1924, pp. 164, 228, 240.

40) John Mecklin, "The Evolution of the Slave Status in American Democracy," *Journal of Negro History*, 2:2 (1917), pp. 105–125.

41) Henry Commager (ed.), *Documents of American History*, Appleton-Century-Crofts, 1963, pp. 83, 95, 103, 118.

いでもあった。さらに，独立革命から南北戦争までの奴隷制をめぐるアメリカ史上の確執は，突きつめれば奴隷への財産権をめぐるものであったともいえるのである[42]。

2）人権と奴隷

しかし同時に，この問題はもう一つの面をもっており，単純に財産権だけで割り切れるものではなかった。『コモンセンス』(1776) を出版し，アメリカ植民地のイギリスからの分離を鼓舞したイギリス人トマス・ペインは『人間の権利』(1791) で，「人間には人間を所有する権利はない」[43]と明言した。また，ヴァージニア出身の政治家で，憲法制定に中心的な役割を果たし，「合衆国憲法の父」とも呼ばれているジェームズ・マディソン（第4代大統領 1809-17）は，下院への代表数を各州の人口に比例させるかという憲法論争において，奴隷も一定比率を乗じて人口に加えるという妥協案に賛成を表明した論文の中で，「私有財産という自然権の立場からすれば，南部の奴隷制は当然である」としながらも，奴隷というのは「特殊なもの」(peculiar) で，「財産 (property) にすぎないとも，人間 (person) ではないとも言えず，その両面をもっている」と述べている[44]。このようにアメリカ独立革命はやはり，その自由理念と現実の奴隷制との大きな矛盾をはらみ，「アメリカ史の中心的パラドクス」を残すことになった[45]。

「すべての人間の権利」を謳った『独立宣言』が発布されたころの奴隷人口はおよそ40万人で，全人口の約16％，南部人口の約30％を占めていたし，その後も増加の一途をたどる。1787年可決の合衆国憲法は，前文で「自由の恩恵を確保する」という目的を掲げながらも，奴隷貿易を認めたり，自由人以外の人口を5分の3と計算することで奴隷の存在を肯定するなどの条項で，奴隷制を事実上承認した。また，初代のジョージ・ワシントン (1789-97) からジェームズ・モンロー (1817-25) まで5人9期の大統領のうち，2代のジョン・アダムズを除く4人8期までが

---

42) James Huston, "Property Rights in Slavery and the Coming of the Civil War," *Journal of Southern History*, 65 : 2 (1999), pp. 251-253.
43) 西川正身訳『人間の権利』岩波書店，24頁。
44) New-York Packet, February, 12, 1788 in Bernard Bailyn (ed.), *The Debate on the Constitution*, vol. 2, Library of America, 1993, p. 197.
45) Edmund Morgan, "Slavery and Freedom : The American Paradox," *Journal of American History*, 59 (1972), pp. 5-29.

奴隷主だったことでも明白なように，独立革命が生みだしたのは奴隷制共和国に他ならなかった。

ジェファソンはジョン・ホルムズへの手紙（1820年4月22日）で，自分がなおも奴隷を所有していることについて，「狼の耳を摑んでいる（we have the wolf by the ears)のと同じで，そのままにはできないが，さりとて危なくて手放しもできないのです。一方に正義，もう一方に自己保存という（二つの）尺度があるのです」と弁解した。このような彼を評して，「ジェファソンは植民地のイギリスに対する自由権を正当化するために(独立宣言を)起草したのであって，その時，奴隷制や(個人の) 人権を必ずしも念頭においていなかった」とか，彼は「あくまでも（既存の）法律に忠実だったから」として，同情的にみる見解もある[46]。しかし，ジェファソンの頭には奴隷制があった。例えば彼の『独立宣言』草案には，イギリスが押しつけた奴隷貿易は「最も神聖なる生命と自由の権利」(most sacred rights of life and liberty)を奪う忌わしいもの，とする項目があった。これは，奴隷貿易の否定につながるという南カロライナやジョージアだけでなく，奴隷制そのものにふれていないとする他の植民地の代表の強い反対で削除される。ジェファソンは，あくまでもイギリス国王ジョージ3世を告発する手段として，奴隷貿易の責任を国王に転嫁し，植民地の奴隷制にはまったく触れていないこの部分で，思わず奴隷制の非人道性を示唆する文句を挿入してしまったのである。とにかくどう解釈してみても，『独立宣言』に謳った基本原理は文字通り一人歩きして，奴隷制との原理的矛盾となって跳ね返ってくることになる。

北部ではこの矛盾が認識されて，奴隷所有への揶揄とか批判に取り入れられた。例えば，マサチューセッツ植民地最後の総督となったトマス・ハッチンソンは，「独立宣言に賛成した人々の中で，(合わせて)何十万人もの奴隷を所有する南部代表たちは，宣言の謳う自由権と奴隷制の矛盾をどう説明するのか。人間の権利が譲ることのできないもので，万人が幸福を追求する権利があるというその主張と矛盾する」と揶揄したし，クウェーカー教徒のデイヴィッド・クーパーは，「万人が譲ることのできない権利をもつことが自明だとすれば，万人とは白人のみで，黒人は人間ではないとみるしか，奴隷制を正当化できない」と論じた[47]。ベンジャ

---

46) John Miller, *The Wolf by the Ears : Thomas Jefferson and Slavery*, The Free Press, 1977, p. 17 ; Merrill Peterson (ed.), *The Portable Thomas Jefferson*, Penguin Books, 1975, p. 568 ; Philip Schartz, *Slave Laws in Virginia*, University of Georgia Press, 1996, p. 58.

ミン・フランクリンを会長とするペンシルヴェニア奴隷制廃止協会の『憲章』(1787年) では,「人間本来の権利とキリスト教の教えを守ろうとする者にとって, すべての人間に自由を与えるために努力することは義務である」と謳っているし, ニューヨーク奴隷解放協会会長のジョン・ジェイはイギリス奴隷制反対協会への手紙 (1788年) で, 奴隷制を容認することはアメリカが宣言している人間の権利と著しく矛盾する, と記している[48]。1785 年には, ジェファソンのお膝元のヴァージニア議会に, 奴隷制廃止請願が提出されて奴隷主たちを慌てさせた。

さらに, リチャード・ランドルフのように, 奴隷主の中にも, 独立の原理と奴隷所有の矛盾を自覚して, 自ら奴隷を解放する者もいた。彼は 1796 年の遺言状の中で,「父祖が, 自ら主張したはずの権利の宣言と, 人間の譲ることのできない権利という自然法とに反して, 奴隷に残酷な支配を行ってきた」ことに対する清算として, 所有奴隷全員の解放を約束している。また元大統領ワシントンは, 1799 年の遺言状で, 所有奴隷 317 人のうち本人名義の 124 人について, 妻の死をもって解放するよう命じている (1801 年に実行された)[49]。

当然, 自由黒人からもこの矛盾をつく声はあがった。例えば, メリーランドの自由黒人ベンジャミン・バネカーはジェファソン宛の手紙 (1791 年) で,「あなたは公の声明で, 万人は平等に造られ, 生命, 自由, 幸福追求の権利を与えられていると述べておられますが, 今度は現存する奴隷制にも目を向けてください」ときっぱり忠告した[50]。

独立革命後の奴隷主階級は, 奴隷制への逆風に対抗して奴隷制を懸命に擁護したが, 財産権とか聖書を拠り所とする 17 世紀以来言い古されてきた口実をくり返すことが多かった。例えば, 先述のヴァージニア議会への奴隷制廃止請願に対し

---

47) Thomas Hutchinson, *Structures upon the Declaration of the Congress at Philadelphia*, London, 1776, pp. 9-10 ; David Cooper, *A Serious Address to the Rulers of America*, London, 1783, pp. 12-13.
48) Leslie Fishel and Benjamin Quarles (eds.), *The Negro American : A Documentary History*, Scott, Foresman and Co., 1967, p. 67 ; Rchard B. Morris (ed.), *Basic Documents on the Confederation and Constitution*, Robert Kriegar Publishing Co., 1985, p. 91.
49) Willie Rose (ed.), *A Documentary History of Slavery in North America*, Oxford University Press, 1976, p. 65 ; Fritz Hirschfeld, *George Washington and Slavery : A Documentary Portrayal*, University of Missouri Press, 1997, pp. 209-223.
50) John Patrick (ed.), *Founding the Republic : A Documentary History*, Greenwood Press, 1995, pp. 102-105.

て，いくつかの郡から反対請願が提出されているが，その一つでは，「イギリスが我々の財産権を侵害したので，我々は財産を保障するために血の犠牲を払って政府と憲法を作ったのに，今になって，奴隷を全員解放せよという請願が提出されて，この財産権が再び侵害されんとしている」として，「『創世記』で，神はハムに対して『呪われよカナーン，汝兄弟の僕の僕となれ』と命じたし，旧約聖書の随所に奴隷所有が認められている。新約聖書でも，奴隷の売買と所有は禁じられていない。よって，我々が奴隷を所有することは正当であり，合法である」と反駁している[51]。

3）ジェファソンと人種主義（レイシズム）

しかし，啓蒙的思想家であり，奴隷制に内心で違和感を抱いていたジェファソンは，建国思想を提起した一人としても，新しい状況に直面して，プランター階級一般のこのような単純な論理だけで，自らの奴隷所有を正当化するとは考えられない。彼が辿り着いた方便は，同時代人としてはまがりなりにも科学的知識に長けた彼らしく，詳細で入念な，「科学的」装いをもつ「ニグロ人種」劣等論であった。彼は『ヴァージニア覚書』(1787) の中で，「この不幸な皮膚の色の違い (unfortunate difference of color) は，ニグロを解放するときの大きな障害である。ローマ時代なら，奴隷は白人だから，主人の血を汚さずに(without staining the blood of his master) 混ざり合ったであろうが，我々の場合そうはいかない。もし奴隷を解放するなら，我々と血の交わりのできないところ (beyond the reach of mixture) へ移すべきである」と提唱する。なぜなら，「白人が抱いている根深い偏見 (deep rooted prejudice) が (両人種を) 二分し，社会秩序を乱し，この関係は，どちらかの人種が絶滅するまで続くだろう」からである。黒人は皮膚の色が黒いだけでなく，醜い。それは，「オランウータンが同種族よりも黒人のメスの方を好む」ことでも裏付けられる。また，「皮膚の腺からの分泌が多い」ため，暑さに耐えやすいが，「肺の器官の構造上の理由」で，寒さに耐えられない。その皮膚分泌が黒人の不快な臭いのもとである。さらに，推理力や想像力でも白人に比べてかなり劣っており，黒人は「ユークリッドを理解できない」とも言う。

このようにジェファソンは，いかにも科学的根拠に基づくかのような文脈で，

---

51) Fredrika Schmidt and Barbara Wilhelm, "Early Proslavery Petitions in Virginia," *William and Mary Quarterly*, 30 (1973), pp. 133-146.

黒人の人種的劣等性を強調し，その劣等性が単に環境の所産ではなくて，人種固有のものであるとして，そのことは「白人と混血すると，（混血者が）肉体的・精神的に向上 (improvement) することで」裏付けられるとまで言い切った。その彼が同書の別の箇所で，インディアンのことを「肉体的にも精神的にもヨーロッパ人と同じ尺度 (on the same module with the Homo Sapiens Europeus) で造られている」とし，「かつて我国で，インディアンを奴隷にするという非人道的習慣が流行したことがある」と批判している[52]。そうなると，彼の黒人への人種劣等理論がきわだってくるのである。71歳となった晩年のジェファソンは，エドワード・コールズへの手紙(1814年8月25日)で，人々が奴隷という財産を放棄するのは，すぐには至難である。いつか時期がきて人々の考えが変われば奴隷制は廃止されるだろうが，「私のような老人の武器は，ただ祈ることだけです」と次世代に希望を託すかのように語り，最も望ましい廃止方法は，一定の年齢に達した奴隷を自由にする漸進的廃止であり，解放された黒人を国外に放逐(expatriation)することであるとの信念をくり返し，国外へ放逐しなければならない理由として，「解放された黒人が他の皮膚の色の者と混淆（amalgamation）すると堕落（degradation）をもたらし，国土と人間の品格（excellence in the human character）とを愛する人には受け入れられないことです」と説明した[53]。この論理では，彼の「願望」とは逆に，奴隷制は人種的理由によって，恒久的に廃止し難いのと同じ意味になる。

『覚書』で披瀝されたジェファソンの黒人への「科学的」人種偏見に対して，ジョーダンは，独立後30年間で「最も強烈で，徹底し，極端だった」[54]と評しているが，デイヴィスの分析はさらに興味深い。彼によると，奴隷所有を人種劣等論で弁明しようという発想は，古代ギリシアの思想に通じていた。つまり，古代ギリシアで奴隷制は，権威（主人）と服従（奴隷）という社会秩序の当たり前の制度であり，プラトンは『国家』の中で，理性などの点で劣等性 (barbarian inferiority) をもつ異邦人は隷属に値するとして，その奴隷化を正当化し，アリストテレスは『政治学』の中で，「生まれたときから，在る者は服従，ある者は支配にと定めら

---

52) 中屋健一訳『ヴァジニア覚え書』岩波書店，106-108, 249-260頁；William Peden (ed.), *Thomas Jefferson : Notes on the States of Virginia*, pp. 61-62, 138-143.
53) Merrill Peterson (ed.), *Thomas Jefferson : Writings*, Library of America, 1984, pp. 1344-1346.
54) Winthrop Jordan, *White Over Black : American Attitudes Toward the Negro, 1550-1812*, Penguin Books, 1968, p. 481.

れている」という人間の本来的劣等性（natural inferiority）を唱えたことをあげて，これらは19世紀アメリカでの奴隷制正当化論に通じると指摘している。ちなみに，アリストテレスは同書の中で，「肉体が魂に，動物が人間に劣るのと同じほど他の人に劣る者は，みな自然によって奴隷であり，奴隷として肉体をもって貢献することは善いことである」とも述べている[55]。

ジェファソンが信じる自然権思想では，奴隷所有は私有財産権という自然権であるが，他の財産と決定的に異なるのは，奴隷が人間であるという一点である。人間を単なる財産と割り切ってしまえなかった彼にとって，奴隷が人間であるとすると「自由」という自然権の主体となり，奴隷状態と矛盾する。そこで，黒人奴隷は「人間であるが，劣等人種である」という差別化によって，黒人という人種性に，彼らを奴隷として所有できる特別な理由を見出したとみなすことができる[56]。つまり，アメリカン・デモクラシーの基本にある人間の自然権という思想と奴隷制とが，人種劣等論によってはじめて彼の中で整合したのである。奴隷主であるとともに，啓蒙的思想家で，かつ『独立宣言』の起草者たるジェファソンにしてなしえた統合であった。この人種劣等理論こそが，奴隷を所有しない南部白人をも奴隷制社会の支持者にしただけでなく，幸運にも奴隷身分から解放されたはずの自由黒人や混血者への差別の根拠ともなっていくのである[57]。

「万人の平等」理念と奴隷制との矛盾の打開策が人種劣等理論であるという意味で，独立革命が本格的な奴隷制正当化イデオロギーを生み出したことになる。アメリカの歴史で，民主主義者が同時に人種差別主義者であったり，民主政治と奴隷制が長く共存したり，デモクラシーを唱道しながらジムクロウ（人種分離差別制度）が容認された謎が，ここで解ける。むしろ逆に，アメリカが民主主義国家たらんとしたからこそ，奴隷制の正当化にとって，人種的偏見を人種主義（レイシズム）として理論化する必要があったのである。コルチンの明快な分析によると，「独立革命までの

---

55) David Davis, *The Problem of Slavery in Western Culture*, p. 70；山本光雄訳『政治学』岩波書店，42頁。
56) Duncan MacLeod, *Slavery, Race, and the American Revolution*, Cambridge University Press, 1974, p. 130.
57) Ira Berlin, *Generations of Captivity : A History of African-American Slaves*, Belknap Press, 2003, pp. 99-157；Duncan MacLeod, "Toward Caste," in Ira Berlin and Ronald Hoffeman (eds.), *Slavery and Freedom in the Age of the American Revolution*, University Press of Virginia, 1983, pp. 230-235；Ira Berlin, *Slavery, Race, and the American Revolution*, Cambridge University Press, 1974, p. 130.

南部人は奴隷制を当たり前のものとみなしていたが，独立革命原理との矛盾，奴隷制反対運動の高まりに直面して，奴隷制の弁護，防衛に迫られて，その後南北戦争以前期を通じて奴隷制正当化の論拠となる理論を前面に押し出すことになった。それは，万人が平等ならなぜ黒人が奴隷なのかという矛盾に対して，人種劣等理論で切り返すという決定打だった。かくして持ち出された人種主義は，独立革命時代共和主義の皮肉な産物となった」ということになる。フィンケルマンも言うように，ジェファソンは『覚書』で徹底した人種劣等論を展開し，科学的装いをもつ人種主義の，北米での「元祖」となったわけである。こうした意味では，まさにアメリカの人種主義は奴隷制度の産物ともいえるのである。南北戦争が終わったあとの再建期の南カロライナで，反共和党，反黒人の急先鋒として活躍した政治家ベンジャミン・ティルマンは，1890年の州知事就任演説で「我々は『万人が平等に造られている』ということを認めない。これは，ジェファソンがそう書いた時も今も，真実ではない」[58]とうそぶいた。ここでは明らかに，トマス・ジェファソンを人種差別主義の政治家の先達として引き合いに出している。

　同じイギリス領のジャマイカのプランターであり，歴史著述家でもあったエドワード・ロングは1774年の著書で，アフリカから輸入した黒人は，肌の黒さ，唇の厚さ，体臭などの身体的特徴だけでなく，知的能力やモラルの点でも人種的に劣等である，と強い人種劣等論を展開しているから[59]，カリブ海諸島のイギリス植民地にも強い差別意識があったことは否めない。しかし，黒人人口がジャマイカのように90％以上を占めていたうえ，白人の大半が成人男子でしかも不在プランターがほとんどで，北米南部のような家族を基礎とする守るべき白人共同体に欠けるという，奴隷制社会の構造に大きな違いがあった。また，現地で奴隷制が理論的に追い詰められる社会・政治状況も，黒人を人種的な基準で厳格に疎外する差し迫った必要も，特になかった。むしろ，白人は奴隷をドライバー（監督）など

---

58) Benjamin Quarles (ed.), *The Negro American : A Documentary History*, Scott, Foresman and Company, 1967, pp. 328-330.
59) Peter Kolchin, *American Slavery*, pp. 90-91 ; Ira Berlin and R. Hoffeman (eds.), *Slavery and Freedom in the Age of the American Revolution*, p. xiii ; Paul Finkelman, *Slavery and the Founders, Race and Liberty in the Age of Jefferson*, M. E. Sharpe, 1996, pp. 110, 165 ; Edward Long, *The History of Jamaica or General Survey of the Antient and Modern State of that Island*, vol. 2, London, 1774, pp. 351-354, 410-411, 498, 504.

として，白人少数支配に利用したり，性的欲求のはけ口とすることが多かったのである。つまり，北米のような頑固な人種主義(レイシズム)を構築する必要性が希薄だったのである。

　ジェファソン以後も，奴隷制維持の口実を人種主義(レイシズム)に見出す政治家が次々と現れた。例えば，元大統領のジェームズ・マディソンは，奴隷制の漸進的廃止を勧めるフランセス・ライト夫人への手紙（1825年）で，「(奴隷制という) この悪弊を満足のいく形で取り除くのを難しくしているのは，奴隷の身体的特殊性 (physical pecuriarities) なのです」と書いている[60]。彼は晩年に黒人のアフリカ送還運動を支援するのだが，同郷の友人ジェファソンの何らかの影響がなかったとはいえない。

　ジェファソンのような当時の進歩的知識人がこのような人種主義(レイシズム)を公然と表明したことについて，デイヴィスのように，当時の思想における時代的，階級的制約とみて一定の同情を示すのは[61]，果たして妥当であろうか。北部の各州では，1780年3月のペンシルヴェニアを皮切りに1804年のニュージャージーまで，7州が奴隷制を漸進的に廃止しつつあったし，人種主義(レイシズム)を否定する人々も少なからずいた。例えば，ペンシルヴェニアを代表して『独立宣言』に署名したベンジャミン・ラッシュは，「皮膚の色は奴隷化の理由にならない」と明言したし，ボストンの弁護士ジェームズ・オーティスは『イギリス植民地の権利』(1763) の中で，「すべての人は神の子であり，自然法に基づいて生命，自由，財産の権利を与えられている。白人も黒人も区別はない。黒人を奴隷化するというのは，モンテスキュー男爵も述べているように，残虐な行為である。髪の毛が縮れているとか，鼻がつぶれているとかいうことは，黒人を奴隷にする理由にならないし，それは自然法のひどい侵害である」と書いている。また，独立後イギリスに渡ったギルバート・イムレイは，1792年にロンドンで出版した著作の中で，「私は，ジェファソン氏の著書を読んで，アメリカ人の中で最も知識があり，慈悲深い人が，ニグロに対してひどい偏見を披瀝していることに，恥ずかしさを感じてきました」と記している[62]。

　このように，皮肉な言い方をすれば，デモクラシーの国を生み出した独立革命

---

60) Matthew Mellon, *Early American Views on Negro Slavery*, Bergman Publishers, 1969, p. 13.
61) David Davis, *The Problem of Slavery in the Age of Revolution, 1770-1823*, Cornell University Press, 1975, pp. 182-183.

が，同時に，黒人奴隷制を正当化するための「科学的」人種主義(レイシズム)の端緒となったわけで，人種主義(レイシズム)がアメリカ史の本流として定着する源流は，植民地時代の強い人種偏見の流れを理論化した独立革命に求められるのである。独立革命が掲げたアメリカ的な自由・民主主義思想と人種主義(レイシズム)の結合の象徴的人物がジェファソンだったのである。この人種主義(レイシズム)は，私有財産論とともに南北戦争(アンテベラム)以前期南部の奴隷制を一貫して支え，奴隷制の廃止後も，人種分離差別の根拠とされた。そのことは，奴隷制が合憲であると確認した連邦最高裁の「ドレッド・スコット判決」(1857年)に集約的に示された。自由州に移り住んだことを理由に自由身分を求めた元奴隷スコットの訴訟に対するこの判決は，黒人は奴隷たるべきであり，市民権の資格を持たないと宣告した。その決定的な根拠として，「ニグロ人種」(negro African race) は一世紀も前の『独立宣言』や合衆国憲法が布告された頃からずっと「劣等人種」(inferior class of beings) として奴隷たるべきであって，白人の有するいかなる権利も持たない，と断定している。同判決はさらに，連邦議会による奴隷制への干渉は「奴隷という財産所有権への侵害である」として，北緯36°30′以北の東ルイジアナでの奴隷州設立を禁じるミズーリ協定 (1820年) を無効とした[63]。

特定の人種を主として奴隷とする「人種奴隷制」(racial slavery) は，アフリカ人を奴隷とする限り，北米に限らず，カリブ海から中南米まで西半球に広く展開した「プランテーション・アメリカ」に共通するものである。しかしアメリカ合衆国の場合，黒人への強烈な「人種の烙印」(racial stigma) と混血へのタブーとを特色とする，人種主義(レイシズム)を色濃くもつ「人種奴隷制」(racist slavery) であった。この点こそが，まさに合衆国奴隷制を特異なものとし，自由と民主主義を理念とするアメリカ史の文脈に，人種力学として大きな機能を発揮するのである[64]。ヒトラーは

---

62) Benjamin Rush, *An Address to the Inhabitants of the British Settlements in America upon Slave-Keeping* (1773), in Charles Hyneman and Donald Lutz (eds.), *American Political Writings during the Founding Era*, vol. 1, Liberty Press, 1983 ; James Otis, *The Rights of the British Colonies Asserted and Proved*, Boston, 1764, in T. H. Breen (ed.), *The Power of the Words*, vol. 1, Harper, Collins Publishers, 1996, p. 106 ; Gilbert Imlay, *A Topographical Description of the Western Territory of North America*, London, 1792, in Louis Ruchames (ed.), *Racial Thought in America*, p. 171.

63) Henry Commager (ed.), *Documents of American History*, pp. 339-345.

64) Paul Finkelman, "The Centrality of Slavery in American Legal Development," in idem, *Slavery and the Law*, Rowman and Littlefield Publishers, 1997, pp. 4-7.

『わが闘争』(1925) 第 11 章の中で,「劣等な有色民族とほとんど混血したことのない人種的に純粋な北アメリカのゲルマン人は,中南米に比べて,別種の人間性と文化をもっており,（北米）大陸の支配者となった」という主旨のことを述べて[65]，合衆国の人種純血性を,つまりアングロサクソン人種主義(レイシズム)を賞賛した。また,奴隷制を道徳的悪としたエイブラハム・リンカーンは 1857 年の演説で,「私は白人とニグロの結婚を認めません。両人種には身体的差異 (physical difference) があって,平等に暮らすことはできません。同じ社会で暮らすとすれば,一方が優越 (superior) で他方が劣等 (inferior) という関係でなければなりません」と述べて聴衆の喝采をあびた。彼は人種対立という結果を恐れて奴隷制の廃止布告をぎりぎりまで躊躇し,廃止する場合でも,両人種の分離を切望し,自由黒人の代表に出国を勧告した[66]。このようにアメリカの人種主義(レイシズム)は,建国以来今日まで,民主主義や自由主義と長く共存してきたのである。

【文献案内】

① 島川雅史「ジェファーソンと黒人奴隷制」『史苑』36：1 (1975 年)。
② 西出敬一「北米黒人奴隷制成立のイデオロギー的諸側面」『札幌学院大学人文学会紀要』36 (1984 年)。
③ 斎藤眞『アメリカ革命史研究』東京大学出版会，1992 年。
④ 明石紀雄『トマス・ジェファソンと「自由の帝国」の理念』ミネルヴァ書房，1993 年。
⑤ 山本幹雄『大奴隷主・麻薬紳士ジェファソン』阿吽社，1994 年。
⑥ 清水忠重『アメリカの黒人奴隷制論』木鐸社，2001 年。
⑦ Duncan MacLeod, *Slavery, Race, and the American Revolution*, Cambridge University Press, 1974.
⑧ John Miller, *The Wolf by the Ears : Thomas Jefferson and Slavery*, Free Press, 1977.
⑨ A. L. Higginbotham, *In the Matter of Color : Race and the American Legal Process, The Colonial Period*, Oxford University Press, 1978.
⑩ Ira Berlin and Ronald Hoffeman (ed.), *Slavery and Freedom in the Age of the*

---

65) 平野一郎/将積茂訳『わが闘争』上，角川書店，372 頁。
66) Arthur Zilversmit (ed.), *Lincoln on Black and White : A Documentary History*, Robert E, Krieger Publishing Co., 1983, pp. 27-30.

American Revolution, University Press of Virginia, 1983.
⑪Paul Finkelman, *Slavery and the Founders : Race and Liberty in the Age of Jefferson*, M. E. Sharpe, 1996.
⑫Peter Kolchin, *American Slavery, 1619-1877*, Hill and Wang, 2003.

　①④⑤⑥⑧は，ジェファソンの思想と奴隷制の関係に言及している。②はアメリカ黒人奴隷制の起源とイギリス文化の関連の分析。③はアメリカ独立革命の特質を論じたレヴェルの高い文献。⑦⑨⑩⑪は，アメリカ独立革命と人種・奴隷制の関係についての研究。⑫はアメリカ奴隷制の斬新な通史。

第2章　奴隷制廃止運動と「人種」

真下　剛

　独立革命後から南北戦争に至る合衆国の歴史において，人種の問題はどのような展開を見せたのであろうか。第1章でみたように，白人の共和国を生み出した独立革命によって，南部の奴隷制はむしろ強化され，人種主義は補強されることとなった。その後南部においては，イギリス産業革命の綿花に対する需要に刺激され，植民地時代のタバコに代えて綿花栽培を主とする奴隷制社会，いわゆる「綿花王国」が出現する。その過程で人種奴隷制を正当化するために，1820年代頃から奴隷制を「積極的な善」とする奴隷制擁護論が登場したのである。つまり，奴隷制の「悪」の側面を全否定したわけではないにしても，人種奴隷制こそ「優秀な白色人種」の「平等」を保証し共通の利益をもたらすがゆえに，白人の民主主義を支える土台であるとして，これを正面から主張する議論が展開されたのである。歴史家は，このような奴隷制擁護論が出現した背景として，黒人奴隷の抵抗や，それに対する奴隷所有者の不安，自由黒人の進出に対する北部および南部の白人労働者の不安，さらには北部における奴隷制即時廃止運動の台頭などを指摘している。そして南部の奴隷主権力による奴隷制の正当化は，前章でも述べられている1857年のドレッド・スコット判決をもって頂点に達する。この合衆国最高裁判決は，奴隷を憲法修正第5条で守られた財産とみなし，奴隷州のみならず準州における奴隷制の合憲性を保証し，黒人の市民権を完全に否定したのであった。

　これまで，南北戦争以前（アンテベラム）の時代の人種の問題を考察する場合，こうした南部の奴隷制が主たる対象とされるのが常であった。奴隷制廃止運動の研究にしても，これまでは南部の奴隷制との闘いに焦点があてられてきた。北部における建国初期の奴隷制廃止運動に関する本格的な研究が現れ始めたのはごく最近のことにすぎない。しかしながら，「自由な」北部社会においてすら，19世紀に入ってもしばらく存続した奴隷制と，漸進的な奴隷解放に伴う自由黒人の社会的進出によって，

緊張をはらむ複雑な人種関係の展開がみられたのである。したがって，北部の白人や黒人が互いに抱く人種観は，南部における奴隷の存在を背景に，北部における厳しい人種関係の中で形成されたと考えられる。北部における白人労働者の階級意識にしても，南部の奴隷労働と自由労働とが対比される中で形成されたとはいえ，同時に北部内部の身近な人種関係に影響された面も多分にあったと考えられるのである。

さらに，北部の歴史と切り離せないのが，今日のアメリカの独善的な歴史観につながる「建国理念」解釈の問題である。建国後も奴隷制を引きずり，しかも長らく奴隷貿易で中心的役割を果たしたニューイングランドないしは北部が，そもそもどのような顚末で，あたかも建国以来「自由な社会」であったかのような立場に立ち，しかも，有力な奴隷所有者だった「建国の父祖」をあたかも人種を超えた普遍的な自由・平等の唱道者だったかのように美化し，自らをその継承者であると主張するに至ったのか。これらのことを検討するためには，奴隷制南部との対決の歴史に加えて，北部の社会における人種関係の展開や，自由黒人を中心とする黒人自身の活動に焦点をあてる必要がある。

このような視点から，この章ではまず，独立革命期から19世紀初頭の奴隷制廃止運動に光を当て，主として北部における奴隷解放の過程で人種関係や人種観がどのように変化したのかを検討し，次いで，人種関係や人種観の変化が黒人および白人のアボリショニスト（奴隷制廃止論者）による奴隷制廃止運動のあり方にどのような影響を与えたのか，さらには奴隷制廃止運動が「建国理念」の展開にどのような影響を与え，どのように南北戦争に関わったのかを考える。すなわち，本章は奴隷制廃止運動と人種の関係に焦点を絞り，建国から南北戦争にいたる時期のアメリカ合衆国の「建国理念」の展開を素描しようとするものである。

1　奴隷所有共和国の成立――奴隷財産の保持と黒人「除去」の願望

1）独立革命期の奴隷制と人種

前章でも述べられているように，イギリス領北アメリカの南部植民地では，18世紀の初頭に「人種奴隷制」が確立するとともに，かねてより存在した黒人に対する白人の強い偏見が，奴隷制社会の慣習や法律に裏づけられて，「人種主義」として強固に根をおろし始めた。例えば，人種間の合法的な結婚は，17世紀と18世

紀のアメリカで若干なされていたが、しかし、植民地の支配階級はこれを社会秩序と経済的利益を破壊すると考え、ヴァージニアでは1661年の法律で人種間の性的関係に罰金を課し、1705年には刑罰を強化し、罪を犯した白人に対して6カ月間の禁固と罰金を課すことを定めた。その後すべての南部植民地が人種間結婚を禁止する法律を制定し、女性奴隷の子供はどれほど色が「白」くても「黒人」とみなし、奴隷とすると定めるにいたった。人種間結婚禁止の目的は、奴隷制の基礎をなす人種秩序を保持することにあった。だが、白人男性からなる奴隷所有者らの支配階級は、とりわけ白人女性と黒人男性との「人種混淆」(amalgamation)の抑止を目指したのであって、法律制定後も白人男性による黒人女性奴隷に対する性的搾取は続き、特に奴隷所有者はその結果生まれた子供を自己の財産に加えたのであった[1]。

　北部植民地の場合、事情はかなり異なる。一方で、北部植民地の方が南部植民地よりも早い時期に黒人やインディアンを法的に奴隷身分として規定した事実がある。ピクォート戦争で捕らえたインディアンと交換に西インドからニューイングランドに黒人奴隷が最初に持ち込まれたのは、1638年のことであったと見られるが、しかし、その2年前には、マサチューセッツでインディアンを「奴隷」とする判決が出されている。また、1641年にマサチューセッツ植民地のピューリタンによって制定された『自由規約』(Body of Liberties)は、「自由な生まれの」イギリス人の権利と自由を主張することに主目的があったけれども、同時に、「正当な戦争における合法的捕虜」と「自分自身を進んで売るか、もしくはわれわれに売られるよそ者」[2] を奴隷にすることを認め、先住民とアフリカ人の奴隷化を正当化したのである。

　他方で、北部植民地の奴隷所有の規模は小さく、奴隷に対する支配も南部に比して緩やかだった。1780年の北部植民地の黒人人口は次の通りである（括弧内は総人口に占める黒人のパーセンテージであるが、黒人のほとんどは奴隷だったと見られる。なお、ヴァーモントがこの年までに憲法で奴隷制を違憲としていたほか、この年にペンシ

---

1) Merton L. Dillon, *Slavery Attacked : Southern Slaves and their Allies, 1619-1865*, Louisiana State University Press, 1990, pp. 9-10.
2) Winthrop D. Jordan, *White Over Black : American Attitudes Toward the Negro, 1550-1812*, University of North Carolina Press, 1968, pp. 67-68 ; Betty Wood, *Origins of American Slavery : Freedom & Bondage in the English Colonies*, Farrar, Straus & Giroux, Incorporated, 1997, pp. 103-104.

ルヴェニアが漸進的奴隷解放法を制定した)。まず中部大西洋地域のニューヨークが最多で2万1,054人 (10.0％) であり，ついでニュージャージーの1万460人 (7.5％)，ペンシルヴェニア 7,855人 (2.4％)，さらにニューイングランドの5つの植民地コネティカット 5,885人 (2.8％)，マサチューセッツ 4,822人 (1.8％)，ロードアイランド 2,671人 (5.0％)，ニューハンプシャー 541人 (0.6％)，ヴァーモント 50人 (0.1％) と続く[3]。ニューイングランドの場合，奴隷は沿岸主要都市と南部ロードアイランドとコネティカットに集中していた。18世紀半ばに，コネティカット，ロードアイランド，マサチューセッツにおいて，白人家族の4軒につき1軒が1人のアフリカ人を所有している割合であった。ニューイングランドの奴隷制では，南部と違って奴隷に財産所有が許され，白人を訴訟当事者とする裁判でも奴隷による証言が認められ，奴隷殺しには死罪が適用された。「奴隷と農奴の奇妙な混成」[4]という性格を有していたと言える。

　ただし，北部植民地，とりわけニューイングランドの奴隷商人は1730年代以降奴隷貿易に本格的に参入し植民地の経済に重要な役割を果たしていた。奴隷貿易はマサチューセッツを筆頭に，ロードアイランド，コネティカット，ニューハンプシャーという順に活発であった。マサチューセッツのボストンやセイラム，ロードアイランドのニューポート，プロヴィデンス，ブリストル，コネティカットのニューロンドンは多数の奴隷船が出入りする港であった。出航する船にはラム酒，魚，乳製品，雑貨品などが積み込まれ，入港する船からは黒人奴隷たちや，糖蜜，砂糖などが降ろされた。奴隷売買の利益に限らず，西インドの糖蜜を原料とするラム酒製造業や製材業，農業など奴隷貿易がもたらす関連諸産業への需要によって，北部植民地は大きな富を得ていた。アメリカの独立以後も18世紀末までの25年間に，北部商人を中心とするアメリカ人による奴隷貿易は，英仏に次ぐ規模で，全体の6分の1に当たる奴隷をアフリカから新大陸へと運搬したのである[5]。

　独立革命期までに，一部の植民地政府がインディアン奴隷の所有を禁止したこ

---

3) Patrick Rael, *Black Identity & White Protest in the Antebellum North*, University of North Carolina Press, 2002, pp. 86-88.
4) Lorenzo Johnson Greene, *The Negro in Colonial New England*, Atheneum Press, 1968, p. 168.
5) 池本幸三/布留川正博/下山晃『近代世界と奴隷制——大西洋システムの中で』人文書院，1995年，144-147頁。

とや，奴隷にされていたインディアンと黒人との混血が進んだことによって，インディアン奴隷が減少した。そして，黒人奴隷が奴隷のほとんどを占めるようになったため，奴隷と言えば，"negro" や "black" や "of color" などの一般的呼称で十分言い表せるようになった。むしろ奴隷でない黒人はまれであり，これらの言葉の前に "free" という言葉をつけることが必要になった[6]。前章でも述べられているように，イギリス植民者がもともと本国から帯びてきた人種意識に加え，奴隷と黒人とが一体としてとらえられたため，人種的偏見はあっても人種観の内容は曖昧であった。例えば，黒人の卑屈な振舞いや，黒い皮膚や，極端に縮れた髪といった特徴は嫌悪されても，それらは人種の生得的な特徴というよりも，「暗黒大陸」アフリカにおけるキリスト教を知らぬ孤立した生活や，奴隷としての被抑圧的経験といった環境の要因によるとされることもあったのである。

　数少ない自由黒人の扱いは州によって異なったが，ほとんどの地域で，選挙権や，陪審員になることや，武器を携帯することは認められなかった。自由黒人であっても早くから黒人がイギリス人とは別扱いされていたことは明らかである。ただし，北部全体で法的に自由黒人と白人の人種間結婚を禁止していたのは，マサチューセッツとペンシルヴェニアのみであった。自由黒人と白人との結婚は自由黒人と先住民との間の結婚よりずっと少なかったが，その例は見られる。黒人の大多数が奴隷であった時期に，ごく少数の自由黒人にとって皮膚の色自体は，経済的自立を実現する上で，あるいは社会的指導者となる上ですら，決定的な壁にはなっていなかったのである。例えば，19世紀の自由黒人アボリショニスト，ホウジーア・イーストン（1798-1838）の父ジェームズ（1754-1830）はマサチューセッツで鋳鉄製造業者として成功を収めたが，ジェームズの両親はいずれもアフリカ系アメリカ人と先住民インディアンとの混血であった。イーストンの母はムラトーであったが，時には白人とみなされていた。イーストンの兄は19世紀初めにマサチューセッツのかなり知られた白人家族の娘と結婚している[7]。

---

6) Joanne Pope Melish, *Disowning Slavery : Gradual emancipation and "Race" in New England, 1780-1860*, Cornell University Press, 1998, p. 38.
7) George R. Price and James Brewer Stewart (eds.), *To Heal the Scourge of Prejudice : The Life and Writings of Hosea Easton*, University of Massachusetts Press, 1999, pp. 3-5.

2) 独立革命と奴隷制

　奴隷制のもとでさえ，あるいは奴隷制のもとでこそ培われた黒人の権利意識は，革命が近づいた1766年頃より，特にニューイングランドにおいて，奴隷や自由黒人が，植民地の白人による英国への抗議を自らの盾として州議会や裁判所に自らの自由と権利を要求する請願や提訴といった形となって現れた。これらの訴えは，「自然権」という言葉を用いて，明確に自らの権利の正統性を主張した。例えば，1777年にマサチューセッツ州議会に提出された請願書は，「自由なキリスト教国家内で奴隷身分に留められている多数の黒人」の解放を求め，「イギリスとの不幸な抗争の過程で，アメリカが行動の拠り所としてきた原則は，ことごとく，千の議論よりも強力に」請願者のために「弁じております」と訴えた。奴隷に「すべての人びとの自然権」を認め，「この自由な国に生まれた彼らの子供たちが，21歳に達した後は奴隷として拘束されることのないよう」嘆願いたします，と。また，1779年にコネティカット州議会に請願書の中で，フェアフィールド郡に住む黒人たちは，次のように述べた。「われわれの共通の父なるアダムの人種をかくも多数，永続的な奴隷制に拘束することが，合衆国の現今の主張と果たして矛盾しないのかどうか，貴議会の真剣なご考慮を懇願いたします」[8]。これらの訴えの結果はまちまちで，奴隷の自由が支持されることもあった。だが，奴隷や黒人の訴えが印刷情報として一般人の目に触れることはほとんどなかった。愛国派の新聞を含め，ほとんどの新聞がそれらを記事として取り上げることがなかったからである。

　独立革命は最大の奴隷反乱でもあり，多数の奴隷が自由を求めて英国側に立ちアメリカ軍と戦った。奴隷の存在がアメリカのアキレス腱であることを，英米の指導者のいずれもが強く意識していた。黒人は，革命の共和主義の息吹に，自らが白人と対等な市民として参加する共和国の姿を思い描いた。だが，白人の多くは，将来の奴隷制の存否に関して意見の違いがあったにせよ，革命の共和主義に，自由な白人からなる未来の共和国を思い描いた。自分が人間であることを自明とする黒人は，革命の自然権の理論が自由と平等を要請すると考えたが，奴隷制を護ろうとする奴隷所有者は，奴隷に対する財産権をまさに自然権に基づくものと考えた。フィラデルフィアの憲法制定会議の構成メンバー55人のうち，25人は奴

---

8) Herbert Aptheker, *A Documentary History of the Negro People in the United States*, The Citadel Press, 1973, vol. 1, pp. 9-11.

隷所有者だった。実際，「建国の父祖」をもって独立宣言の作成者や合衆国憲法の制定者を指すとすれば，彼らの中に，独立宣言の「すべての人びと」に「黒人」が含まれると公然と主張した人はほとんどいなかったと見られる。ここでは自然権思想の普遍性についての問題は措くとしても，いまなお歴史家を始め，政治指導者を含む多くの人びとが抱く「アメリカの約束」なる解釈，すなわち，独立宣言を人種や性別を超えた「すべての人びと」への普遍的な自由の宣言とみなす解釈は，少なくとも「建国の父祖」の公式の態度に照らす限り事実に反する。白人指導者は奴隷制の存在を前提として合衆国憲法を制定し，その諸規定に奴隷制の容認を組み入れた。前章でも述べられているように，ジェファソンやマディソンら奴隷を所有する「建国の父祖」の多くは，一方でさし当たって人種奴隷制の維持と奴隷財産の保持に腐心しつつ，他方で嫌悪すべき黒人の除去された未来の白人共和国を夢想していた。そこには，「黒人奴隷労働によって可能にされた自由社会という深甚な矛盾」[9] が存在した。アメリカ合衆国は，人種主義に立脚し，先住民征服と黒人奴隷支配に基づく白人の「奴隷所有共和国」として出発したのであり，その三権の府は南北戦争に至るまで基本的に奴隷所有者によって支配され続けるのである。

2　北部における漸進的奴隷解放——自由黒人の「向上」追求と白人による抑圧・排除

1）北部における初期奴隷制廃止運動

　植民地時代から19世紀初めまでの，クエーカー教徒を中心とする奴隷制廃止運動は，ペンシルヴェニアを中心に展開された。「ペンシルヴェニア奴隷制廃止協会」は，1775年に創設され，革命戦争中に解散したが，1784年に復活した。1784年には「ニューヨーク奴隷解放協会」が結成され，その後，ニュージャージーや，コネティカット，ロードアイランドでも協会が組織された。

　主としてクエーカー教徒が占めるペンシルヴェニア協会の会員は，法律家を中核とし，富裕な慈善家，政治家，実業家などからなる，白人男性の社会的エリートであった。同協会は，奴隷所有者の奴隷財産権を認めた上で，国際奴隷貿易の規制や，首都コロンビア区の奴隷制の漸進的廃止を穏やかに求めた。主たる戦術

9） David Brion Davis, *Challenging the Boundaries of Slavery*, Harvard University Press, 2003, p. 31.

は，州議会や連邦議会への請願と，奴隷への訴訟支援であった。訴訟の重点は，拉致され奴隷にされた黒人や，奴隷解放法の通過後に不当に解放を阻まれている黒人の個別救済などにおかれた。北部で最大の黒人人口を抱えるニューヨーク州の協会メンバーも，商人や，法律家や，医者や，その他の専門職の富裕な人びとからなっていた。同協会は，「長期的」目標として奴隷制の漸進的廃止を唱えつつも，当面の目標として奴隷貿易反対，黒人の訴訟支援，黒人学校設立などに力点をおいた。概して植民地時代の北部の白人による奴隷制反対は奴隷貿易批判にとどまり，奴隷制自体の廃止を強く要求することがなかった。しかも，彼らは暗黙のうちに黒人の存在自体を問題視し，奴隷貿易の制限が奴隷制廃止を促し，奴隷制廃止が黒人の排除につながるという了解を共有していたのである[10]。

　黒人は上記の協会の訴訟支援活動で重要な役割を果たしたが会員になれず，別に独自の奴隷制廃止運動を進めた。1800年には最初のアフリカ系アメリカ人牧師のアブサロム・ジョーンズや製帆業者で黒人アボリショニストのフォーテン（1766-1842）らフィラデルフィアの黒人共同体の70人余りが，連邦議会に請願書を提出し，「人間としての生得権を願って」奴隷制と奴隷貿易の廃止を求めた。あるマサチューセッツ選出の連邦議会議員は，この請願を無知な黒人を利用した白人アボリショニストによる南部の奴隷所有者攻撃とみなし，黒人に集会や討論の技術を教えることになるからアメリカにとって有害である，と述べた。また，また，ジョージア選出の議員は，憲法の「われわれ人民」は黒人を含まず，黒人に政治的抗議の権利はないと主張した。結局，票決の結果，連邦議会は84対1で請願書を提出者に返却する決定をくだした[11]。しかし黒人はこの後も，請願とともに，1790年代から活発化したパンフレット発行の戦術に一層力を注ぎ，文筆重視の伝統を築いていくのである。

2）北部における漸進的奴隷解放の実施

　1776年の独立宣言の発布当時，13州のすべてで奴隷制は合法的であった。だが，革命の影響のもとで奴隷制廃止の動きが北部で州ごとに始まった。まず，連邦加入前に1777年ヴァーモントが憲法で奴隷制を違憲とし，1780年にはペンシ

---

10) Melish, *Disowning Slavery*, p. 53.
11) Richard S. Newman, *The Transformation of American Abolitionism : Fighting Slavery in the Early Republic*, The University of North Carolina Press, 2002, p. 89.

ルヴェニア州議会が漸進的奴隷解放法を制定した。ついで1783年にマサチューセッツが州憲法解釈によって奴隷を解放し，1784年にロードアイランドとコネティカットが漸進的奴隷解放法を制定した。この時，ロードアイランド州議会は，綿紡績業者で慈善家の白人，モージズ・ブラウンらクエーカー教徒の働きかけを受け，自然権に基づく漸進的奴隷解放法をいったん成立させた。同法の前文は，独立宣言の「すべての人びと」は黒人奴隷を含むとする立場で書かれていた。同法は，「すべての人びとには生命，自由，幸福を追求する資格があるがゆえに，人類を奴隷状態で財産として保有することは，……この原理と矛盾」するとうたっていた[12]。しかし，早くも翌1785年には新たに選出された議員が中心となって同法を改定し，自然権の趣旨を削除したのを始め，奴隷所有者が奴隷の子供を将来解放されるまで無償で使用できるように変えた。他方，コネティカットの奴隷解放は，新たな奴隷解放法の制定ではなく，旧来の奴隷諸法の統合という一般的な法改定に際して，奴隷解放規定を付加するという変則的な形を取った。付加された条項の一つは州内への奴隷輸入に罰金を課すものであり，もう一つが法案の末尾に追加された漸進的解放の規定であった。これらは，なぜかほとんど議論なしで可決された。ニューハンプシャーの場合には，1788年に奴隷制を違憲とする州憲法解釈が提出されたが，この解釈はすぐに確立せず，その後も奴隷がしばらくは存在し続けた。この後，遅れてニューヨークが1799年に，ニュージャージーが1804年に，それぞれ漸進的奴隷解放法を制定した。

　以上のように，北部諸州の奴隷解放には，州憲法もしくは判決に基づく場合と，奴隷解放法によるものと，二つの方式が見られた。しかし，いずれの解放方式も曖昧であった。マサチューセッツの場合ですら，1783年の判決で一挙に奴隷制が消滅したのでなく，その後の訴訟・請願・法制定などを通じて緩やかに衰微していった。また，北部であっても奴隷所有者による解放への抵抗は強く，ある時点以降に生まれた奴隷の子供のみを対象とする長期的な漸進的解放に留まった。例えば，1780年のペンシルヴェニアの漸進的解放法は，その年以降に奴隷から生まれた子供が28歳になった時に解放すると規定していた[13]。なお，コネティカットの法律は解放年齢を男女とも25歳，ロードアイランドでは女性18歳，男性21歳

---

12) Melish, *Disowning Slavery*, p. 71.
13) Arthur Zilversmit, *The First Emancipation : The Abolition of Slavery in the North*, Chicago, 1867, p. 28.

(翌年に男女とも21歳に変更)とした。いずれの場合も子供の奴隷は，解放されるまでの間，奴隷所有者に対する無償奉仕を義務づけられた。しかも，これらの漸進的奴隷解放法は奴隷制の存在を違法とするものではなかった。1800年の第二回国勢調査時に奴隷は，ニューイングランドだけで1,488人，北部全体ではまだ3万6,654人存在した。奴隷制を明確に禁止した法律が制定されたのは，ロードアイランドで1843年，コネティカットで1848年のことであり，州憲法解釈が動揺したニューハンプシャーの場合には，実に1857年のことであった。1860年にニュージャージーにいた18人の奴隷が北部の奴隷制の最後の名残であった[14]。

　重要なのは，漸進的解放において当事者の白人が，奴隷所有者の財産権保護と黒人に対する社会統制を優先し，黒人を依存的地位に留めたまま労働力を無償で搾取するだけで，解放後も黒人を社会の対等な成員として認めなかったことである。このため，奴隷解放の仕組み自体が，奴隷制時代の白人と黒人奴隷の慣習的な関係を解放後の自由黒人にそのまま適用するのを助長した。例えば，主人に対して奉公義務を負う子供の奴隷には，子供の白人奉公人なら当然受けられたような，解放後に市民となるための教育や訓練が与えられなかった。しかも白人は奴隷解放があたかも黒人の「抹消」につながるかのような期待を抱いていた。こうして，奴隷が徐々に姿を消すとともに，北部の白人は依存や無能といった奴隷のイメージを自由黒人にそのまま重ね，彼らを「自由な社会」の従属的位置に組み込んでいった。そして，それにつれ北部の白人は奴隷制と奴隷の記憶を意識的無意識的に忘却していった。その結果，やがて，とりわけ奴隷数の少なかったニューイングランドで，「歴史的に見て自由な，白人のニューイングランド」[15]という今日でもなお影響力を保持している神話が形成されることになるのである。

3）自由黒人の社会的進出と白人による抑圧

　漸進的奴隷解放の進行につれ，黒人は独立革命の自由・平等の「約束」が果たされることを期待した。しかし，連邦議会は1790年の帰化法でアメリカ合衆国市民となる資格をもつ移民を「白人」に限定し，1810年の法律では自由な白人以外の者が騎馬郵便配達人と郵便馬車の御者となることを禁じたのである[16]。黒人指

---

14) Clayton E. Gramer, *Black Demographic Data, 1790-1860 : A Sourcebook*, Greenwood Press, 1997, pp. 105, 109, 115.

15) Melish, *Disowning Slavery*, pp. 3, 6.

導者たちは，1790年代から1820年代まで，黒人がアメリカ市民として受け入れられるために，特に黒人大衆の「向上」を目指して努力した。彼らエリートは，「向上」のために「品位」を身につけることの大切さを強調した——教養，篤信，安息日遵守，廉潔，禁酒，賭事の忌避，祝祭における慎みなどが重視された[17]。1820年代に入ると，自由黒人が熟練工や専門職として進出し始め，黒人コミュニティの互助組織も充実してきた。加えて黒人は，独自の伝統的な祝祭や街頭での祝賀パレードで政治的に自己主張を強めた。例えば，1750年頃からニューイングランド各地で白人奴隷主の賛助のもとで開催されてきた「黒人選挙」は，白人の選挙に擬して奴隷や自由黒人の中から「黒人総督」を選出した1週間以上にも及ぶ行事であり，黒人の伝統的祝祭として1830年代の初めまで続いた[18]。また，1808年にボストンの自由黒人は，英米による大西洋奴隷貿易廃止を祝って集会を開き，やがてそれを発展させ，毎年7月14日に街頭で祝賀パレードを行うようになった。他方，ニューヨーク市の自由黒人たちは，1827年の独立記念日に実施されたニューヨーク州の最終的奴隷制廃止(ただし1841年まで，他州の奴隷労働力を活用するため，年に9カ月以内なら居住者に奴隷保有を許す法律があった)の祝賀を，慎重な自由黒人指導者たちの反対をよそに，奴隷制廃止を際だたせるべく，7月4日でなく，あえて7月5日に実施したのである。この奴隷制廃止により10代で自由を得たアボリショニストのジェームズ・M・スミスは，7月5日を「それは若者たちには決して忘れられない誇らしい日だった」[19]と回想している。黒人たちは，英領西インドの奴隷解放にともない，1834年からは7月5日よりもその解放日8月1日を記念して独自に祝うようになった。

北部の都市には，自由を得た黒人が集まったほか，各州や西インドから逃亡奴隷が流入し，白人と黒人の人種関係は緊張の度を高めた。多くは移民からなる白

---

16) William C. Nell, *Colored Patriots of the American Revolution*, Company Publishers, Incorporated, 1978, p. 312.

17) James Brewer Stewart, SHA Roundtable: Racial Modernity. "The Emergence of Racial Modernity and the Rise of the White North, 1790-1940," *Journal of the Early Republic*, 18 (Spring 1998), p. 189.

18) Shane White, " 'It Was a Proud Day': African Americans, Festivals and Parades in the North, 1741-1834," *Journal of American History*, 81 (June 1994), p. 17; Rael, *Black Identity*, p. 58.

19) John Stauffer, *The Black Hearts of Men: Radical Abolitionists and the Transformation of Race*, Harvard University Press, 2002, p. 87.

人労働者は,日常の娯楽や歓楽の世界で黒人との接触を深めながらも,労働市場の競争相手である黒人に敵意を示しただけでなく,さげすまれ惨めな境遇にある黒人労働者との差異化をはかるため,人種暴動という形で黒人に対する優位を証明し白人としての人種的アイデンティティを確認しようとした[20]。黒人に対する白人の襲撃は,北部諸州で漸進的奴隷解放が緒についた1780年代から頻発し始め,1820年代に激化し,1830年代には最高潮に達したが,それは黒人のみならず白人アボリショニストをも攻撃対象とした。また,1816年頃から現れ始めたブロードサイド(片面刷り大判印刷物)は1828年頃までボストンを中心に盛んに発行され,黒人による祝賀パレードなどを戯画化して愚弄した(図2-1)[21]。

こうして,北部の白人は奴隷制下で黒人が抑圧されてきた事情を無視し,ますます彼らを暴力的で「堕落」した人種とみなすようになった。1831年にフランス人トクヴィル(1805-1859)は,「人種的偏見は,まだ奴隷制が存続している州よりも,すでに廃止されてしまった州で一層強い」うえに,「人種隔離の法的垣根が取り除かれるに比例してますます北部の白人住民は黒人を避けようとする」と述べ,南部の大規模な奴隷解放の一層の困難さを予言したのであった[22]。

さらに白人は,男子普通選挙権を定めて白人の民主主義を発展させる一方で,自由黒人に対しては組織的抑圧と政治的権利の剝奪を推進した。もともと北部では植民地時代から自由黒人は課税されても慣習的に選挙権を否定されていた。それでも革命期に選挙権を法律で明確に白人に限定していたのは,南部のヴァージニア,サウスカロライナ,ジョージアだけで,北部ではどの州も法的制限をしていなかった。だが,1800年以後連邦に加入したすべての州が,メーン州を例外として選挙権を白人男性に限定した。既存の州も規制を始め,1821年にニューヨーク州は白人には選挙権の財産資格を撤廃する一方で,黒人に財産資格を課して黒人に事実上選挙権を否定し,1838年にペンシルヴェニア州は黒人選挙権を完全に撤廃した。1860年の段階で,黒人選挙権の法的禁止規定のない州は,上記ニューヨークを除けば,ニューイングランドの5州,ニューハンプシャー,マサチューセ

---

20) David R. Roediger, *The Wages of Whiteness : Race and the Making of the American Working Class*, 1995, pp. 147-150.
21) Melish, *Disowning Slavery*, p. 171.
22) Alexis de Tocqueville, *Democracy in America*, Alfred A. Knopf, Inc., 1994, vol. I, pp. 359, 375.

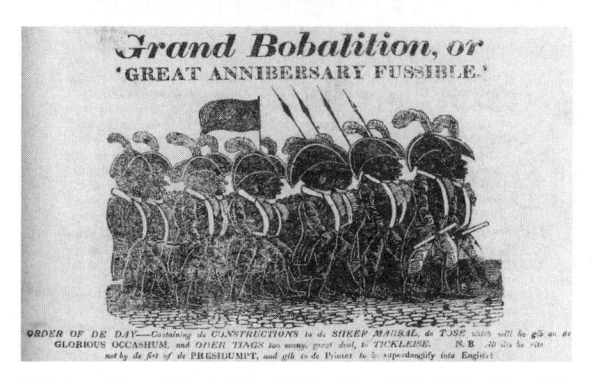

図 2-1　ブロードサイドの一部分（上：1820 年頃，下：1821年）

奴隷制度や奴隷貿易の廃止を祝う自由黒人のパレードを揶揄。Abolition を Bobalition としているように，当時のアフリカ系アメリカ人の方言をパロディー化し，自由黒人を市民としての資質に欠ける輩として印象づけようとした。

出典）Joanne Pope Melish, *Disowning Slavery : Gradual emancipation and "Race" in New England, 1780–1860*, Cornell University Press, 1998, pp. 180–181.

ッツ，ヴァーモント，ロードアイランド，メーンにすぎなかったのである。

4）アメリカ植民協会と黒人アボリショニストの反対運動

　1791 年のハイチ奴隷反乱とヴァージニアにおける 1800 年のゲイブリエル・プロッサーの反乱は，南部の奴隷所有者をおののかせた。この恐怖心は，外部の奴隷制反対者の煽動を奴隷反乱の原因と見る通念と結びつき，とりわけ 1820 年のミズーリ協定から南北戦争までの時期の「奴隷所有共和国」の政治史において，北

部少数者の奴隷制反対に対する南部指導者の過敏な反応と，南部「奴隷主権力」の連邦支配の脅威に対する北部の応答という連鎖反応を引き起こす一大要因として作用した。また，この恐怖心は，1816年に「アメリカ植民協会」を結成させた要因でもあった。前章でも触れられているように，南部の奴隷所有者は奴隷制社会内の危険な自由黒人の除去を望み，北部の多数の白人も忌むべき黒人の除去を願って，ともに植民という名の国外排除を支持したのだった。植民協会は高地南部と北部を中心に運動を展開し，植民協会をアボリショニストの「トロイの馬」と見て強硬に反対する深南部のジョージアとサウスカロライナ以外のほぼすべての州に支部を擁していた。協会の支持者名簿には，ジェームズ・マディソン，ジェームズ・モンロー，ジョン・マーシャルら名高い政治家や裁判官が名前をつらねていた。協会結成前の時代や協会の初期に，少数の黒人指導者を含め，真摯な人道的立場から奴隷解放と黒人によるアフリカのキリスト教化を願う人びとがいたのは確かだが，協会の運営がつまるところ自由黒人の国外除去と奴隷制の強化をもくろむ勢力に掌握されていたことは否定しがたい。

　1820年代から30年代初頭にかけ，植民協会支持は急速に広がり，1831年までに200以上の地方支部が生まれた。その3分の1以上の80がペンシルヴェニアに集中していた背景には，急増した自由黒人の社会的進出や，浮浪者，酔っぱらい，犯罪者の増加による治安悪化があった。マサチューセッツの自由黒人は，1780年代の千人以下から1830年には7千人以上と7倍に増加した。1830年の同州全人口61万人中に占める黒人の比率は1％余りにすぎなかったが，急激な増加が「人種混淆」に対する白人の危機感をつのらせた[23]。協会支持者の多くが，奴隷制だけでなく，黒人の存在自体がアメリカの持続的な問題であると主張した。このような背景のもとに，各州議会は植民協会に賛成する正式な決議をつぎつぎと成立させたのである。

　他方，フィラデルフィアやボストンの黒人は植民協会結成以前より，植民反対の運動を続けていた。ボストンの指導者たちが1826年に組織した「全有色人連合」のもとで，デヴィッド・ウォーカーや，ジェームズ・バーベイドウス，ウィリアム・ネルら多数の黒人アボリショニストが奴隷制と植民に反対する経験を積んだのだった。だが，植民に反対した正式な組織はマサチューセッツの黒人組織のみ

---

23)　Newman, *The Transformation*, pp. 112, 216 n20.

であって，エドワード・エヴェレットや，ダニエル・ウェブスターら社会的地位の高い白人が植民支持を表明し，州議会も植民を支持した。「ペンシルヴェニア奴隷制廃止協会」は，植民支持の博愛家の離反を恐れて態度表明を避け，少数の例外的な会員を除けば，人種主義に対して沈黙し続けた。全国的な連携体制の必要性を痛感した黒人指導者は，1820年代に，奴隷制と人種主義に反対する組織とともに，植民に反対する組織を北東部と中西部の黒人共同体に結成し，1830年には，リチャード・アレンやフォーテンらが「アメリカ自由黒人協会」の第一回会合をフィラデルフィアで開催した。また，1830年代初頭の「黒人大会運動」は，植民反対と奴隷制廃止という二つの戦術を統合するための基盤を提供したのである。

3　奴隷制即時廃止運動の展開——人種観の固定化

1）即時廃止主義の台頭

　1830年代初頭の北部では，「市場革命」と称される商業と市場が引き起こした家庭生活や職場や地域社会の激変の中で社会不安が高まり，他方で南部奴隷制の急速な西方拡大に対しても危機感が募っていた。これらを背景に，福音主義の信仰復興運動や英国の奴隷制廃止運動の影響を受けた北部の少数の白人が，アメリカを真の「約束の地」たらしめようとする黒人自身の行動につき動かされて，「アメリカ植民協会」支持の態度を自己批判し，黒人とともに奴隷制即時廃止の運動を開始したのだった。
　即時廃止主義の台頭に，黒人アボリショニストが果たした役割は大きい。奴隷制と人種差別の体験は白人アボリショニストに深い影響を与え，白人の醒めた運動を道徳的改革運動へと変えた。「植民協会」のメンバーだった白人のギャリソン（1805-1879）や，エイモス・フェルプスらに黒人植民の不当性を確信させ，植民反対と即時廃止の立場を取らせたのは，黒人アボリショニストであった。ギャリソンによる植民批判の書，『アフリカ植民に関する考察』(1832) には，20以上の黒人共同体から黒人アボリショニストによって集められた植民反対の意見が再掲されている。黒人アボリショニズムの文筆重視の伝統も即時廃止主義の運動に大きな影響を与えた。1827年にサミュエル・E・コーニッシュとジョン・ラスワームは，アメリカ最初の黒人新聞，『フリーダムズ・ジャーナル』をニューヨーク市で創刊

した。奴隷を父とし自由黒人を母として生まれ，サウスカロライナのチャールストンで成人したデヴィッド・ウォーカーによる 1829 年の『訴え』は，奴隷反乱を呼びかけて南部白人に深甚な衝撃を与えたが，それはデンマーク・ヴィージーらの奴隷反乱の思想をくむとともに，ボストンの黒人共同体の言論による抗議の伝統を受け継いでもいたのであった。さらに黒人たちは，1831 年に創刊されたギャリソンの『解放者』を購読者として経済的に支え，執筆者として記事も提供した。同紙の創刊から 3 年間は購読者の過半数が黒人であり，1834 年 4 月の時点で，2,300 人の購読者のうち黒人が 4 分の 3 を占めていた[24]。また，同紙が創刊年に発表した 200 点近い論説のうち，20％近くが黒人執筆者によるものであった。特にフォーテンは同紙を経済的に支えた上，富裕な白人商人で慈善家のアーサー・タッパンに植民協会への支持をやめるよう促したり，豊富な人脈と情報を提供し続けたりして運動に大きく貢献した。

　両人種のアボリショニストは，南部の奴隷制即時廃止と北部の人種的偏見除去という二重の目標を掲げ，黒人一人一人の「向上」を通じて「品位」を身につけ市民資格を獲得するという，従来の黒人の運動方針を改めて確認した。白人アボリショニストの多くは，福音主義の罪の意識と終末観的信仰から奴隷反乱に対する危機感をつのらせ，アメリカの人種関係の将来は「人種戦争」による悲惨か，「人種混淆」もしくは人種統合による平穏かのいずれかであると予感していた。また，両人種のアボリショニストは人種とは環境によって形成される可変的なものの呼称であり，人間の力で良かれ悪しかれ再形成できるものだと考えていた。そこで，アボリショニストは，「黒人に対し，人間としての，およびアメリカ人としての彼らに属するすべての権利と恩恵を……保証」[25]するために，いわゆる独立革命の「約束」，すなわち「建国理念」を盾とし「建国の父祖」を称賛する戦術を取った。1832 年にギャリソンらの「ニューイングランド奴隷制反対協会」は，次のように宣言した。奴隷制即時廃止論者は，「『すべての人びとは平等につくられている』と主張する独立宣言のあの一節を実施するために」闘う，と。

　発布当初，白人植民地人の独立正当化のために英国王の暴政を列挙する部分に

---

24) Benjamin Quarles, *Black Abolitionists*, Oxford University Press, 1969, p. 20.
25) American Anti-Slavery Society, "Declaration [of Sentiments] of the National Anti-Slavery Convention ... assembled in the City of Philadelphia, [December 4, 1833]," in William H. Pease and Jane H. Pease (eds.), *The Antislavery Argument*, 1965, p. 71.

重点をおいた政治的文書だった独立宣言が，人類の普遍的権利を保証した文書として尊崇されるにいたる上で，アボリショニスト，とりわけ黒人アボリショニストが果たした役割は大きい。その拡大解釈は「建国の父祖」の栄光に異を唱えることなく，いうところの独立宣言と合衆国憲法に体現された「建国理念」を盾とし，自らの権利を主張する戦略であって，アメリカ白人の人種主義と圧倒的な権力のもとで，黒人たちが慎重に選びとった道にほかならなかった。1813年のパンフレットでフォーテンは次のように述べている。「神がすべての人間を平等におつくりになったことを自明の真理とすることは，独立宣言と……われわれの崇高な(ペンシルヴェニア州)憲法の最も顕著な眼目の一つです。この思想は，インディアンもヨーロッパ人も，未開人も聖人も，……白人もアフリカ人も包含します。」ペンシルヴェニア州憲法の制定者たちは「『すべての人びと』は自由」であると宣言し，「白人か黒人かは特に述べませんでした。それは彼らが，私たちが人間であるかどうかが問題になるとは思いもよらなかったからです。故人の霊に敬意を捧げましょう。そして今は亡きこれらの英雄の記憶を永遠のものといたしましょう」[26]。

2) 人種暴動の激化と人種観の固定化

両人種の奴隷制即時廃止運動は，南部の奴隷所有者のみならず北部の白人による激しい反発を招いた。なかでもアボリショニストが配偶者の選択は個人の問題だと主張し，人種間の結婚を禁止する州法の廃止を唱えたことが，「人種混淆」の推進と受けとめられ，白人の人種暴動を助長した。例えば，1831年に両人種のアボリショニストがコネティカット州ニューヘブンに黒人青年のための「筋肉労働大学」(Manual Labor College) を創設しようとした企ては，「人種混淆」もしくは人種統合とみなされ，白人暴徒の襲撃を受け挫折させられた。また，福音主義の伝道活動に根ざす活動組織である「エイジェンシー・システム」のもとで，白人男性に限らず，両人種の男女のアボリショニストが地方の都市や町で巡回講演や奴隷制反対協会結成推進などの草の根活動を展開するにつれ，地方の白人エリートも，陰険なよそ者であるアボリショニストが下層の人びとに対する地方エリートの伝統的権威を掘り崩していると恐れた。ただし，奴隷制即時廃止や女性の権

---

26) James Forten, A Series of Letters by a Man of Color, Philadelphia, 1813, in C. G. Woodson (ed.), *Negro Orators and their Orations*, Russell & Russell, 1969, pp. 42, 45.

利の主張を始め，当時の社会規範を超えた様ざまな主張に加え，ギャリソンらの独善的挑発的な言動も一般白人の反感を助長したと言える。

　1830年代の人種的抑圧と度重なる人種暴動の経験を通じて，黒人および白人のアボリショニストは，「向上」を通じた個々の黒人の権利獲得の方針よりも，主として黒色人種全体の権利獲得を通じて市民権を獲得する道へと方針を転換した。このような方針の転換の背後には，人種観の固定化という流れもあった。北部では1840年代までに圧倒的多数の白人が，人種の優劣を生物学的に決定された普遍的な真理とみなし，階級にかかわらず白人至上主義を抱くようになった。再形成された人種観は，独立革命期から1830年までの時期のそれよりも，19世紀末のそれにずっと似たものとなった。

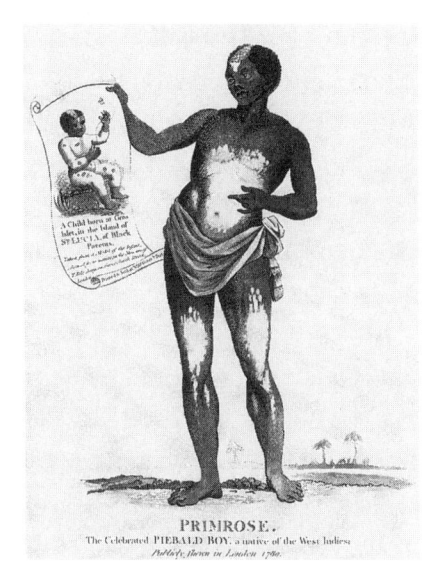

図2-2　「白化する黒人」
挿絵の下部には，「プリムローズ。1780年にロンドンで公開された西インド生まれの，有名な白と黒のまだらの少年」，少年が持っている絵には，「セント・ルシア島のグロス・アイレットで黒人の両親から生まれた子供」とある。

　18世紀末には，黒人の卑屈な振舞いばかりか肉体的特質も環境のためとするビュフォン（1707-1788）やサミュエル・S・スミスらの環境説が，奴隷制に反対する人びとに限らず広く受け入れられていた。また，自然科学の分野で論じられた人類の起源については，まだ単一起源説が優勢であった。やがて18世紀末から19世紀初めにかけて，革命後の社会的経済的変動や自由黒人の増加等をめぐる白人の不安を映して，人種への関心が高まり，文学や雑誌記事で人種の可変性の問題が盛んに取り上げられた（図2-2）。黒い皮膚が部分的に白化したとされる自由黒人ヘンリー・モスの例がその典型である。ワシントン大統領やジェファソンや医師のベンジャミン・ラッシュらは，それぞれモスをじきじきに検分している。ラッシュは1797年にモスについての調査結果をアメリカ哲学協会で発表した。またこの頃，北アフリカのアルジェリア人の奴隷にされていた多数のアメリカ白人が，果たして独裁的支配のもとで黒化しないのかどうかが大衆文学のテーマとされた。

これらの文学は1800年頃までに,黒人の奴隷根性および真の共和主義者である北部の白人市民の白人性と徳は,いずれも生得的なものだと結論したのだった。1810年頃までにほとんどの白人が,人種的特徴は自然環境や政治的境遇によって簡単には変えられないとみなすようになった[27]。そして1820・30年代には,曖昧だった人種の境界や階級の区分が固定化される過程で,黒人対白人や,それぞれの人種内での対立が強まり,先に述べたように北部の白人は,黒色人種に関する見方を固めたのである。

　科学の分野でも,18世紀末まで有力だった環境説が19世紀に入ると弱まり始め,代わって黒人を先天的永続的に劣等とする人種に関する本質論的な見方が優勢になってきた。やがてアメリカ人類学派の中心的な存在となるモートン(1799-1851)は,1820年より大量の頭蓋骨を蒐集し始め,特に30年代末以降には恣意的計測に基づく頭蓋骨の大きさと脳の容量を人種の分類基準として用いて,白人・アメリカインディアン・黒人という順に人種を序列化した。また,アラバマの医師ジョサイア・ノットは,サウスカロライナのプランター,ジェームズ・ハモンドへの手紙でアメリカ人類学派を「ニガー学」と称し,彼自身の主要な目的は,事実上永久不変の黒人の劣等性を証明することにあると述べている。彼は自由労働が「人種混淆」を導き,その結果生まれる繁殖力の弱い雑種が人類の消滅をもたらすことを極度に恐れた[28]。アメリカ人類学派は,人類多起源説に立ち,人種を不可変とみなし,劣等視する黒色人種と奴隷制との結びつきを補強して奴隷制を擁護したのである。

　概して両人種のアボリショニストは,神によって創造された人間は単一の血統からなるとする単一起源説と,環境説を擁護し続けた。とりわけ1830年代の急進的白人アボリショニストは,人種理論を無視しようとした。白人女性アボリショニストのリディア・マリア・チャイルドは,頭蓋骨の測定結果を受け入れたが,人種による数値の違いは環境によると考えた。ウィリアム・グッデルも測定結果を認めたが,道徳的性質こそが問題であり,それが同等である以上,人類単一起源説が正しいと主張した。黒人も神による人間の平等な創造を信じ,18世紀以来,皮膚の色に関して特に論じることがほとんどなかった。1820年代に黒人アボ

---

27) Melish, *Disowning Slavery*, pp. 137-162.
28) Bruce R. Dain, *A Hideous Monster of the Mind : American Race Theory in the Early Republic*, Harvard University Press, 2003, p. 226.

リショニストの間で「黒人性」の問題への関心が高まる契機は,「アメリカ植民協会」が,アフリカへの黒人植民推進のために古代エジプト人の偉大さを強調したことにあった。まず,『フリーダムズ・ジャーナル』紙上で人種の問題が議論され,黒人自身が「黒人性」や人種について考え,自己像を模索するようになった。ウォーカーは,『訴え』において,白人アボリショニストのいう黒人の「受動的贖罪的」側面を認めながらも,「激しく復讐心に燃える」黒人像を主張した。彼は白人が嫉妬深く非情で強欲残忍で権力欲に駆られているが,アフリカの黒人や「アジアの混血人種」は,まだそれらの点で「白人の半分ほど」の水準にも達していないと考えた。なお,人種の混淆に関しては,ストウ夫人らロマンティックな人種主義者たちを含め大多数の白人が,それを嫌悪したのに対し,黒人アボリショニストはこれを必要だと考えた。奴隷制の拡大自体が罪深い白人とそれを贖罪する黒人との結婚を不可避にしていると考えたヘンリー・ハイランド・ガーネットは,1848年の講演で,「西洋世界は混血の人種で満ちるよう運命づけられている」と予言した。白人の父と黒人奴隷の間に生まれたフレデリック・ダグラス(1818-1895)は,1854年の講演で英国の人類学者の説に依拠して,環境説は決定的に論駁されていないとしながらも,人類多起源説を正面から論駁もせず,むしろ黒人のすぐれた面を人種としての先天的性質と見て,アメリカの繁栄のカギは多様性と包摂を特徴とする「混成的性質」にあり,「人種混淆」が重要だと主張した。

4　政治的アボリショニズムの伸張——「建国理念」の再構築

1) 奴隷制即時廃止運動の分裂

　1840年にアメリカ奴隷制反対協会が分裂し,即時廃止主義の運動は道徳的説得の方針を維持すべきとするギャリソン派と,政治的活動の方針も採り入れるべきとする政治的アボリショニストの派に分かれた。分裂の直接的原因は,政治的活動の方針や,女性の権利運動を奴隷制廃止運動に採り入れることの是非をめぐる意見の対立であった。事実,政治的アボリショニストは,前年に合衆国で最初の奴隷制反対政党である自由党を結成していた。しかし,ギャリソン派と政治的アボリショニストの対立の背景には,彼らの合衆国観の違いもあった。ギャリソン派は,アメリカの政治体制や社会が根本的に腐敗しており,革命以外に是正する手段はないと考え,やがて合衆国憲法を奴隷制擁護の文書とみなすにいたる。他

方,政治的アボリショニストは,奴隷制と人種的偏見を別とすれば,アメリカ国家は基本的に健全な民主主義国家であり,改善によって矯正されうると考え,合衆国憲法を奴隷制反対の文書とみなす憲法解釈を発展させる。黒人アボリショニストの大半は,政治的アボリショニズムを選択し,自らの政治的権利を獲得するために自由党を中心に活動を展開した。ギャリソン派のF・ダグラスも,やがてギャリソンと決別して政治的アボリショニズムへと転換する。

白人のギャリソン派は,主として都市地域で活動を継続し,黒人が推進した公立学校や輸送機関における人種差別撤廃の闘争や,逃亡奴隷への支援に関与した。1840年に,マサチューセッツの両人種のアボリショニストは,州の人種間結婚禁止法を撤廃するために,9千人の署名を州議会に提出し,1843年に同法の廃止を導いた。また1841年には公立学校の人種差別を撤廃させる運動を開始し1855年に結実させた。これに対して,政治的アボリショニストは,圧倒的に白人からなる北部の町や農村地域で主に活動を展開し,特に信仰復興運動が広まった地域で奴隷制反対の第三政党,自由党への支持を集めた。また彼らは,黒人アボリショニストとともに,北部の自由黒人の選挙権が制限されている地域で,その獲得のために活動した。

1840年代以降,両人種のアボリショニストは,ギャリソン派であれ,政治的アボリショニストであれ,あるいは黒人アボリショニストのうち,アメリカ国内での人種的平等を求めるF・ダグラスらの立場であれ,黒人の自発的国外移住を唱えるマーティン・ディレイニらの立場であれ,いずれも,黒色人種全体の権利を求める必要があるという点で一致した。すなわちそれは,個々の人びとの「品位」や,「向上」のみによってではなく,黒色人種全体の白人との平等が目指されねばならない,という立場であった。ただし,黒人アボリショニストは,白人アボリショニストと協力を進めながらも,白人アボリショニストの人種的傲慢さや,人種差別撤廃の姿勢の不十分さに,不満を抱いていた。

2)政治的アボリショニズムの伸張

民主党とホイッグ党からなる第二次政党制度は,地域間分裂をきたす奴隷制問題を国政の争点とすることを努めて回避し,奴隷所有共和国の存続を図った。民主党は,アボリショニストに対する人種暴動を煽り,北部の白人有権者の人種的偏見を利用することで,支持を集めようとした。ホイッグ党は,「人種混淆」と人

種暴動をともに批判しつつ，黒人の植民，すなわち国外排除を支持することによって，同じく白人の人種的偏見を利用しようとした。結局，どちらの政党も，人種主義と白人至上主義に基づいて，異人種を排除する立場に立っていた。即時廃止主義者の自由党に発し，黒人の権利の主張を薄め「奴隷制拡大反対」を唱える「白人の政党」自由土地党および共和党へといたる政治的アボリショニズムの伸張は，このような二大政党の南北両翼間の分裂をもたらし，北部の二大政党内の一部の奴隷制反対派を離反させて，第二次政党制度の崩壊を促す要因となった[29]。

　1820年のミズーリ協定で一時妥協を見た南北地域間の対立は，メキシコ戦争による奴隷制地域の拡大と，1854年のカンザスネブラスカ法におけるミズーリ協定廃棄，そしてついには1857年のドレッド・スコット判決にいたって決定的な対立の局面を迎えた。この判決は，準州における奴隷財産権を擁護するとともに，黒人に対し合衆国市民権を明確に否定した。北部白人の多数は，「奴隷主権力」による連邦支配の強化が北部白人の自由と利益を脅かすことを恐れ，かつ奴隷制自体を嫌悪して南部への敵意を強めたが，同時に北部内の黒人の存在を嫌悪していたのであって，大量の黒人流入の可能性のある南部の奴隷解放を決して望んではいなかった。現にほとんどの北部の州が，自州内への自由黒人の流入を規制する州法や憲法を制定していたのである。しかし，建国以来ほぼ連邦政府を支配してきた南部は，北部における人口増加と急速な経済発展，周囲の諸国における奴隷制廃止の進展に危機感を深め，多数の奴隷を抱えて奴隷反乱への恐怖心を絶えず抱いていただけに，北部の奴隷制反対政党による奴隷制封じ込めの動きを南部奴隷制の死活問題ととらえたのであった。

3）「自由なニューイングランド」の神話と「建国理念」の再構築

　漸進的奴隷解放が進んだニューイングランドでは，そこがあたかも最初から奴隷制や奴隷貿易とはまったく無縁の地であったかのような「歴史的に見て自由な，白人のニューイングランド」の神話が生まれつつあった。「丘の上の町」の建設を目指したピューリタンの植民地以来の宗教的伝統は，ニューイングランドが文化的道徳的に優越しているとの強い自負を含んでいた。また，ニューイングランド

---

29) 拙稿「自由党と政治的アボリショニズム」関西アメリカ史研究会編著『アメリカの歴史——統合を求めて』上，柳原書店，1982年，127-141頁；同「自由土地党の結成——政治的アボリショニズムとの関連で」『大阪音楽大学研究紀要』21（1982年），73-91頁。

の白人の多くが黒人「除去」の願望を抱いていたために，その文化的伝統は異人種への排他的な性格を帯びていた。すでに見たように，漸進的奴隷解放の過程で解放された自由黒人は，奴隷制時代の慣行を押しつけられ，おしなべて「堕落」していると見られ，選挙権を始めとする政治的権利を組織的に奪われていた。たとえ少数であっても，黒人は「歴史的に見て自由な，白人のニューイングランド」の観念と相容れない不都合な存在であり，象徴的，実質的に「排除」の対象とみなされた。「植民協会」による黒人排除の主張が大規模に実現することはなかったものの，その立場に共感を寄せる北部の人びとは多かった。ストウ夫人が，あの圧倒的な評判を呼んだ『アンクルトムの小屋』の物語の末尾で主人公たちをアフリカに向かわせていることは，こうした「白人共和国」への願望を反映していたのである。

「歴史的に見て自由な，白人のニューイングランド」の神話は，南部の「奴隷主権力」との対立が深まる中で，次第に明確な形を取り始めた。1830年1月の連邦上院におけるいわゆるウェブスター＝ヘイン論争で，マサチューセッツ選出のダニエル・ウェブスターは，ニューイングランドを国家の誕生の地，連邦の忠実な防衛者として描いた。「ボストン，コンコード，レキシントン，バンカーヒル，……そこでアメリカの自由が産声をあげた」と[30]。彼はまた，1787年の北西部土地条例の奴隷制禁止規定と，この条例の提案者，マサチューセッツのネイサン・デインを賞賛した。そこには「黒人」や「白人」という言葉は直接用いられてはいないが，南部の奴隷制に基礎をおく奴隷主権力に対抗するために，「歴史的に見て自由な，白人のニューイングランド」に北部の「自由な」諸州が加わるよう，暗黙の呼びかけがなされたのである[31]。

さらに，「建国理念」を再構築し，「自由な北部」こそが「建国の父祖」の理念の正当な継承者であると主張したのが共和党のリンカーン(1809-1865)である。リンカーンは1858年のスティーヴン・ダグラスとの論争において，「歴史的に見て自由な，白人のニューイングランド」の神話に，建国期以来黒人や少数の白人，ついで両人種のアボリショニストが主張の論拠にしてきた解釈，すなわち，「すべての人びと」は黒人を含むあらゆる人種の人びとを意味するという「建国理念」の

---

30) Daniel Webster, *The Great Speeches and Orations of Daniel Webster*, Beard Books, 2001, p. 254.
31) Melish, *Disowning Slavery*, p. 232.

拡張解釈を重ねた。白人の自由を本質とする本来の「建国理念」を再構築し，黒色人種や新たに到来したヨーロッパからの移民や先住アメリカ人を含めたのである。やがてリンカーンは，南北戦争のさなかの 1863 年 11 月に「ゲティスバーグ演説」の一節で，「87 年前」に「父祖たち」がささげた「すべての人びとは平等」という理念を人びとに思い起こさせ，国家分裂の危機という民主主義の一大試練にあたり，「人民の，人民による，人民のための政府」を守る固い決意を述べることになる。ただし，リンカーンの解釈は南部の奴隷主権力との闘争の中で，もともと戦略として構築されたものであり，非白色人種をアメリカ国民として平等に受け入れる覚悟に基づいていたわけではなかった。

　そのことは，南北戦争と奴隷解放をめぐるリンカーンの立場に明確に現れている。リンカーンは，開戦後，連邦の護持を唯一の戦争目的として掲げ，大統領選挙の公約である奴隷制不干渉の立場を維持して，アボリショニストの熱心な要求にもかかわらず奴隷制廃止を戦争目的に加えることを一年半も拒み続けた。リンカーンに奴隷制の廃止を決断せざるを得なくさせたのは，英仏が南部連合に対し独立承認と軍事援助の動きをみせたことや，連邦軍において厭戦感情が蔓延し，兵士の脱走や士気の低下が深刻になったことや，大規模な奴隷の逃亡によって南部の一部で奴隷制の実質的崩壊が始まったことや，共和党急進派の圧力が強まったことなどであった。南部連合軍が抵抗を続ける地域の奴隷のみを解放した 1863 年 1 月 1 日の「奴隷解放宣言」は，これらの事態を切り抜けるため，南部連合に効果的打撃を与え，かつ大義名分を獲得して英仏の干渉を排除するという軍事的必要性に基づいて発せられたのである。確かに，政治家リンカーンが，人間を奴隷とすることの不当性を明確に公言し，奴隷制の拡大反対を貫きとおし，奴隷解放を決断したたことは事実であって，これらの点で彼を奴隷制の維持をはかったジェファソンら奴隷所有者たちと同列に論ずることはできない。しかし，黒人に対する人種的偏見を抱き，黒人のいない白人共和国を希求した点ではリンカーンも彼らと同様であった。事実，リンカーンは，奴隷解放宣言を発した後ですら，連邦議会から予算の是認を得つつ，黒人植民を追求した。その生涯の最後まで黒人の国外植民，すなわち，黒人の国外排除に執着し続けたのではないかという疑いが残るのである。

　このように，南北戦争はひろく信じられているように奴隷解放のための戦争として始まったわけではない。南北戦争は，自由労働にもとづく北部の勢力と南部

奴隷主権力との連邦政府の支配権をめぐる闘争として開始されたのである。1865年の憲法修正第13条による全面的な奴隷制廃止と400万人にのぼる奴隷の解放は，アメリカ白人の多数にとってあくまでも望まざる結果としてもたらされたものにすぎない。だが，白人と白人の戦争のただなかで，渋るリンカーン大統領から「奴隷解放宣言」を引き出した力の一つには，自由を求める奴隷の大規模な逃亡があったし，南北戦争を奴隷解放のための戦いへと転化させ，それに社会革命的性格を与えた要因の一つには，「奴隷解放宣言」自体の力に加え，新たに解放された元奴隷を中心とする18万の黒人連邦軍兵士の戦いぶりがあった。すでに述べたように，リンカーンがS・ダグラスとの論争で明確に打ち出し，「ゲティスバーグ演説」でうたいあげた「建国理念」の拡張解釈にしても，ジェファソンら「建国の父祖」の立場ではなく，建国期の黒人や少数の白人の主張や，その後の「建国理念」を盾とする両人種のアボリショニストの解釈を取り込んだものであった。

　この拡張された「建国理念」が，南北戦争後の再建期において，共和党急進派と南部の旧奴隷主勢力との政治的闘争の過程で，憲法修正第14条・15条という形で表現されることになった意義は大きく評価されねばならない。しかし南北戦争後の再建期を経て，19世紀末に「人種主義」がさらに強固に再構築されるに至ったため，十分な実体を伴うことはなかったのである。そしてこの拡張された「普遍的な」自由・平等の「建国理念」は，「自由なニューイングランド」という神話に基づき，しかも史実をまげて独立革命当初からの理念としていわば「僭称」されたため，アメリカ民主主義が目指すべき理想としてそれ以後も一定の役割を果たしてきたものの，今日なお「建国の父祖」と合衆国の美化を伴う独善的な歴史観の支柱でもありつづけている。

【文献案内】

① Lerone Bennett Jr., *Forced Into Glory: Abraham Lincoln's White Dream*, Johnson Publishing Company, 2000.

② David Brion Davis, *The Problem of Slavery in the Age of Revolution, 1770-1823*, Cornell University Press, 1975.

③ Merton L. Dillon, *Slavery Attacked: Southern Slaves and their Allies, 1619-1865*, Louisiana State University Press, 1990.

④ Eric Foner, *Story of American Freedom*, W. W. Norton & Company, 1998.

⑤ Paul Goodman, *Of One Blood : Abolition and the Origins of Racial Equality*, University of California Press, 1998.
⑥ Leonard L. Richards, *The Slave Power : The Free North and Southern Domination, 1780-1860*, Louisiana University Press, 2000.
⑦ Richard H. Sewell, *Ballots for Freedom : Antislavery Politics in the United States, 1837-1860*, Oxford University Press, 1976.
⑧ John Stauffer, *The Black Hearts of Men : Radical Abolitionists and the Transformation of Race*, Harvard University Press, 2002.
⑨ James B. Stewart, *Holy Warriors : The Abolitionists & American Slavery*, Hill & Wang, Incorporated, Revised ed., 1996, 真下剛訳『アメリカ黒人解放前史──奴隷制廃止運動（アボリショニズム）』明石書店，1994年。
⑩池本幸三『近代奴隷制社会の史的展開──チェサピーク湾ヴァジニア植民地を中心として』ミネルヴァ書房，1987年。

①はリンカーンの人種主義的側面を厳しく追及している。②は18世紀末の革命の時代における奴隷制問題を広い視野で考察している。③は奴隷制と対決した南部の奴隷と奴隷制反対者の役割に焦点をあてる。④はアメリカの自由の歴史に関する優れた考察。⑤は奴隷制即時廃止運動の台頭における黒人の役割を強調している。⑥は南部の奴隷主権力による連邦支配に焦点をあて，連邦の歴史における奴隷制問題の重要性を強調する。⑦は自由党から共和党へ至る政治的アボリショニズムの展開を堅実に論じている。⑧は人種の壁を乗り越えようとした黒人および白人アボリショニストの同盟とその崩壊を論じる。⑨はギャリソンらの奴隷制即時廃止運動と政治的アボリショニズムをバランスよく叙述している。⑩はヴァージニアを中心とする人種奴隷制社会の歴史を広い視野で論じた研究書。

第3章 インディアンと「人種」イデオロギー
――チェロキー族の黒人奴隷制を事例に――

佐藤 円

　18世紀の末以来,チェロキー族[1]をはじめとするアメリカ合衆国(以下アメリカと略す)南東部に居住していたインディアン[2]諸部族が,白人社会との共存を目指して急速に白人文化の受容,いわゆる「文明化」[3]を推し進めたにもかかわらず,1830年代にはアメリカの領土的膨張の犠牲となって,ミシシッピ川以西に設定されたインディアン・テリトリー (Indian Territory)[4]へと強制移住させられたこと

---

1) 近年「〜族」或いは「部族」という用語の使用をめぐっては,その西洋中心主義的で植民地主義的な含意に対して文化人類学者などから批判が起こっており,「〜族」という表記に代わり,「〜人」或いは「〜民族」という表記を使用すべきであるとの主張がなされている。確かに「民族」と「部族」という用語の間には概念上有意な差異はなく,それでも特定の民族集団にのみ「部族」という用語を使用するとなれば,そこには文化に優劣を認めるイデオロギーが潜んでいると批判されても仕方がないであろう。しかしその一方で,「民族」という概念も「人種」などと同様に,近代の歴史のなかで構築されたものであり,歴史研究で取り扱うあらゆる時代や対象に適用できるかどうかは疑問が残る。そこで本章においては,「部族」という用語の問題性は認識しつつも,その歴史研究における取り扱いは今後の検討課題にするとして,暫定的に使用し続けるものとする。
2) 人種主義を排し,表現の厳密さを求める立場からは,「先住アメリカ人」或いは「アメリカ先住民」とすべきであろうが,あえて多様な先住アメリカ人集団を一括して「インディアン」と呼ぶことによって,歴史的に構築されてきた彼らの人種的アイデンティティを集合的に表現し得るため,本章では「インディアン」という呼称を使用することにする。また同様の理由から,多様なヨーロッパ系の人々を一括して「白人」と,また多様なアフリカ系の人々を「黒人」と呼ぶ。さらに本章ではしばしば「白人文化」という表現を使用するが,これも特定のヨーロッパ系の文化を指すものではなく,先住民の文化との対比で,あらゆるヨーロッパ系の文化を一括した表現として使用する。
3) 本章において使用する「文明化」という用語は,白人文化を積極的に受容することが即ち文明化することであるという,白人文化の優越性を絶対視する本章で取り扱う時代に支配的だった価値観を反映した用語であり,筆者のそれに基づくものではない。なお本章においては,この「文明化」という用語を,単に「白人文化の受容」という意味で用いるのではなく,広く「白人社会との接触によって生じた多様な政治的・経済的・社会的・文化的変化の総体」という意味で用いている。

は，彼らの移住の悲惨さを象徴する「涙の旅路」(Trail of Tears) という言葉とともによく知られている。しかしその一方で，これらの諸部族が強制移住当時多数の黒人奴隷を所有していたという事実は，インディアン史研究者や黒人史研究者にとっての常識であっても，一般にはよく知られていない。

試みに，近年出版されたアメリカの高等学校や大学で使用されている歴史教科書のいくつかで確認してみたところ，いずれの教科書も南東部諸部族の強制移住についてはかなりの紙幅を使って説明しているのに対し，彼らの間に広まっていた黒人奴隷制については全く触れていないか，触れていたとしても，ただそういう事実があったと紹介しているだけで，一定の説明を加えているものは，今回参照した教科書のなかには1冊しかなかった[5]。アメリカの歴史教科書は読み物としての性格を備えているため，日本の歴史教科書に比べるとはるかに大部で，内容が詳細であるにもかかわらず，インディアンが行っていた黒人奴隷制についての説明はあまりにも少ない。このことも，この問題が一般の人々に知られていかない一因であるように思われる。

---

4) インディアン・テリトリーとは，1803年のルイジアナ購入後に，ミシシッピ川以東に居住するインディアン諸部族を同川以西に移住させる際に提供する代替地としてアメリカ政府が設定した領域を指す。当初は現在のネブラスカ州，カンザス州，オクラホマ州にまたがる広大な領域であったが，1854年のカンザス・ネブラスカ法によって大幅に縮小し，現在のオクラホマ州の部分のみとなった。このうちチェロキー族をはじめとする南東部諸部族が提供された代替地は，全て現在のオクラホマ州内にあった。

5) 今回参照したアメリカ史の教科書は以下の8冊である。Norman K. Risjord, *History of the American People*, Holt, Rinehart and Winston, 1986 ; Daniel J. Boorstin and Brooks Mather Kelley, *A History of the United States*, Prentice Hall, 1992 ; James Kirby Martin et al., *America and Its People*, 2nd ed., Harper Collins, 1993 ; Thomas A. Bailey et al., *The American Pageant*, 10th ed., D. C. Heath and Company, 1994 ; Winthrop D. Jordan et al., *The Americans : A History*, McDougal Littell/Houghton Mifflin, 1996 ; James West Davidson et al., *Nation of Nations : A Narrative History of the American Republic*, 3rd ed., McGraw Hill, 1997 ; Mary Beth Norton et al., *A People and a Nation : A History of the United States*, 5th ed., Houghton Mifflin, 1998 ; John Mack Fragher et al., *Out of Many : A History of the American People*, 3rd ed., Prentice Hall, 2000. このうち，南東部のインディアン諸部族が行っていた黒人奴隷制に全く触れていないものは，*History of the American People, A History of the United States, America and Its People, The Americans* の4冊，説明ぬきでその事実があったことのみ触れているものは，*The American Pageant, A People and a Nation, Out of Many* の3冊，一定の説明がなされているものは，*Nation of Nations* の1冊であった。なお上記のうち *A People and a Nation* は，1986年に出版された第2版が，本田創造監訳『アメリカの歴史』全6巻，三省堂，1996年として翻訳されている。

それではなぜインディアンが行っていた黒人奴隷制という問題は，教科書などで積極的に取り上げられないのであろうか。その原因は，おそらくこの問題がもつ取り扱いの難しさにある。具体的に言えば，通常白人による支配の犠牲者と見なされてきたインディアンが，同じく犠牲者であるはずの黒人を支配していたという関係性が持つある種の「ねじれ」を，どのように評価し，また説明していくのかということの難しさである。実際に，このようなマイノリティ集団同士の「ねじれた」関係を，現実の歴史を担ってきた様々な社会集団間に存在した錯綜した関係性全体の中に位置づけて説明しようとすれば，研究者や教科書の執筆者は，すぐさま支配者と被支配者の関係を単純な二分法によって捉える認識方法を放棄せざるを得なくなる。しかし，それに代わる別の認識的枠組みを提示することは容易ではない。それに加え，インディアンが行っていた黒人奴隷制という問題を取り上げるということは，往々にして支配者側にいた白人特有の属性であると見なされてきた人種イデオロギーが，黒人に対しては支配者の立場にあったインディアンの側にも内面化されていたという事実をも露わにする。このことは問題の取り扱いをさらに難しくさせる。それゆえ教科書などで，このような問題には深入りしないという態度が採られることがあったとしても不思議ではない。

 しかしその反面，このような取り扱いの難しい問題にあえて取り組み，その実態の解明に努めることは，人種をめぐる議論を相対化し，研究を発展させる契機ともなり得る。一般に人種が論じられる場合，議論がその重要性から白人と黒人の関係に集中する傾向があるが，当然のことながら人種という概念は，白人と黒人を区分する際に用いられただけではなく，インディアンやその他の社会集団を人種として区分する際にも様々な状況のもとで用いられてきた。それゆえ人種という概念が，白人と黒人の関係以外の場面ではどのように機能してきたのか，例えばインディアンと黒人の関係においてはどうであったのかという点について検討することは，議論の相対化に役立ち，人種という概念がもつ普遍的な意味を考察する上でも有効である。

 また一方，人種をめぐる議論にインディアンと黒人の関係，それも奴隷制を介した関係という問題を持ち込むことは，本書のテーマであるアメリカニズムを人種という観点から問い直すという作業を行う際にも，研究の相対化と普遍化を促す。アメリカニズムとは，一般化して言えば，アメリカをアメリカたらしめてきた支配的イデオロギーであると言えようが，それは歴史的に見た場合，明らかに

第3章　インディアンと「人種」イデオロギー　91

人種イデオロギーを不可分な一部として内包していた。このアメリカニズムに内包された人種イデオロギーを，支配者はどのようにして被支配者に押しつけ，自らの支配体制を確立していったのか。このようなアメリカ史における普遍的な問いを考察しようとすれば，議論を白人と黒人の関係性のみに限定するわけにはいかなくなる。その際にインディアンが行っていた黒人奴隷制という問題は，白人＝支配者と非白人＝被支配者という一般的な図式に当てはめて検討できないという点で，他の事例研究にとっても意味のある比較研究の材料を提供することになる。

　さて本章においては，黒人奴隷制を行っていた南東部のインディアン諸部族のうち特にチェロキー族を事例に検討を加えていくのであるが，その第一の理由は，他の部族を扱った研究に比べて，先行研究と史料が豊富だという点にある。一般に，インディアンと黒人の関係を歴史的に研究しようとする際の最大の障害は，当事者たちによって残された史料が乏しいという問題である。しかしチェロキー族においては，18世紀末以来白人文化の受容が急速に進行したため，当事者たちによる英文の史料が比較的多く残されており，彼らが行っていた黒人奴隷制に関しても，それらの史料を利用して研究することが可能なため，すでに一定の研究成果が蓄積されている[6]。そこで本章では，まずそれらの先行研究に依拠しながら，チェロキー族がどのようにして白人社会に見られるような黒人奴隷制をつくり上げ，人種イデオロギーを受容していったのか，その歴史的背景について説明をしたい。その上で統計資料やチェロキー族自身が制定した奴隷取締法などの史料を使って，彼らの黒人奴隷制の実態について検討を加え，最後にインディアンであるチェロキー族が，黒人奴隷制や人種イデオロギーを受容したことの歴史的な意味について，今日的な問題にも触れながらまとめていきたい。

1　チェロキー族固有の奴隷制

　白人との本格的な接触が開始される以前にも，チェロキー族には奴隷状態に置かれた人々が存在した。チェロキー族は彼らを「アツィ・ナーサイ」（atsi nahsa'i）と呼んでいたが，それは「所有されるもの」という意味であった。このアツィ・ナーサイは，ほとんどの場合，他部族との戦争の際に捕虜として捕えられた人々であった。ただしチェロキー族の戦争は，他部族によって部族民が殺害された場合の報復として行われることが一般的であったため，戦闘では殺害された部族民

と同じ数だけ敵を殺害することが重視されており,捕虜の獲得はあくまで副次的なものだった。それゆえ捕えられた捕虜の大半は,戦士たちの戦闘相手とはならない女性や未成年者であった。敵の成年男性の戦士が捕えられることもあったが,それらの男性捕虜たちは,チェロキー族の社会において捕虜の処分に対する決定権を有していた女性部族民たちから拷問を加えられ,ついには死亡することが多かった。しかし運良く生き残れば,女性や未成年者の捕虜たちとともにアツィ・ナーサイにされるか,状況によっては戦死した部族民の代わりに部族の一員として受け入れられることもあった。ただしこの捕虜の部族への受け入れは,死亡した部族民が所属していた氏族(clan)が認めた場合に限られていた[7]。

---

6) チェロキー族における黒人奴隷制に関する先行研究のうち,内容が最も包括的で,その後の研究にとって基盤となる情報を提供してきたのは,Theda Perdue, *Slavery and the Evolution of Cherokee Society, 1549-1866*, University of Tennessee Press, 1979 である。またパーデューの研究と同時期に発表された Rudia Halliburton Jr., *Red over Black : Slavery among the Cherokee Indians*, Greenwood Press, 1977 は,一次史料を多く引用しており,具体的な状況を知る上で役に立つ。一方,チェロキー社会史研究の泰斗ウィリアム・G・マクラフリンも黒人奴隷制に関する論稿を何篇か発表しているが,それらは次の論文集にまとめられている。William G. McLoughlin, *The Cherokee Ghost Dance : Essays on the Southeastern Indians, 1789-1861*, Mercer University Press, 1984. さらに近年になって次のような研究も相次いで発表された。Katja May, *African Americans and Native Americans in the Creek and Cherokee Nations, 1830s to 1920s : Collision and Collusion*, Garland Publishing, 1996 ; Circe Sturm, *Blood Politics : Race, Culture, and Identity in the Cherokee Nation of Oklahoma*, University of California Press, 2002 ; Patrick N. Minges, *Slavery in the Cherokee Nation : The Keetoowah Society and the Defining of a People, 1855-1867*, Routledge, 2003. このうちストームの研究は,人類学的な研究でありながら,現在のチェロキー族における人種主義やアイデンティティ・ポリティクスの問題を,歴史学の研究成果を採り入れて検討したもので,チェロキー族のみならず現在のインディアン部族一般が黒人や白人との関係性のなかで,「人種」イデオロギーをどのように内面化しているか考察する上で参考になる。以上のようなアメリカにおける研究に対し,日本では,管見の限り,富田虎男『アメリカ・インディアンの歴史』[3版] 雄山閣出版,1997年;小山起功「『赤い白人』と黒い奴隷たち——チェロキー社会における黒人奴隷制の導入経緯」『専修大学人文科学研究所月報』103・104(1985年5月),1-21頁;鵜月裕典「共生の試みと挫折——インディアンの共和国と強制移住」木村靖二/上田信編『人と人の地域史』[地域の世界史第10巻] 山川出版社,1997年,331-374頁のみが,チェロキー族の黒人奴隷制について直接の検討を加えている。

7) Perdue, *Slavery and the Evolution*, pp. 3-11, 16 ; Perdue, *Cherokee Women : Gender and Culture Change, 1700-1835*, University of Nebraska Press, 1998, pp. 53-54 ; John P. Reid, *A Law of Blood : The Primitive Law of the Cherokee Nation*, New York University Press, 1970, pp. 189-198.

第3章　インディアンと「人種」イデオロギー　　93

　ところで，チェロキー族の親族体制は，多くのインディアン部族と同様に，母系制に基づくものであった。それゆえ，生まれてくる子供は母親の血統のみを継承するものと考えられており，父親が誰であろうと，子供から見た血のつながった親族とは，母親を通してたどることができる人々のことであった。さらにこの母系の親族は，チェロキー族の社会において，出自を同じくすると信じられていた他の人々とともに氏族を形成していた。それゆえ，チェロキー族の部族民なら誰でも，全部で七つあったそれらの氏族のいずれかに母親の血統を通して属していた。このようにチェロキー族においては，氏族こそが社会を成り立たせていた基本的な単位であったし，また各個人にとっても自己の集団的アイデンティティの基盤であったため，氏族の一員であることが，チェロキー族の一員であるための不可欠な条件と考えられていた。それゆえ氏族の一員でない者は，チェロキー族とは見なされず，チェロキー族の構成員としての権利も一切与えられることはなかった[8]。

　しかし，ここで注意しなければならないことは，チェロキー族が自他を区別する際に基準としたものが，肌の色や使用する言語ではなく，母親の血統を通して認定される氏族の一員という身分であったという点である。チェロキー族にとってこの世界は，チェロキー族とそれ以外の二種類の人間から構成されていたのであって，人間が「人種」や「民族」といった概念で細かく分類されるとは考えられていなかった。このチェロキー族における氏族という区分へのこだわりは，母親のみを介した血統的結びつきが基準となっていることから，一見すると厳格な血統主義のように理解されがちだが，先に触れた戦争捕虜の部族への受け入れという慣行があったように，その意味するところは，実際には象徴的なものであった。また母親さえチェロキー族の氏族の一員であれば，その子供は父親が誰であろうと，完全なチェロキー族の氏族の一員と見なされたことからも分かるように，チェロキー族には「混血」という概念もなく，その点からも「血の濃さ」に対するこだわりもなかった[9]。

　さて，原則的には母親との血統による結びつきで氏族や部族の一員としての資

---

8) Perdue, *Slavery and the Evolution*, pp. 9-12 ; May, *African Americans and Native Americans*, pp. 34-35 ; Minges, *Slavery in the Cherokee Nation*, pp. 16-17 ; Reid, *A Law of Blood*, pp. 35-41 ; Charles Hudson, *The Southern Indians*, University of Tennessee Press, 1976, pp. 185-196.

9) Sturm, *Blood Politics*, pp. 30-33 ; Perdue, *Cherokee Women*, p. 49.

格が認められるチェロキー族において，例外的に認められていた戦死者の代わりに捕虜を部族の一員として受け入れるという慣行についてであるが，これが行われる場合，受け入れられた捕虜は，戦死者の代わりとなる存在であったことから，その戦死者と同じ氏族に属することになっていた。たとえ捕虜であっても，一旦いずれかの氏族の一員に受け入れられたら，正式なチェロキー族の構成員と認められたため，他の部族民から仲間として扱われ，チェロキー族の構成員としてのあらゆる権利を享受することができた。これに対し，捕虜のうちチェロキー族の氏族に受け入れられずアツィ・ナーサイに留まった人々は，氏族を基盤とした社会関係の埒外にあったため，チェロキー族の一員とは見なされず，人間としてはほとんど無権利状態に置かれた。アツィ・ナーサイは言わば家畜のような存在であり，その所有者たちは彼らに対する生殺与奪の権さえ持つとされていた[10]。

それではチェロキー族は，どのような目的でアツィ・ナーサイを所有していたのであろうか。一時的に所有されるアツィ・ナーサイは，捕虜交換要員などとして他部族との外交交渉に利用されたが，長期にわたって所有される場合には，労働力としても利用された。ただし当時のチェロキー族は，性役割上男性が行うとされていた狩猟と女性が行うとされていた農耕を生業にしながら，必要最低限の食糧を確保するという自給自足的な生活を送っていたため，余剰な人口を扶養するゆとりはなく，アツィ・ナーサイはあくまで必要な労働力の不足を補うという存在であったと考えられている。アツィ・ナーサイはその性別に関わりなく，彼らの所有者が性役割上担った仕事に所有者とともに従事したが，その際に彼らがその身分を理由に特別過重な労働を強いられることはなかった。このことには，チェロキー族の伝統的な価値体系において，利潤を追求することや私的な財産を蓄積することが重要視されておらず，裕福になることが社会的な威信を高めることにもなっていなかったという事情が反映していた。チェロキー族では土地が共有されており，そこで生産される農作物や狩猟で獲得された獲物は，原則的にはそれぞれが暮らす集落の住民の間で分配されることになっていた。それゆえアツィ・ナーサイの所有者たちは，アツィ・ナーサイを酷使して自らの財産を増やす

---

10) Perdue, *Slavery and the Evolution*, pp. 11-16 ; Perdue, *Cherokee Women*, pp. 49, 59 ; Minges, *Slavery in the Cherokee Nation*, pp. 10-11, 17 ; Reid, *A Law of Blood*, pp. 37-38 ; James Mooney, *Myths of the Cherokee and Sacred Formulas of the Cherokees*, Charles and Randy Elder-Booksellers, 1982, p. 15.

必要がなかったのである[11]。

　以上のように，白人との本格的な接触が開始される以前のチェロキー族に存在したアツィ・ナーサイは，白人社会における奴隷とは同じものではなかった。アツィ・ナーサイは，白人社会の奴隷のように，人種という概念を用いて他の人々から区別され，その身分を規定される存在ではなかった。彼らのほとんどは戦争捕虜であり，チェロキー族となる資格を持たない「他者」であったことから，人格を否定され，所有されていたのである。また，必要最低限の食糧を確保しながら自給自足の生活を送っていたチェロキー族において，アツィ・ナーサイによる労働はあくまで補助的なものであったし，利潤を追求することや裕福になることを重要視していなかったチェロキー族が，アツィ・ナーサイを白人社会の奴隷のように，私的な財産を増やす目的で酷使することもなかった。つまりチェロキー族にとってアツィ・ナーサイは，白人社会の奴隷が持っていたような経済的な重要性を持っていなかったのである。

2　インディアン奴隷交易への参入

　17世紀の後半になるとチェロキー族は，ヴァージニア植民地やカロライナ植民地からやって来る交易商人との取引を通じて，本格的に白人と接触するようになった。白人交易商人たちは，ナイフ，手斧，銃，弾薬といった品物をチェロキー族のもとへ持ち込んだが，その代わりに彼らがチェロキー族に交換品として要求したものが，主にチェロキー族が狩猟で獲得した鹿皮と，チェロキー族が所有していたアツィ・ナーサイであった。植民地時代におけるインディアンと白人の交易がこのようなバーター取引で，鹿皮が重要な決済手段として使われていたことはよく知られているが，鹿皮に加え人間も取引された背景には次のような事情があった。第1章でも述べられているように，ヴァージニア植民地やカロライナ植民地といった南部植民地では，17世紀の半ば以降，白人のプランターたちが白人の年季契約奉公人の減少による労働力の不足を補うために，奴隷の使用を拡大していた。その際にアフリカや西インド諸島から多くの黒人奴隷が輸入される一方で，植民地が拡大する上での障害と見なされた沿岸部のインディアンも，植民地

---

11)　Perdue, *Slavery and the Evolution*, pp. 7-8, 12-15.

との戦争で捕虜となった場合には奴隷とされていた。彼らの多くは西インド諸島やニューイングランド植民地へ輸出されたが，一部は輸出されず，植民地において労働力として利用されていた。このようなインディアン奴隷に対する植民地側の需要があったために，チェロキー族のもとを訪れていた白人交易商人たちは，自分たちが持ち込む商品との交換品としてチェロキー族の奴隷であったアツィ・ナーサイを要求したのである[12]。

17世紀の末以降，チェロキー族と白人交易商人との間の交易が拡大し，彼らが持ち込む品物に対するチェロキー族の依存度が高まると，チェロキー族が取引の際に提供することができる商品としてのアツィ・ナーサイの経済的な価値が上がっていった。このように，チェロキー族にとって奴隷を所有することの意味が変化してくると，奴隷はもはや戦争の副産物として偶然獲得されるものではなくなり，奴隷の獲得そのものが戦争の目的となっていった。このインディアン部族による他のインディアン部族に対する奴隷狩り戦争は，しばしば白人交易商人や植民地当局によって扇動されたものだったが，特に植民地当局にとっては，植民地側が人的損害を被らずに植民地拡大の障害物であるインディアンを掃討できる手段として大いに利用された。実際のところ17世紀の末から18世紀の初めにかけて，カロライナ植民地からスペイン領フロリダにいたる地域に暮らしていた多くの弱小インディアン部族は，植民地が，或いはインディアン部族が，また或いはその両者が協力して行った奴隷狩り戦争の犠牲となり，なかにはほとんど全滅してしまう部族まで現れた[13]。

他方チェロキー族にとっても，植民地とのインディアン奴隷交易やインディアン奴隷狩り戦争に積極的に関わったことの社会的影響は大きかった。以前のチェロキー族においては，たとえ奴隷が私的に所有される存在であったとしても，その所有が私的な財産の蓄積とは直接結びつかなかった。しかし白人との交易が拡

---

12) *Ibid.*, pp. 19-28；富田『アメリカ・インディアンの歴史』72-74, 77-78頁。なお植民地時代のインディアン奴隷制全般については，Almon Wheeler Lauber, *Indian Slavery in Colonial Times within the Present Limits of the United States*, 1913；reprint, University Press of the Pacific, 2002 を参照。

13) Perdue, *Slavery and the Evolution*, pp. 22-31；Minges, *Slavery in the Cherokee Nation*, pp. 22-23；富田『アメリカ・インディアンの歴史』74-77頁。なおインディアン奴隷交易とインディアン奴隷狩り戦争については，Alan Gallay, *The Indian Slave Trade : The Rise of the English Empire in the American South, 1670-1717*, Yale University Press, 2002 を参照。

大して,チェロキー族に持ち込まれる交易商品を購入する際の代価としての奴隷の重要性が増すと,奴隷は売買が可能な商品としての性格を帯びるようになり,奴隷を多く所有している者が,より多くの交易商品を購入できるようになった。このため他部族との戦争で捕虜を獲得する機会が多かった戦士や有力な族長[14]たちのなかには,白人交易商人との取引で富裕化する者が現れるようになっていった。ただし,この段階におけるチェロキー族にとっての奴隷の価値とは,あくまで商品としての価値であって,奴隷を多く獲得できた部族民たちも,奴隷の富を生み出す労働力としての価値については,充分に認識していなかった[15]。

3 黒人奴隷交易と人種意識の受容

18世紀に入るとインディアン奴隷交易は,インディアン奴隷狩り戦争によって沿岸部のインディアン人口が減少したことや,アフリカや西インド諸島から輸入される黒人奴隷が増加したことによって徐々に衰退し始め,植民地で使役されるインディアン奴隷の数も減少していった。もともとインディアン奴隷は地理に詳しく,また仲間が植民地に近接した地域で暮らしていたために逃亡しやすく,一旦逃亡すると,彼らを探し出し植民地に連れ戻すことも困難だった。これに対して黒人奴隷は,地理に不案内で,逃亡しようにも確たる目的地がなく,たとえ逃亡しても,その身体的特徴から比較的容易に探し出すことができた。さらにインディアンは,白人の持ち込む伝染病に免疫がなく,奴隷化しても病気にかかりやすく,死亡することも多かったが,黒人にはこのようなことは起こらなかった。これらの事情も,インディアン奴隷交易やインディアン奴隷制を衰退させる原因となっていた[16]。

しかし,たとえどのような事情でインディアン奴隷交易が衰退しようとも,白人交易商人が持ち込むナイフや銃などは,すでにチェロキー族にとって生活必需

---

14) 本章では"chief"という用語の訳語に「族長」を使用するが,この呼称は必ずしも部族を代表する唯一の指導者を指すものではない。インディアンの指導者に対して"chief"という呼称が用いられる場合,それは部族内のあらゆる有力者に用いられることが一般的であり,チェロキー族の場合も同様であった。
15) Perdue, *Slavery and the Evolution*, pp. 31–35.
16) Perdue, *Slavery and the Evolution*, pp. 36–37; Sturm, *Blood Politics*, p. 49; Minges, *Slavery in the Cherokee Nation*, p. 15.

品となっており，それらの商品に対する依存の度合いは，18世紀を通して増していく一方だった。もちろん鹿皮によっても白人との交易は成立したが，それを補完する交易商品として，チェロキー族がインディアン奴隷に代わって着目するようになったのが黒人奴隷であった。植民地における黒人奴隷の需要は相変わらず高かったので，チェロキー族は白人が所有する黒人奴隷をプランテーションから誘拐したり，植民地と軍事的な衝突が起こった際に黒人奴隷を捕虜にするようになり，そうやって調達された黒人奴隷たちは，交易商品として改めてチェロキー族から白人交易商人に売却されたのである。またチェロキー族は，植民地から逃亡した黒人奴隷の捕獲を請け負い，捕獲した黒人奴隷を白人側に引き渡すことで報酬を得ることもあった。このようにして18世紀の末までに，チェロキー族が白人との間で取引する奴隷は，もっぱら黒人奴隷のみになっていった[17]。

　しかしながらチェロキー族は，本来人種という概念を用いて人間を区別していなかった。このため，当初は白人と黒人すら明確に区別していなかったとも言われている。しかし奴隷交易を通じた白人社会との接触を繰り返していくうちに，チェロキー族も徐々に白人社会においては奴隷という身分が人種という概念によって規定されていることに気がつくようになっていった。ただし植民地側にも多数のインディアン奴隷がおり，またチェロキー族の側でも，チェロキー族以外なら誰でも奴隷にして白人に売却できた段階では，奴隷という存在が特定の人種に結びつけられて理解されることはなかった。ところがインディアン奴隷交易が衰退したことで，植民地側で所有されている奴隷が黒人という人種に限定されるようになると，次第にチェロキー族の側も奴隷としての商品価値を黒人にのみ見出すようになり，ついには奴隷という身分と黒人という人種を等値概念のように捉えるようになっていったのである[18]。

　一方，このようなチェロキー族における変化は，白人側にとっても黒人奴隷制に立脚した自らの支配体制を盤石なものとする上で重要な意味を持っていた。当時植民地に暮らしていた白人たちは，土地の所有をめぐって敵対関係に陥りやすかったインディアンと，奴隷制によって支配していた黒人が，白人と対抗するた

---

17) Perdue, *Slavery and the Evolution*, pp. 38-40; Sturm, *Blood Politics*, p. 49; Minges, *Slavery in the Cherokee Nation*, p. 33.

18) Perdue, *Slavery and the Evolution*, p. 36; Minges, *Slavery in the Cherokee Nation*, p. 9; Kenneth W. Porter, "Relations between Negroes and Indians within the Present Limits of the Unite States," *Journal of Negro History*, 17: 3 (July, 1932), p. 302.

めに協力関係を築くことに大きな不安を抱いていた。それゆえ植民地の白人は，黒人奴隷を対インディアン戦争に動員したり，インディアン部族に逃亡奴隷の捕獲を依頼したりすることで，インディアンと黒人の間に不信感や敵愾心を醸成し，両者を分断するように努めていた。特に白人にとっては，自らが直接支配していなかったチェロキー族のような内陸部のインディアンに，黒人に対して白人と同じような人種意識を持たせること，つまり，黒人は自分たちよりも劣った人種であり，対等な関係を築いたり，社会的に融合したりするには値しない存在であるという意識を持たせることは，インディアンと黒人を分断するだけでなく，例えば逃亡した黒人奴隷の捕獲をインディアンに依頼することなどを通して，インディアンに植民地の外側から白人による黒人支配に協力させる上でも都合がよかった。それゆえ白人は，インディアンに対して，インディアンは黒人とは異なり，「文明化」しさえすれば白人と対等になれる人種であると信じ込ませようとした。そしてチェロキー族の側も，黒人奴隷交易を通じた白人との安定した関係を維持することが自己の生存に不可欠な条件となるにつれて，このような白人社会の人種意識を受容し，内面化していったのである[19]。

　他方，18世紀を通してチェロキー族と白人との交易全般が拡大していくと，チェロキー族では，彼らのもとを訪れる白人交易商人とチェロキー族の女性との結婚が増加していった。また交易商人以外にも，兵士や役人などの白人がチェロキー族の女性と結婚する場合もあり，結果として白人の父親を持つ子供が多く生まれるようになっていた。しかしチェロキー族においては，子供は母親の血統のみを継承するものとさていたため，このような子供たちは，チェロキー族の部族民からは白人との「混血」とは見なされず，「純粋な」チェロキー族として部族に受け入れられていた。この白人を父親として持つ部族民たちは，英語を話し，白人社会の習慣にも精通していることが多く，成長すると商人となって交易に参加し，他の部族民よりも富裕化する傾向にあった。また彼らは，チェロキー族が白人社

---

19) Perdue, *Slavery and the Evolution*, pp. 40-41, 46-48 ; Sturm, *Blood Politics*, p. 49-50 ; Minges, *Slavery in the Cherokee Nation*, pp. 25-28. なお，白人によるインディアンと黒人の分断支配に関しては，William S. Willis, Jr., "Divide and Rule : Red, White, and Black in the Southeast," *Journal of Negro History*, 48 : 3 (July, 1963), pp. 157-176 を参照。またインディアンによる人種意識の受容と内面化については，Nancy Shoemaker, "How Indians Got to Be Red," *American Historical Review*, 102 : 3 (June, 1997), pp. 625-644 がチェロキー族の事例を多く取り上げて説明している。

会と外交を展開する際に，その言語能力や知識を生かして活躍することができたため，徐々に部族の政治においても重要な位置を占めるようになっていった[20]。

このような白人との混血の部族民が増加し，部族において勢力を拡大したことが，チェロキー族が白人社会の人種意識を受容していく上でどのような影響を与えていたのか明確には分からない。しかし，少なくとも，白人との混血が進行していた同じ時期に，黒人奴隷との間にはほとんど混血が起こらなかったという事実には注目できる。もともとチェロキー族の社会では，女性に結婚や性行動における決定権を大幅に認めていたため，同じ氏族に属していない相手なら，女性がどのような相手を夫に選び子供をもうけようとも基本的には自由であった。それゆえ白人との混血が進行したものと考えられるが，それに反して黒人との混血がほとんど起こらなかったということは，当時のチェロキー族が，奴隷との結婚や，そしておそらくは奴隷という身分と結びついていた黒人という「人種」との混血に対して忌避感を持つようになっていたことの表れだと推測できる[21]。

4 チェロキー族の「文明化」と黒人奴隷制

さて，18世紀の後半になるとチェロキー族は，フレンチ・アンド・インディアン戦争やアメリカ独立戦争に巻き込まれ，白人側との戦いで敗北を重ねた結果，多くの部族民と広大な領土を失い，次第に経済的に困窮するようになっていった。そのためチェロキー族は，新生のアメリカ政府と最終的な講和が成立した18世紀の末には，白人側から供給される様々な生活物資に大きく依存するようになっていた。しかし白人との交易を続ける上で不可欠な鹿皮は，講和を結ぶために狩猟

---

20) 白人との混血がこの時代のチェロキー族に及ぼした影響については，Theda Perdue, *"Mixed Blood" Indians : Racial Construction in the Early South*, University of Georgia Press, 2003 を参照。
21) 18世紀中チェロキー族が，どのくらい黒人と混血したのかについては，正確には分かっていない。しかし次節で紹介する1835年に実施された調査によると，チェロキー族約16,500人のうち白人との「混血」が2,860人であるのに対して，黒人との混血はわずかに60人であった。この19世紀初めの数字が，18世紀中の黒人との混血の少なさを間接的にではあるが示している。William G. McLoughlin and Walter H. Conser, Jr., "The Cherokees in Transition : A Statistical Analysis of the Federal Cherokee Census of 1835," *Journal of American History*, 64 (December, 1977), pp. 693–694. また，チェロキー族の女性の結婚や性行動における自由については，Perdue, *Cherokee Women*, pp. 43–45, 56–57 を参照。

場としていた領土を白人側に割譲したことや，長年にわたる乱獲で獲物が減少していたことが原因となって確保しにくくなっており，また戦争が継続している間は捕虜として捕えることが可能で，白人側との捕虜交換や商取引に利用できた黒人奴隷も，戦争の停止により入手できなくなっていた。このためチェロキー族は，これ以上狩猟や戦争によって獲得される商品を使った白人との交易によって生活物資を入手するという生活を続けられなくなり，その代わりに，農耕や家畜の飼育によって，自ら生活物資を生産する生活を始めざるを得なくなっていた[22]。

これに対し，当時インディアン諸部族との友好的な関係を構築して，彼らに対する「文明化」政策を推進しようとしていたアメリカ政府も，このチェロキー族で起こった農民化に向けた動きを歓迎し，積極的に支援した。しかしその背景には，農民化することでチェロキー族が不要となった狩猟地をさらに手放すことへの期待が間違いなくあった。実際にアメリカ政府は，チェロキー族が領土を割譲することに同意した際には，年金の支払いのみならず，農機具や家畜の提供を約束したし，1796年からは官営の交易所を開設して民間の交易商人の活動を規制しながら，農具や家畜を初めとする様々な生活物資をチェロキー族に供給し始めた。またアメリカ政府とは別にプロテスタントの各派も，1799年のモラヴィア派を皮切りに，宣教師をチェロキー族のもとへ派遣するようになり，伝道所や学校を開設して，布教の傍らチェロキー族に英語の読み書きや算術，そして農耕技術や家畜の飼育法などを教授し始めた[23]。

しかし，実際にチェロキー族がそれまでの生活様式を転換させて白人のような農民となるためには，その前提として，チェロキー族が伝統的に維持してきた性別による役割分業体制を変革する必要があった。もともとチェロキー族においては農耕が行われていたが，それは性役割上もっぱら女性の仕事とされていた。これに対し男性は，狩猟と戦争が仕事とされていたため，狩猟が振るわなくなり，

---

22) Perdue, *Slavery and the Evolution*, pp. 50, 53 ; Halliburton Jr., *Red over Black*, pp. 10-16.
23) Perdue, *Slavery and the Evolution*, pp. 53-54 ; Minges, *Slavery in the Cherokee Nation*, pp. 32-34. なお「文明化」政策を含むこの時期のアメリカ政府によるインディアン政策全般については，Francis Pual Prucha, *The Great Father : The United States Government and the American Indians*, University of Nebraska Press, 1984, chs. 1-6 を，またプロテスタント各派の宣教師によるチェロキー族に対する「文明化」の働きかけについては，William G. McLoughlin, *Cherokees and Missionaries, 1789-1839*, Yale University Press, 1984 を参照。

戦争も終息すると，社会的な役割を失う危険に晒されることになった。そこで男性たちは，やむなく「文明化」を奨励する白人たちの勧めに応じて，本来は女性の仕事とされてきた農耕と，やはり白人の勧めで新しく生業に加わった家畜の飼育を始めることになったのである。これに対し女性たちは，男性とともに農耕や家畜の飼育も行なったが，それらに加え，新たに糸紡ぎや機織りなどの仕事も，やはり白人たちの勧めで始めるようになっていった[24]。

その一方で，チェロキー族に所有されていた黒人奴隷たちは，もともとチェロキー族の構成員とは見なされていなかったため，伝統的な性役割による規制を一切受けておらず，男性であろうと女性であろうと，農耕に従事することに全く支障がなかった。このためチェロキー族は，生業として交易よりも農耕の重要性が増してくると，黒人奴隷を生活物資と交換するための交易商品としてではなく，畑で働き，作物を生産する労働力として積極的に利用し始めたのである。また黒人奴隷たちのなかには，白人のプランテーションで働いていた経験を持つ者も多かったため，そのような奴隷たちは，チェロキー族が農民化する上で，労働力としてばかりでなく，技術の伝達者としても重要な役割を担うこととなった[25]。

以上のような経緯によって，18世紀の末以来チェロキー族において進行した生活様式の転換は，ほぼ一世代のうちに完了した。1820年代までにチェロキー族の社会は，周囲の南部社会とほとんど変わらない農業社会となっていたが，その概要をチェロキー族自身が1825年に実施した国勢調査の数字を用いて説明すると，以下のようになる。まず，当時のチェロキー族の総人口は1万4,972人であったが，これに加えチェロキー族のもとには，チェロキー族と結婚していた白人205人と，チェロキー族に所有されていた黒人奴隷1,038人が暮らしていた。またチェロキー族は，家畜として食用牛を2万2,405頭，馬を7,628頭，豚を3万8,517頭，羊を2,912頭所有し，農民として生活するための生活用具としては，鋤を2,792本，荷馬車を130台，糸紡ぎ車を2,428台，機織り機を769台所有していた。さらに当時のチェロキー族の領内には，製粉所が26ヵ所，製材所14ヵ所，渡船場10ヵ所，そして宣教師が運営する学校が19校あった[26]。

---

24) Perdue, *Slavery and the Evolution*, pp. 52-54 ; Perdue, *Cherokee Women*, ch. 5.
25) Perdue, *Slavery and the Evolution*, pp. 50, 53 ; Perdue, *Cherokee Women*, p. 126 ; Minges, *Slavery in the Cherokee Nation*, p. 35.
26) *The Cherokee Phoenix*, June 18, 1828.

さて、このような変化がチェロキー族で進行している間にアメリカ政府は、新たに「文明化」政策に代わるインディアン問題の解決策として、1803年のルイジアナ購入によって獲得されたミシシッピ川以西の土地へインディアンを移住させ、彼らの土地を白人市民に開放するという政策を展開し始めた。しかしチェロキー族が目指していたことは、「文明化」政策を受け入れ、農民化することで経済的に自立し、周囲の白人社会と共存しながら南東部で暮らし続けていくことであった。それゆえチェロキー族は、生活様式だけでなく政治制度の「文明化」も推し進め、1827年には独自の憲法を制定して、その規定に基づいた政府を樹立した。チェロキー族はこの政府を使って、アメリカと対等な独立国家チェロキー・ネイションとして外交交渉を展開し、移住を回避しようとしたのである[27]。しかし、チェロキー族がこのような目標を達成するためには、その前提として、アメリカ政府や周囲の白人社会に、チェロキー族が白人と共存可能な「文明人」であることを認めさせる必要があると考えられた。そのためにもチェロキー族は「文明化」を急いだのであるが、その「文明化」とは当時の白人社会を模範としたものであったため、そこで行われていたのと同じような黒人奴隷制がチェロキー族の間に浸透していったのは当然の成り行きであった。

　しかしながら、この黒人奴隷を労働力として使用する、チェロキー族にとっては新しい奴隷制は、チェロキー族の社会全体に均等に浸透していったわけではなかった。以前より、戦争や交易を通して黒人奴隷や生活物資を入手する機会に恵まれ富裕化していたかつての戦士や有力な族長たち、或いは白人を祖先に持つ部族民たちは、その財力や政治力、そして白人交易商人との関係を使って、いち早く農具や家畜を手に入れ、所有していた黒人奴隷の労働力を利用しながら、他の

---

27) この当時のアメリカ政府のインディアン強制移住政策については、Prucha, *The Great Father*, chs. 7-9 ; 藤本博「合衆国の領土膨張とインディアン移住政策の形成――1830年強制移住法(Indian Removal Act)の成立背景を中心に」『札幌学院大学人文学部紀要』36(1984年12月)、109-130頁などを参照。またチェロキー族における政治の「文明化」については、V. Richard Persico, Jr., "Early Nineteenth Century Cherokee Political Organization," in Duane H. King (ed.), *The Cherokee Nation : A Troubled History*, University of Tennessee Press, 1979, pp. 92-109 ; Duane Champagne, *Social Order and Political Change : Constitutional Governments among the Cherokee, the Choctaw, the Chikasaws and the Creeks*, Stanford University Press, 1992 ; 拙稿「チェロキー族における部族政府の組織化――18世紀の初頭から1820年代まで」『法政史学』49 (1997年3月)、31-57頁などを参照。

部族民に先んじて耕地を開墾することができた。もともとチェロキー族においては土地が共有財産とされており，他者が利用していない土地は自由に利用することができたため，黒人奴隷を多数所有していた部族民は広い耕地をいくつも開墾することができ，そのような部族民のなかからは，大規模なプランテーションの経営を始める者まで現れるようになった[28]。

ただし，そのようなチェロキー族のプランターたちは，全体から見た場合あくまで少数派で，大多数の部族民は黒人奴隷など所有せず，小さな畑を家族のみで耕作しながら，自給自足の生活を送っていた。このチェロキー族における黒人奴隷の所有と富の偏在については，以下にあげる1835年にアメリカ政府がチェロキー族に対して実施した調査の数字からも明らかである。

まず，当時南東部に暮らし続けていたチェロキー族の総人口は1万6,542人であったが，これに加えチェロキー族のもとには，チェロキー族と結婚した白人201人と，チェロキー族に所有されていた黒人奴隷1,592人が暮らしていた。チェロキー族の総世帯数は2,776世帯で，このうち黒人奴隷を所有していたのは209世帯にすぎず，全体の7.5％を占めているだけであった。またこの209世帯のうち，10人以上の奴隷を所有していた世帯は，わずかに42世帯で，奴隷所有世帯全体の20％にすぎなかった。それ以外の167世帯のうち65世帯は，3人から9人の奴隷を所有していた世帯で，残りの102世帯は1人から3人の奴隷しか所有していなかった。これらの奴隷所有世帯のうち，奴隷を多数所有していた世帯では，通常一つの世帯が複数の農園や果樹園を所有し，奴隷たちを使って，トウモロコシ，小麦，果実などの生産を行い，それらの作物を自らが所有する商店を通して他の部族民に販売したり，周囲の白人社会の市場に出荷して大きな利益を上げていた。一世帯あたりの耕地面積も，チェロキー族全体の平均が14.12エーカー（約5.7ヘクタール）であったのに対し，10人以上の奴隷を所有していた42世帯では，平均して162.52エーカー（約65.8ヘクタール）という広さだった。さらに，当時のチェロキー族の総人口に占める白人との混血の割合は，17.2％（2,860人）であったが，一般に混血の部族民によって構成された世帯の方がより多くの奴隷を所有する傾向にあり，反対に奴隷を全く所有していない世帯の大部分は純血の部族民から構成された世帯であった[29]。

---

28) Perdue, *Slavery and the Evolution*, pp. 50, 55-60; Sturm, *Blood Politics*, pp. 55-56; Minges, *Slavery in the Cherokee Nation*, p. 36.

5　チェロキー族の奴隷取締法

さて，チェロキー族において黒人奴隷がもっぱら交易商品と見なされていた時代には，黒人奴隷は売却されるまでの期間，一時的にチェロキー族に所有される存在でしかなかった。しかし黒人奴隷を労働力として使用することが一般化し，さらには黒人奴隷の数自体が増加してくると，チェロキー族は恒常的に黒人奴隷と生活することになり，支配者として黒人奴隷を管理する必要に迫られるようになっていった。そこでチェロキー族は，自らが樹立した政府を使って，各種の奴隷取締法を制定し，チェロキー族における黒人奴隷の身分を確定して，政府とともに創設した警察組織や裁判所を通じて，黒人奴隷の行動を統制するようになったのである。ただし，このような立法や公権力による黒人奴隷の管理や統制は，黒人奴隷を多数所有し，富裕化していた部族民の利害と最も密接に関わっていたため，当時部族政府の要職を多数占めていたそのような奴隷所有者たちの積極的な関与により実行に移されたものだった[30]。チェロキー族は，1819年に初の黒人奴隷取締法を制定して以来，1830年代末にインディアン・テリトリーへ強制移住させられた後も南北戦争に至るまで，同じ目的を持った法律をたびたび制定した。以下その主要なものを紹介しながら，チェロキー族の黒人奴隷制の制度的な特徴について確認していきたいと思う。

まず，黒人奴隷の労働力としての使用が急速に普及した強制移住以前の時期についてであるが，1827年に制定されたチェロキー・ネイション憲法の規定を含めて奴隷に関連する法律はわずかに6つしか制定されておらず，その内容もその時々の必要に応じたもので，必ずしも体系的なものではなかった。例えば1819年11月に制定された初の奴隷取締法は，所有者の許可を得ないで奴隷と商取引を行なってはならないという内容であったし[31]，1820年10月に制定された2番目の法律は，1819年の法律の規定に，奴隷に蒸留酒を購入または販売させてはなら

---

29) McLoughlin and Conser, Jr., "The Cherokees in Transition," pp. 679-680, 681 (Table 1), 682 (Table 3), 691, 693, 696 (Table 15), 697, 699-700; Perdue, *Slavery and the Evolution*, pp. 58-59; Halliburton Jr., *Red over Black*, pp. 21-27 and "Appendix B."
30) Perdue, *Slavery and the Evolution*, pp. 55-58.
31) Resolution, passed on November 1, 1819, in *Laws of Cherokee Nation : Adopted by the Council at Various Periods*, Cherokee Advocate Office, 1852, pp. 8-9.

ないという規定を追加したものであった[32]。さらに1824年11月に制定された3つの法律は、チェロキー政府の許可なしにチェロキー領に侵入した自由黒人は不法侵入者として扱われるという内容のものと、黒人奴隷とインディアン及び白人との結婚は非合法であり、違反者は鞭打ちによって罰せられるという内容のもの、そして奴隷は食用牛、馬、豚などの家畜を所有することはできないという内容のものであった[33]。

これに対しチェロキー族が国家の基本法として1827年に制定したチェロキー・ネイション憲法は、その第3条第4節において、チェロキー族の男女自由市民が、アフリカ人種以外の全ての自由市民との正式な結婚によってもうけた子孫は、チェロキー・ネイションの市民としてのあらゆる特権を享受できると規定し、さらには、父親か母親が黒人かムラトーである人物は政府の公職に就けないとも規定していた。また同憲法は、その第3条第7節において、黒人、あるいは白人やインディアンが黒人女性との間にもうけた子孫で、解放されて自由人となった者以外の全ての男性自由市民は、18歳になると選挙権を付与されると規定していた。これらの憲法の規定では、「奴隷」という用語が直接使用されていなかったものの、奴隷はチェロキー・ネイションの市民ではなく、また黒人、或いは黒人との混血者も、たとえ身分が自由民であっても、市民とはなり得ないことが明確に規定されていた。これに対して白人との混血者については、「文明化」の進展によって母系制の伝統が崩れ、父系の血統も認められるようになっていたことから、両親のどちらか一方がチェロキー・ネイションの市民であれば、市民と認められると規定されていた[34]。

次に、強制移住後にインディアン・テリトリーにおいて制定された奴隷取締法を見てみたい。まず1839年9月にチェロキー族が制定し直した憲法は、その第3条第5節において、1827年の憲法の規定と同様に、チェロキー族の男女自由市民が、アフリカ人種以外の全ての自由市民との正式な結婚によってもうけた子孫は、チェロキー・ネイションの市民としてのあらゆる特権を享受できると規定し、さらには、父親か母親が黒人かムラトーである人物は政府の公職に就けないとも規

---

32) Resolutions, passed on October 28, 1820, in *ibid.*, pp. 24-25.
33) Resolutions, passed on November 11, 1824, in *ibid.*, p. 37 ; Resolutions, passed on November 11, 1824, in *ibid.*, p. 38 ; Resolution, passed on November 11, 1824, in *ibid.*, p. 39.
34) Constitution of the Cherokee Nation of 1827 Art. 3, sec. 4 and 7, in *ibid.*, pp. 120-121.

定していた[35]。また同じく1839年9月に制定された2つの法律では，強姦未遂によって有罪を宣告された黒人は絞首刑に処すと規定されていたし，自由市民がチェロキー・ネイションにおいて法的に市民権を認められていない奴隷や有色人種と結婚することは，非合法であると規定されていた[36]。これらの規定は，明らかにチェロキー族と黒人の結婚や混血を規制する目的で定められたものだった。

一方1841年10月には，所有者の許可書を携帯せずに徘徊している奴隷を取り締まるため，民間人のパトロール隊を必要に応じて設立することを許可する法律と，市民権を有していない黒人が銃やナイフなどの武器を所持することを禁止する法律，さらにはチェロキー族の血統を有していない自由黒人と，チェロキー族の市民に所有されている奴隷には読み書きを教えてはならないとする法律が相次いで制定された[37]。これらの法律は，奴隷の逃亡や反乱を未然に防ぐことを目的としたものだったが，実際にこれらの法律が制定された翌年の11月，チェロキー・ネイションでは大規模な奴隷の反乱と集団逃亡が発生した[38]。この事件に対処するため，すぐに臨時の立法によって，逃亡した奴隷たちを追跡して捕獲するために，100名規模の軍隊を編成することが決められた[39]。また同じ年の12月には，チェロキー市民によって解放された者以外の自由黒人をチェロキー・ネイションからの追放すること，また自らが所有する奴隷を解放した市民は，その解放した黒人の行動に責任を持つこと，そしてその責任を持つべき元の所有者が死亡した自由黒人は，充分な保証金を支払わない限りチェロキー・ネイションに居住し続けることはできないこと，さらには奴隷の逃亡を援助または教唆した自由黒人は，

---

35) Constitution of the Cherokee Nation of 1839 Art. 3, sec. 5, in *The Constitution and Laws of the Cherokee Nation: Passed at Tahlequah, Cherokee Nation, 1839-51*, Cherokee Nation, 1852, p. 7.
36) An Act for the Punishment of Criminal Offences, enacted on September 19, 1839, in *ibid.*, pp. 17-18 ; An Act to Prevent Amalgamation with Colored Persons, enacted on September 19, 1839, in *ibid.*, p. 19.
37) An Act Authorizing the Appointment of Patrol Companies, enacted on October 19, 1841, in *ibid.*, pp. 53-54 ; An Act Prohibiting the Teaching of Negroes to Read and Write, enacted on October 22, 1841, in *ibid.*, pp. 55-56.
38) Perdue, *Slavery and the Evolution*, pp. 82-83.
39) Resolution of the National Council-Appointing Captain John Drew to Command a Force of 100 men, for the Purpose of Pursuing and Arresting Certain Negroes Therein Named, passed on November 17, 1842, in *The Constitution and Laws of the Cherokee Nation*, pp. 62-63.

鞭打ち刑に処した上でチェロキー・ネイションから追放されることが決められた[40]。これらの法律からは，当時のチェロキー族が奴隷の反乱や逃亡に強い警戒心を持っていたことや，身分の上で曖昧な存在となる自由黒人たちの処遇に苦慮していたことが窺える。特に自由黒人たちは，チェロキー族がつくり上げた「人種」に基づいた支配体制にとっては不必要な存在と見なされ，しばしば危険視されていた。そのため，彼らの動向には特別な注意が払われ，機会があればチェロキー・ネイションから追放される運命にあったのである。

おわりに

以上のように，チェロキー族は各種の奴隷取締法を制定することによって，黒人奴隷制の制度化を試みたが，その根本には，市民権という枠組を使いながら，チェロキー族の正式な構成員と奴隷の身分を人種に基づいて区別するという基本方針があった。当時のチェロキー・ネイションにおいて，法的に正式な市民と認められたのは，純血のチェロキー族か，白人との混血者か，チェロキー族と正式に結婚した白人の三者のみであった[41]。それゆえ黒人奴隷たちは，たとえ解放されて自由民になろうとも，黒人であることを理由に市民権を認められなかったし，場合によってはチェロキー・ネイションから追放されることさえあった。また黒人との混血者たちも，黒人の血統を有していることを理由に，社会の正式な構成員としての地位を与えられなかった。そしてチェロキー族は，このような黒人との混血者を増加させないために，黒人とチェロキー族及び白人の結婚を非合法化し，人種の混淆を取り締まろうとしたのである。このことは，「文明化」によってチェロキー族が，白人社会のものとほとんど変わらない黒人奴隷制をつくり上げただけでなく，白人社会が持つ人種イデオロギーをも基本的には受け入れていたことを示している。つまり当時のチェロキー族において人種的に白人と見なされたのは，他の人種と混血していない白人のみで，白人とチェロキー族の混血者はチェロキー族と見なされ，白人またはチェロキー族と黒人の混血者は黒人と見

---

40)　An Act in Regard to Free Negroes, enacted on December 2, 1842, in *ibid.*, p. 71.
41)　結婚による白人の市民権取得については，Resolutions, passed on November 2, 1819, in *Laws of Cherokee Nation*, p. 10 ; Resolutions, passed on October 15, 1929, in *ibid.*, pp. 131-132 ; An Act to Amend an Act Relative to Intermarriages with Whitemen, enacted on November 10, 1843, in *The Constitution and Laws of the Cherokee Nation*, p. 142 を参照。

なされていたのである。そしてチェロキー族は、このうち白人及び白人とチェロキー族の混血者に対しては、純血のチェロキー族と同様に市民となる権利を認めていたが、黒人及び黒人と白人またはチェロキー族との混血者に対しては同様の権利を一切認めていなかった。これは、母親さえチェロキー族であれば、父親が誰であろうと、生まれてくる子供は正式な部族民と認めてきたチェロキー族の伝統からの明らかな逸脱であった。確かに白人社会との交流が拡大する以前のチェロキー族においても、母親との血統的つながりがその人物の社会的アイデンティティを規定していたという点で、血統に対するこだわりが見られたが、それがその人物の人種を規定するものではなかった。しかし、「文明化」したチェロキー族にとっては、血統はまさにその人物の「人種」を判断する基準となっていたのである。

　さて、それではなぜチェロキー族はこのような白人社会の人種イデオロギーを受容し、チェロキー族としてのアイデンティティを規定するようになったのであろうか。その最大の理由は、18世紀の末以来、軍事的な弱体化と経済的な困窮によって白人社会との平和的な共存を求めるようになっていたチェロキー族が、自らが樹立したチェロキー・ネイションがアメリカと対等な「文明国」であり、その構成員たるチェロキー市民もまたアメリカの白人市民と対等な「文明人」であることを証明しようとしていたことにあった。チェロキー族は、そうすることによって白人社会にチェロキー族が共存可能な相手であることを認めさせ、移住を回避するとともに、独立国としての主権を守ろうとしたのである。ただしそこで問題となるのが、チェロキー族が「文明」の基準としたものが、あくまで白人の「文明」であったという点である。チェロキー族は、白人と対等な「文明人」となるべく白人との結婚や混血を許容したのに対して、インディアンでありながら白人社会のものとほとんど変わらない黒人奴隷制をつくり上げ、黒人を支配する目的で白人社会の人種イデオロギーを受容し、黒人を市民の範疇から除外したのであった。

　しかし結果的に見れば、白人社会の人種イデオロギーを受容して「文明化」することは、チェロキー族の救済にはならなかった。白人社会は決してチェロキー族を白人と対等で共存可能な「文明人」とは認めず、1830年代末にはチェロキー族を強制移住によってインディアン・テリトリーへと排除してしまったのである。それでもチェロキー族は、移住先で黒人奴隷制を温存しながら「文明社会」の再

建に取り組んだ。しかし間もなく南北戦争に巻き込まれ、その際に白人との混血の部族民を中心とする奴隷所有者たちの多くが南部に与したことを理由に、戦後はアメリカ政府から敗者として扱われ、1866年には講和条約を押しつけられて、ついには奴隷制を廃止することになったのである。そしてその際に、奴隷から解放された黒人たちには、アメリカ政府の圧力のもと、初めてチェロキー・ネイションから市民権を付与されることになった[42]。

しかし一旦チェロキー族に受容された人種イデオロギーは、その後もチェロキー族の間で生き長らえた。19世紀の末に南部社会がジムクロウ体制を作り上げ、黒人解放民を二級市民化しようとしていたとき、チェロキー・ネイションに暮らす黒人解放民もまた同様に、チェロキー政府によってチェロキー市民としての権利の多くを奪われていったのである[43]。その後チェロキー・ネイションは、1907年のオクラホマ州成立によって解体されたため、黒人解放民のみならずチェロキー族もチェロキー市民としての地位を失うことになったが、1960年代以降のインディアン自決運動の影響によって、1970年代にチェロキー族がチェロキー・ネイションを再建すると、改めて市民権の問題が注目されるようになった。特にこの新しい市民権が、チェロキー族としての特別な行政サービスを受ける権利と結びついたものであったため、その取得を申請する者の資格をめぐる議論は白熱した。

1975年に制定された現行のチェロキー・ネイション憲法では、その第3条において、チェロキー・ネイションの市民権取得申請を行う者は、チェロキー・ネイションを解体するために1906年に作成されたドーズ委員会名簿 (the Dawes Commission rolls) によって、祖先が旧チェロキー・ネイションの市民であったことを証明しなければならないと規定されている[44]。これを文字通りに解釈すれば、南北戦争後に市民権を付与された黒人解放民を祖先に持つ黒人たちもチェロキー市民となる資格があるということになる。しかし実際にはチェロキー・ネイション政府が申請者に対し、ドーズ委員会名簿のなかの黒人解放民は含まれていない「血統上のチェロキー族」(Cherokee by Blood) という分類に区分されている市民との

---

42) Perdue, *Slavery and the Evolution*, chs. 5, 7, and Epilogue.
43) チェロキー族の黒人解放民については、Daniel F. Littlefield Jr., *The Cherokee Freedmen : From Emancipation to American Citizenship*, Greenwood Press, 1978 を参照。
44) Cherokee Nation of Oklahoma 1975 Constitution, *The People's Paths Home Page!* Online. Available from http://www.yvwiiusdinvnohii.net/Cherokee/Constitution.htm (accessed : November 2, 2004).

血縁関係を証明するように求めているため,実質的にほとんどの黒人は市民権の取得ができなくなっている。このような憲法の規定の運用時における恣意的な条件の変更に対しては,黒人の申請者から訴訟が起こされもしたが,誰がその市民であるかを判断する権限はチェロキー・ネイションの自治権に含まれるという裁判所の判決によって,黒人の原告側が敗訴している。しかし,近年「血統上のチェロキー族」を祖先にもつ白人との混血者でチェロキー・ネイションの市民権を取得する者が急増し,チェロキー族の「白人化」が急速に進行しているなか,チェロキー政府による上記のような市民権取得申請に対する対応を人種主義と疑う黒人市民権取得希望者たちの納得は依然として得られていない[45]。このような状況は,今なお「人種」がチェロキー族にとって自己のアイデンティティを政治的に規定する際の重要な要件であり続けていることを,そしてそのためにチェロキー族が人種イデオロギーによって支えられたアメリカ社会の支配構造から抜け出せずにいることを如実に表している。

【文献案内】

① Rudia Halliburton, Jr., *Red over Black : Slavery among the Cherokee Indians*, Greenwood Press, 1977.
② Katja May, *African Americans and Native Americans in the Creek and Cherokee Nations, 1830s to 1920s : Collision and Collusion*, Garland Publishing, 1996.
③ Daniel F. Littlefield, Jr., *The Cherokee Freedmen : From Emancipation to American Citizenship*, Greenwood Press, 1978.
④ Wiiliam G. McLoughlin, *The Cherokee Ghost Dance : Essays on the Southeastern Indians, 1789-1861*, Mercer University Press, 1984.
⑤ Patrick N. Minges, *Slavery in the Cherokee Nation : The Keetoowah Society and the Difining of a People, 1855-1867*, Routledge, 2003.
⑥ Circe Sturm, *Blood Politics : Race, Culture, and Identity in the Cherokee Nation of Oklahoma*, University of California Press, 2002.
⑦ Theda Perdue, *Slavery and the Evolution of Cherokee Society, 1549-1866*, University of Tennessee Press, 1979.

---

45) Sturm, *Blood Politics*, pp. 178-200 ; Minges, *Slavery in the Cherokee Nation*, pp. 199-200.

⑧ Theda Perdue, *"Mixed Blood" Indians : Racial Construction in the Early South*, University of Georgia Press, 2003.
⑨鵜月裕典「共生の試み挫折――インディアンの共和国と強制移住」木村靖二/上田信編『人と人の地域史』［地域の世界史 10］山川出版社，1997 年，331-374 頁。
⑩小山起功「『赤い白人』と黒い奴隷たち――チェロキー社会における黒人奴隷制の導入経緯」『専修大学人文科学研究所月報』103・104（1985 年 5 月），1-21 頁。
⑪富田虎男『アメリカ・インディアンの歴史』［3 版］雄山閣出版，1997 年。

　①はチェロキー族の黒人奴隷制に関する先駆的な研究。②はインディアン部族内における人種関係について，チェロキー族とクリーク族の事例を比較したもの。③はチェロキー族の黒人解放民の処遇について論じた研究。④は著名なチェロキー社会史研究者による論文集で，「文明化」や奴隷制に関する論文が多数含まれている。⑤はチェロキー族内の奴隷制反対派に焦点を当てた研究。⑥は人類学者が近年のチェロキー族における人種主義について検討を加えたもの。⑦はチェロキー族の黒人奴隷制に関する研究の決定版。⑧は南東部のインディアン社会における混血部族民に関する概説。⑨⑩⑪は代表的な邦語文献。

第4章 未完の革命と「アメリカ人」の境界
　　　――南北戦争の戦後50年論――

貴 堂 嘉 之

　アメリカ合衆国において構築された人種の歴史を問い直すとき，南北戦争とその後の再建期を含む半世紀は，どのように歴史的に位置づけられるのだろうか。前章までで見てきたように，戦前までに400万人規模にまで膨れ上がった黒人奴隷の存在は，アメリカ社会における人種観の柱を形成し，それがより広く，南北戦争以前期においては自由労働者と奴隷とを厳格に差別化する労働者の階級意識を作り出していった。だが，1863年1月の奴隷解放宣言は，それが奴隷の即時解放を達成するためではなく，戦局打開のための手段としてたとえ発せられたものであったとしても，これを契機として，それまでの社会秩序の序列を解体する社会革命的な性格を戦争が持つこととなった点で，その意義は大きい。

　その後の再建期における共和党急進派による諸政策は，アメリカ合衆国の国民統合の観点からも，中央集権的な連邦権限のもとに，解放民を含めた新たな「国民という想像の政治共同体」を創出しようとする画期的なものとなった。この時期には，占領政策の一環として南部の黒人達に対し解放民局が読み書きを教えるプログラムを始め，連邦議会や州議会には史上初めて黒人議員が誕生した。連邦議会では，奴隷制廃止を定める憲法修正13条や1866年の公民権法，1868年には修正14条が立て続けに出され，これにより悪名高い5分の3条項は廃止される。南部では敗戦直後に，テネシー州で秘密結社KKKが組織され，南部諸州に急速に広がった。また，解放民をいま一度土地に縛り付け，財産権・訴訟権を制限しようとするブラック・コードも制定されるが，こうした動きを新法により取り締まり，連邦政府は南部に妥協的なジョンソン大統領と対立し，のちに大統領を弾劾裁判にかけてまで，人種差別的な旧秩序へは後戻りしない決意を見せた。フレデリック・ダグラスも，奴隷解放宣言の記念日が「アメリカの暦の中で最も記念すべき祝日になるであろう」と予言し，黒人たちはこの祝祭・顕彰を通じて新生ア

メリカの愛国文化を担う存在となったのである。こうして肌の色によらないカラーブラインドな国民統合を目指した再建期の政治実験は，M・L・キングがワシントン大行進のかの演説で言及したように，黒人たちを人種隔離と差別の鎖から解き放ち，人種平等を実現する画期となるはずであった。しかしながら，実際には再建政治は「未完の革命」として，1877年には南部との妥協のもとに終止符が打たれる[1]。

　南部諸州が連邦に復帰し始め，1870年代以降ともなると南部では旧支配層が再び政界で権力を行使し始め，やがて黒人に対する儀式的リンチなど暴力が頻発し，世紀末には人種隔離体制が確立する。1896年には，プレッシー対ファーガソン裁判の結果，「分離すれども平等」の法理がだされ，これが1954年のブラウン事件判決により否定されるまで人種隔離制度に憲法上の根拠を与えることとなる。この世紀転換期に確立する「白人」優越体制が，ジムクロウ体制として1960年代まで継続することとなった。

　なぜ，再建政治は「未完の革命」として失敗したのか。なぜ，人種平等のラディカルな政治思想は，戦後社会に根づくことなく換骨奪胎され，「白人」支配の人種差別主義が世紀末には蔓延する結末を辿ったのか。奴隷解放から半世紀にして激変するアメリカ社会を鑑みるとき，この戦後の国民統合（＝国民化）と新たな「人種」の意味構築（＝人種化）のプロセスの相関関係を検証し，19世紀後半の半世紀にいまいちど問い直す意味があるといえるだろう。

1　問題の所在──戦後社会における国民化と人種化の相克

　戦争は，つねに「戦後」という特殊な政治・社会・言論空間を作り出し，旧秩序の解体と新たな秩序の形成を促す。共和党候補リンカーンの大統領就任を契機に勃発した南北戦争は，南軍・北軍合わせて62万余名の戦死者を出すアメリカ史上，未曾有の内戦であった。連邦分裂を阻止し，連邦側が勝利をおさめたものの，戦後社会ではこの史上稀有の戦死者の怨嗟の只中，北部と南部，勝者と敗者に国

---

1) 拙稿「〈アメリカ人〉の境界と「帰化不能外国人」──再建期の国民化と中国人問題」油井大三郎/遠藤泰生編『浸透するアメリカ，拒まれるアメリカ』東京大学出版会，2004年，52-71頁。再建期研究における「未完の革命」論としては，Eric Foner, *Reconstruction: America's Unfinished Revolution, 1863-1877*, Harper & Row, 1988.

民は分断され,そこに共和党と民主党という党派的対立が重なり合い,深刻な分断状況に直面する。こうした国民統合を阻む分断線の最深部には,南部の敗北,旧支配層の失墜による社会的混乱とともに,奴隷解放が引き起こすであろう戦後社会への民衆の不安があった。共和党政権は,奴隷制を解体した上で,自己の身体を所有し,自己の労働をわがものとする「自由」を享受する,黒人を含めた「自由労働者」からなる社会(=自由労働イデオロギー)を構想し,工業化・産業化が急速に進展する19世紀後半の金ぴか時代を演出することとなる。だが,新生国家において,連邦市民権を付与される「アメリカ人」とは誰なのか,自由労働者とはどのように定義されるのか。「国民」の境界が,政治的にも社会的にも再定義される途上で,社会秩序が揺らぎ,とりわけ白人労働者にとっては黒人が労働市場で競合する可能性が生まれたこともあり,「人種」「階級」への関心は自ずと高まりを見せた。後述するように,戦中のニューヨーク徴兵暴動は,まさにそうした人種的境界を明確化するため,白人たちの自己証明のための闘争という側面があり,政界においても,アイルランド系のジャーナリストが共和党の奴隷解放を批判するために,『人種混淆──アメリカ白人と黒人に適用される人種混淆の理論』というパンフレットを作成し,miscegenation という新しい造語を用いて,奴隷解放の次には,共和党が白人と黒人との結婚を奨励し,異人種間結婚による雑婚社会が近い将来に到来することを大胆に予測して反共和党の世論を煽り,リンカーンの再選にダメージを与えることが試みられた[2]。民衆の人種的不安は,戦時中から始まっていたのである。

　南北戦争以前期の自由人/黒人奴隷の明確な身分秩序が崩れた結果,戦後に人種間の対立,混乱の火種を共和党政権が当初より抱え込むことになったのは確かである。だが,アメリカ史学史において,この再建期を「無知な黒人(解放民)による暴挙」,「カーペットバッガー(一旗組),スキャラワッグ(腰抜け)による南部蹂躙」「共和党急進派の私利私欲にもとづく党派政治」による混乱期として否定的に位置づけ,第二次世界大戦後まで長く支配的であったダニング学派の学説が的を射ているわけではない。公民権運動という現実の社会運動と呼応するかたちで始まった1970年代以降の社会史研究や黒人史・南部史の個別研究のなかで,再建期

---

2) David Goodman Croly and George Wakeman, "Miscegenation : The Theory of the Blending of the Races, Applied to the American White Man and Negro," New York, 1864. 「雑婚」の歴史は,第8章を参照。

の革新性は評価され、また国民国家形成の端緒としても注目され政治史の文脈で読み直しが進んできている[3]。

ではまずここで、あらかじめこの時代を検証する際の論点を列挙しておこう。①共和党急進派の打ち出した奴隷制の廃止や解放民の市民化を含む一連の憲法修正はいかなる政治理念にもとづいており、どこまで評価できるのか、彼らの施策の限界とはどこか、②逆に、この時期の人種主義はどのようにして生成されていったのか、また、この人種主義に対して共和党政権はどこまで対抗することが可能であったのか、③上記の①②との関連で、再建政治が1870年代に崩壊したにもかかわらず、なぜ人種隔離体制は世紀末まで成立しなかったのか、そのタイムラグはどう説明できるのか、世紀末の人種主義には新たにどのような要因が絡んでいるのか、以上の三点を中心に扱いたい。

まず、上記の問いを考察するにあたり、本章ではこれまでの先行研究とは異なるアプローチをとることを断っておきたい。第一に、従来は解放された黒人の動向を中心に検証がなされてきたが、ここでは「もう一つの奴隷制」とも称される中国人労働者に対する排斥運動を中心に取り上げる。試しに次の3枚の政治漫画をご覧いただきたい。これらは、共和党急進派の掲げていた人種平等の理念に強く共鳴していたトマス・ナスト（1840-1902）という19世紀アメリカを代表する政治風刺画家が、再建政治の終焉を象徴的に描いたものである。いずれも1879年に描かれたものだが、図4-1では、再建政治の失敗が、どちらもこの一時期、市民としての権利を保障されるか否か、その境界上にあった南部の黒人と西部の中国人が、再建政治の歴史の表舞台から退場する場面として描かれている。また、二枚目の「白人労働者を守る」（図4-2）という絵では、共和党有力議員のブレインが、それまでの共和党のマイノリティ・グループを含めた国民化の原則を放棄し、「中国人、チープレーバー」と書かれた紙を破り捨て、「白人」労働者保護を打ち出した姿勢が、揶揄されて描かれている。また、図4-3では、「すべての人間への平等な権利」と描かれた「共和国の礎石」から、中国人が同議員により蹴落とされる様子が、批判されている。これらの図像からも、中国人移民問題が解放民問題と

---

3) 再建期の史学史については、Eric Foner (ed.), *The New American History-Critical Perspectives on the Past*, Temple University Press, 1997, ch. 4. 近年では、急進派議員の保守性や人種問題におけるタテマエ論、名目的性格を指摘する修正主義的見解も提出されている。

第4章　未完の革命と「アメリカ人」の境界　117

図 4-1 "The Nigger Must Go" and "The Chinese Must Go"
出典）*Harper's Weekly* 1879 年 9 月 13 日

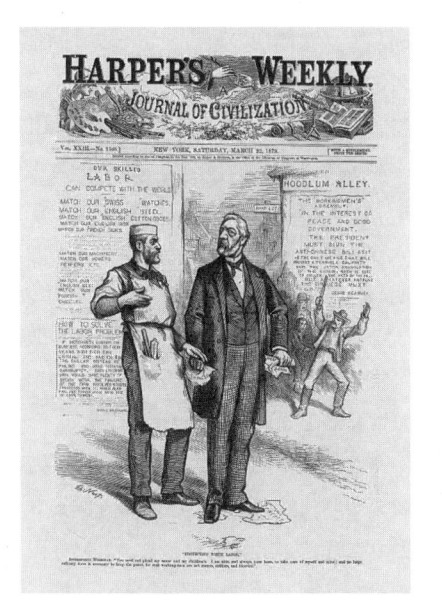

図 4-2 "Protecting White Labor"
出典）*Harper's Weekly* 1879 年 3 月 22 日

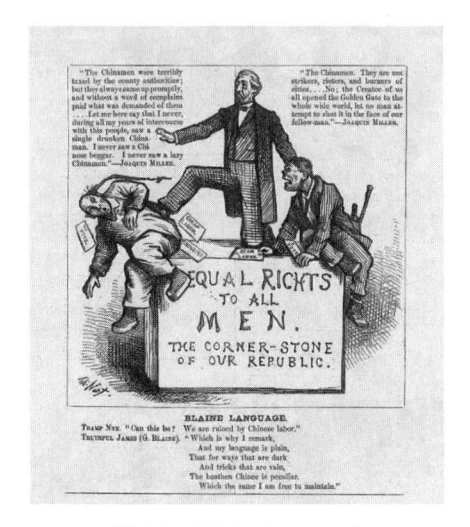

図 4-3 "Blaine Language"
出典）*Harper's Weekly* 1879 年 3 月 15 日

同じく、再建期の政治理念を占う試金石としての意味を持ち、「アメリカ人」の国民の境界、市民権の境界形成の上で、焦点化されていたことが分かる[4]。再建政治終了後の1882年には、自由移民の原則を堅持してきた合衆国政府が、排華移民法を制定する。この移民法の歴史的意義やその前後の排斥運動の歴史的展開を追うことにより、従来、黒人史の文脈で注目されてきた再建期の人種融和と世紀末の人種隔離体制の成立期との間に横たわる研究の薄い空白期の人種主義の歴史を解明し、黒人史と中国人移民史とを架橋することで、この時代における人種主義生成の新視点、すなわち、人種平等の政治理念を崩壊させ、新たな人種主義へとその突破口を切り開く役割を担ったのが、中国人移民への排斥運動であった点を実証することを試みる。

また、本章では、「人種主義」的暴力の発生を、この再建期以降の金ぴか時代に特異な時代性に求め、とくに「国民」の創造と労働者「階級意識」の形成との関わりに注目して検証する。つねに「限られたもの」として想像される「国民」は、そのウチとソトの境界が作られる際、その統合と排除のダイナミズムをうむ想像力が大きな暴力を伴う[5]。実際のマイノリティ集団に対する人種主義の生成は、この国民化の暴力と関わっている。図4-4に示されるように、この時代の国民化は、解放民のみを対象とするのではなく、戦前に周縁的な地位に追いやられていた白人女性、アイルランド系などの非ワスプ系のヨーロッパ移民、先住民インディアン、アジア系移民を含む広範なマイノリティを巻き込むものであった。

また、この時期の国民の境界を検討する際、帰化の問題は重要である。移民国家の宿命として、「アメリカ人」という国民創出のためには、移民外国人を帰化させて、市民化していく必要があるわけだが、そこで1790年の帰化法の条文が争点となった。帰化申請の条件を「自由な白人」のみに制限した帰化法が制定された1790年当時、この立法過程で議会では議論が一切なされていない。おそらく黒人奴隷と先住民インディアンを排除することを目的に、帰化有資格者を自明のものとして「白人」と表記したものと思われる[6]。だが、ここで重要なのは、解放民の国民化をめぐり、国民の境界が流動化した再建期になって、はじめてこの法律の

---

4) 拙稿「中国人移民のイメージの相克——トマス・ナストの風刺画の世界」『移民研究年報』(日本移民学会) 3 (1997年)、111-140頁；拙稿「「帰化不能外人」の創造——1882年排華移民法制定過程」『アメリカ研究』29 (1995年)、177-196頁。

5) ベネディクト・アンダーソン、白石さや/白石隆訳『想像の共同体——ナショナリズムの起源と流行』NTT出版、1997年。

図 4-4 "The 15th Amendment Illustrated"
NY で発刊されていたドイツ系の雑誌。投票箱の前に並ぶ, インディアン・中国人・南部黒人・アイルランド系移民の姿。
出典) *Die Vehme* 1870 年 4 月 2 日

条文が争点化したということである。

　実際, 共和党急進派のリーダーであるチャールズ・サムナーは, この条文の「自由な白人」の文言を削除し, 独立宣言の理念と合致したカラーブラインドな国民統合の実施を連邦議会に提案している。同法案は, 議会で否決されるものの, この再建期の国民化の政治がいかに人種に拠らないカラーブラインド性を希求していたのかを端的に物語っている。だからこそ, 移民集団間でも, 自らの人種カテゴリーが自明ではない先述のマイノリティ集団が, 政治のなかで定義される「白人」の境界への参入をはかり, それぞれに「白人」「国民」としての名乗りをあげ, 熾烈な国民化・白人化をめぐるインターエスニック・ポリティックスが展開されることとなったのである。

　国民統合と近代における制度的差別は, 同じシステムの一部である。アメリカの帰化がホワイトを基準として, 移民たちの国民化にさいして人種的関所を設けたことで, アメリカは「人種的想像の共同体」として, そこに大きな包摂と排除の政治を引き起こした。これこそが, アメリカ史における人種主義にまつわる暴

---

6) *The Public Statutes at Large of the United States of America*, vol. 1, Charles C. Little and James Brown, 1845. 帰化法と白人性の問題については, Ian F. Lopez, *White By Law : The Legal Construction of Race*, New York University Press, 1996.

力の根源にあるものではないだろうか。この視点は労働運動史の文脈から提起されたローディガーのホワイトネスの議論とも重なっている。戦前の自由人/奴隷という秩序境界が解体され，戦後社会では「ホワイトネス」という新たに社会的に構築された人種的・労働者階級的アイデンティティをもとにして，白人/カラード（非白人）の差異化，社会の人種化が進行する点に着目する点は，労働者階級間・マイノリティ相互の対立を読み解き，また国民化の過程とセットで議論すべきテーマである[7]。

　この国民化と人種化の関係を問う際に，近年の新しい研究動向としてさらに押さえておくべきは，南北戦争の記憶論である。ブライトらの研究に倣えば，南北戦争後の分断社会が単一の国民社会に練り上げられるプロセスで，南北戦争の奴隷解放の歴史的意義が無視され，50年かけて徐々にその記憶が忘却を強いられていった結果，南北の和解がすすみ，「白人」優越主義的な人種主義が台頭してくるという指摘がある。本章が，南北戦争後から第一次世界大戦前までの戦後50年という時間設定を行ったのも，この戦争の記憶/忘却と人種主義形成の時間軸を視野に入れてのことである[8]。

　オレーリーが注目するように，ゲティスバーグの戦いと奴隷解放宣言50周年の1913年の記念式典で，南北両退役軍人の和解が最終的に達成されたという。南北の退役兵がお互いを「兄弟」と呼び，南北戦争の成果である黒人解放の歴史的意義を矮小化し，戦争の記憶のなかから人種平等を消去する。このときの式典において，ウィルソン大統領は，ブルーとグレーの軍服を着た老兵のまえで，この半世紀を「平和，団結，活力，そして偉大な国家の成熟と力」の時代として総括し，南軍・北軍兵士は「もはや敵ではなく，兄弟であり，寛大な友人」であり，「戦闘は遠い過去のもので，喧嘩は忘れ去られた」とし，逆に記憶されるべきは，「兵士たちのすばらしい勇気と男らしい（国家への）献身」であるとした[9]。南部出身の

---

7) David R. Roediger, *The Wages of Whiteness : Race and the Making of the American Working Class*, Verso, 1991.

8) David W. Blight, *Race and Reunion : The Civil War in American Memory*, Harvard University Press, 2001 ; Cecilia Elizabeth O'leary, *To Die For : The Paradox of American Patriotism*, Princeton University Press, 1999 ; John Bodnar (ed.), *Bonds of Affection : Americans Define Their Patriotism*, Princeton University Press, 1996.

9) Pennsylvania Commission, *Fiftieth Anniversary of the Battle of Gettysburg*, WM. Stanley Ray, 1913.

グリフィス監督が『国民の創生』を世に出し，KKK を英雄視し，黒人やムラトーをトラブルメーカーとして描き，南北戦争を白人同士の兄弟喧嘩に読み替えたのも，まさに同じ時代の 1915 年であった。

つまり，③の問いは，南北戦争という内戦の記憶の忘却，とりわけ戦後の政界・言論界で歴史的意義を与えられてきた奴隷解放の記憶の呪縛から解放される，南北戦争の「戦後の終焉」というモメントが人種主義台頭の背景には隠されていると解釈することもできよう。だがこれについては古くは，C・ウッドワードが『ジムクロウの奇妙な経歴』で，南部での鉄道資本に対する不満から台頭するポピュリズム運動に着目して論じたように，貧しい白人層と黒人との間に人種横断的な階級連帯の可能性がうまれ，それを分断する楔として世紀末に人種主義が台頭し，隔離体制が成立したとの研究がすでにある。近年では，消費者としての黒人の社会的地位の上昇に注目するものや，ジェンダー研究からのアプローチも進んでいる。これらの研究を通じて指摘できることは，南北戦争後の急速な都市化，産業化による資本主義社会の成熟に伴い浮上してきた階級の問題が，同時期の人種主義と密接不可分に連関していることである[10]。この金ぴか時代の都市労働史の分野では，H・ガットマンが，都市ヘゲモニーをめぐる資本家と労働者のせめぎあいという構図を提示したが，まさに都市の日常空間における秩序形成，治安維持の問題が関わっていることも等閑視すべきでない[11]。

この階級論と人種問題の接合という点では，黒人に限定的な視角では不十分であり，都市の大量の移民を対象とせざるを得ない。19 世紀パリの都市社会史としてルイ・シュヴァリエが著した『労働階級と危険な階級』で指摘されるように，近代社会においては，犯罪や先天的悪徳，放縦，不潔，精神的退化などの兆候を有する者を国家にとってのいわゆる「危険な階級」とみなし，それを労働階級と同一化し社会管理の対象とする動きが各国で生じた[12]。こうした近代市民としてのリスペクタビリティによる差異化が，アメリカでは人種的な他者を産み，市民

---

10) ジムクロウ体制については，C. V. Woodward, *The Strange Career of Jim Crow*, 3rd ed., rev., Oxford University Press, 1974 (邦訳として清水博他訳『アメリカ人種差別の歴史』福村出版，1977 年) ; Glenda E. Gilmore, *Gender and Jim Crow : Women and the Politics of White Supremacy in North Carolina 1896-1920*, University of North Carolina Press, 1996 ; Grace E. Hale, *Making Whiteness : The Culture of Segregation in the South, 1890-1940*, Vintage Books, 1996 を参照。

11) ガットマン『金ぴか時代のアメリカ』平凡社，1986 年。

権資格を剥奪する動きを生むことになったのである。この移民排斥，ネイティヴィズムには，②の問題の本質に関わる点であるが，「科学的」人種主義が深く関わっており，世紀転換期に隆盛する優生学や移民の質的制限を主張する運動に目配せする必要があるだろう[13]。

また③に関係して，最後に一点だけ，研究史のなかで欠落していた視点を指摘するならば，それは人種主義生成における国内排外主義と帝国主義イデオロギーとの関係である。世紀転換期の人種主義を考察する際には，米西戦争(1898年)から始まるアメリカの対外進出，海外領土の獲得との関係を問題にすることが不可欠である。とくにアメリカ合衆国の民主主義の伝播といった大義や理念との関係で，ハワイ・プエルトリコ・フィリピンなど他国に対する支配をどう理解すればいいのか。国内労働運動や反帝国主義連盟などの対外膨張に異議を唱える国内勢力の位置づけとともに，検証する必要があろう[14]。以上のようなポイントを踏まえて，考察を加えることとする。

2 もう一つの奴隷制——環太平洋世界の人の移動

人種という他者認識の様式は，そもそも国際的な人の移動が本格化する15, 16世紀にその起源を有し，ヨーロッパ資本主義のグローバルな拡大，近代世界シス

---

12) ルイ・シュヴァリエ，喜安朗他訳『労働階級と危険な階級』みすず書房，1993年；エティエンヌ・バリバール/イマニュエル・ウォーラーステイン，若森章孝他訳『人種・国民・階級——揺らぐアイデンティティ』大村書店，1995年，310-311頁。中国人移民関連では，Nayan Shah, *Contagious Divides : Epidemics and Race in San Francisco's Chinatown*, University of California Press, 2001.
13) この時代の科学的人種主義については，スティーヴン・J・グールド，鈴木善次他訳『人間の測りまちがい——差別の科学史』河出書房新社，1989年；アラン・M・クラウト，中島健訳『沈黙の旅人たち』青土社，1997年。優生学については，ダニエル・ケブルズ，西俣総平訳『優生学の名のもとに——「人類改良」の悪夢の百年』朝日新聞社，1993年；Edwin Black, *War Against the Weak : Eugenics and America's Campaign to Create a Master Race*, Thunder's Mouth Press, 2003 ; Steven Selden, *Inheriting Shame : The Story of Eugenics and Racism in America*, Teachers College Press, 1999.
14) 同時期の対外政策・人種主義については，Michael Hunt, *Ideology and U. S. Foreign Policy*, Yale University Press, 1987 ; Eric T. L. Love, *Race over Empire : Racism and U. S. Imperialism, 1865-1900*, University of North Carolina Press, 2004 ; Kristin L. Hoganson, *Fighting for American Manhood : How Gender Politics Provoked the Spanish-American and Philippine-American Wars*, Yale University Press, 1998.

テムの発展がその背景にある。このモノ・カネ・ヒトの流通ネットワークにのって展開された黒人奴隷貿易による資金蓄積がヨーロッパの産業革命を用意することとなる。このような近代世界システムの展開に伴うグローバルな人の離散現象は、アフリカ黒人に限られたことではなく、近代アジアも例外ではなかった。華人ディアスポラと呼ばれる、東南アジアや南北アメリカなど世界各地に居住する華僑・華人・華裔の総数は、現在、推定3,000万人から3,500万人にのぼり、日系人の場合でも、世界161カ国に現在201万ほどの居住者がいる[15]。これらアジアからの海外流出者に共通しているのは、本章が扱う19世紀中葉から世紀転換期にかけてその流出の契機が見られることであり、それは東アジア世界が近代世界システムに包摂される時期と重なっている。また、非人道的な黒人奴隷貿易が、19世紀前半にイギリス（1802年）、フランス（1817年）を皮切りに漸次廃止され、その結果として国際労働力市場の再編がおこる時期で、アジアからのヒトの移動は当初より黒人奴隷に代替する労働力を供給する再版奴隷貿易的な性格を有していたということである。

　近代における人の移動を、自由意志に基づく移民に限定して捉えることはきわめて危険である。人身売買や、拉致・誘拐、強制連行などによる移動も決して珍しくはなかったのであり、少なくとも、自由移民、奴隷、契約労働者の三つにわけてその移動実態を検証する必要がある。所有者の全的支配に服し、自らの身体を所有することすら許されない黒人奴隷のケースとは異なるものの、近代的な契約という手続きを通じて、一定期間の強制労働に従事することを請負い渡航する契約労働者は、近代における人の移動の主形態であり、環太平洋世界もそうしたヒトの移動の場であった[16]。こうした契約労働は、近代市民社会における自由労働

---

15) 陳天璽『華人ディアスポラ――華商ネットワークとアイデンティティ』明石書店、2001年、12頁；アケミ・キクムラ＝ヤノ『アメリカ大陸日系人百科事典』明石書店、2002年、107頁；ロナルド・シーガル、富田虎男監訳『ブラック・ディアスポラ――世界の黒人がつくる歴史・文化・社会』明石書店、1999年。

16) Stanley L. Engerman, "Servants to slaves to servants: contract labour and European expansion," P. C. Emmer (ed.), *Colonialism and Migration: Indentured Labour Before and After Slavery*, Kluwer, 1986. ヨーロッパ系移民の場合も、イタリア系のパドローネ・システムなど自由移民とは言いがたい実情があり、そうした契約労働と自由労働イデオロギーとの関係については、Gunther Peck, *Reinventing Free Labor: Padrones and Immigrant Workers in the North American West, 1880-1930*, Cambridge University Press, 2000 が詳しい。

価値とは合致しない性格を有していたため,これは彼らが労働差別を受ける原因を作った。再建期アメリカ社会でも労働組合は,低賃金で働く契約労働者の奴隷性を批判し,労働者としてアメリカ的生活水準を守ることを闘争テーマとして掲げ,その運動は1885年の契約労働者の入国を禁ずるフォーラン法(契約労働法)へと結実するのであった。

さて,アジアからの最初の大きな人の移動である中国人労働者の「苦力貿易」は,奴隷貿易と比較した場合,どのような実態であったのだろうか。1842年に南京条約の結果,イギリスの直轄植民地となった香港やポルトガル領マカオ,福建省のアモイが苦力貿易の輸出港の役割を果たしたが,そうした積出港には,バラクーンと呼ばれる監獄式の建造物が作られた。バラクーンとは,元来,黒人奴隷の収容施設を意味していたことから,当時中国人労働者が黒人奴隷と同一視されていたことは間違いない。1852年当時のアモイでは,中国人労働者が,裸体のまま,各々予定された目的地に応じて胸にC,P,Sなどの文字(それぞれキューバ,ペルー,サンドイッチ諸島(ハワイ))が刻印されている姿が目撃されていた。1874年3月にマカオで苦力募集が停止されるまで,少なくとも総計50万人あまりの苦力が植民地経営に必要な労働力として輸出されたといわれている[17]。

初期の日本人移民も,例外ではない。日本人の渡航もまた,奴隷の亜種としてみなされた。例えば,日系移民史で,近代移民の初発のケースとして取り上げられる「元年者」の場合をみてみよう。これは,明治元年にハワイの砂糖プランテーションで働くべく,148名の「元年者」が明治政府の許可なく,自称ハワイ領事のヴァン・リードの仲介でハワイへ渡っていった,最初の労働移民のことをさす。やがて,彼らのハワイでの過酷な労働状況が,「黒奴売買の所業に均しき事」として非難されると,彼らを日本に奪還すべく明治政府は国家の威信に関わる問題としてこれに取り組み,遣布使節を派遣し,交渉の結果,40名の日本人を本国に送還するにいたる。この労働者の海外流出は,当時,明治政府に協力したアメリカ公使が指摘するように,中国からの苦力貿易と同種のものと理解され,アメリカで1862年に制定された苦力貿易禁止法との関係が議論されたのである。日本の新聞紙上では,アメリカの奴隷解放の精神が取り上げられ,紙面を賑わせていた。この悪しき失敗例がきっかけとなり,その後明治18年に第一回官約移民がハワイ

---

17) 容閎/百瀬宏訳『西学東漸記——容閎自伝』平凡社,1969年,第18章「ペルーの苦力貿易を調査して」。

にむかうまで，日本政府は消極的な移民政策を取ることとなる[18]。

こうして近代世界システムに組み込まれ，欧米中心の支配と従属の網の目のなかに包摂される過程で，アジアからの人の流れは，奴隷貿易とのアナロジーのなか位置づけられたのである。

3 戦後社会の時空間——国民化と人種化の時代としての再建期

1) 中国人労働者へのまなざし

中国人は，1849年のカリフォルニアでのゴールドラッシュを契機に流入を開始し，世紀末までに延べ36万人が入国している。主にアメリカ西部の鉱山地区での労働，大陸横断鉄道の建設に従事し，西部開拓に不可欠な労働力として，アメリカ社会に受け入れられた。

この中国人労働者の場合，苦力貿易という非合法な強制労働を強いる形態ではなく，渡航費を前借し契約労働の制約をおうものの，年季後の自由が保障されているクレジット・チケット・システムと呼ばれるものであった。当時で，香港・サンフランシスコ間の渡航には平均45日かかり，船賃は約50ドル，その他諸経費込みで70ドルを前借し，4年の契約労働についた。渡米した中国人たちは，サンフランシスコの市の中心部で未成熟ながらもチャイナタウンを形成し，広東での生活文化を保ち，太平洋をまたぐトランスナショナルなコミュニティを形成していった[19]。

まもなく中国人への排斥・差別は開始された。鉄道王レランド・スタンフォードら資本家側からは，「中国人がいなければ，偉大な大陸横断鉄道の西半分は完成不可能であった」といった支持の声が上がっていた。だが，1850年には彼らをターゲットとして外国鉱山夫への特別課税がはやくも決定され，1852年には州最大の外国人となる中国人に対して，ビグラー知事が中国人は「苦力」であり，公序良俗を乱すとして，流入規制の必要を説いている。1854年にはホール判決が出され，州法にあった「黒人，ムラトー，インディアンが白人（の被告）に対して（法

---

18) 今井輝子「「元年者」移民無免許ハワイ渡航問題についての一考察」『津田塾大学紀要』11（1979年）。

19) 拙稿「19世紀後半期の米国における排華運動——広東とサンフランシスコの地方世界」東京大学『地域文化研究』4（1992年），7-8頁に詳しい。

廷)証言することは許可されない」という規定が用いられ,中国人の法廷証言不可が決定される。また,60年には「モンゴリアン,インディアン,黒人の公立学校からの隔離」が州法で決定するのである。さらに,雇用面で競合関係にあったアイルランド系労働者からは暴力的な運動が,初期の段階から惹起されるのである[20]。

こうした一連の排華の動きは,中国人労働者を不自由労働者たる奴隷と類似した存在として,社会的に位置づけようとするものだった。自由州として連邦に加入したばかりのカリフォルニアには,黒人人口は僅かだったが,1850年当時で州人口の三分の一を占めた南部からの移住者が,黒人奴隷のステレオタイプを持ちこんだ。また,ローディガーが指摘するように,当時のアメリカの労働者階級のアイデンティティが非=奴隷という自由人/奴隷の秩序境界を拠り所としていたことからも,奴隷不在の西部では中国人がそうした他者化された黒人奴隷の役割を社会的に果たすこととなったのである[21]。

2) 再建政治のなかの黒人と中国人

だが,南北戦争の勃発と共和党の戦後政策が,黒人の処遇とともにカリフォルニアの中国人問題の位置づけを大きく変えることとなる。1862年にリンカーンが署名した「苦力貿易禁止法」では黒人奴隷貿易と同一視して,中国人労働者に対して否定的な態度を示していた共和党政権も,戦後は一転,西部の産業界とも連携して,彼らを手厚く保護した。奴隷制を廃止し,「本人の意に反する労役」を禁ずる修正13条の審議過程では,中国人労働者が自由労働者なのか契約労働者なのかが議論され,サムナーは中国人を含むあらゆる人種の自然権を保護し,市民権の拡大を主張した。1866年の公民権法の審議過程では,法案がChinese Civil Rights Actと呼ばれていたことからも,中国人移民は,奴隷解放後の社会でアフリカ系以外の人種にも平等原則は適用されるのかなど,行政上の保護されるべき市民権の内実を定めるプロセスで,重要な役割を担った。民主党側が主張する「これが白人の政府」(後掲図4-6)のような体制を断じて許すべきではなく,そのドグ

---

20) 拙稿「帰化不能外人」181頁。
21) 労働者の不可欠の敵として中国人が浮上する歴史過程については,Alexander Saxton, *The Indispensable Enemy : Labor and the Anti-Chinese Movement in California*, University of California Press, 1971. 本書は,ローディガー自身が認めているように,白人性研究に大きな影響を与えている。

図 4-5 「太平洋岸の騎士道」
太平洋沿岸州で奴隷=ニグロ化する中国人労働者
出典) *Harper's Weekly* 1869 年 8 月 7 日

マを破り，人種の境界に囚われない政治の必要性が叫ばれ，共和党議員は一人を除いて皆，法案を支持した。公民権法を憲法成文化した 68 年の修正 14 条においても，中国人の子どもへの市民権付与の必要性が共和党議員から力説されている。

こうして，連邦政府は 1868 年にはバーリンゲイム条約を締結して，中国人移民奨励策をとるに至る。カリフォルニアのさまざまな差別立法は，憲法修正 14 条の「適切なる法手続き」の条項と公民権法の適用により，すべてその効力を失う。さらに中国人労働者は，奴隷制の崩壊により労働市場が混乱をきたしていた南部社会にも導入され，解放奴隷の代替労働力として数百人の中国人が雇用された[22]。

この時期，共和党政権は，それまでの既成政党のネイティヴィスト路線とは一線を画し，移民奨励の立場をとり，また南部奴隷制のアンチテーゼとして広範な労働者の支持を得られる自由労働イデオロギーを柱に，新たな産業社会形成に合致したネーションの形成に乗り出した。戦前の奴隷制即時廃止運動(アボリショニズム)の影響を強く受けた共和党急進派の政治家が，戦後社会改革においてリーダーシップをとり，憲法修正や公民権法の成立を通じて，社会的，人種的平等の実現が図られた。シャーマンが言うように，スローガンは「異質な分子を可能な限り国民化」することであり，多くのマイノリティを取り込むカラーブラインドな

---

22) 同上，182-185 頁。

国民統合の青写真が描かれたのである[23]。

　戦後の労働運動においても，人種の壁を乗り越えようとする動きは顕著であった。例えば全国労働組合 (National Labor Union) の規約には，「人種や国籍により（労働者を）分断すべきではない。ユダヤ人か異教徒か，キリスト教徒かを区別すべきではない。分断すべき境界線は唯一つ，……自ら働く階級と他人の労働で生きている階級である」と記されている。また，アメリカ最初の包括的な全国労組である労働騎士団 (Knights of Labor) の場合も，「職種・職能・人種・民族・性別」の相違を超えたあらゆる労働者階級の連帯が目指された。創始者スティーヴンスの父が奴隷廃止論者であったこともあり，この秘密結社のかたちをとった組合に黒人労働者が少なくとも9万5千人以上，加入を果たしている[24]。

　つまり，白人労働者が黒人労働者に対して，初めから人種差別主義的な労働運動を展開したとはいえない。労働騎士団後の労働運動を牽引する AFL の場合も，1890年代末までは，綱領で黒人の加入を許可しない団体に組合設立許可証を与えなかったのである。だが，労働者の人種融和の原則は，中国人労働者を突破口に破綻する。アメリカ労働運動のレトリックの特殊性は，資本主義経済の不均等性や不完全性を奴隷制の一種として批判する伝統にあり，全国労働組合も騎士団もまた，従属的な賃金奴隷を他者視し，自己像を確立していた。こうしたなか，労組の共通の敵として浮上したのが，資本側の手先としてしばしばスト破りとして使われ，従順な賃金奴隷とみなされていた中国人労働者であった。排華ネイティヴィズムは，カリフォルニア勤労者党 (Workingmen's Party of California) がサンフランシスコで市長を送り出すまでの大成功をおさめたことで，これがモデルとなり全国労組の組織固めの膠の役割を果たす資源として注目を集めていく。労働騎士団も，テレンス・パウダリー団長のもとで，「肌の色や国籍」に囚われない原則を破り，徹底した排華主義を採用することとなる。このほか，中国人労働者の進出した二大職種，靴製造業とタバコ製造業は，葉巻工国際組合 (CMIU) など早期から全国化した強力な労組を有しており，CMIU の指導者であるサミュエル・ゴンパーズは，のちの1886年に AFL を結成するが，この AFL もまた，徹底した排華を唱えるのである。

---

23)　*Congressional Globe*, 37th Cong., 3rd sess., 10 Feb. 1863, p. 843.
24)　詳細は，拙稿「ギルディッド・エイジにおける階級統合のかたち——労働騎士団の結社の文化と中国人問題」『アメリカ史研究』21 (1998年)，67-82頁。

この労働組合による排華主義は，同時代の「人種主義」が何によって構成されていたかを考察する上で，興味深い。これまでの先行研究の中では，排華運動は，白人労働者階級の人種差別主義の典型であると指摘されてきた。だが，実際の組合の排除のロジックは，中国人が非白人の劣等人種であるという理由ではなく，彼らが自分たちと同じ移民労働者 (immigration) ではなく，契約労働者＝不自由労働者 (importation) である点に集中していた。つまり，最初から労働者階級がホワイトネスを階級意識の核に据えて，暴力を惹起したとはいえない。階級的な利害を達成するため，人種の壁を乗り越えた階級連帯の可能性を視野に入れ，黒人や中国人とですら連帯を模索していたのだ。アメリカ社会が前工業的時代から工業的時代へと移行していく時期にあって，都市では資本家と労働者の間で激しいヘゲモニー争いがあり，労働者の行動には，広義の労働者文化，例えばヨーロッパから持ち込んだ民衆騒擾の伝統や，男らしさ，共和主義，キリスト教といった複合的な要因が絡んでいた。社会の底辺に位置していたヨーロッパ系労働者が，資本家に対抗し，中国人労働者や黒人を自己と差別化するために排斥の対象とし，主流社会により近い「白人」としての人種的な自己定義を求めていった，そうした複雑な労働者階級意識の形成の過程を見過ごしてはならない。最近のホワイトネス研究批判にあるように，ホワイトネスをアプリオリに歴史的実体と想定し，言説分析や表象分析に重きをおいて，人種が社会的に定義されていく，作られていく歴史的文脈を無視してしまうことは許されない。この時代の人種，「ホワイトネス」とは，自由労働イデオロギー，共和主義，同化可能な市民であることなど，さまざまな要素によって構成されており，逆に人種的な他者とは，不自由労働者であり，低賃金で働きアメリカ的生活水準を維持できず，共和主義を担えず同化不能の者，そうした理想の「市民」像のネガとして生み出されていた[25]。

3）再建政治の終焉

再建政治の人種平等を希求する政治的実験は，1877 年に終焉を迎える。背景には，共和党内部での急進派の相対的な地位の低下，産業界との癒着による政治腐敗，70 年代の経済不況など理由はさまざまに指摘されている。しかし，一大転機になったのは，「人種，肌の色，あるいは過去の隷属の状況」を理由に，市民から

---

25) ホワイトネス研究批判としては，"Scholarly Controversy: Whiteness and the Historians' Imagination," *International Labor and Working Class History*, No. 60 (Fall 2001).

投票権を剥奪することを禁じた憲法修正15条の成立であろう。この時点から各州が政治的思惑から投票の質を維持するために，人頭税や識字テスト，財産規定などにより，アメリカ国民にふさわしい「市民」の選別を開始したのである。カリフォルニアでも，共和党のコールが中国人への投票権付与に反対し，急進的な人種統合にストップがかけられるのである。こうして再建政治の理念が崩壊の危機に瀕したとき，先述の通り，サムナーは「ホワイトネス」の文字を帰化法から削除する提案を行う。トランブルも，中国人は「知性，人格，すべての点でアフリカ人の上」であり，彼らを排除することは再建政治の流れを逆行させると，同僚の説得を試みた。だが，最終的にこの法律は，賛成9，反対31で成立せず，かわりに「アフリカ生まれの外国人およびアフリカ人の子孫」のみを加える帰化法が成立する。こうして，修正15条の成立で生じた共和党内での意見の対立をきっかけに，共和党急進派は急速に議会での影響力を失っていき，再建政治の終焉へと加速することとなる[26]。

カラーブラインドな国民統合の実験が挫折する70年代には，敗戦により大打撃を受けていた民主党が勢力を盛り返し，大統領選で接戦を演ずるまでに復活を果たす。この復活劇の背景には，共和党政権の打ち出す人種平等の理念に基づく国民化とは対極の，人種差別主義的な社会の人種化の進行があった。

そもそも，奴隷解放宣言は，南部反乱州の奴隷に希望を与えたと同時に，しかしそれは逆に，社会の最下層に位置づけられてきた北部のアイルランド系白人労働者にも，大きな衝撃を与えることとなった。ニューヨークでの徴兵反対暴動とは，まさにそうした社会的不満が爆発した結果であり，黒人解放のために戦うことを拒否した白人下層労働者らは，黒人の孤児院を襲撃し，儀礼的なリンチ・暴力を行使し，ニューヨークの都市機能を麻痺させることとなる。このとき襲撃対象となったのは，黒人だけではない。彼らの伝統的な人種秩序の崩壊，人種的混血への恐怖心に煽られた結果として，白人女性（とくにアイルランド系女性）と婚姻関係，性的関係があったとされる中国人らも含まれた[27]。

アメリカにおける排華運動には，多くのアイルランド系労働者が深く関与して

---

26) *Congressional Record*, 41st Cong., 2nd sess., 1869-1870, pp. 3877-84, 4275-77, 5121-24, 5155-58, 5160-78.

27) 徴兵暴動に関しては，Iver Bernstein, *New York Draft Riots: Their Significance for American Society and Politics in the Age of the Civil War*, Oxford University Press, 1990 を参照。

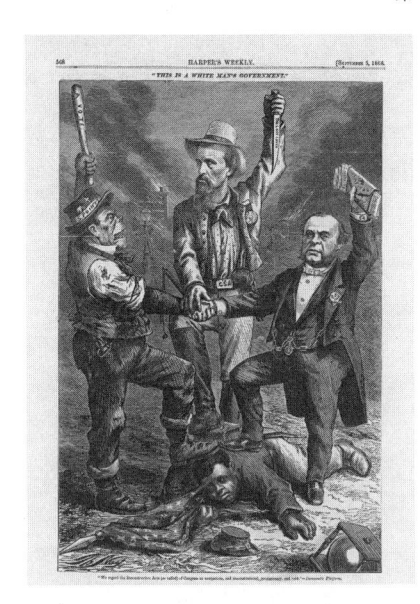

第4章　未完の革命と「アメリカ人」の境界　131

図 4-6　「これが白人の政府」
描かれているのは，戦後の民主党の三本柱であるCSAのバックルを付けた南部退役軍人（中央），ウォールストリートの経済エリート（左）とアイルランド系労働者。キャプションには，民主党綱領から「再建諸法は，権利侵害・憲法違反・革命的なため，無効となす」と引用されている。
出典）*Harper's Weekly*, 1868年9月5日

図 4-7　「中国人問題」
「苦力，奴隷，乞食，スト破り」などと非難され，アイルランド系暴徒に襲われる中国人を，アメリカの女神コロンビアが体をはって守ろうとしている。猿顔の群衆の後ろにみえる，火に包まれた「黒人孤児院」は，1863年のNY徴兵暴動時に反黒人・反共和党のアイルランド系暴徒に襲撃された象徴的な建物。
出典）*Harper's Weekly*, 1871年2月18日

いる。アイルランド系住人は，反カトリック・反アイリッシュを標榜したノーナッシング党が戦前の東部で隆盛をほこったように，社会の底辺に位置づけられていた。それゆえに，ニューヨークのローワー・イーストサイドの4区と6区周辺部では，黒人・中国人・アイルランド人相互の結婚事例も多く，そこでは雑種文化が花開いていた。しかし，そうした雑種化した生活世界が，南北戦争により一変したのである。図4-6の左側に描かれた猿顔の人物と，図4-7の右側の暴徒が同じ顔であることに注目していただきたい。アイルランド系住人はホワイトネスのマスクを新たにかぶり，自分より弱い立場にあるマイノリティを他者化することで社会的上昇を図っていったのである[28]。隣人であった黒人や中国人と自らを差別

28）　詳細な検討は，拙稿「中国人移民のイメージ」122-124頁。

化するために武器を持ち，彼らは戦後，民主党を支える大黒柱として都市政治にコミットし，労働組合運動を主導し，白人中心の政治連帯・階級連帯を図るのである。そこでは，マイノリティ同士が内部分裂し，差別しあう，差別内差別の構造を見て取ることが出来る。ここに差別が根絶されることなく，新たな差別が連鎖していくメカニズムの本質がある。かつて被差別であったエスニック・人種集団は，つねに自分より劣位の集団を「内なる他者」として抑圧し，彼らを踏み台にして社会的上昇を目指していくのである。

さらに，この人種的混血の恐怖に関して，社会の人種化を促進した追い風として，ヨーロッパから輸入された人種理論・人種科学があった。第1章でも述べられているように，黒人奴隷制の影響もあり，人種間の優劣に関する科学的関心はアメリカ国内で高く，フィラデルフィアのサミュエル・モートンらの頭蓋骨を使った容量分析などが有名であるが，ヨーロッパでは近代知の柱として，人種理論が文明論としてこの時期，登場してくる。その代表的な著作の一つに，人種主義の父と呼ばれるゴビノーの『人種不平等論』があった。彼の著作は，ただちにアメリカでジョサイア・ノットの手により翻訳，紹介された。歴史を動かす最大の決定要因として人種を捉えるゴビノーの理論は，文明の進歩，開化のためには何が必要かと問う。そこで鍵となるのは，「退化・変質」(Degeneration) という言葉であり，文明の進歩が永続しないのは，他人種との混合により，純血種が退化するからであり，異人種との混淆は避けなければならぬ，とある。つまり，ヨーロッパからみて，再建期のアメリカとは人種的退化のシンボルそのものであった点に注意を喚起しておきたい[29]。

共和党政権が，こうしたヨーロッパの人種理論の浸透に対して，どこまで抵抗できたのか，この点はさらなる検証作業が必要であり，ここではこれ以上深入りしないこととする。だが，再建期に掲げられた人種に囚われない国民統合や黒人への投票権付与は，当時のヨーロッパからみて，国民の質を低下させ，変質させる危険な実験として認識されたことは間違いない。民主党側は，この似非人種理論・科学に基づき，民衆の日常に広がる人種混淆の恐怖を巧妙に利用して，再建政治批判を展開した。さらにアジア系移民についても，アメリカ版のゴビノーの

---

29) James Ceaser, *Reconstructing America*, Yale University Press, 1997, pp. 114-115; J. A. de Gobineau, *The moral and intellectual diversity of races, with particular reference to their respective influence in the civil and political history of mankind*, Philadelphia, 1856.

訳本の序文では警鐘が鳴らされている。人種平等の政治実験を全面的に否定することとなるゴビノーの人種哲学は，到底，受容できる代物ではなかったが，アジアからの中国人移民の問題だけは，ヨーロッパと同じ劣等人種を眼差す観察者の側にまわって，主張することができたのであろう。このことは，共和党急進派の議員たちの人種平等原則のコンセンサスが，南部黒人問題ではなく中国人移民問題がきっかけとなって崩れていったこととも関係があるだろう。連邦第41議会の審議過程（1869～70年）をみると，明らかにそこには黒人と中国人を差別化する論理が提示されている。「アメリカ生まれで，キリスト教徒，しかもアメリカ国旗を愛する」黒人と，「異教徒で，共和主義体制にはそぐわない，退廃的な奴隷人種」といった論理がだされ，再建政治崩壊の突破口がこのアジア人問題から開かれることとなったのである[30]。

再建政治の終焉とともに，新たな排華運動が始まった。1876年には連邦の上下両院で中国人移民調査委員会の設置が共同決議され，サンフランシスコやサクラメントでの調査の結果，州経済発展への寄与を評価しつつも，その悪しき道徳的，社会的影響を問題視し，中国人の奴隷根性が社会規範に反し，道徳を堕落させるとの結論をだし，共和政体およびキリスト教文明に好ましからざる要素であることを理由に，移民制限の立法措置が必要であることを多数意見として採用するにいたる。

ただちに，アメリカ政府は清朝との折衝に入り，1880年，エンジェル条約を締結し，自国内での移民制限の権利を得ると，1882年には，連邦議会において，中国人労働者の入国を10年間停止し，なおかつ，憲法上曖昧となっていた中国人の帰化を不能とする内容の「排華移民法」を制定した。これにより，「帰化不能外国人」という居住年限によることなく，「国民」になる権利を剥奪された永住外国人として，中国人労働者は社会の底辺に位置づけられることとなる。さらに，この「非白人」の帰化不能外国人としての法的・人種的立場は，日本人を含むアジア人全体の生活世界を長く拘束することになるのである[31]。この法的地位が改善されるには，1952年のウォルター＝マッカラン法を待たねばならなかった。

戦後の「自由労働イデオロギー」を根幹にすえた国民社会の形成過程で，中国

---

30) *Congressional Record*, 41st Cong., 2nd sess., 1869-1870, pp. 3877-84, 4275-77, 5121-24, 5155-58, 5160-78.
31) 拙稿「帰化不能外人」186-193頁。

人はいったんその構成員として認知されるかにみえた。もちろん，不自由な契約労働者を「自由労働者」と読み替えてでも，中国人労働者を必要とした産業資本家の経済的思惑がそこに働いていたことはいうまでもない。だが，再建政治が未完の革命に終わることが判明し，不況下での労資対立が激しくなるなか，対立を懐柔し新たな社会秩序を維持するため，他者の創出が早急に必要となった。その最初の対象となったのが，中国人労働者だったのである。1882年は，アメリカ移民法の歴史において画期となる年である。自由移民の原則を堅持してきた政府が始めて，特定の国籍の労働者に対して門戸を閉じた年であると同時に，同年，連邦が移民管理に本格的に乗り出し，精神障害者，知的障害者らの流入を制限するようになる。この移民の質的管理は，1875年にアジアからの売春婦の入国を阻止するため制定されたページ法とともに，社会的逸脱者を排除するための一連の動きとしてみることができるだろう。

4　世紀転換期における国民の帝国的再編——移民制限と海外領土問題

1）帝国主義と人種主義

　1890年代以降，世紀転換期になると，アメリカの人種の歴史は新局面を迎える。その最大の理由は，これまでの同化傾向の強い旧移民とは異なる，東欧・南欧出身の「新移民」が大量流入することにより移民制限・管理強化が声高に叫ばれたこと，また米西戦争を契機に海外植民地の獲得や海外領土の併合で異民族・異人種への市民権付与，つまり，国民の境界の地理的拡大という新たな政治課題が浮上したからである。

　1894年にボストンで設立された移民制限連盟は，移民の質的制限を求め識字テストの導入を提唱し，1896年連邦議会を通過する。同法案は大統領の拒否権により，成文化されることはなかったが，H・C・ロッジ上院議員は，「私たちが過去に同化したことも，交際したことすらない人種の大量導入によって，わが人種，わが市民の質が変えられる危険があり，その危険はすでに始まっている」と演説し，アングロサクソン中心の市民の質が退化・変質することへの危惧を表明している。この時期，イギリス帝国においても帝国臣民の身体退化・変質は，ボーア戦争時の徴兵検査で明らかとなり話題となっており，英米双方で，アングロサクソン共同体としての政治交流が活発化してくる。T・ローズヴェルトがキプリング

第4章　未完の革命と「アメリカ人」の境界　135

より贈られた「白人の責務」の詩などもその一つである。T・ローズヴェルトが，アングロサクソン系の出生率の低下を問題とし，「人種の自殺」論を展開したのもこうした背景があった。また，宗教界でも会衆派教会牧師のジョサイア・ストロングが『わが祖国』(1885) において，イギリスとアメリカが一緒に世界の福音を求める運動を起こすべきと主張し，アングロサクソン中心の帝国主義的膨張主義を正当化する理論を提供している[32]。

こうして世紀末になると，ダーウィンの進化論以降，アメリカ社会に広く浸透した社会進化論の「適者生存」の考え方にも後押しされ，異質な移民や知的障害者，精神障害者を排除するために，優生学的な国民の質の管理が始まり，エリス島とエンジェル島という東西の移民の窓口での移民の質的管理が量的制限とともに一層強化されることとなる。一方，国内ではダヴェンポートらが中心となり，アメリカ育種協会（1906年設立）やのちにアメリカ優生学協会（1926年設立）などが設立され，健全な国民として「欠陥のある染色体を除去」するため，各州で社会的不適応者に対する結婚制限や断種運動が展開された。こうした20世紀初頭のアメリカの優生学的措置による移民管理や断種のデータは，ナチス・ドイツの優生思想やその実践に影響を与えたとの研究が近年出されており，研究のさらなる進展が待たれるところである[33]。

2）アメリカの対外進出と中国人問題

1890年代末のアメリカは，米西戦争によりフィリピン，プエルトリコ，グアム等を獲得し，同時期にハワイを併合，さらには門戸開放宣言を出し，東アジア国際政治への介入を始めることとなる。こうした孤立主義的な伝統を捨て，積極外交へと転換する政府の動きに対して，国内では1898年に反帝国主義連盟が結成され，アメリカ合衆国が帝国として他国の異民族を支配することは民主主義の堕落であるとし，独立宣言に謳う理念に反すると主張する反対運動が展開された。この運動は，共和党上院議員の長老ホア（Hoar）やW・ジェームズ，マーク・トエインなど多様なグループから構成されていたが，運動の動機付けも多様であった。

---

32) 世紀末のネイティヴィズムについては，John Higham, *Strangers in the Land : Patterns of American Nativism, 1860-1925*, Rutgers University Press, 1988, pp. 102-106.
33) シュテファン・キュール，麻生九美訳『ナチ・コネクション——アメリカの優生学とナチ優生思想』明石書店，1999年。

AFL は、「未開の、自治能力がない大量の労働者」が国内に流入することを阻止するため、この運動を積極的に推進した。その背景には、ハワイやフィリピンなどの領土には多くの中国人労働者が居住していたことがあり、ゴンパーズや、労働騎士団の団長から転身し財務省移民帰化局の局長に就任したT・パウダリーらが中心となって、この時期に排華運動が再び政治争点化していく[34]。

1882年移民法以降、チャイナタウンはエスニック・ゲットー化し、白人労働者との直接接触による排斥感情の高まりが押さえられたことから、実質的に中国人移民問題は、1882年法が提示した中国人労働者の流入停止による白人労働者保護という法論理・法秩序の有効性を巡る論争として展開していた。82年法以降、民主党だけでなく共和党も、積極的に排華を主張し、両者に政策上の相違点はない。そこでのコンセンサスは、アメリカ社会では、共和国市民として責務を果たせない異分子は、その市民共同体を守るためであれば排除が認可されるとする了解であった。海外進出が本格化する米西戦争以後、連邦の移民帰化局とともに、AFLはこの共和政体維持という大衆ナショナリズムの論理をもとに排華を、反帝国主義運動と連動させつつ、目的達成を図った。

だがここで問題の構図を整理しておくと、従来は世紀末のアメリカでは、人種差別主義的なアングロサクソン中心主義の風潮が強まり、この流れを汲む一派がマハンの構想する海洋帝国を築くべく、帝国主義的な対外膨張を目指したと総括されるが、こうした帝国主義と人種主義は、実は必ずしも親和的なものではなく、一面、相反するイデオロギーとしての側面を持っていた点に注目しておく必要があろう。

門戸開放通牒（1899年）を契機に、政府が中国問題に直接介入し始める時期、アメリカ南部では中国向けの綿製品輸出業における貿易額が急増し、「四億人の中国市場」に魅せられた各種業界が経済圧力団体を結成して、アメリカの極東政策に関与してくる。宣教師グループは、国内の社会改革運動の影響を受けて、中国全土を貧困、迷信、無知から開放するという、一種の「文明化の使命」感を伴った布教活動をはじめる。世紀転換期には、T・ローズヴェルトら新世代の政治家が、

---

34) 世紀転換期の排華運動の詳細は、拙稿「〈アメリカ人〉の境界の帝国的再編——世紀転換期の中国人移民政策の変容 1882〜1906」『東京大学アメリカン・スタディーズ』5（2000年）、87-104頁を参照。「反帝国主義」論の研究動向としては、高橋章『アメリカ帝国主義成立史の研究』名古屋大学出版会、1999年、44-47、53頁。

社会進化論や白人の責務論などに影響されながら，アメリカ帝国の建設という男性的プロジェクトに魅了されはじめ，自らに特別の役割を任じ，中国を庇護すべきとのパターナリスティックな眼差しを持つようになる。こうしたグループが，自らの政治的・経済的利益を確保するため，実は国内の排華運動の鎮静化のために動き出し，移民法の更新年に当る1902年の連邦議会では，思いがけず中国人擁護の声を上げる。経済団体代表が議会公聴会で，排華法の改悪を回避すべきとの意見を表明する事態となるのである。

こうした動きにも関わらず，法案は議会を通過する。しかし，在米中国人コミュニティが，排華鎮静化に向け動きだした。それが，アメリカ商品の不買運動，アメリカ船の荷下ろし拒否などのかたちで，広東をはじめ，在外華人コミュニティにも飛び火し，ハワイ，フィリピン，カナダ，オーストラリア，シンガポール，東南アジア植民地でも展開する。この不測の事態を受けて，T・ローズベルト大統領が強権を発動し，中国人の待遇改善を約束し，ボイコット運動に関してもそれが「アメリカにやってきた中国人に対する私たちの態度に原因があることは疑う余地がない」との公式見解をだし，移民局への行政指導を行い，徹底した改善策をとり，アメリカにおける排華の動きは終息する。

中国の門戸開放推進派のアメリカ人の中国市場獲得に向けた圧力は，もはや古い「水平的な同志愛」に裏付けられた共同体論ではなく，新しい帝国的国民像を必須のものとしていた。1890年代以降の中国人移民問題は，差別・排除に関する国内人種問題から，対外的な国益・経済問題へと性格を変貌させていた。ボイコット運動に最終的にT・ローズヴェルトが直接介入を決断したのは，「排除」を唯一の解決策としてきた労働組合や連邦議会の行動が，非公式帝国を拡大・経営する上で重大な障害となると判断したためである。米国が行政府主導の積極国家化する中で，海外植民地における支配を正当化する「帝国意識」が芽生えた結果，そこで「アメリカ人」を成立させる境界線に帝国的再編が加えられ，垂直的な人種・民族関係を前提とする，新しい国民統合の秩序体系が想定されることとなったのである。

中国人移民問題は，帝国的膨張に障害となる排華運動に，行政府が積極介入してそれを隠蔽し，反対勢力を押さえ込むことで問題解決が図られたのである。つまり，国内における排華運動の抑圧体系を維持したまま，その人種差別的な知の体系を利用し，中国人を「排除」ではなく，「庇護」あるいは「文明化」＝アメ

カ化の対象として包摂することで，運動は鎮静化していくのである。これ以後，カリフォルニアの民主党綱領に反中国人関連の決議が掲げられることはなかったし，西部の排斥運動は，1890年代以降，中国人に代わり本格的な流入が開始された日本人移民にその運動対象は移っていくことになる。同時代のフィリピン人やキューバ，プエルトリコの人物表象が，無教養の，清潔な身体とは程遠い子どもとして描かれるのは(図4-8)，帝国主義時代の新たなパターナリスティックな人種主義の表れである。20世紀以降，イエロー・ジャーナリズムや広告での宣伝にこうしたステレオタイプ化された人種主義的図像が掲載されることで，爆発的にこの帝国主義的人種序列は国民に刷り込まれていくことになるのである。

図4-8 "The Filipino's First Bath"
出典) *Judge* 1899年6月10日

【文献案内】

① Eric Foner, *Reconstruction : America's Unfinished Revolution, 1863-1877*, Harper & Row, 1988.

② David W. Blight, *Race and Reunion : The Civil War in American Memory*, Harvard University Press, 2001.

③ David R. Roediger, *The Wages of Whiteness : Race and the Making of the American Working Class*, Verso, 1991.

④ Ian F. López, *White By Law : The Legal Construction of Race*, New York University Press, 1996.

⑤ John Higham, *Strangers in the Land : Patterns of American Nativism, 1860-1925*, Rutgers University Press, 1988.

⑥ C. V. Woodward, *The Strange Career of Jim Crow*, 3rd ed., rev., Oxford University

Press, 1974.
⑦ Michael J. Klarman, *From Jim Crow to Civil Rights : The Supreme Court and the Struggle for Racial Equality*, Oxford University Press, 2004.
⑧ Andrew Gyory, *Closing the Gate : Race, Politics and the Chinese Exclusion Act*, University of North Carolina Press, 1998.
⑨ Arnoldo De Leon, *Racial Frontiers : Africans, Chinese, and Mexicans in Western America, 1848-1890*, University of New Mexico Press, 2002.
⑩ Najia Aarim-Heriot, *Chinese Immigrants, African Americans, and Racial Anxiety in the United States, 1848-1882*, University of Illinois Press, 2003.
⑪胡垣坤/曾露凌/譚雅倫編，村田雄二郎/貴堂嘉之訳『カミングマン――19世紀アメリカの政治諷刺漫画のなかの中国人』平凡社，1997年。

　①は再建期研究の決定版。②は南北戦争の記憶論で，戦後の南北の和解と人種主義の生成の連関を考察。③④はそれぞれ，この時期の労働者の白人性意識の生成と，法律により作られる「白人」カテゴリーの研究。⑤はネイティヴィズム研究の古典。⑥⑦は，ジムクロウ体制の研究とそれ以降の通史。⑧⑨⑩は，中国人移民と黒人，メキシコ系など人種間関係を扱った研究。⑪は中国人の人種図像を扱った表象論。

第5章　新移民とホワイトネス
——20世紀初頭の「人種」と「カラー」——

中野耕太郎

> 社会関係において，二つの異なる人種境界が引かれている。ひとつは様々な人種からなる白人とニグロとを分かつカラーラインであり，もうひとつはネイティヴ白人および北欧系諸人種と南欧系諸人種との間に引かれた境界線である。
> ——1911年上院移民委員会報告書第9巻[1]

　20世紀への転換期を迎えるころ，人種とアメリカニズムの相互関係は，いまだすこぶる多元的でかつ流動的であった。なるほど，すでに南部のいくつかの地域では新しい社会秩序としてのジムクロウ（人種隔離）が定着しつつあったし，西海岸ではアイルランド系の組織労働者を巻き込んだネイティヴィズムが中国人移民を帰化不能な人種として排斥していた。しかし，1890年代以降，未曾有の規模でアメリカに到来した新しい移民の波は，この地に彼らを引き寄せた急速な工業化・都市化の現実とともに，国民共同体の再編を促し，その結果，新たな人種の再分節化がはじまっていた。

　この1,800万人に達したとみられる大量移民の構成は実に多様で，使用言語を軸に大別しても45の人種・民族を数えた。イタリア人やポーランド人など1,000万人を越えた南・東欧からの移民を中心に，遠くインドやシリア，日本といったアジア諸地域の出身者も少なくなかった。移民の主たる定住地となったシカゴやニューヨークなどの北部大都市圏では総人口の8割近くを外国系住民[2]が占め，出身地，言語ごとにモザイクをなして孤立する無数の集住地区が出現した。そこは，建国時には予想もされなかったような，種々雑多な人々が暮らす空間となっ

---

1) *Report of the Immigration Commission*, vol. 9, S. Doc. No. 662, 61st Cong., 3rd sess. (1911), p. 192.
2) 移民とその子供の世代を総称して外国系と呼ぶこととする。

ていたのである。

　近年，これらの移民を射程に入れた史的研究では明確な問題関心が共有されてきた。それは端的にいって，多様な移民集団がいかに社会的に人種化されてきたのか，別の言い方をするなら，移民がいかにアメリカの人種化された階層的社会構造に組み込まれていったのか，またそのことは20世紀初頭におけるアメリカ国民統合の排除と包摂のメカニズムとどう関わっているのか，を問おうとする立場であった。

　特に「新移民」[3]と呼ばれた南・東欧移民を対象とした研究の進展には眼を見張るものがあった。その多くに共通するのはホワイトネス・スタディーズからの強い影響であった。移民当初には人種的劣等者として差別されたイタリア人やポーランド人が，20年から30年の歳月を経て人種ヒエラルキーの準拠枠組みである「白人性」を自らのものとしていくという「白人化」プロセスが分析の中心だった。後にホワイト・エスニックと呼ばれるようになる諸集団の人種は移民の「アメリカ化」の一側面として社会的に構築されてきたのだという議論である[4]。

　しかし，いくつか問題点を指摘することもできる。ひとつは，従来の研究の多くが，南・東欧移民に向けられた人種的偏見を重く見るあまり，「有色人」の経験との大きな隔たりを看過しがちなことである。たしかに，南・東欧移民は主流社会から蔑まれ，数次にわたる移民制限政策のターゲットにされた。だが，彼らがアジア系移民のように，法廷で「白人性」を前提とする帰化・市民権の取得を拒まれたことはないし，黒人のように，居住区や結婚に関して，ネイティヴ白人社会からの物理的な隔離を強いられた事例も見当たらない。

　また，同時代の差別的な言説——すなわち，南・東欧人を白人未満の「ハンキー」（スラブ系の蔑称）と嘲る言論など——の多くが，厳密にはアメリカの産業・労働文化の文脈から語られたものだった点にも注意すべきである。例えば，1910年

---

3) 1907年移民法によって設立された上院移民委員会は，19世紀に主流であった西・北欧系移民と区別して，南・東欧移民を「新移民」と総称した。
4) James R. Barrett and David Roediger, "Inbetween Peoples : Race, Nationality and the New Immigrant Working Class," *Journal of American Ethnic History*, 16 : 3 (Spring 1997), pp. 3-44 ; Karen Brodkin, *How Jews Became White Folks and What That Says about Race in America*, Rutgers University Press 1998 ; Matthew Frye Jacobson, *Whiteness of a Different Color, European Immigrants and the Alchemy of Race*, Harvard University Press, 1999.

頃，ピッツバーグの鉄鋼産業を調査した経済学者ジョン・フィッチは，労働者が「英語を話す者」と文盲で同化していない「ハンキー」とに分裂していると指摘し，「前者を『白人』，後者を『外国人』と呼んでもよい」と書いている[5]。時に「ハ
・
ンキー」とは，「英語を話す白人組合員」が，「奴隷のごとく」苛烈な賃労働に従事する未組織の移民不熟練工を他者化した言語であったし，また別の場合には政財界のエリートが，工場労働に適応できない農村出身の移民を社会効率の観点から排斥しようと用いた言葉だった。「白人性」をアメリカニズムとの関連から敢えて単純化して，「市民として民主的自治に参加する適性」と捉えることが可能ならば，ここで疑義を呈されているのは，産業生活において移民労働者が自由で有徳の「市民」たる資質なのであり，そのことは，元来，投票権や裁判を受ける権利といった政治的市民権とは次元を異にする。さらに言うと，こうした社会・経済的な意味でのハンキーの「非白人性」は，20世紀アメリカの福祉国家的展開の過程で漸次解消されてきたものだろう。そして，そのような移民の国民国家への「取り込み」が進行する一方で，都市の黒人労働者がアンダークラス化していくという現実があったとすれば，むしろ南・東欧移民は当初から「白人の特権」を保持していたと考えるべきかもしれない[6]。

　もとより，「肌の色の違い」もまた，社会的構築物である。後に詳述するとおり，時代と場所によって白人とカラードの境界線自体も常に揺れ動いてきた。だが，「カラー」を強調する社会通念と，そこから生まれる差別は，ハンキーを「ネイティヴ」あるいは「ノルディック」（北欧人種）より劣位に置こうとする人種観とは，やはり質の異なる分節原理だったと見るのが妥当だろう。こうしたことを踏まえて，本章は20世紀初頭の人種を，複数の位相からなる分類と序列化の動的なメカニズムと考え，現実にはきわめて多様なあり方として表出する人種の全体像を可能な限り俯瞰的に把握することに努めたい。

---

5) John A. Fitch, *The Steel Workers*, Charities Publication Committee, 1911, p. 147.
6) Bruce Nelson, *Divided We Stand : American Workers and the Struggle for Black Equality*, Princeton University Press, 2001 ; Thomas A. Guglielmo, *White on Arrival : Italians, Race, Color and Power in Chicago, 1890-1945*, Oxford University Press, 2003.

第5章 新移民とホワイトネス　143

1　ハンキー・ステレオタイプと移民政策の形成

1）優生学とメルティングポット——生まれか？　環境か？

　世紀転換期以降の移民問題をめぐる知識人・エリートの思考は，その広範な多様性にもかかわらず，いくつかの基本的な傾向を共有していた。ひとつは，移民に対するステレオタイプを人種の特質として理解することだった。例えば，「白人なら死んでしまうような……汚濁にも耐えられる」とスラブ系移民の身体的な強靭さを強調した社会学者エドワード・ロスは，同じ1914年の著作で，「無知で迷信的，女性を虐待し，……清潔さと家庭的安寧を欠いている」とその内面にも言及し，それらはいずれも先天的資質であると主張していた[7]。総じて，この時期の一般的認識においては，ある集団の母語や特定の信仰に対する忠誠心，あるいは衛生観念やラディカリズムの誘惑に対する耐性といった心理的傾向は，人種と不可分なものとされていた。史家ビダーマンが指摘したように「ヴィクトリア期の教養人は身体的形態学と文化的特徴を区別する概念枠組みを持たず，両者を同時に，彼らが『人種』と呼ぶところのゲシュタルトに包摂していた」のである[8]。

　新移民に関するネイティヴの思考のいまひとつの傾向は，移民の身体を媒介して持ち込まれた異質な「血統」が，既存の社会秩序の安寧を脅かしているという認識だった。世紀転換期のエリートの多くは，当時急速に深刻化していた都市問題——貧困，犯罪，売春，少年非行，急進的労働運動，人口の密集，衛生状況の悪化など——に，19世紀のアメリカ社会が育んできた市民文化と道徳規範の衰退を見て，大いに不安をつのらせていたが，彼らはしばしばこのアメリカニズムの危機と新移民の人種とを結び付けて問題視していたのである。なぜなら「人種は遺伝を含意し，遺伝は政治と政府の源泉たる道徳的，社会的，知的性格を含意する」からであった[9]。

　そして，さらに重要なことは，こうした民主政に対する「外国人の脅威」，すな

---

7)　Edward A. Ross, *The Old World in the New : The Significance of Past and Present Immigration to the American People*, The Century co., 1914, pp. 123, 291.
8)　Gail Bederman, *Manliness and Civilization : A Cultural History of Gender and Race in the United States, 1880-1917*, University of Chicago Press, 1995, p. 29.
9)　Madison Grant, *The Passing of the Great Race or The Racial Basis of European History*, Charles Scribner's Sons, 1916, p. vii.

わち，新移民の「人種問題」が，国家権力によって積極的にコントロールされるべきだという，幅広いコンセンサスが形成されていったことである。それは，1880年代まで主流だった社会進化論のレッセフェールとは対照的であった。史家ジョージ・ストッキングの言葉を借りれば，「文明化された世界では，自然選択は，ほとんど停止しており，実践的人間介入なしに前に進むことがもはやできなくなっていると確信」されるようになっていたのであった。こうした移民問題へのアプローチは，産業化，組織化への激しい社会変動に対して，国家介入と法的な規制を求めた20世紀革新主義の潮流の中に位置づけられるものである[10]。

ただし，広く共有された革新主義的情動も，具体的な移民問題への対処の仕方においては，①環境（nurture）派と，②生得（nature）派という異なる2つのアプローチとなって現れた。両派の政治コメンテーターは，オピニオン誌，政党の集会などを舞台に，移民政策の方向性をめぐって激しく競い合った[11]。

前者の環境派は，職場や住環境の改善，あるいは教育の充実をとおした移民の「同化」とアメリカ市民社会への包摂を重視する立場であった。将来のアメリカ市民としてのスラブ系移民の潜在能力を高く評価した経済学者のエミリー・バルクや，移民に対する「アメリカ化」教育を推奨したセオドア・ローズヴェルト，また都市の貧困地区で移民の定着を支援し，「アメリカ的生活水準」の伝道に努めたセツルメント・ハウスの活動も広い意味でこのグループに含まれるだろう[12]。

一方，生得派は，移民の「先天的資質」を固定的に捉え，環境や教育によって変わるものではないと論じた。それゆえ，彼らは同化不能な移民を，包括的な入国制限の導入によって，あらかじめ市民社会から排除する必要を訴えていた。後述する識字テストの主唱者ヘンリー・C・ロッジ上院議員は，南・東欧移民は「非常に同化が困難なので」，現状のまま入国を許していては，「合衆国の文明の水準が約束できなくなる」と嘆いて見せた。また，前出のエドワード・ロスは，新移民の10〜20％は「明らかに知能が低い」と断定して，そうした劣等者の増殖がアメリカ全体の遺伝子プールにおける「開拓者タイプ」の相対的減少傾向に拍車をかけていると警鐘を鳴らしたのだった[13]。

---

10) George Stocking, *Bones, Bodies, Behavior : Essays on Biological Anthropology*, University of Wisconsin Press, 1988, p. 9.
11) Karel D. Bicha, "Hunkies : Stereotyping the Slavic Immigrants, 1890-1920," *Journal of American Ethnic History*（Fall 1982), pp. 16-38.
12) Emily G. Balch, *Our Slavic Fellow Citizens*, Charities Publication Committee, 1910.

両派の議論において特筆すべきは、その多くが同時代の多様な「人種の科学」で自己の主張を武装していたことである。たとえば、セオドア・ローズヴェルトの「アメリカ化」論の背景には、「獲得形質の遺伝」を柱とするネオ・ラマルク派遺伝学への信奉があった。すなわち、学習や適応を通して後天的に獲得する文化的資質(道徳的美徳や行動上の規範など)もまた人種の「血」によって次世代へと伝達される、それゆえ、遺伝は環境への適応(同化)を通して、場合によっては一世代のうちに改善されるというものである。ローズヴェルトが南・東欧移民を劣等視しながらも、北・西欧系の「英語を話す人種」による吸収と同化、すなわち「メルティングポット」[14]を楽観的に構想しえたのはそのためである。彼にとって重要だったのは、「環境」と「適応」を国家的に統御し、これによってアメリカの人種を向上させることだった。かかる思考が、ニュー・ナショナリズムと呼ばれたローズヴェルトの包摂的国民統合論——すなわち、積極規制国家を立ち上げることで、多様なヨーロッパ系移民に市民的権利と経済的機会を保障し、これと引き換えに「徹頭徹尾のアメリカ化」と国家への忠誠を引き出そうという議論——と有機的に結びついていたことは多言を要しまい[15]。

これに対して生得派の論客、マディソン・グラントは「優生学」の知見を援用しながら、「メルティングポットの理想」をメンデル以前の「愚かな信念である」と一喝した。グラントは、1916年に上梓された『偉大なる人種の衰退』の中で、ウィリアム・リプリーの学説に拠りつつ、ヨーロッパ人種は生殖質の資質により、上から下にノルディック人種、アルプス人種、地中海人種の3階層を成すと論じた。ヨーロッパ人種内のサブカテゴリーの序列を強調する同書は、優等なノルディック種であるネイティヴのアメリカ人が劣等な南・東欧系移民の属する地中海人種と「混ざり合う」ことは、前者をして破滅的な「雑種化」、すなわち、知力、道

---

13) Henry Cabot Lodge, "The Restriction of Immigration," *North American Review*, 152 (Jan-June, 1891), p. 35 ; Ross, *The Old World in the New*, pp. 282, 285.
14) 「メルティングポット」という語は、ロシア系ユダヤ人移民のアメリカン・ドリームを描いたブロードウェー・ミュージカルの名前に由来する。作者のイズラエル・ザングウィルは、セオドア・ローズヴェルトの南・東欧移民に対する同化・統合政策に深く共感し、この戯曲を彼に捧げた。なお、黒人やアジア人は当初よりローズヴェルトの「メルティングポット」構想から除外されていた。Israel Zangwill, *The Melting-Pot : Drama in Four Acts*, The Macmillan co., 1914.
15) 拙稿「「人種」としての新移民——アメリカの南・東欧系移民 1894-1924」『二十世紀研究』2 (2001年)、69-90頁。

徳両面での救いがたい退行に導くと警告していた[16]。

ところでグラントとローズヴェルトは、ともにニューヨークの特権的上流階級の出身で、プロト環境主義的な自然・野生動物保護運動に賛同した経歴を共有する。そもそも、様々な社会問題に対する自然主義的なアプローチはヴィクトリア的革新主義者の典型といえたが、彼らもまた人種と育種への関心を都市の腐敗や旧来の社会秩序の動揺といった差し迫った問題と結び付けるようになっていたのである。もっとも、「外国人の脅威」に対するグラントの認識はローズヴェルトのそれよりはるかに悲観的だった。彼は、政府の産業規制も職場改革も、劣等な血統の遺伝的潜在力をまったく変化させることはないのだから、環境派の主張はナンセンスだと退けた。むしろ「不道徳な」諸人種の排斥を目指す立法によって、道徳的により高潔な「市民」を繁殖させることができると主張していたのである。

こうした環境派と生得派の論争は、少なくともアメリカの第一次大戦参戦以前の時期においては、いずれかに軍配を上げるのは困難な形勢にあった。生物学や遺伝学の最先端では、メンデルの法則の再発見（1900年）以来、ワイズマン説（生殖質の世代間連続説）がますますその地位を確固たるものとし、対するネオ・ラマルク主義は全くの少数派の地位に追いやられていた。しかし、それにもかかわらず、アメリカの国内政治の文脈では、むしろローズヴェルトのアメリカ化運動がナショナル・ポリシーの地位を占めていたのであり、グラントやロッジ等の移民制限要求は、なかなか実質的な成果を挙げられないでいた。この展開におそらく最も大きな影響を与えていたのは、産業界の利害であろう。1911年に出版された上院移民委員会報告によると、この時アメリカの全鉱工業労働者に占める外国生まれの割合は50％を越えている。とりわけ新興の大量生産産業ではその比率はさらに高く、アメリカ産業が新来の南・東欧移民に深く依存している姿が浮かび上がってくる。「メルティングポット」の夢は、産業社会の理想でもあった[17]。

2）南・東欧移民の制限――識字テストの導入

20世紀初頭のアメリカ社会は、外国人の安価な労働力を必要としていたが、同時に彼らの「市民」としての資質を疑ってもいた。研究者エイミー・フェアチャイルドはこの葛藤を「資本主義と民主主義の緊張」と表現した。前節で見たとお

---

16) Grant, *The Passing of the Great Race*.
17) *Report of the Immigration Commission*, vol. 1, p. 37.

り、この「緊張」は国家の法と権力が調停すべき事項であるという点で、エリートの間に広範なコンセンサスがあった。ただし、問題は、この「民主主義」が制限的で人種化された概念だったことである[18]。

世紀転換期から第一次大戦に至る時期、排外主義の中心的な政策要求は、入国審査の一環として識字テストを導入することであった。主唱者のひとり、経済学者フランシス・A・ウォーカーは、これによって、「自治に必要な……理念も素質もまったく持たない」、「打ちひしがれた人種の打ちひしがれた人々」の入国を規制できるとしたが、このことからもわかるとおり、識字テストは当時のアメリカに特徴的な人種化されたシティズンシップと深く結びついていた。注目すべきは、新進気鋭の優生学者の関与である。「識字」という測定可能な基準によって、移民の中から「同化不能者」、つまりは「市民的自由の根本理念を知的に理解する能力を持たない者」を数量的に把握し、これを効果的に排除しようという発想は、劣悪な「血統」の流入を「技術的に」コントロールし、アメリカの優れた遺伝子プールとそれに依拠する市民的秩序を守ろうという優生学者の使命感と共鳴していた。『移民の潮流』の著者フランク・ワーンは、ボスニア、イタリア、ルーマニア、リトアニア、トルコからの移民は35％以上が文盲だと指摘したうえで、識字テストの「唯一の目的は、移民を我々の同化吸収能力の範囲内にとどめることである」とその必要性を力説したのであった。こうした専門家の調査・研究と現実政治との媒体となったのは、H・C・ロッジ、M・グラント、E・A・ロスらの政治コメンテーターであった。彼らは、民間団体の移民制限連盟を拠点に、議会に対して強力なロビー活動を展開していくことになる[19]。

しかし、1903年と1907年、さらには1911年にめぐってきた移民法改正の機会にも、識字テストの導入は実現しなかった。もっとも、これらの法改正は、国外退去の対象者として、トラコーマ等の伝染病患者、ヘルニア、心臓病などを持つもの、さらには、精神薄弱者や癲癇患者、極度の貧者、アナーキストなどを列挙しており、ここに優生学の強い影響を見るのは容易である。だが、いずれの項目についても、「産業生活に不適合な疾患」であるとか、「慈善に頼るおそれ」、ある

---

18) Amy L. Fairchild, *Science at the Borders : Immigrant Medical Inspection and the Shaping of the Modern Industrial Labor Force*, John Hopkins University Press, 2003, p. 11.

19) Francis A. Walker, "Restriction of Immigration," *Atlantic Monthly*, June 1896, p. 828 ; Frank Julian Warne, *The Tide of Immigration*, D. Appleton, 1916, p. 269.

いは「国民の負担になるおそれ」といった「経済的な」表現で，排斥の理由が語られていたことも見逃せない。つまり，これらの規定の意図するところは，主として，移民の中からアメリカの産業生活で自立できないもの，いわば「産業の市民」たりえない者をより分け排除することにあった。それは，本質的には効率的な労働力である限りにおいて新移民の入国を認めようとする立場である。このことは，言うまでもなく産業社会の要請に合致していた。またそれは，移民に近代的な労働者としての規律を教化することを目標のひとつとする「アメリカ化」運動によって整合的に補完されるものでもあった。ただし，こうした「包摂」を基調とする初期の移民政策に，例外があったことも認めなくてはならない。すなわち，中国人と日本人の労働者は，1882年排華法と1907年日米紳士協定によって，それぞれ移民が停止されたが，その背景には「奴隷のような労働」への偏見，すなわち，アメリカの産業生活からの全面的拒絶があったのである[20]。

移民労働力に対するアメリカ経済の強い欲求にもかかわらず，1910年代をとおして優生学の影響力は急速に増大していた。それは，生来のエリート主義を巧みなレトリックで隠蔽し，現状に不満を持つ多様な国民層に浸透していった。ある時は，低賃金の移民労働者を雇う大企業が，ネイティヴ労働者と国民の遺伝子プール双方の脅威となっていると，優生学の立場からポピュリスト的資本主義批判を展開し，またある時は労働組合員を前に，好ましい「人種」の出生率の低下（「人種の自殺」）を防ぐには，その繁殖に必要な経済的基盤を維持せねばならず，それには移民を制限してネイティヴ労働者の雇用を守らなくてはならないと，優生学とアメリカ労働者の階級的紐帯を仮構して見せさえした[21]。

さらに，ヨーロッパでの戦争（第一次大戦）が長期化し，アメリカの参戦が不可避な状況が現出すると，非常事態の危機を意図的に利用しようという動きが活発となった。すなわち，1916年末頃には戦争で荒廃したバルカン諸国や中東，シベ

---

20) Jeremiah W. Jenks and W. Jett Lauck, *The Immigration Problem: A Study of American Immigration Conditions and Needs*, 5th ed., Funk & Wagnalls Co., 1922.
21) Robert De C. Ward, "Our Immigration Laws from the View Point of Eugenics," *American Breeders Magazine*, 3 : 1 (1912), pp. 20-26 ; Ward, "Eugenic Immigration : The American Race of the Future and the Responsibility of the Southern States for its Formation," *American Breeders Magazine*, 4 : 2 (1913), pp. 96-102 ; "The Tide of Immigration : Indirect Results of Eugenics are Quite as Important as Direct Results," *Journal of Heredity*, 7 : 12 (Dec. 1916), pp. 541-545.

リアなどから，大量の流民がアメリカに押し寄せるという憶測が飛び交い，議会では，現行の移民法では年間数十万人規模で敵性外国人の入国が可能であると喧伝されていた。チェコ人やポーランド人，リトアニア人などの東欧移民は国籍の上では，多くが仮想敵国ドイツとオーストリアに帰属していたのである。こうした流れの中で，1917年2月，連邦議会は，ウィルソン大統領の拒否権を越えて，初の識字テスト条項を含む移民法を成立させた。これによって北西欧からの移民に影響を与えずに，南・東欧移民を30％削減できると試算された。ここに連邦の政策は南・東欧移民労働者の入国制限へと大きく転換していくことになる[22]。

2 揺れ動く「カラー」の境界

1)「アジア移民禁止区域」

　1917年移民法の審議には，この時期のアメリカの人種を考察する上で，いまひとつ極めて重要な内容が含まれていた。それは移民の肌の色，すなわち「カラー」に関する議論であった。従来の「アメリカ化」論や優生学，移民制限の主張が，いわゆる中国人問題を除いては，ほとんど「劣ったヨーロッパ人種」に関心を集中させてきたのとは異なり，この参戦前夜の議会では，アジア，アフリカからの「有色人」移民を「識字」とは異なる何らかの原理で体系的に禁止しようとする方策が論じられていた。たとえば上院は「すべてのアフリカ人および黒人種」の排斥を盛り込んだ法案を可決し，全国有色人地位向上協会（NAACP）などの黒人団体から猛烈な反発を受けていた。「アフリカ系」の移民は，当時の帰化法でも市民権取得が認められていたのであり，その入国を包括的に禁じることは技術的にも問題が多かった。結局，この法案は下院が否決することになる。

　しかし，アジア系の移民については，いくつかの妥協を経たうえで，その多くを排斥する法令が成立した。「アジア移民禁止区域」（Barred Asiatic Zone）と呼ばれる条項がそれで，ユーラシア大陸東部に広大な移民禁止区域を設定するものであった。「禁止区域」とは具体的には，「北緯20度以南，南緯10度以北，東経160

---

[22] Sidney L. GuLick, "An Immigration Policy: Any Plan for Restriction Must Take Account of Asia as Well as Europe," *Journal of Heredity*, 7 : 12 (Dec. 1916), pp. 546-554 ; Robert De C. Ward, "Some Aspects of Immigration to the United States in Relation to the Future American Race," *Eugenics Review*, 7 (April 1915-Jan. 1916), pp. 263-282.

度以西に位置する，アジア大陸に隣接した合衆国によって領有されない島嶼」および，「東経110度以西，50度以東，北緯50度以南に位置するアジア大陸のあらゆる国家，地域，属領」，ただし，「東経50度から64度，北緯24度から38度の地域を除外する」とされた。つまり，中東から極東にいたるアジアのほぼ全域が移民禁止の対象とされたうえで，アメリカ領のグアム，フィリピンやフィジー等の太平洋の島嶼，さらに，日本と西アジアのイラン，シリア，エジプト地域は禁区からはずされている[23]。

　日本を対象に含まなかったのは，第一次大戦の動向を懸念するウィルソン大統領が日米紳士協定を尊重して，あえて排日を立法化しないよう議会に強く要請した結果である。一方，西アジアの除外は，当該地域出身者の白人性をめぐる当時の裁判闘争と関係が深い。詳細は次節の分析に譲るとして，ここでは当時シリア移民に「白人」として帰化権を認定する判決が相次いでいたことだけを指摘しておく。つまり，この西アジア諸地域の除外は，いわば法廷におけるアジア人と「白人」の境界認定の議論を迂回しようとするものだったと考えてよい。しかし，この時期シリア人と同様に法廷で白人性を争っていたインド人（ヒンドゥー人種）が，「アジア移民禁止区域」に含まれたことは括目に値する。むしろ上に引用した条文が示すのは，この条項の主たる目的が南アジアからの移民を特に名指ししてこれを排斥しようとしたことであった。なぜなら，この時までに東アジアの中国と日本からの移民はすでに困難となっており，「アメリカ領の島嶼」と西アジアが禁区から除外されているのだから，残る主要なアジアの移民排出地域はインドをおいてない。裁判所がその白人性の判断に苦しんでいたインド移民を，議会は，「識字」という「劣ったヨーロッパ移民」の制限方式によるのではなく，あえて「アジア人」として禁止したのである。このことは，議会が移民制限立法を通して，独自のカラーラインを明示した事例として重要である。

　ただし，ここでいう「カラーとしての人種」が含意するところは，実際には幾分複雑である。その微妙なニュアンスを知る上で，上院の議事録に残されたジェームズ・リード議員（ミズーリ州）とトーマス・ハードウィック議員（ジョージア州）のやり取りは非常に示唆に富む。南部民主党の有力者リードは，上記の「アジア移民禁止区域」条項が，「アジア」をあくまで地理上の概念と規定し，あからさま

---

23) *U. S. Statutes at Large*, 39 (1917), p. 876.

な人種差別的表現を避けたことに不満を表明していた。具体的には，この条文がインドに住む英系白人の渡米を妨げることに憤り，例外事項として「白人」の入国を許可するように求めていた。すなわち，「禁止区域」の住民が「知的，道徳的資質に関係なく，たとえその人が最も純粋な白人の血を有していたとしても，すべからく排除」されてしまうのは遺憾であると発言した。つまり「合衆国のシティズンシップを不適切な外国人の流入から守ろうとするなら……（移民の選別は）地図上の強制的な線ではなく，『血』によってなされねばならない」というのである。これに対して，リードと同じく南部選出のハードウィックは次のように述べて彼を諌めている。「ヒンドゥー人種が裁判所では白人とされていることをご存知のはずだ。彼らは『形式的に白人』（technically white people）かもしれないが，決して……望ましい『白人』ではない。しかるに，もし法案に『白人』の入国を例外的に認める字句を残しておくと，この排除すべき移民を取り除くことができなくなってしまう」と[24]。

いまだ流動性を保ちながら形成の途上にあった，20世紀の人種と「カラー」は，1917年の時点で，「アジア人」だという理由から入国を拒まれる，色の黒い「形式的白人」という幾分倒錯した存在を作り出していたのである。この状況をより正確に把握するため，次に司法の領域に目を移したい。

2）帰化訴訟と「カラー」の境界

20世紀初頭の連邦裁判所は，外国人の帰化申請訴訟を通して，この国における人種と「カラー」の意味を問い続けていた。当時の帰化法は，①「自由な白人」（free white person）であるか，②「アフリカ出身者およびその子孫」であることを，市民権取得の人種的必要条件に掲げていたが，現実の移民の想像を超える多様性から，法廷の場に帰化資格に関する判断が委ねられるケースが相次いでいた。こうした帰化資格訴訟は，1909年から1920年の11年間に23件に達していた。訴訟の当事者となった外国人の出身地は，アルメニア，シリア，インド，フィリピン，日本と多岐に及ぶが，いずれもボスポラス海峡より東に位置していた。ちなみに，南・東欧出身者はここに全く含まれていない。これまで見てきたように，当時イタリア人やポーランド人は厳しい人種的偏見にさらされていたが，市民権

---

24) *Congressional Record*, 64th Cong., 2d sess., 1917, 44: 2618; Nancy Ordover, *American Eugenics*, University of Minnesota Press, 2003, pp. 19-20.

取得という法手続きにおいては，その人種（すなわち「白人」としての「カラー」）が問題にされた事例は皆無だったのである。

興味深いのは，この23件の訴訟のすべてで，帰化の申請者が，2つの資格条件のうち「白人」であることの方を自らの属性として主張していたことである。帰化法における，「自由な白人」という「白人」移民の定義と「アフリカ出身者およびその子孫」という「黒人」移民の定義を比較すれば明らかなように，後者がある種の地理的規定を含んで具体的なのに対し，前者の文言はあまりにも抽象的で捉えどころがない。この定義されない人種としての「白人性」の問題が，近年D・ローディガー等によって指摘されているのは周知のところであろう。まさにこの「白人」の抽象性と曖昧さゆえに，多様なアジアからの移民にとっては，自己を「白人」と同定する余地が残されていた（実際に23件中10件で白人性が承認された）。そもそも，帰化法がいう「自由な白人」とは，地理的な意味でのヨーロッパ出身者を指すのか，あるいは身体的特徴として肌の色の白い者のことなのか，あるいは人類学の分類におけるコーカサス種を意味しているのか，さらには日常生活における西欧主流文化の実践が求められていたのか，その指標は不明確なままだった。誰が法的に「白人」で，誰がそうでないのかという問いは，実際には，個々の訴訟案件の中で決定されるしかない問題だったのである。むしろ，そうした法廷闘争の積み重ねそのものが「カラー」の境界が社会的に構築されていく過程の一部だったと見るべきであろう[25]。

1909年に連邦ジョージア地裁が下した判決は，そうした帰化資格訴訟の中でも，はじめて帰化申請者の「白人性」を認めた事例として重要である。この裁判で争われていたのはシリア人，コスタ・G・ナジャールが「白人」か否かであった。詳細な紛争の経緯はここでは省略するが，原告のナジャール勝訴となった判決理由は特筆に値する。判決の骨子は次のとおりである。①帰化法にある「自由な白人」とは，「肌の色」ではなく人種を指しており，その場合「白人種」とはコーカサス種と同一である，②文化人類学の権威A・H・キーンによるとシリア人は，コーカサス種のひとつに分類される。したがってシリア人ナジャールは「自由な白人」に該当し，帰化の申請資格は認められる[26]。

判決が全面的にその正統性を依拠したキーンの理論とは，人類を①ネグロ（黒

---

25) David R. Roediger, *Toward the Abolition of Whiteness*, Verso, 1994.
26) *In re Najour*, 174 F. 735 (N. D. Georgia, 1909).

人），②モンゴロイド（黄色人），③アメリカン（赤色人），④コーカシアン（白人）という4つのメタ・カテゴリーに分類し，さらにそれらを無数の亜種に細分するものだった。これは，リンネの4大人種論（アメリカ系，ヨーロッパ系，アジア系，アフリカ系）以来，「人種の科学」の多くに共通するものであった。厳密には，学説によって細部にバリエーションがあるが，ほぼすべての人類学者がヨーロッパ白人種をメタカテゴリーのひとつであるコーカサス種に含める点では一致していた。ところで，特にキーンの理論がしばしばこの手の裁判で引用されたのは，彼が多様な世界の人々すべてを4大人種のいずれかに帰属させようとつとめたからである。その結果，キーンの4大人種はいずれも少なからず拡大的となり，問題のコーカサス種は，領域的には北アフリカから西アジア，インド，ポリネシアまでをカバーするものとなっていた。そうなると，人種は，もはや肌の色で区別できるものではない。キーンの学説に忠実に基づいたナジャール判決が，法的には「肌の色」は人種を決定しないと主張した所以である[27]。

もとより「有色の」アジア人を「白人」とみなして帰化権の有資格者とすることには，司法の中にも強い抵抗があった。ナジャール判決後も，1913年と1914年の裁判ではシリア人の，1917年の裁判ではインド人の帰化申請が，「肌の色」を理由に却下されている。彼らは，1790年の帰化法制定時に「自由な白人」という条文が想定した種類の外国人ではないこと，あるいは「2分の1ムラトーより黒い胡桃色の肌を持つ」西アジア人は「一般常識」に照らして「白人」ではないことなどが論拠として挙げられた[28]。その一方で，「人種の科学」に依拠して，西・南アジア人のコーカサス種に白人性を認定する判決はさらに増えていた。1920年までに，4件の訴訟でシリア人が，5件でインド人が，そして1件でアルメニア人が勝訴したのである。その中にはインド人，モズムダ（Akhay Kumar Mozumdar）やサインド（Bhagat Singh Thind）のように「肌の色」が明らかに白くない者も含まれ

---

27) A. H. Keane, *The World's Peoples : A Popular Account of their Bodily & Mental Characters, Beliefs, Traditions, Political and Social Institutions*, Hutchinson & Co, 1908. 1911年上院移民委員会報告では，モンゴロイドの亜種とされることも多いマレー人種をメタカテゴリーのひとつに租定したブルメンバッハの五変異分類が採用されている。*Report of the Immigration Commission*, vol. 1, p. 210.
28) *Ex parte Shahid*, 205 F. 812 (E. D. South Carolina, 1913) ; *Ex parte Dow*, 211 F. 486 (E. D. South Carolina, 1914) ; *In re Sadar Bhagwab Singh*, 246 F. 496 (E. D. Pennsylvania, 1917).

ていた。同じ時期に南・東欧移民の劣等を「証明」していた「人種の科学」は，ここでは皮肉にも有色のインド人やシリア人の白人性の拠り所となっていたのである。少なくともこの時点で司法の定めるカラーラインはヒンドゥー人種を分水嶺として揺れ動いていた[29]。

だが，その後の展開をやや先取りしていうと，1921年頃から事態は急変する。数年のうちに上記モズムダ裁判とサインド裁判の判決は上訴審で覆され，以降，最後の帰化資格訴訟が争われた1944年までの23年間に「アジア人」が法的な白人性を承認されたのは，アルメニア人とアラビア人が勝訴したわずか2件のみである。この変化の背景には，次に見るようにアメリカ国民社会における人種と「カラー」の意味がこの時期大きく転換しつつあったことがある[30]。

3 「大移動」と超愛国主義

1) 人種暴動と新移民

第一次大戦参戦期（1917年4月～1918年11月）と戦争直後の時期の政治経済が，アメリカ社会の人種と「カラー」のあり方に与えた影響は決して小さくない。その中でも最も重要な展開に，「大移動」(Great Migration)と呼ばれた南部黒人の北上現象があった。当時，綿花の害虫ボルウィーヴルの被害で離農の危機に晒されていた南部の黒人小作農は，第一次大戦が創出した北部産業の大規模な雇用を耳に移住の決意をする。総数にしておよそ50万人と見られる移住者の目指す先は主として都市域で，たとえば，シカゴでは，1910年に4万4,000人であった黒人人口が1920年までに11万人に達していた。その結果，ニューヨークのハーレムやシカゴのブラックベルトのような北部都市の黒人集住地区は急激に拡大する傾向を見せていた。このことが，黒人移住者とネイティヴのアメリカ人やヨーロッパ系移民との間に社会的緊張を醸成していたことは想像に難くない。戦中から戦後にかけて，北部諸都市では白人住民が黒人移住者を襲撃する暴動が頻発するようになる。

---

29) *In re Akhay Kumar Mozumdar*, 207 F. 115 (E. D. Washington D. C., 1913); *In re Bhagat Singh Thind*, 268 F. 683 (D. Oregon, 1920).

30) Ian F. Haney López, *White by Law : The Legal Construction of Race*, New York University Press, 1996.

終戦からおよそ半年後の1919年夏,シカゴで勃発した人種暴動は,北部の新しい都市問題としてのカラーラインの登場を強烈に印象付けるものとなった。38名の死者と537名の負傷者を出し,1,000以上の家屋を焼失せしめた暴動は,急速に膨張するサウスサイドの黒人居住区と,それに隣接する古いアイルランド系アメリカ人地区の境界地帯で発生した。暴動の原因を調査したシカゴ人種関係委員会は,最終報告書の中で,参戦期のシカゴに顕在化した「居住区の人種隔離」を事件の背景として重視している。すなわち,サウスサイドの中産階級居住区として知られるハイドパークとケンウッドは,当初,黒人移住者の流入を受け入れ,一時期は家屋の所有者の3分の1を黒人が占めるほどであったが,1918年頃から白人不動産所有者による住環境改善団体が叢生し,地価の低落等を理由に黒人住民の徹底的な排斥を進めていると。同報告は暴動の首謀者がアイルランド系2世,3世世代のストリートギャングであったことも明らかにしている。重要なのは,凄惨な暴力に訴えてまで黒人をネーバーフッドから追い出そうとする彼らのヒステリックな感情が,上記のネイティヴ白人中産階級のそれと通底していたことである。約2週間続いた暴動は,その間シカゴ全域に波及し,最後は州兵の出動によって鎮圧されたが,そのあとには,ほぼ完全な居住区におけるカラー分離が残された。代表的な北部都市であるシカゴには,南部のようなジムクロウ法が実施されることはない。しかし,1920年代以降,黒人と白人が混住することは「事実上」,ありえなくなってしまった[31]。

興味深いのは,120万人を超える南・東欧系シカゴ住民が,この「白人」対「黒人」の紛争に距離を置いて傍観していたことである。サウスサイドのストックヤード地区(東欧移民が集住した食肉加工業地区)にセツルメント・ハウスを運営していたメアリー・マクダウェルの報告によれば,地域のポーランド人とリトアニア人は決して黒人に敵対的ではなかった。実際,数世帯の黒人家族が地区内に住んでいたし,暴動時には黒人の救援を行う者もいたという。同様の事例は,史家トマス・ガグリエルモのイタリア移民研究でも指摘されている。すなわち,シチリア移民が集住したニア・ウェストサイドには,暴動以前には黒人移住者も多く住んでおり,両者の関係は友好的だったと。また暴動に際しても,偶然路上で暴力沙汰に巻き込まれたようなケースを除いては,イタリア人が積極的に暴力に加担

---

31) Chicago Commission on Race Relations, *The Negro in Chicago : A Study of Race Relations and A Race Riot*, University of Chicago Press, 1922.

した例は稀だったことを，警察調書の分析から明らかにしている[32]。

ガグリエルモはこうしたイタリア移民の態度の背景に，彼ら独自の人種観があったことを示唆する。つまり当時，ほとんどのイタリア移民にとって人種とは「肌の色」の違いではなく，集団固有の言語や文化，歴史そして矜持を包み込んだ民族の「血」を含意したという。類似した人種観は，暴動を伝えたシカゴのポーランド語新聞の論説にも見ることができる。暴動勃発の2日後から，各種のポーランド語新聞は「白人の黒人に対する暴力」を非難し，これに加わらないよう読者である移民大衆に呼びかけていた。しかし，注意すべきは，ほとんどのポーランド語新聞が人種暴動を「黒いポグロム」と呼んでいたことである。第一次大戦後，約100年ぶりに独立国として再生を果たすポーランドではナショナリズムの高揚からユダヤ人虐殺（ポグロム）が頻発していたが，合衆国政府は人道の立場から批判を展開し，ポーランドを国際社会で糾弾していた。ポーランド移民はこれに強い不満を持っていた。彼らの暴動批判は，アメリカ「白人」の黒人に対する「ポグロム」を取り上げることで，祖国の反ユダヤ主義を正当化しようとする意図を含んでいたのである。少なくとも暴動が勃発した時点で，ポーランド移民にとって優先されるべきは，「ポーランド人種」対「ユダヤ人種」の闘争であったように見える。こうしたロマン主義的な民族意識とほとんど同義の人種観は，実のところ，第1節で見たハンキー・ステレオタイプの背景にあった文化的資性を内包した「血」の観念と通じるものがある。移民の人種意識もまた100年前の人種の常識を反映するものであった[33]。

しかし，だからといって新移民が，「大移動」とともに北上しつつあった「カラー」の社会規範に無知だったとは考えられない。北部都市部で発行されたスロヴァキア語新聞を分析したゼッカーの研究は，世紀転換期頃からほぼ毎週，紙上に南部のリンチ関連記事が掲載されていたことを明らかにしたが，同様の事例は，イタリア語やポーランド語のメディアにもあてはまる。また，南部の白人至上主義を礼賛したグリフィスの大作映画『国民の創生』が，1915年の公開時に北部の新移民層にも大変な人気を博したことはすでに指摘されている。移民史家，ジェ

---

[32] Mary McDowell, "Prejudice" (conference paper, n. d.), in Caroline M. Hill, *Mary McDowell and Municipal Housekeeping : A Symposium*, Lithographed by Millar Publishing co., pp. 27-38 ; Guglelmo, *White on Arrival*, pp. 35-43.

[33] *Diennik Zwiazkowy* (July 30, 1919) ; *Diennik Chicagoski* (August 2, 1919), Polish Museum of America, Chicago.

ームズ・バレットは「人種主義は学習された価値観」であると述べたが，新移民はあるときは母語のメディアを通して，またあるときはアメリカ大衆文化を消費するうちに，カラーラインを学び取っていった。そして，第一次大戦後の人種暴動は，まさにそうした「教材」の中でも最も効果的なものだったであろう[34]。

2) レッドスケアとニグロフォビア

　第一次大戦への参戦と戦後政治の展開は，南・東欧移民の社会的処遇にも複雑な影響を及ぼしていた。特に，産業動員の一環として実施された戦時労働政策が，労働者の団結権・団体交渉権を承認し，大量生産産業で不熟練工の待遇改善に努めたことは，新移民の国民的包摂にむけて社会・経済的基盤を与えるものであった。シカゴの食肉加工業では，参戦直後からポーランド移民やリトアニア移民の不熟練労働者が労働組合に組織され，1918年春には戦時大統領調停委員会の裁定により，8時間労働制と大幅な賃上げを獲得している。彼ら移民労働者は，もはや「白人未満のハンキー」ではなく，同志の「白人労働者」，すなわち十全な「産業の市民」になろうとしていた。もとより，総力戦の体制は連邦行政権力の拡大に基づく企業規制や階級対立の緩和，さらには移民の「アメリカ化」等を目指したセオドア・ローズヴェルトの国民統合ヴィジョンと本質的に整合するものであった。南・東欧出身の不熟練労働者が戦時労働政策を通して効率的な「産業の市民」に生まれ変わることは，メルティングポットの実現への一歩でもあったのである[35]。

　だが，親労働者的であった戦時政策を背景に，大戦末期からアメリカの労働運動全般が先鋭化したことは，ローズヴェルトを大いに失望させることになった。戦争直後の1919年には3,630件の労働争議が起こり，スト参加者は全非農業労働

---

34) Robert M. Zecker, "'Negrov Lyncovanie' and the Unbearable Whiteness of Slovaks: The Immigrant Press Covers Race," *American Studies*, 43 : 2 (Summer 2002) ; 大森一輝「国民の創生という物語――20世紀初頭のアメリカ合衆国における南北戦争の記憶と和解」都留文科大学比較文化学科編『記憶の比較文化論――戦争・紛争と国民・ジェンダー・エスにシティー』柏書房，2003年 ; James R. Barrett and David Roediger, "'Irish Americanization' of the 'New Immigrants' in City Streets and Churches," forthcoming, *Journal of American Ethnic History*, 24 (Summer 2005).

35) 拙稿「合衆国における産業民主主義論の展開と戦時労働政策――第一次大戦期を中心に」『人文研究』46 : 11 (1994年), 109-133頁 ; 拙稿「合衆国労働党に関する一考察――第一次大戦後の社会改革運動」『史林』81 : 1 (1997年), 75-108頁。

力の7人に1人にあたる416万人に達した。問題は,争議の多くが新移民の従事する大量生産産業で勃発したことだった。それはローズヴェルト等環境派が唱えた「アメリカ化」が失敗した証だと考えられた。こうした展開は,ロシア・ボリシェビキ革命のニュースともあいまって,レッドスケア(赤の恐怖)と呼ばれた反移民・反ラディカリズムのヒステリックな風潮を蔓延させた。またそのことは,人種言説においては優生学の影響力のさらなる拡大に直結した。アナーキズムや共産主義を混沌や暴力といった精神的病理と同一視する傾向が広汎に存在したからである。優生学は,ラディカルと「劣等な生殖質」の保有者を同じ人口帯に見出すことによって,レッドスケアを自己の運動に動員することができた。すなわち,「純粋な」ノルディック血統の維持こそが「赤の脅威」に対する最終防衛線なのだと[36]。加えて,各種の「科学的」調査も優生学の主張を裏付けているように見えた。戦時下に175万人の陸軍兵士を被験者として実施された「知能」テストの結果によると,イタリア人兵士の精神年齢は11.01歳,ポーランド人のそれは,10.74歳であった。1920年代はじめまでにグラント等,優生学勢力の議会への影響力は甚大なものとなっていった。1921年には,より包括的な新移民制限の制度である「出身国別割り当て移民制度」が導入されることになる[37]。

ところで,従来の研究で触れられることは稀だが,うえに見た陸軍知能テストには,今ひとつ重要な内容が含まれていた。それは有色人の劣等への強い関心である。テストは黒人兵士については,その肌の色の濃淡にしたがって3グループに分けて実施され,結果は色の薄いグループから順に高い知能を示していたのである。さらに黒人兵全体の平均精神年齢は南・東欧移民の最低値をさらに下回る10.41歳とされた。こうした「カラー」問題への関心は,戦後,南部黒人の北部移住と軌を一にして,人種言説のメインストリームの中で急激に高まっていく。

1920年には,「20世紀世界政治の基調」は「有色人問題である」と論じたL・ストッダードの『白人世界の至高を脅かす有色人の台頭』がベストセラーとなっている。ストッダードはグラントの弟子筋にあたる知識人で,実際この書物の序文

---

36) Frederick Adams Woods, "The Racial Limitation of Bolshevism: An Analysis of European History Shows That Nordic Countries Have Been Extremely Free from Periods of Anarchy," *Journal of Heredity*, 10: 4 (April 1919), pp. 188-190; Lothrop Stoddard, *The Revolt Against Civilization: The Menace of the Under Man*, Charles Scribner's Sons, 1922.

37) Stephen Jay Gould, *The Mismeasure of Man*, W. W. Norton, 1981, p. 227.

はグラントが執筆している。しかし,「もし(劣等な)白人移民が国民生活に混乱をもたらすとすれば,有色人は国民生活を殺してしまう」と記したストッダードの強迫観念は,4年前にグラントが『偉大なる人種の衰退』の中で「本書の主題はヨーロッパ人種内の3亜種であり,他の人種について扱うのは本意ではない」と告白した「カラー」への無関心とは相当な温度差があった[38]。

こうした全国的な言論界におけるニグロフォビア(有色人脅威論)の登場は,黒人の「大移動」とレッドスケアとの密接な関係のうちに理解されなくてはならない。「大移動」は,単に北部都市に黒人ゲットーを形成せしめ,周辺の白人住民とのいざこざの原因を作っただけではなかった。北部の相対的に安全で自由な環境を背景に,ニュー・ニグロ運動と呼ばれる自意識に目覚めた黒人の活動が急成長を遂げていた。拠点となったニューヨークのハーレムなどでは,伝統的な自助的改善の主張にとどまらず,反植民地主義のアジテーションが響き渡っていた。しかし,こうした黒人ラディカリズムはレッドスケアの格好のターゲットであった。白人の支配に対抗する「全世界4億人のニグロ」の団結を唱え,都市の貧しい黒人大衆から支持を集めていたマーカス・ガーヴィーの運動は,大戦末期から司法省の監視下にあったのである。つまり,思想におけるニグロフォビアは戦後の反共愛国主義および排外的優生学と有機的に支えあっていたのであり,そのことは「暴動」を契機に北部社会にも拡大しつつあった日常世界での人種隔離(特に居住区の隔離)とともに,全国的な規範としてのカラーラインを確固たるものとしていった[39]。

おわりに――カラーラインの全国化とアメリカナイゼーションの完成

すでに見てきたように,20世紀初頭のアメリカには,地域的特殊性を反映する形で複数の人種観が並び立つ状況があった。ヨーロッパ人内部の人種的差異を強調する北部都市の人種主義は,同時代の西海岸の反アジア人感情や南部の「カラー」(肌の色)にもとづく人種分離とは性格を異にするものであった。こうした人

---

38) Lothrop Stoddard, *The Rising Tide of Color against White World Supremacy*, Charles Scribner's Sons, 1920.
39) Matthew Pratt Guterl, *The Color of Race in America, 1900-1940*, Harvard University Press, 2001.

種の多層的なあり方は国家の移民政策にも反映していた。議会と裁判所はそれぞれ移民制限立法と帰化資格審判の過程で，多様な人種の概念を駆使して，20世紀アメリカニズムにおける「市民」の資質を問うていたが，いまだ，「市民」の人種的定義は曖昧で，他者との境界線も定まってはいなかった。

しかし，そうした人種のカオスは，第一次大戦参戦とそれが促した黒人の北部への「大移動」を触媒として，カラーラインの絶対化というひとつの結論へと収束していく。それは，北部政治文化の南部化とも見える現象であった。

この潮流を背景に，1923年，連邦最高裁判所はインド人サインドの帰化資格訴訟において，歴史的な判決を下す。先に触れたとおり，サインドは1920年の連邦地裁で，ヒンドゥー人種はコーカサス人種の亜種に分類されるという理由から「白人性」を勝ち取っていた。ところが，今回の上訴審判決はそれを完全に覆すものとなった。すなわち，帰化法にある「『自由な白人』という語句」は，「非科学的な人々によって，常識的な理解のために一般的な表現で書かれた言葉である」，それゆえ，「その語は一般の人々の理解するところに従って解釈されなくてはならない」と。「人種の科学」に依拠した判例の正統性がすべからく否定された。さらに，「ヒンドゥー人種の身体的特徴が通常白人とされている人々のそれと十分区別できることは，周知のところである」と続く判決は，ある種の一般的な常識，あるいは，社会通念に根ざした「カラー」境界の画定を宣言していたのであり，その原理に従えば，インド人が「白人」であることはありえなかった。この最高裁の判決は，この後約20年にわたって，イラン以東のアジア人の「有色人性」を確定し，これを市民社会の「カラー」境界の外に排除する決定となった[40]。

一方議会では，1924年，反ラディカリズムと優生学の連合勢力が，1890年の人口比に基づいて出身国別に移民数を割り当てるジョンソン・リード法を成立させた。同法は1921年移民制限法をさらに強化するものであったが，西半球を対象外としたため，メキシコなど中米からの代替的労働力の供給を約束された産業界から大きな抵抗はなかった[41]。いずれにせよ，ここに南・東欧移民の制限は徹底され，イタリア移民の割り当て数は，年間わずか3,845人，ポーランド人も5,982人と抑えられた[42]。それは，レッドスケアにはじまる戦後政治反動の頂点を画する展

---

40) United States v. Thind, 261 U. S. 204 (1923); Mae M. Ngai, "The Architecture of Race in American Immigration Law: A Reexamination of the Immigration Act of 1924," *Journal of American History* 86 : 2 (June 1999), pp. 67–92.

開であると同時に、世紀転換期以来の移民制限立法の集大成というべきものであった。見逃してならないことは、同法が「カラー」に基づく差別を内包したことである。「帰化不能人排斥条項」と呼ばれる内容がそれで、司法が帰化資格を否認したアジア系移民の入国を、割り当て数の大小にかかわらず、包括的に禁止した。ここに立法と司法のカラーラインは整合するに至ったのである。

移民政策における「カラー」差別の導入は、南・東欧系移民からも支持を受けていた。シカゴのボヘミア系ユダヤ人指導者、アドルフ・サバス下院議員を中心とするグループは、「割り当て制度」には強い反発を示す一方で、「帰化不能人入国禁止」条項の挿入を求めるロビー活動を展開していた。それは自集団があくまでカラーラインの白人側にいることをアピールしようとした象徴的な行動だった。こうした新移民の白人化の兆候は、1920年代後半には、北部の都市生活の中でも明らかになっていった。同時代の社会学調査の記録によれば、この時期、鉄鋼や食肉加工等の大量生産産業で南・東欧系労働者の多くは半熟練職種への昇進を果たし、先任権等のジョブ・セキュリティを獲得していることがわかる。この状況は、大半の黒人移住者が一貫して、不定期な雇用を前提とする不熟練労働に従事

---

41) *U. S. Statutes at Large*, 43 (1924), pp. 153-169；メキシコ移民は、1917年移民法においては「識字テスト」を免除され、1921年法、1924年法が定めた「出身国別割り当て制度」でも数的制限の対象外とされた。また、米墨戦争後のメキシコの領土割譲にともない住民に米国市民権が付与された経緯から、少なくとも帰化資格の認定においては「自由な白人」とされていた。しかし、多くが南西部の貧しい農業労働者であったメキシコ移民は、社会生活の諸局面で「非白人」として処遇されており、1920年代に南・東欧からの労働力供給を絶たれた北部産業がその雇用を拡大した際も、ほぼ例外なく職能階梯の最下層を占める不熟練職種に限られていた。このようにメキシコ移民は「法的には白人、日常・社会的には非白人という……捻じれた人種的な位置づけ」をされながら、なおかつ、この時点では彼等に対する「人種主義が移民排斥へと結びつかない」状況があったのである。村田勝幸はその背景に南西部の農作物栽培者による強力なロビー活動があったことを指摘しているが、いずれにせよ、1930年頃までには北部大都市圏にも一定のメキシコ系人口があったにもかかわらず、彼等の人種をめぐる議論は総じて南西部ローカルの問題とみなされる傾向があった。メキシコ人をはじめとするラテン・アメリカ移民の人種問題が、国民国家としてのアメリカの根本に関わる課題として認識されていくのは、むしろ同地域からの人口流入が激増する1970年代以降の展開と見てよいだろう。村田勝幸「「人種化されるネイティヴィズム」の史的背景」『思想』962（2004年6月）、109-131頁；大塚秀之「1920年代シカゴにおけるメキシコ人労働者——ポール・S・テイラーの研究を中心に」神戸市外大外国語研究所『研究年報』20（1982年）、53-90頁。

42) Department of Commerce, Bureau of Foreign and Domestic Commerce, *Statistical Abstract of the United States*, vol. 48 (1925), p. 94.

し、恣意的な解雇に晒され続けていたのとは対照的であった。新移民はまた、居住区の隔離においても主体的な役割を果たすようになる。1930年代までに、黒人の近隣からの排除を目的とする住環境改善協会には、南・東欧系住民が含まれるようになっていた。先述の1923年最高裁判決が、インド人の「カラー」と対置して、南・東欧人の「白人性」に言及した言葉を借りれば、「(彼ら)の中にはスラブ人種やアルプス人種、地中海人種の血統が含まれた」かもしれないが、すでに「旧来の北西欧出身者に同族として受け入れられ、その中に十分に混淆していた」のであった[43]。

なるほど、1924年出身国別割り当て移民法は、新移民に劣等者のレッテルを貼り、これを系統的に排除しようとするものであった。しかし、議会がこれを審議している頃には、すでに白黒二元論的な人種認識が蔓延していたのであり、その傾向は同法が成立して、前世紀末以来の「外国人の脅威」がほぼ取り除かれたことで、さらに加速していく。これまで、「ハンキー」や「地中海人種」が運び込む低劣な生殖質にパラノイア的な嫌悪を示してきたM・グラントが、1925年には南部のヴァージニア州で、白人と非白人の結婚を厳格に禁止した「純血法」の立案に深く関与していったことは、そうした動向を象徴的に示していた。そして、新たな全国的課題として「ニグロ問題」が意識されればされるほど、南・東欧人の同化の条件は整っていった。1924年法の成立は、世紀転換期以来の「排除」か「包摂」かという論争の文脈からすれば、セオドア・ローズヴェルト等後者の論客の敗北を意味していたが、皮肉にもその後にメルティングポットの夢は実現されていった。南・東欧移民は「白人」としての道を歩むことで、「カラー」を機軸とした新たな国民統合の一端を担い、ここに彼らの「アメリカ化」は完成していく[44]。

【文献案内】

① John Higham, *Strangers in the Land : Patterns of American Nativism, 1860-1925*, Rutgers University Press, 1955.
② David R. Roediger, *Wages of Whiteness : Race and the Making of The American*

---

43) Alma Herbst, Negro in the Slaughtering and the Meat-packing industry in Chicago, Houghton Mifflin, 1932 ; Bruce Nelson, *Divided We Stand* ; Rick Halpern, *Down on the Killing Floor, Black and White Workers in Chicago's Packinghouses, 1904-1954*, University of Illinois Press, 1997.
44) 本章は平成15年度科学研究費補助金(若手研究B)による研究成果の一部である。

Working Class, Verso, 1991.

③ Gary Gerstle, *American Crucible : Race and Nation in the Twentieth Century*, Princeton University Press, 2001.

　①は「移民問題」の思想的背景を論じた古典的名著。1860年から1925年の時期について，アメリカのネイティヴィズムを，(1)反カトリック，(2)反ラディカリズム，(3)アングロサクソン至上主義の3つの潮流に類型化して分析し，その複雑な構造を解明した。ただし，最近では，中国人やメキシコ人のような非白人移民に関する同時代の排外的言説が等閑視されているという批判もある。

　②は1990年代のホワイトネス研究流行の端緒となった記念碑的作品。労働史研究者のローディガーはこの研究で，19世紀におけるアメリカ労働者階級の形成過程が，深く同時代の人種認識によって規定されていたことを明らかにした。なかでも「賃金奴隷」に転落する恐怖に取り付かれた新来のアイルランド系移民は，従属的地位を象徴する「有色人」との差異化，すなわち「白人化」を通して独立的な労働者としての公的な尊厳を確保しようとしたという。階級と同様，人種もまた特定の歴史的文脈と社会構造の中に構築されてきた関係的概念であったことが明らかにされた。

　③はアメリカの国民統合を，(1)市民ナショナリズムと，(2)人種ナショナリズムという異なる二つの包摂・排除の原理がせめぎあう史的プロセスとして捉えようとする。アメリカが建国以来，市民的普遍を国家理念として掲げながら，常に「市民社会」と他者とを別つ人種的に定義された境界を持ってきたこと，また，その境界のありようが歴史的文脈に応じて変化してきたことを強調。両世界大戦期等の戦時国家動員が，人種の障壁を押し下げ，国民の市民的・人種的統合に果たした役割を重視する議論は注目に値する。

第6章　公民権運動から黒人自立化運動へ
　　　——南部を中心に——

川島正樹

　1954年5月17日，アメリカ合衆国最高裁判所は9名の裁判官の全員一致で，公立学校における人種に基づく隔離教育を違憲と断定した。この「ブラウン対教育委員会」判決は，58年前に下された「プレッシー対ファーガソン」判決が主張した「分離すれど平等」の論理が，結局は南アフリカ共和国の「アパルトヘイト」体制と変わらない，南部における「ジムクロウ」と呼ばれた人種隔離体制を擁護するものであったことを認めた[1]。

　教育の分野において学校施設などの目に見える格差は歴然としていた。「ブラウン」判決が一括で審理した四つの事案の中心であるサウスカロライナ州クラレンドン郡を例にあげれば，1949～50学年度における白人生徒一人当たりの支出額179ドルに対して，黒人生徒一人当たりの支出額は43ドルのみだった。遠距離通学の白人生徒には30台のスクールバスが用意されたが，黒人用のバスは1台もなかった。いくら要求しても無視され続けた果てにクラレンドン郡のアフリカ系アメリカ人の親たちは怒りを爆発させた。隔離体制の範囲内でいくら「平等な待遇」を要求してももはや埒があかないことは明白であった。「全国有色人地位向上協会」(National Association for the Advancement of the Colored People，以下NAACPと略記) の「訴訟弁護基金」に所属する黒人弁護団の物心両面の支援を受けつつ黒人の親たちが公立学校の「人種統合」を求める訴訟を連邦裁判機構に起こす決意を固めたのは，連邦裁判所に「人種統合」教育を求める訴訟を起こすことによってしか，意味ある改善が望めないと考えたからであった[2]。

　前の二つの章で見てきたように「アメリカニズム」は南北戦争という甚大な犠

---

1) 「ジムクロウ」体制に関しては，例えばC・V・ウッドワードの次の概説書を参照せよ。C. V. Woodward, *The Strange Career of Jim Crow*, 3rd ed., Oxford University Press, 1974, 清水博他訳『アメリカ人種差別の歴史』福村出版，1977年。

性を払って得られた人種平等の契機を逃し，北部都市の工業化の中で「肌の色」で区別された「アメリカ市民」の境界線の再定義がなされた。このような人種階層秩序を組み込んだ「アメリカニズム」が再考を迫られる真の機会は，第二次世界大戦とそれに続く第三世界の勃興を伴うソ連との冷戦によってもたらされた。ナチスのレイシズムとの闘いという位置づけで参戦するアメリカは，軍需産業での人種差別の撤廃を余儀なくされた。また戦後の冷戦の中で，ソ連はあらゆる機会を捉えてアメリカ民主主義の内実を暴こうとしていた。さらにアジアのかつての植民地は独立を勝ち取りつつあり，その波はアフリカにも及びつつあった。新たに首都ワシントンに大使館を開設し，ニューヨークにある国連本部に代表団を派遣する国は，ますます有色人国家になりつつあった。「ブラウン」判決を下した連邦最高裁主席判事アール・ウォレンは，48 年の共和党副大統領候補にもなった政治家としての経歴を持っていたが，彼が意識せざるをえなかったのは，このような国際情勢の変化がもたらす「外圧」だった。ウォレンが政治的ライバルであるアイゼンハワーとの政治的取引に基づいて最高裁主席判事に指名されて間もなく，決意して他の 8 名の判事たちを説得し全員一致の「ブラウン」判決を下した背景には，大戦後に比重を増しつつあったアメリカの国際政治上の役割への配慮があったことは明白である。アメリカ南部の「ジムクロウ」を「アメリカニズム」の柱の一つである「地方分権」の名分で放置することはますます困難になっていた。しかし，1 年後の 55 年 5 月 31 日に下された，実行命令に関わる所謂「ブラウン II」判決では，隔離教育の廃止は「慎重な速度」で行うことのみならず，その実行指揮権は，地元南部の有力政治家の推薦で決まることが通例の連邦地裁判事たちに委ねられることになり，ここに形だけ（トークニズム）の「上から」の改革が開始されたのである[3]。

20 世紀半ばまでの反差別活動は NAACP を中心とした法廷闘争が中心であり，

---

2) Richard Kluger, *Simple Justice : The History of Brown v. Board of Education and Black America's Struggle for Equality*, Vintage Books, 1975, pp. 3-8, 18-26, 710.
3) 第二次世界大戦やその後の冷戦などの「外圧」的要因の影響については次を参照せよ。Neil R. McMillen (ed.), *Remaking Dixie : The Impact of World War II on the American South*, University Press of Mississippi, 1997 ; Azza Salama Layton, *International Politics and Civil Rights Policies in the United States, 1941-1960*, Cambridge University Press, 2000 ; Brenda Gayle Plummer (ed.), *Window on Freedom : Race, Civil Rights, and Foreign Affairs, 1945-1988*, University of North Carolina Press, 2003.

それは前述の「ブラウン」判決で輝かしい勝利を収めた。しかし連邦政府による「上から」の改革努力は白人民衆の激しい抵抗で実質化を阻まれる。この流れを変えるのは「下から」の圧力，つまり主に専門家による法廷での裁判闘争から民衆によって街頭で展開される大衆的直接行動への運動の進展であった。一連の地域闘争としての公民権運動の高揚という新たな時代の中で，法的強制をともなった人種差別隔離体制としての「ジムクロウ」は解体されることになる。それはアラバマ州モントゴメリーでの人種隔離バスのボイコット運動(1955～56年)に端を発するとされる。そして学生による「座り込み」闘争(60年春)を経て，アラバマ州バーミングハムでの地域的闘争(63年春)とキング牧師による有名な「ワシントン行進」における「私には夢がある」演説(同8月28日)，さらには議会に強力な連邦法を上程したケネディ大統領の暗殺(同11月22日)で頂点に達した国民的意識高揚の中で，公民権法(1964年)と投票権法(1965年)の二つの連邦法の成立を見るに至る。こうして南北戦争後1世紀を経て「法の下での平等」がようやく達成されるのである。

　以下本章では「アメリカニズム」に画期的な変化を迫った一連の地域闘争としての南部の公民権運動について，従来の概説とは異なり，そこに参加した個々の人びとの視点に寄り添いつつ跡づけてゆきたい。最初に，キング牧師の関わった地域闘争に焦点を当て，法廷闘争が街頭での大衆的直接行動に主役の座を奪われる過程を吟味する。そして本章の後半で注目するのは，州レベルで運動が高揚したミシシッピ運動である。黒人人口が多く農村地帯が広がる同州では，大衆的直接行動よりも地道な有権者登録活動が有効だった。ここでは公民権運動はコミュニティの組織化努力そのものであった。やがて「人種統合」を目指して公民権運動に結集した黒人活動家集団の中で，しばしば「逆人種主義」と批判されることにもなる人種意識的な「ブラック・パワー」スローガンの隆盛を見ることになるが，その後に，かつての活動家たちがたどり着いたのは「黒人自立化」運動であった。しかし，このような公民権運動の展開にもかかわらず，人種は脱構築されたとは言い難い。むしろ大都市中心部の集中的な貧困にさいなまれる「アンダークラス」の「福祉依存」に対する糾弾キャンペーンや，IQテストの結果から人種間の格差を立証しようとした『ベル曲線』のベストセラー現象が示すように，姿やレトリックを変え再定義されて今日に至っている。本章では現在までの公民権運動の軌跡を跡づけつつ，「アメリカニズム」に内在し続ける人種を脱構築するこ

第6章　公民権運動から黒人自立化運動へ　167

との困難と可能性を展望したい[4]。

1　モントゴメリーとリトルロック

　南部の綿花栽培における機械化や除草剤の導入，さらには化学繊維および外国産綿花との競合に伴って，1940年代以降わずか30年間で500万もの黒人が南部を離れ，北部や西部の大都市に移住したと推定される。アイゼンハワー政権は，南部と違って北部や西部で有権者となった黒人の票を無視することはできなかった。共和党のアイゼンハワー政権が「公民権」の中心課題として慎重に選んだのは南部黒人の選挙権の拡大だった。というのも「ブラウン」判決が扱った教育分野の「人種統合」は共和党が地盤とする北部にも波及しかねない危険な論点だったからである。アイゼンハワー政権の意図は1957年の公民権法に結実した。南北戦争後の再建時代の末期に当たる1875年以来の公民権立法となった同法で，連邦政府当局に投票権の侵害に対して州権を越えた捜査権と提訴権が確立され，司法省に公民権部が設立された。後述するミシシッピでの州レベルでの運動の高揚は1957年法なくしてはありえなかったが，「ブラウン」判決が提起した，南北ともに関わりのある教育分野での「人種統合」の実現という課題から国民的注目をそらすという隠された意図も疑われる[5]。

　黒人コミュニティにとっても教育の「統合」は微妙な問題を含んでいた。隔離されていたとはいえ，黒人学校の教員は黒人の代表的なミドルクラス職だった。地域社会に根ざした黒人学校では，隔離されているがゆえに人種的プライドの醸成も見られた。他方，黒人労働力への依存度の低下とともに南部の農村地帯からの人口の流出が起こり，都市部の黒人人口が増加していた。農村部で第二次世界大戦中に平等化の洗礼を受けた黒人民衆にとって，転住した先の，あるいは日曜日に買い物で訪れる大都市で体験する代表的な差別は，同一料金を支払っているにもかかわらず，公共交通機関，とりわけバスを利用する際に受ける差別的待遇

4）　とりわけIQと人種に関しては，例えば次を参照せよ。Ashley Montagu (ed.), *Race and IQ*, expanded ed., Oxford University Press, 1999.
5）　Nicholas Lemann, *The Promised Land : The Great Black Migration and How It Changed America*, Vintage Books, 1992, p. 6, 松尾弌之訳『約束の土地——現代アメリカの希望と挫折』桐原書店，1993年，13頁；Robert Frederick Burk, *The Eisenhower Administration and Black Civil Rights*, University of Tennessee Press, 1985, pp. 6-10.

だった。黒人民衆にとって、それは公立学校制度をめぐる不公正よりも、分かりやすい差別だった。「ブラウン」以降、深南部(ディープ・サウス)に位置するアラバマ州の首都モントゴメリーでは高校生を中心に、州法や市条例で警察官と同様の権限を付与された運転士の命令を無視する動きが散発していた。1955年12月1日、市内のデパートに勤める当時42歳のローザ・パークスが逮捕されたことをきっかけに、黒人大学であったアラバマ州立大学の女性教員ジョー・アン・ロビンソンを中心として1946年に設立されていた有権者組織「女性政治会議」の活動家たちによって、パークスの裁判が開廷される12月5日に「1日だけのバス・ボイコット」が呼びかけられた。当日の晩、2,000名が参集した大衆集会でボイコットの継続が決定され、黒人教会牧師マーティン・ルーサー・キング・ジュニアを代表に「モントゴメリー改善協会」が正式に発足した。この後、ボイコットは最終的な勝利の日(1956年12月20日)まで1年以上続くことになるのだった[6]。

　モントゴメリーのバス・ボイコットは、人種差別撤廃運動がそれまでのNAACP的な弁護士を中心とした法廷闘争から、黒人コミュニティを基盤とした街頭での大衆的な直接行動が各地で高揚してゆく、所謂「公民権運動」の時代の起点と見なされている。しかしながら、このような見方にはいくつかの留保が伴う。第一に、階級を越えた黒人コミュニティの連帯は所与のものとして存在したわけではない。自家用車を所有する「女性政治会議」の活動家たちは、大半のバス乗客を構成する、市内の白人家庭で家政婦(メイド)として働く女性たちを説得しながら、彼女らがほとんど読み書きができない事実を目の当たりにし、公民権運動の最終目標の遠さを自覚させられた。そして「モントゴメリー改善協会」の指導層を構成したのは中産階級だったが、指導者たちが民衆の信頼を勝ち得たのは指導者への大量逮捕攻撃の後だった。このような民衆への忠誠を示す「踏絵」を踏みながら、中産階級の指導部は民衆の支持を不動のものとしていったのである。第二に、結局バスの人種隔離座席を廃止させたのはボイコットというよりも、連邦最高裁判所の判決実行命令だった。第三に、長期的に持続する地域闘争は地元民衆の多大なエネルギーを消耗させるのみならず、地域社会に人種をめぐる激烈な分極化

6）　モントゴメリー・バス・ボイコットに関しては次の二つの拙稿を参照されたい。「公民権運動を始動させた女性たち——モントゴメリー・バス・ボイコットに関するジョー・アン・ロビンソンの手記」『生活の科学』(椙山女学園大学生活科学部) 14(1992年4月)、69-81頁；「モントゴメリーは公民権運動の出発点たりうるか？——モントゴメリー・バス・ボイコットの生成・発展過程の再検討」『アメリカ史研究』15 (1992年8月) 29-43頁。

をもたらさずにはおかなかったという事実である。運動の「勝利」後間もなく，パークスは兄弟が住むデトロイトへの転住を余儀なくされ，「モントゴメリー改善協会」の秘書を務めた中産階級女性は再就職に困難をきたした。1960年春に，後述する「座り込み」がアラバマ州立大学に波及すると，ロビンソンらは突然解雇された。この頃までにキング牧師は，1957年に創設された「南部キリスト教指導者会議」(Southern Christian Leadership Conference, 以下SCLCと略記)の活動に専念すべく，アトランタに所在する父親の教会に転任していた。

　だが「下から」の差別撤廃の動きの波及を阻み，連邦政府による「上から」の形式的な「人種統合」努力すら挫折させるのは，南部の白人民衆によるもうひとつの「下から」の強烈な圧力だった。中でもアーカンソー州リトルロックで起こる「セントラル高校事件」で，「ブラウン」判決が生み出した隔離廃止を目指す「上から」と「下から」の動きは決定的な停滞を強いられるのである[7]。

　1957年9月，セントラル高校校区の白人の親たちは，2,000人以上在籍していた白人生徒に対してわずか9名の黒人生徒の入学に，アイゼンハワー大統領に連邦軍部隊の出動を決意させたほどの暴力的な抵抗を示した。教育長ヴァージル・ブロッサムの当初案では，年度ごとに高校から中学校，そして最後は小学校へと「隔離廃止」を実行してゆくことになっていた。間もなく「ブラウンⅡ」判決(55年5月31日)が下されると，ブロッサムは新たに2高校を新設し，「転校制度」を取り入れることで，実質的に「人種統合」を最小限に抑えることを企図した。より具体的には，まずセントラル高校に近接する伝統ある黒人専用のダンバー高校を中学校に格下げし，黒人人口が増えつつある東部地区に新たに実質的に黒人専用のホレイスマン高校を，また市中心部から白人中産階級の転住が進む西部の新興住宅地にホール高校を新設し，新設2校を「隔離廃止」計画の対象外とする一方で，セントラル高校に配分された生徒の両校への一方通行的「転校」を認めたのである。延期を重ねたものの1957年9月の新学期から実行するべく，黒人生徒の入念な「選抜」が行われ，当初100名以上だったと推定されるセントラル高校への黒人の入学応募者は10名に絞られた。そして初登校日の混乱から，そのうちの1名がホレイスマン高校に急遽「転校」を申し出た。

---

7) セントラル高校の事件に関しては次の拙稿を参照されたい。「『リトルロック学校危機』事件再訪——1950年代末の『上からの』隔離廃止努力と南部地域社会」『アカデミア（人文・社会編）』77 (2003年6月), 151-209頁。

セントラル高校校区の白人の親たちは割り切れない思いを抱いていた。中産階級の子供たちが通う新設のホール高校が対象外となる一方で、労働者階級の自分たちだけが「奴隷制のつけ」を払わされることは納得できなかった。労働者階級出身で「普通の人びとの味方」を自認する州知事オーヴァル・フォーバスは白人民衆の心を捉えようとした結果、連邦裁判所による「隔離廃止」命令が実行された翌58年夏、州知事が特別に招集した州議会で、「隔離廃止」を実行する学区の公立学校の閉校を「住民投票」によって決定することを可能とする州法が制定された。そして9月27日に実施されたリトルロック市の住民投票の結果、1万9,470対7,561票の大差で実業高校を含めた四つの高校全ての閉鎖が決定された。
　それでは白人の親たちは、なぜこの9名の黒人生徒の入学という名目的にすぎない「統合」を恐れたのか。まず人種偏見が挙げられる。それは南北戦争後の再建期以来蓄積されてきた教育の成果でもあった。「学校閉鎖」が争点となった時、人種隔離体制維持派団体である「州都市民評議会」が煽り立てたのは人種偏見だった。黒人の少女に妊娠が多いことや、黒人に性病が蔓延していることを統計的に「実証」しながら、「人種統合された学校を受容できると考えるアーカンソー州民に、我われはこのような事実について学習することを訴える」と同組織のビラには書かれている。第二の理由は、市内東部から西向きに進む黒人の転住傾向だった。中産階級の黒人住民は新たに農村部から流入する下層の黒人たちに押し出されるように東部地区から西向きに転住しつつあった。50年代末、住宅をめぐる人種の境界線はセントラル高校校区に迫っていた。そして多額のローンを抱えたままである大半の白人住民の不安感は高まっていた。なぜなら黒人たちが転住してくると不動産価格は下落することが常だったからである。「市場価格」には偏見が埋め込まれ、それは個人の良心を越えて制度化圧力を伴っていた。しかしそれは差別の結果としての人種間の経済的格差の反映でもあった。黒人は中産階級でも賃金が低かっただけでなく、勇敢な9人の黒人生徒の親たちがそうだったように、人種的慣習を逸脱する者に対しては容赦ない物理的・経済的報復が加えられたのである。
　他方、黒人の親たちの思いも同様に複雑だった。1955年末に実質的に廃校に追い込まれたダンバー高校はセントラル高校からわずか数ブロックの位置に、荘厳なセントラル高校の校舎を模して4分の1のスケールでセントラル高校創設の2年後の29年に、少ない市教委からの予算を全国的寄付で補って建てられた、全米

表6-1 リトルロック市学区の「人種統合」(1957〜1967年)

学年度	黒人生徒数	白人と同じ学校に通う黒人生徒数
1957-58	5,366	8
1960-61	5,903	11
1962-63	6,457	8
1964-65	7,499	213
1966-67	(データなし)	1,511

出典) A Statistical Summary, State-by-State, of Segregation-Desegregation Activity Affecting Southern Schools from 1954 to Present, Together With Pertinent Data on Enrollment, Teacher Pay, etc., in William T. Shelton Desegregation Materials, Butler Center for Arkansas Studies, Central Arkansas Library System, Little Rock, Ark., Series 1, Box 1, File 5.

屈指の名門黒人高校として高い評価を得てきた。ダンバー高校は市教委の「人種統合」案の一環として55年末までに中学校に格下げされ、付属のダンバー短期大学ともども事実上廃校となった。代わりに黒人が集住する市内の東端に黒人専用のホレイスマン高校が新設された。連邦地裁が監督し続けるその後の「統合」をめぐる実行命令の中で、ダンバー中学校は異文化理解教育を特色とするマグネット中等学校になり、現在に至っている。同校の「同窓会室」は現在でも55年までの優れた教育パフォーマンスと優秀な卒業生の業績を物語り続ける博物館的役割を担っている。ダンバー高校の歴史は、強いられた隔離体制の下での黒人による黒人教育の再評価と「ブラウン」判決の歴史的役割の再検討という問題を突きつけずにはおかないのである。

学校閉鎖は白人住民の中にもうひとつの「下から」の動きを刺激した。隔離廃止学校閉鎖法成立直後、50人ほどの女性が集まって「学校再開のための女性緊急委員会」が結成された。間もなく同緊急委員会のメンバー数は1,400名ほどにふくらみ、その活動のおかげで教育委員会のメンバーは入れ替えられ、学校閉鎖とともに解雇されたリベラルな教員たちの復職も勝ち取られ、連邦裁判所の命令で学校は再開され、セントラル高校のみならずホール高校の「隔離廃止」もなされた。翌59年9月、大した混乱も起こらずに新学期が始まった。

しかし、表6-1を見れば明らかなように、リトルロックの公立学校の人種構成に劇的な変化をもたらすのは、NAACPや女性緊急委員会による人種による隔離の廃止を目指す「下から」の市民の動きではなかった。1964〜65学年度以降に見られる急激な「統合」の進行をもたらしたのは、後述する1964年に成立した公民権

法 (Civil Rights Act of 1964) だったのである。予算配分上の懲罰権を伴う強力な連邦法を背景とした断固たる連邦政府の姿勢こそが、このような明確な変化をもたらしたのである。

しかしまた、次節に見るように、この連邦法を成立に導くのは「下から」のより広範な運動の拡大だった。

2 南部公民権運動の高揚

NAACP的な法廷闘争から街頭での大衆的な直接行動への転換を特徴とする、真の意味での公民権運動が一連の地域闘争として高揚する時代は、1960年2月1日、ノースカロライナ州グリーンズボロで4人の黒人学生たちによる人種で隔離されたランチカウンターへの「座り込み」によって幕が開けられた。翌日以降「座り込み」参加者には市内の白人女子大生も加わって300名に膨れ上がり、2月5日の集会には1,600名が参加した。その後も波状的に「座り込み」と経済的ボイコットが展開され、多くの逮捕者を出しながらも同市では7月までにランチカウンターの隔離廃止が勝ち取られた。学生たちを中心とした「座り込み」闘争は南部各地に瞬く間に波及し、同年末までに7万人がこのランチカウンターでの直接行動に参加し、逮捕者は3,500名に達した。深南部諸州では大した成果をあげられなかったが、学生を主体とした直接行動は名門黒人大学を擁するテネシー州ナッシュヴィルをはじめ高南部地域でかなりの成果をあげた。公民権運動がモントゴメリー後に強いられた停滞状況を打ち破ったのは、南部中に急速に拡大した学生たちによる決起だった。このような動きからキング牧師たちのSCLCとは別個の学生の独自組織、「学生非暴力調整委員会」(Student Nonviolent Coordinating Committee、SNCC、以下「非暴力調整委員会」と略記)が誕生し、南部における先鋭的な地域闘争を担ってゆく[8]。

他方、キング牧師とSCLCは大して活動できずにいたが、1961年秋から冬にかけてジョージア州南西部の農村地帯に位置するオールバニーで最初の大衆的な街頭行動を展開する機会を得た。1960年のオールバニーの人口は、黒人が2万3,000

---

[8] SNCCに関しては、例えば次を参照せよ。Clayborne Carson, *In Struggle : SNCC and the Black Awakening in the 1960s*, Harvard University Press, 1981 ; Howard Zinn, *New Abolitionists*, Beacon Press, 1964, 武藤一羊訳『反権力の世代』合同出版、1967年。

人, 白人が3万3,000人ほどで, 完全に人種で隔離されていたが, 人種間関係は「良好」とされていた。1957年に成立した20世紀最初の公民権法が対象とした投票権の侵害に関する連邦政府の最初の介入が行われたのは, 隣接するテリル郡だった。1961年夏から秋にかけて2名の「非暴力調整委員会」の現地書記(フィールド・セクレタリー), 当時22歳だったチャールズ・シェロッドと18歳だったコーデル・リーゴンがこのテリル郡で有権者登録活動を展開するが, それは連邦政府のさらなる介入を期待してのことだった。ちなみに, 1960年の同郡の黒人人口8,209人中, 選挙権登録者は51名のみだったのに対して, 白人は4,533人中2,894人が有権者として登録されていた。だが, シェロッドらは周辺郡部での活動に行き詰まりを感じ, 1961年10月, 有効な基盤を築くべくジョージア南西部の主要都市オールバニーを訪れた。間もなくこれに呼応して地元のNAACPメンバーである指導的中産階級によって「オールバニー運動」が創設され, 市内公共施設の隔離廃止のための「二人種協議会」の設置を中心的要求に掲げて, 12月以降連日のデモ行進が展開された。街頭で展開された大衆的抗議行動は多くの逮捕者を出したが, 間もなく招聘されたキング牧師の参加と逮捕・勾留によってさらに盛り上がりを見せた。翌62年夏まで続く地域闘争における逮捕者の累計は1,100名以上を数え, 行進への参加者は4,000名を越えたものと推定される。それにもかかわらず, オールバニー闘争はついに地元市当局の譲歩を勝ち取ることができず, 8月初頭までにキング牧師は撤退を余儀なくされた。その最大の理由は連邦政府の効果的な介入が引き出せなかった点にあるとされた。SCLCの撤退後も残留したシェロッドらの地道な闘いは続いた。それはやがて1976年に市行政委員選挙での当選に結実し, シェロッドは引退するまで同職を20年間にわたって務め, 「オールバニー運動」が掲げた目標の多くが達成されることになる[9]。

　他方キング牧師とSCLCは, 1963年4月から5月にかけてアラバマ州バーミングハムで展開された激烈な地域闘争に, オールバニーの教訓を生かす機会を得る。同市では1956年以来, SLCLの執行委員でもあったフレッド・シャトルズワース牧師が「アラバマ州キリスト教人権運動」を率いて, 忍耐強く交通機関や公共施設での隔離廃止の直接行動を展開していた。1960年における同市の黒人人口は全

---

9)　オールバニー闘争に関しては次の拙稿を参照されたい。「オールバニー運動再訪——一連の地域闘争としての米国市民権(シヴィル・ライツ)運動史研究試論」『アカデミア(人文・社会編)』75(2002年6月), 93-146頁。

人口 34 万 887 人の 39.6％に当たる 13 万 5,113 人を数え，200 名を越える黒人牧師たちに運動の中心的役割を担うことが期待された。しかしながら，直接行動に率先して参加した黒人牧師は 20 名ほどにすぎなかった。闘争が盛り上がり，ついに連邦政府の介入を呼ぶほどの危機的状況を創出しえたのは，闘争末期の 5 月 2 日にようやく実現したジェイムズ・ビヴェルのアイデアに基づく学童・生徒のデモ行進によってであった。連邦政府が介入するのは，連日の果敢な行動で，わずか数日のうちに 1,000 名を越える学童・生徒が逮捕され，1,000 名以上の「見物人」の興奮が高まって暴動化の危機が高まった後だった[10]。

　オールバニーからバーミングハムへの過程で非暴力直接行動に基づくキングらの運動は戦略的進化を遂げた。それは白人の良心に改悛を訴える理想主義に満ちた「非暴力的説得」から，より現実的に直接行動による圧力の効果に期待する「強制的非暴力」への変化である。逆説的ながら，暴動寸前の危機的状況の高まりがあってはじめて効果的な連邦政府の介入が引き出せたのである。そしてバーミングハム闘争後間もない 1963 年 8 月末のワシントン行進でのキングによる「私には夢がある」演説，9 月 15 日の 4 名の黒人少女が犠牲となったバーミングハムの第 16 番通りバプティスト教会爆破事件，さらには 11 月 22 日のジョン・F・ケネディ大統領の暗殺が刺激した国民的意識高揚の中で，64 年の公民権法が成立した。「強制的非暴力」は，翌 65 年の春先にアラバマ州セルマで展開された地域闘争でさらに進化を遂げ，今日まで影響を及ぼし続けるもう一つの連邦法である 1965 年の投票権法 (the Voting Rights Act of 1965) の成立をもたらした。こうして南北戦争後 100 年を経て，アメリカ合衆国は「法の下での平等」という国民国家としての最低条件の整備を成し遂げ，人種は法的強制力を失ったのである[11]。

3　ミシシッピの「自由の夏」

　州レベルでの運動の高揚を見たミシシッピでは，キング牧師のカリスマ的指導

---

10) バーミングハム闘争に関しては次の拙稿を参照されたい。「バーミングハム闘争再訪——複数の合意文書からその歴史的意義を考察する試み」『アカデミア（人文・社会編）』79 (2004 年 6 月), 195-320 頁。
11) David J. Garrow, *Protest at Selma : Martin Luther King, Jr., and the Voting Rights Act of 1965*, Yale University Press, 1978, pp. 221-222, 229 ; Woodward, *Strange Career of Jim Crow*, ch. 5.

力を主要武器として民衆を街頭での一過性の直接行動にただ単に参加させるために動員する（mobilize）SCLCの手法とは異なって、永続的な地域活動の展開を目指した、「非暴力調整委員会」による地元コミュニティの黒人民衆の組織化（organize）を通じた、黒人民衆自らが差別的情況に立ち向かえる力を結集しようとするもう一つの公民権運動が高揚した。同時にミシシッピ運動の発展過程において実行された、1964年の「非暴力調整委員会」による北部からの白人学生ボランティアの大量導入によるミシシッピの「自由の夏」は、公民権運動内部に人種をめぐる本質的問題を提起することになった。本章の後半では主にミシシッピ運動に焦点を当て、公民権運動による「アメリカニズム」における人種の脱構築へのもう一つの挑戦の軌跡を見てゆく。

　ミシシッピにおける人種は明確に階級的な格差を意味していた。1960年における白人の世帯年収の中央値が4,209ドルであったのに対して、黒人の同数値は1,444ドルにすぎなかった。そして、連邦政府が援助する児童扶養世帯扶助受給家庭の81.2％が黒人世帯だった。白人の平均学歴が11年であるのに対して、黒人の場合には6年だった。白人はホワイトカラー職の91.4％を占めていたが、家政婦に代表されるサービス労働者の73.2％を黒人が占めていた[12]。

　ハーヴァード大学大学院で修士号を取得した後に、生まれ育ったニューヨークのハーレムに戻って高校の数学教師をしていたボブ・モーゼズは、1960年初夏、高揚する「座り込み」闘争に合流する道を模索していた。アトランタのSCLC本部で「非暴力調整委員会」の専従事務員として活動していたジェーン・ステムブリッジの勧めを受けて、7～8月にミシシッピ州デルタ地方に出かけた。彼は、ボリヴァー郡クリーヴランドで長年にわたって差別と戦い続けてきたNAACP州支部副議長アムジー・ムーアと会い、地元黒人リーダーたちが進めていた、有権者登録活動を媒介とした反差別と権力への参画を求める草の根闘争への民衆の結集を目指す活動について知った。もう1年ニューヨークの高校での契約が残っていたモーゼズは、翌春に再訪することを約束して辞去した。モーゼズが悟ったのは、ミシシッピにおける有権者登録活動が秘める可能性だった。そもそも大都市

---

12) Frank Parker, *Black Voters Count : Political Empowerment in Mississippi after 1965*, University of North Carolina, 1990, pp. 19-21. なおミシシッピ運動に関わった「名もなき人びと」の簡便な紹介として次を参照せよ。Susie Erenrich (ed.), *Freedom is a Constant Struggle : An Anthology of the Mississippi Civil Rights Movement*, Black Belt Press, 1999.

圏が貧弱で農村部が広がるこの地方で，商店や公共施設での「座り込み」はそれほど有効ではなかった。また，とりわけ黒人が多数派を形成する郡部において，有権者登録活動は権力機構への直接的参入の試みに他ならず，それゆえにこそ，白人の抵抗は強烈だった。長年にわたってムーアら地元黒人指導部は法的手段を駆使しても埒があかず，有権者登録活動を媒介とした地元黒人民衆の組織活動に対する，外部からの支援を熱望していた。翌61年春，「自由乗車」運動がミシシッピにやって来るのと相前後して，モーゼズら「非暴力調整委員会」活動家は州南部のマカームを拠点に選んだ。こうして「非暴力調整委員会」の有権者登録活動は開始された[13]。

1961年春には「人種平等会議」(Congress of Racial Equality, CORE)と「非暴力調整委員会」が共闘した，長距離バスと待合室など関連施設の人種隔離を無視する「自由乗車運動の騎士」(フリーダム・ライダーズ)がミシシッピ州を訪れていた。さらに夏までに数百名のボランティアが州都ジャクソンの長距離バス待合室などで直接行動を展開した。マカームには州内の若き黒人活動家志願者が集まり，地元高校生による波状的な直接行動が展開された。しかしながら，マカームでの有権者登録活動は最終的には目に見える成果を上げられないままに，モーゼズたち「非暴力調整委員会」の活動家たちは撤退を余儀なくされ，その後拠点をデルタ地域の中心地，レフロア郡グリーンウッドに移した。

州内で黒人の反差別の諸団体は互いに競合する関係にあった。依然として直接行動に慎重な態度を求める全国本部の意向を受けていたNAACPミシシッピ州支部専従書記メドガー・エヴァーズは，新参の「非暴力調整委員会」や「人種平等会議」との板ばさみに苦しんだ。こうした中で「非暴力調整委員会」・「人種平等会議」・NAACPを統合する「諸組織連絡協議会」(Council of Federated Organizations, COFO, 以下「連絡協議会」と略記)が生まれた。NAACPのミシシッピ州内支部会議議長アーロン・ヘンリーが代表に就任したが，実質的な指導者となったのはモーゼズだった。「連絡協議会」の設立によって，若い活動家たちは，NAACPメンバーをはじめとする地元の活動家たちが年長積み上げてきたネ

---

13) Eric R. Burner, *And Gently He Shall Lead Them : Robert Parris Miss and Civil Rights in Mississippi*, New York University Press, 1994, pp. 27-28 ; John Dittmer, *Local People : The Struggle for Civil Rights in Mississippi*, University of Illinois Press, 1994, p. 102 ; Interviews of Robert Parris Moses by Masaki Kawashima, in Jackson, on 15 August 2000, and 23 August 2001.

ットワークを活用することも可能となった。

　激しい衝突を呼ぶ直接行動からより「安全」な有権者登録活動へのシフトを促すという連邦政府側の思惑は明らかだったが、「非暴力調整委員会」は討論の末に他の諸組織と同様にケネディ政権の後押しで設立されたプログラムである「有権者教育活動」の資金援助を受諾する決定を下した。「非暴力調整委員会」の活動拠点であるグリーンウッドには地元出身の黒人の若者たちが専従活動家として志願した。レフロア郡5万の人口の3分の2が黒人だった。グリーンウッドには人種隔離の維持を叫ぶ「白人市民評議会」の州本部が置かれ、差別団体「ジョン・バーチ協会」の支部もあった。困難な組織化努力の結果、6月末までにようやく15名から20名の地元黒人民衆が活動家集団に加わった。

　現地で採用された活動家のうちで特筆されるべきは、ファニー・ルー・ヘイマーだった。1962年にサンフラワー郡ルールヴィルで「非暴力調整委員会」の活動家の一団に加わった彼女は、常に周囲から「ミセス・ヘイマー」と呼ばれて敬意を表された。運動に関与した他の多くの人びとと同じく、彼女が運動によって見出されたというよりも、むしろ彼女がそれを求めていたと言うことができる。62年8月31日、ミセス・ヘイマーは最初の有権者登録を試みた後にプランテーションに戻ると、「ボス」が自分を探していることを知る。「ボス」は有権者登録申請を取り下げるか、プランテーションを離れるかのどちらかの選択を迫った。彼女は小作人だった夫とともに同夜にプランテーションを去り、友人や親戚の家を転々とした後、同年末までに「非暴力調整委員会」の現地書記に採用されるに至った[14]。

　この間、1962年末から63年春にかけて州都ジャクソンでは黒人学生を中心に商店のボイコットやランチカウンターでの「座り込み」が展開され、緊張が高まっていた。その最中の63年6月11日、ケネディ大統領が包括的な公民権法を議会に上程する決意を全国ネットのテレビ放送で表明した日の夜遅く、メドガー・エヴァーズが自宅前で高性能ライフルの銃弾に倒れた。容疑者としてグリーンウッドの名家出身の肥料販売人バイロン・デ・ラ・ベックウィスが逮捕されたが、結

14）　Burner, *And Gently He Shall Lead Them*, chs. 3, 4 ; Dittmer, *Local People*, chs. 6, 7. なおミセス・ヘイマーに関しては、例えば次に挙げる伝記を参照せよ。Kay Mills, *This Little Light of Mine : The Life of Fannie Lou Hamer*, Penguin Books, 1993 ; Chana Kai Lee, *For Freedom's Sake : The Life of Fannie Lou Hamer*, University of Illinois Press, 1999.

局「評決不能」に終った裁判の後で釈放され，グリーンウッドにパレードしながら帰還した。二度目の裁判でも陪審員は評決不能の判定を下した。ベックウィスが再審裁判で終身刑の判決を受けるのは 1994 年である[15]。

　諦めが広がるなか，閉塞状況を打開するのが「連絡協議会(コーフォ)」による「自由のための投票」だった。黒人を排除した，州知事選挙の民主党予備選挙に対抗して「連絡協議会(コーフォ)」は独自の州知事候補として議長のアーロン・ヘンリーを立て，副知事にはトゥガルー大学の白人チャプレンだったエド・キングが立候補した。11 月の選挙では全州の合計で予想を大幅に上回る投票総数 8 万 3,000 票が，正規の投票と並行して独自に実施された模擬選挙の投票箱に投じられた。そしてこの「自由のための投票」運動の一翼を支えたのが，イェール大学とスタンフォード大学から訪れた白人学生ボランティアだった。1〜2 週間の短期間とはいえ南部以外からの数百人規模の白人学生ボランティアの動員は全国メディアの注目を集めた。こうして翌年夏に 1,000 名規模の，より本格的な北部白人学生ボランティアを導入する「自由の夏」計画が提案され，「連絡協議会(コーフォ)」で真剣な討論が重ねられた[16]。

　地元出身の黒人専従活動家の多くは北部から大量に白人ボランティアが参加することに懸念を表明した。「自由のための投票」の翌週に当たる 63 年 11 月半ば，州西部グリーンヴィルで開かれた「連絡協議会(コーフォ)」の会議でこの案がはじめて明らかにされた時，激しい論争が巻き起こった。賛成派は，より多くのメディアのカバーによって公民権活動家に対する安全が確保できる，と主張した。これに対して地元出身黒人を含む大半の「連絡協議会(コーフォ)」活動家は反対した。既にこの提案がなされる前から，次第に増大しつつあった運動内の白人の役割に関して，ベテランの専従活動家の間で不信感が募っていた。現地で可能な限り新たな組織者を見出し育成するという運動原則に反する，というのが主な理由だった。

　ミセス・ヘイマーは「もし我われが隔離に反対するなら，我われ自身を隔離す

---

15) John R. Salter, Jr., *Jackson, Mississippi : An American Chronicle of Struggle and Schism*, Robert Krieger, 1987 ; Myrlie B. Evers, *For Us, the Living*, Doubleday, 1967 ; Charles Payne, *I've Got the Light of Freedom : Organizing Tradition and the Mississippi Freedom Struggle*, University of California Press, 1996, 288-289 ; Myrlie Evers, "Medgar Wiley Evers," in *Freedom is a Constant Struggle*, p. 50.

16) Dittmer, *Local People*, pp. 200-202 ; Payne, *I've Got the Light of Freedom*, pp. 293-295.

ることはできない」という原則論から、反対派を批判した。最終的にはボブ・モーゼズの決断によって、「連絡協議会(コーフォー)」は白人ボランティアの大量導入案を了承した。モーゼズに決断させた直接の理由は、彼がマカーム時代にともに闘った地元酪農家ハーバート・リーが州下院議員E・H・ハーストに射殺されたと証言したルイス・アレンが事件の2年後に殺されたことだった。年老いた母親の面倒を見るために州外に逃げることができなかったアレンは、司法省に身の安全確保を求めていた。モーゼズは既に何人もの同志の死を身近に見ていた。だが有権者登録をするために黒人がいくら殺されても、メディアの注目は得られなかった。白人ボランティアの大量導入が地元白人社会に多大な反応を引き起こすことは必定だった。ボランティアの身に関わる事件が起これば必ず全国メディアは注目し、ジョンソン政権も介入を余儀なくされるだろう。このモーゼズの読みは最も悲惨な形で的中した[17]。

　1964年6月21日深夜、まさに「自由の夏」計画開始の前夜、3名の「連絡協議会(コーフォー)」活動家、すなわち「人種平等会議(コア)」の地元出身黒人活動家ジェイムズ・チェイニーと「人種平等会議(コア)」のベテラン白人活動家ミッキー・シュワーナー、そして白人新参者アンドリュー・グッドマンが「失踪」した。ジョンソン大統領は海軍部隊を動員して遺体の捜索に当たらせた。2名の白人ミドルクラスの失踪でようやく連邦政府は介入を開始したのである。ジョンソン大統領は前CIA長官アレン・ダレスをジャクソンに派遣し、州知事や主要実業家と会談させた。3名の遺体が発見されたのは8月4日だった。一連の全国メディアと連邦政府の対応を通して、黒人活動家たちは白人と黒人の間にある命の重みの格差を思い知らされた[18]。

　「自由の夏」の最終的な活動目標は、黒人を排除し人種差別を容認する共和党の大統領候補バリー・ゴールドウォーターを公然と支持する旧来の白人のみからなる「レギュラー」・ミシシッピ民主党に代わって、「人種統合」を原則とする「ミシシッピ自由(フリーダム)民主党」を、ニュージャージー州アトランティックシティで開催さ

---

17) Dittmer, *Local People*, pp. 207-208 ; Payne, *I've Got the Light of Freedom*, pp. 300-301.
18) Dittmer, *Local People*, pp. 247-248. 3人の活動家殺害事件に関しては、例えば次に詳しい。Nicolaus Mills, *Like a Holy Crusade : Mississippi 1964——The Turning of the Civil Rights Movement in America*, Ivan Dee, 1992. 白人ボランティアの死と比べて黒人活動家のたび重なる死に関してメディアの関心が低かったことについては次を見よ。Payne, *I've Got the Light of Freedom*, pp. 396-398.

れる民主党全国大会に参加する正式なミシシッピ州の代表として認めさせることだった。8月6日、州都ジャクソンのフリーメーソン会館に2,500名近くが集まって自由民主党(フリーダム)大会が開催された。68名の代議員が選出され、アーロン・ヘンリーが団長、ミセス・ヘイマーが副団長、白人牧師エド・キングとハティスバーグ在住の女性活動家ヴィクトリア・グレイの2名が全国委員会委員候補に選出された[19]。

8月21日に現地に到着した自由民主党(フリーダム)は全国メディアの注目を集めることに成功した。しかし結論的には代議員団は傷心のまま故郷に帰ることになった。南部諸州の離反を恐れるジョンソン政権が出した妥協案――代議員団68名からわずか2名に、それもミシシッピ州代表としてではなく全国委員会代表としての代議員資格を認め、次の68年の全国大会からは「人種」排除の州の党には資格を一切不認定とするという――を、自由民主党(フリーダム)は討論の末に拒絶する決定を下した。妥協受け入れに賛同したアーロン・ヘンリーが代表する主に黒人中産階級から構成されるNAACP派は、これを機に「連絡協議会(コンフォ)」からの離脱の方向を歩むことになった。同派はミシシッピ州内の白人労組指導者や白人穏健派政治家との、68年を目指したミシシッピ民主党再編成工作へと大きく舵をきることになる。他方、自由民主党(フリーダム)には貧しい、大半の黒人民衆を代表する人びとが残ることになった[20]。

1964年の「自由の夏」は成功と挫折の両側面が入り混じり、様々な意味で運動の分水嶺となった。アトランティックシティでミシシッピ自由民主党(フリーダム)は、ミシシッピ州など南部諸州で黒人の参政権剝奪が確かに行われており、南北戦争後に確立したはずの「法の下での平等」が未確立のままであることを全国的にアピールし、翌65年初頭のキング牧師との共闘によるセルマ闘争とも相俟って、公民権法に続く第二の強力な連邦法である投票権法の成立に寄与した。他方、死の恐怖にさらされつつ過重な負担を強いられた専従活動家たちの精神状態は極限に近づいていた。活動家たちにはさらに「リベラル派」と連邦政府への深い絶望が追い討ちをかけた。間もなくボブ・モーゼズはヴェトナム反戦運動に新たな活路を見出

---

19) Dittmer, *Local People*, pp. 281-283. 白人女性ボランティアが描くグリーンウッドの黒人民衆の自由民主党(フリーダム)の地区大会から郡大会までの様子に関しては次を参照せよ。Sally Belfrage, *Freedom Summer*, University of Virginia Press, 1990, orig. 1965, ch. 5.

20) Burner, *And Gently He Shall Lead Them*, ch. 8; Dittmer, *Local People*, ch. 12; Belfrage, *Freedom Summer*, ch. 15; Payne, *I've Got the Light of Freedom*, pp. 332-333.

そうと努め，ミシシッピ運動からも「非暴力調整委員会(スニック)」からも離脱する。当局による「良心的兵役忌避」認定の取り消しの後，アメリカを去る決意を固めたモーゼズは，66年以降カナダを経てタンザニアで長い亡命生活を送ることになる。またモーゼズがリクルートしたホリス・ワトキンスやマッカーサー・コットンら地元出身黒人活動家も学業への専念や家庭の事情を理由として運動の一線から退いた。自由民主党(フリーダム)と「レギュラーズ」の中心に位置するイーストランド派をともに切り捨てて，両極の間に新たなミシシッピ民主党を再編し，南部民主党全体の再生のモデルとすることを試みる民主党全国本部の意向を受けつつ，アーロン・ヘンリー率いるNAACP派は，68年の全国大会を目指して州内白人穏健派と「人種統合されたミシシッピ民主党」の装いを凝らす努力に集中した。その一方で，貧しい黒人民衆を代表する自由民主党(フリーダム)がますます黒人のみの政治団体化するのは必定だった。同時にNAACP系の離脱と「非暴力調整委員会」本部からの糾弾を受けた「連絡協議会」は，66年までに解体へと追い込まれた。地元出身黒人活動家が次々に運動から離れる一方，新たに参入した若い北部出身の黒人専従活動家にはフラストレーションが高まり，そのはけ口は身近な白人活動家に求められた。結論が出ない長時間の討論の果てにののしり合いが頻発し，多くのベテラン白人活動家が運動を去っていった。「白人活動家は白人コミュニティで活動すべきである」という論理で，長い活動歴を誇る勇敢で誠実な「非暴力調整委員会」の白人活動家でさえも排除された。間もなく1966年6月，「メレディス行進」の最中に「非暴力調整委員会」の次期執行委員長となるストークリー・カーマイケルが「ブラック・パワー」の叫びをあげた時，黒人聴衆から熱い共感を得る一方で，白人参加者との間にはさらに修復し難い溝を作ってしまったのである[21]。

　黒人史家チャールズ・ペインの言葉を引いて，本節の締めくくりとしたい。なぜ以前の運動には「人種」的緊張が少なかったのか。その主因は，1964年以前にはそもそも白人活動家の数が少なく，運動の戦略決定や細部に至る計画と実行まで，主導権は一般に地元出身黒人活動家たちの手に握られていたという単純な事実にある。1961年に白人活動家はアラバマの聖職者の息子であるボブ・ゼルナー

---

21) Dittmer, *Local People*, ch. 14 ; Payne, *I've Got the Light of Freedom*, pp. 381-382 ; Burner, *And Gently He Shall Lead Them*, ch. 9 ; Cleveland Sellers, *The River of No Return*, William Morrow, 1973, pp. 130-31 ; Mary King, *Freedom Song*, Simon and Schuster, 1987, pp. 526-529.

だけだった。1963年末にはミシシッピ州内で41人いた専任スタッフのうち，白人活動家は6名のみだった。1964年以降，白人スタッフは20％を数えるまでに急増した。階級的なものを含めた文化的背景が違う専従活動家の間に軋轢が生じるのは無理からぬことであっただけではない。そもそも歴史的に見て，一般的に被抑圧者少数派集団の解放運動における部外者の関与は問題を招きやすいのである。しかし当時の厳しい諸条件がなくなった後に，かつての活動家たちはしばしば同窓会的な再会の場をもち，互いのその後と現在の活動を確認し合い，ネットワークを再生させている。一時的な危機を経て，運動は今に至るまで終ってはいないのである[22]。

4　「ヘッドスタート」

　1964年と65年に相次いで成立した二つの強力な連邦法によって，百年前の南北戦争の成果がようやく実現され，法的な人種平等が達成された。同時にジョンソン政権は「貧困との戦争」を宣言し，経済的な人種間格差の是正にも乗り出した。連邦政府における中心的部局が経済機会局であり，重要な政策として「貧困者自身の可能な限り最大の参加」を目指した「地域活動計画」が実行された。とりわけ貧困家庭の子供たちに就学前幼児教育を提供する「ヘッドスタート」は現在まで持続する「公民権革命」の唯一の遺産である。その理由の一つは，それが「アメリカニズム」の中心に位置する「自助」と「機会均等」に基づいて平等の実現を目指す政策であるからであり，共和党政権下でも生きのびて今日に至っているのである。「下から」の組織化と貧しい黒人民衆自身の関与による情況の改善を目指した「連絡協議会」の理念的後継として，「ヘッドスタート」の成功例として今でも語り継がれる「ミシシッピ子供開発集団」(the Child Development Group of Mississippi, 以下「子供開発集団」と略記)の苦闘の軌跡に焦点を当てる[23]。

---

22)　Payne, *I've Got the Light of Freedom*, pp. 332-333.
23)　「ヘッドスタート」に関しては，例えば次を参照せよ。Susan Muenchow, *Head Start : The Inside Story of America's Most Successful Education Experiment*, Lightning Source, 1992. また後述のCDGMに関しては次を参照せよ。Polly Greenberg, *The Devil Has Slippery Shoes : A Biased Biography of the Child Development Group of Mississippi, A Story of Maximum Feasible Poor Parent Participation*, Youth Policy Institute, 1990, org. 1969.

「子供開発集団」は「連絡協議会」と別組織として，立法化されたばかりの「ヘッドスタート」の受け皿として設立されたが，初代のディレクターで41歳の心理分析家トム・レヴィンは「自由の夏」計画の一翼を担った「人権医療委員会」で指導的役割を担った。「自由の夏」の重要な柱の一つは，義務教育制度を持たないミシシッピ州の主に農村の黒人の子供たちを対象として活動家たちが立ち上げた独自の補習学校制度としての「自由の学校」であった。ミシシッピでの運動が行き詰まりつつあった1964～65年冬，レヴィンは「自由の学校」の精神を発展させる道を模索した。65年春，レヴィンはミシシッピにおける白人活動家の同志である「デルタ地方聖職者団」(the Delta Ministry)のディレクターのアート・トマスらと語らって，幼児教育の専門家で当時連邦政府の経済機会局に勤めていたポリー・グリーンバーグと協力して，経済機会局の資金援助プログラムに応募する準備を開始した。65年夏までに当初プログラムを立ち上げ，経済機会局から150万ドル近くの支援を受けることがきまった。理事会議長にはトゥグルー大学前学長ダニエル・ベイッテルが就任した。「非暴力調整委員会」は連邦政府の資金援助を受けることを運動の吸収をもくろむ当局による陰謀と見ており，また北部白人リベラル派への深い失望のゆえに，当初から「子供開発集団」の活動に懐疑的であった[24]。

1965年春の「非暴力調整委員会」大会でレヴィンは「非暴力調整委員会」の組織的な是認を確保することに失敗したが，地元の戸別訪問による参加者獲得の活動において相当数の活動家の協力を得ることには成功した。スタッフには「非暴力調整委員会」のベテラン現地書記や，エド・キングの妻ジーネット・キングらが採用された。「子供開発集団」は「連絡協議会」につながる人びとを通じて各コミュニティから1,100名を採用し，州内の84カ所で活動させた。かくして「子供開発集団」は経済機会局長サージェント・シュライヴァーのいう「自らの問題解決のために貧困者自身を実行可能な限り参加させること」を最も字義どおりに実践することになり，選挙戦略上の「人種統合」を目指して州内白人穏健派との連合政治を目指すNAACP派よりも従来の自由民主党を支持し続ける地元民衆の不満を埋める組織となった。他方NAACP全国本部では，これに対抗して全国支部統括責任者グローサー・カレントがNAACP各支部に「ヘッドスタート」

---

24) Greenberg, *The Devil Has Slippery Shoes*, ch. 1; Dittmer, *Local People*, pp. 368-370; Payne, *I've Got the Light of Freedom*, pp. 328-329.

プログラムの立ち上げを指令した。

当初州レベルでは自由民主党(フリーダム)はこのプロジェクトに熱心ではなかったにもかかわらず、この「子供開発集団(CDGM)」の活動に興味を示した地元民衆はかつての運動参加者で、しばしば自由民主党(フリーダム)のメンバーであった。40名の「子供開発集団」の中央スタッフの大半は、若く経験不足であり、プログラムの遂行と運営は常に混乱を伴った。それでも、1965年7月12日の開校日、州内各地の84センターに5,600人の幼児が参加した。参加者の親の多くが小作人で、地主から立ち退きの脅しを受け、各センターに使用された建物は焼討ちや銃撃を受けた。また地元商店から信用買いを拒否され、地元警察からスタッフは「交通違反」などで1,000ドルを超える法外な罰金を科された。経済機会局は2年目の資金提供を、地元教育委員会を通じて行うことにした。

しかし経済機会局の資金源を握る連邦議会上院歳出委員会のメンバーであるミシシッピ州選出上院議員ジョン・ステニスは妨害を止めなかった。まず自由民主党(フリーダム)との関係を断ち切るために、彼の圧力で「子供開発集団(CDGM)」の事務局は当初のジャクソン近郊から150マイルも離れたメアリーホームズ短期大学に移動を強いられ、さらにFBI事務所が同居するジャクソンのビルに移転した。圧力の中でトム・レヴィンは更迭を余儀なくされ、新たなディレクターに26歳のジョン・マッドが着任した。同時にミシシッピの白人保守派政治家は潤沢な連邦資金を手中にすべく「地域活動計画(キャップ)」の受け皿組織を州内各地で立ち上げ、黒人小作人を搾取してきた白人地主たちが理事会メンバーに名を連ねた。保守派の黒人たちも動員された。ボリヴァー郡で設立されたものは経済機会局から認知されるや、8名の黒人理事全員の是認を得て郡内の「子供開発集団(CDGM)」の各センターから資金返還を求める決議をした。それでも地元黒人コミュニティは「子供開発集団(CDGM)」に忠誠を示し続け、同郡に対する経済機会局の資金援助が保留にされている間にも多くの民衆が無報酬で1,300名の幼児のためにボランティアとして活動した。

「子供開発集団(CDGM)」に決定的打撃を与えたのが、1966年9月にホディング・カーターⅢ世ら白人穏健派とともに「連絡協議会(コーオーディネイティング)」議長だったアーロン・ヘンリーが理事に名を連ねた「進歩のためのミシシッピ行動集団」(the Mississippi Action for Progress, MAP、以下「行動集団(マップ)」と略記)が立ち上げられたことであった。「子供開発集団(CDGM)」と違って「行動集団(マップ)」は執行部が選挙で選ばれたのではなく任命され、ステニスや穏健な隔離主義者のポール・ジョンソン州知事ら主要な白人州

政治家の是認も受けた。「行動集団(マップ)」は「非暴力調整委員会(スニック)」の拠点の一つグリーンウッドでも橋頭堡を築き，かつて「連絡協議会(コフォ)」の活動の場になったウェズリー・メソディスト教会に地区本部を開設した。ただし「行動集団(マップ)」が獲得できた就学前幼児は比較的裕福な世帯出身だった[25]。

「行動集団(マップ)」の設立の動きは，ジョンソン政権が後押しするミシシッピ民主党再編の活動と軌を一にしていた。1965年夏以降，アメリカ労働総同盟産別会議ミシシッピ州委員会議長クロード・ラムゼーは，白人穏健派のホディング・カーターや州NAACP議長アーロン・ヘンリー，さらにはメドガーの弟チャールズ・エヴァーズらと共同歩調をとって，隔離体制維持に固執する旧来の「レギュラーズ」に代わる新たなミシシッピ州の民主党組織として「忠誠派民主党(ロイヤリスト)」を立ち上げる動きを本格化させていた。それに対してミシシッピ自由民主党(フリーダム)では「独立政党化」，すなわち黒人のみの政党の樹立の方向性が検討されるなど，68年の民主党全国大会を目指した「統合されたミシシッピ民主党」の再建競争に大きく立ち遅れた。先にも触れた66年6月の「メレディス行進」の際に高揚した「ブラック・パワー」のスローガンが影響していたことは明らかだった[26]。

1966年10月，経済機会局長シュライヴァーは「子供開発集団(CDGM)」への資金援助の期限切れに伴って，援助の更新をしない旨を通告した。それはステニス上院議員による「子供開発集団(CDGM)」の「変則的支出」への非難に応えたものであった。しかし「子供開発集団(CDGM)」はアメリカ労働総同盟産別会議全国本部をはじめとする全国的な支援を受けて展開した猛烈な反撃によって，補助金の確保を勝ち取った。しかし結局のところ「子供開発集団(CDGM)」はより保守的な「行動集団(マップ)」との競合に勝てなかった。67年12月に満期を迎えた連邦資金援助は更新されず，68年初頭までに「子供開発集団(CDGM)」は実質的に瓦解した。しかしながら，同時に「行動集団(マップ)」もより好ましい方向に変質を強いられていた。67年半ばに責任者に就任した前「子供開発集団(CDGM)」黒人スタッフのトゥガルー大学教授ヘレン・ウィリアムズが，規則を変えて「ヘッドスタート」に参加する子供の親たちを地元のプログラムに関わらせる，「子供開発集団(CDGM)」の方式を取り入れる方針転換を実行していた。また，

---

25) Dittmer, *Local People*, pp. 370–382 ; Payne, *I've Got the Light of Freedom*, pp. 344–347 ; Greenberg, *The Devil Has Slippery Shoes*, p. 606.

26) Frank Parker, *Black Voters Count : Political Empowerment in Mississippi after 1965*, University of North Carolina, 1990, pp. 148–151 ; Lawrence Guyot and Mike Thelwell, "Toward Independent Political Power," *Freedomways*, 6 : 3 (1966), pp. 246–254.

67年12月に3度目の政府補助金(グラント)が終了すると同時に「子供開発集団(CDGM)」は消滅したが,各地のプログラムはその最初のスポンサーだったメアリーホームズ短期大学に直接引き継がれた。68年4月,経済機会局は「子供開発集団(CDGM)」と「行動集団(GM)」で争いが絶えなかった諸郡に関して,4郡を「子供開発集団(CDGM)」の後継として新設された「ミシシッピの子供の友人集団」に,2郡を「行動集団(GM)」に分配した。しかし同年初頭,ヴェトナム戦争への支出増大と議会での保守派の巻き返しのあおりを受けて,経済機会局はミシシッピへの「ヘッドスタート」プログラムの総補助金支給額を25％カットしていた。黒人たちは統一して抗議行動を展開したが,無駄だった[27]。

1968年夏のシカゴで開かれた民主党全国大会には,ミシシッピ自由民主党(フリーダム)残存勢力は,長年議長を務めてきたかつての「非暴力調整委員会(スニック)」活動家でもあるローレンス・ギヨットが決断した「忠誠派民主党」との妥協によって,ミシシッピ州からの代議員を黒人と白人を半々にすることとし,「ミシシッピ自由民主党(フリーダム)」はその黒人代議員の一部を送り込むのが精一杯だった。実質的に自由民主党(フリーダム)は州レベルでは「忠誠派民主党」に吸収されたのであった。同年4月4日にキング牧師が暗殺されており,その2カ月後にはキングの最後の闘争である「貧者の行進」を支援していた民主党の有力大統領候補ロバート・ケネディも殺されていた。シカゴ大会ではヴェトナム戦争をめぐる激しい論争の中で人種とそれと重なり合う経済的格差是正の問題はもはや4年前のような注目を集めることはなかった[28]。

5　真の自立化(エンパワメント)を目指して

現在,グローバル化する競争の激化の中で進んだ脱工業化によって社会の二極化が深刻化するとともに,白人多数派の保守化傾向は顕在化し,大都市中心部の集中的貧困地域に居住する「アンダークラス」の苦境が深まっている。1980年代に深刻化した財政赤字の増大とともに,「福祉依存」や「貧困の文化」を根拠として,実質的に黒人のみを婉曲に指す用語となった「アンダークラス」を糾弾する傾向が世論や連邦政府内に見られる一方,運動側においても「人種統合」という

---

27) Payne, *I've Got the Light of Freedom*, p. 348.
28) Leslie McLemore, "The Mississippi Freedom Democratic Party : A Case Study of Grass-Roots Politics," Ph. D. Dissertation, University of Massachusetts, 1971, ch. 7.

目標が実質的に放棄され，人種を機軸とした「アイデンティティ」政治の手法への傾斜が目立つようになった。こうして人種は脱構築されたというよりも補強され，再定義され続けて今日に至っている。統計上現れる格差は厳然としているが，もはや政治的に大きな問題となることはない。2003年の貧困ライン未満世帯の割合は黒人で24.4％であり，ヒスパニック系を除いた白人世帯の数値8.2％の約3倍である。前世紀初頭にデュボイスは20世紀の最大の問題を「肌の色の境界線」であると看破したが，21世紀になっても人種の格差は新たな「個人主義」と「自由競争」のレトリックで正当化され続けているのである。このような中で，人種を脱構築する方途はどのように展望しうるだろうか。ここではまず，かつての「連絡協議会」活動家を含めたミシシッピの「自由の夏」に参加した，あるいはその影響を強く受けた人びとの「その後」の歩みを照射することで，手がかりを探ってみたい[29]。

　「ブラック・パワー」のスローガンと連邦政府による投票権法の実効化努力によって創出された大量の黒人有権者を背景に，1970年代から80年代にかけて南部では地方自治体レベルで黒人被選挙公職者の数が激増し，とりわけミシシッピ州ではこの傾向が顕著だった。ただしこの時代に出現した新たな黒人政治家集団の大半は，60年代初頭には自覚的に，あるいは年齢が若すぎたために運動には活発に参加していなかった人びとである。79年には州議会に黒人議員は17名となり，全員が大学教育を受けた男性で，5名を除いて45歳未満だった。7年後，穏健派を自認する若い弁護士マイク・エスピーが黒人として再建期以来はじめてのミシシッピ選出の連邦下院議員となったが，彼はデルタ地方の白人プランターの支持に答えるために下院農業委員会で努力しなければならず，その結果4割の白人票を得て容易に再選を確保した。エスピーは93年にはクリントン大統領からから農務長官に指名されるまでに栄達したが，翌年「汚職」で辞任を強いられた[30]。

　黒人人口が75％を占めるデルタ地方のホームズ郡に所在する人口2,000たらずの町チュラの町長となったエディー・カーサンは，地域闘争に直接関わらなかったエスピーとは対照的にわずか14歳で抗議行動に参加して祖父とともに逮捕

---

29) "Income, Poverty, and Health Insurance Coverage in the United States, 2003," p. 10, in http//www.census.gov/prod/2004pubs/p60-226.pdf ; W. E. B. Du Bois, *The Soul of Black Folk*, Dover, 1994, orig., 1903, p. v, 木島始他訳『黒人のたましい』岩波書店，1992年，5頁。

30) Payne, *I've Got the Light of Freedom*, p. 409.

された経験を持つ。「自由の学校」での教えを心に刻み，民衆のために奉仕すべく可能な限り最良の教育を受けようと決意したカーサンは，MBA（経営管理学修士号）を取得後に連邦政府商務省勤務を経て地元で商売を始め成功した。間もなく郡教育委員会議長に選出され，1977年にはチュラ町長に当選した。公民権運動による障壁の打破を象徴したカーサンは次々と連邦資金援助を確保して住宅の耐候性向上工事補助，リハビリテーション・プログラム，デイケア・センター，高齢者給食事業，24時間の警察官出動態勢，町の黒人地区の道路舗装，低所得者公営住宅建設，多数の新たな職種の創出などの地域改善事業を実行した。しかしこのような「黒人の経済的独立」の動きに危機感を高めたデルタ地方の白人大プランターたちと地元チュラの実業家たちはカーサンの政治的信用失墜を狙った「殺人教唆」を含む一連のでっち上げ事件を画策した。アムネスティ・インターナショナルの救済で1年後に釈放されるものの，カーサンは州の内外の積極的な進歩的黒人政治指導者に対する「見せしめ」の仕打ちに苦しめられた[31]。

　それでは，公民権運動は実生活における人種の脱構築において限定的な結果しかもたらさなかったと結論づけるべきなのだろうか。明るい希望を託すことができる方向は見出せないのだろうか。最後に，かつての2名の活動家がたどり着いた「現在」を見ることでこの問いかけに答えたい。1966年までに運動の第一線を退いたホリス・ワトキンスは，活動家時代とその後に個人的に依頼されてきたコミュニティの組織化の経験を生かして，89年にミシシッピの州都ジャクソンで「南部のこだま」という「コミュニティの自立化」を目指すNPOを立ち上げた。他方，77年に特赦を受けて10年にわたる亡命生活から帰国したボブ・モーゼズは，82年に自宅のあるハーヴァード大学の近隣で始めた「代数プロジェクト」をミシシッピ州のデルタ地方をはじめ全国各地に拡大し，「数学的リテラシー」をかつての選挙権になぞらえて今日の情報化社会への参入能力を子供たちに開発する事業に取組んでいる。かつての「連絡協議会」の同志たちが当初モーゼズの試みを知って戸惑ったのも当然である。それは筆者も同様だった。しかし彼がジャクソン市内のゲットー地区に所在する，入り口に金属探知機を設置した高校で展開

---

31) John Kincaid, "Beond the Voting Rights Act: White Response to Black Political Power in Tchula, Mississippi," *Publius : The Journal of Federalism*, 16 (Fall 1986), pp. 155-173 ; Youth of the Rural Organizing and Cultural Center, *Minds Stayed on Freedom : the Civil Rights Struggle in the Rural South, an Oral History*, Westview Press, 1991, pp. 17-18.

する代数の課外授業を参観し、多数の生徒たちの真剣な眼差しと常にその焦点に立つモーゼスの姿に接した折に、疑念の一部が氷解した思いがした。モーゼスのミシシッピへの回帰はかつてのコミュニティ組織化の同志的ネットワークを再生させ、徐々にではあるが世代を超えた運動の経験の伝承も進んでいる。これらのプロジェクトは、政権で左右される連邦政府資金というよりも、個々人の寄付金や様々な民間や公的な財団の補助金（競争方式で応募する）で賄われている。もちろん個人や企業からの寄付金は免税措置の対象となっている。

広がる「黒人自立化」の地域運動は、放置の論理を補強しかねない「自己責任」を称揚する立場はもとより、国家の保護を受ける「権利」意識に基づく従来の「福祉拡充要求」の運動に内在していた福祉依存傾向の助長という限界をも超える試みとして位置づけられる。それは伝統的に「アメリカニズム」が称揚してきた「自助努力」の要素を取り入れて広範な国民的支持の確保に努めつつ、税制優遇措置や純粋競争方式の補助金支給など、政権交代に左右され難い、政府の間接的・直接的支援制度を巧みに利用し、志を共有する個々人と社会的支援のネットワークを組合せている。生まれながら不利な条件を背負わされた人びとの自立を社会的に保障する仕組みの構築を目指す、ノーベル経済学賞受賞者アマルティア・センの貧困克服戦略を実践する試みと見ることもできる。1960年代に高揚した運動の重要な成果である、各地で展開されるこの地道な努力の積み重ねとそのネットワークの構築によってしか、真に有効な人種の脱構築は展望できないのかもしれない。

確かにミシシッピ州は2001年4月の州民投票で、南部諸州中唯一州旗に残されたままの旧南軍旗を除去する提案に反対する決定を下した。しかし既に触れたように94年にはメドガー・エヴァーズ狙撃犯に31年ぶりの再審で終身刑が下っただけでなく、2004年夏には40年前にネショバ郡フィラデルフィアで3名の「連絡協議会」活動家を謀殺した存命中の容疑者に対する再捜査が開始されたのも事実である[32]。民間や公的財団の援助を結集しつつ、世代間で運動の教訓を伝えながらなされる地道な集団的自立化努力をとりまく環境は、好ましいものへと変わってきていると言えるのではないだろうか[33]。

【文献案内】

① C・V・ウッドワード、清水博他訳『アメリカ人種差別の歴史』福村出版、1977年。

② Richard Kluger, *Simple Justice : The History of Brown v. Board of Education and Black America's Struggle for Equality*, Vintage Books, 1975.

③ニコラス・レマン，松尾弌之訳『約束の土地——現代アメリカの希望と挫折』桐原書店，1993年。

④川島正樹「モントゴメリーは公民権運動の出発点たりうるか？——モントゴメリー・バス・ボイコットの生成・発展過程の再検討」『アメリカ史研究』15（1992年8月），29-43頁。

⑤川島正樹「『リトルロック学校危機』事件再訪——1950年代末の『上からの』隔離廃止努力と南部地域社会」『アカデミア（人文・社会編）』77（2003年6月），151-209頁。

⑥川島正樹「オールバニー運動再訪——一連の地域闘争としての米国市民権（シヴィル・ライツ）運動史研究試論」『アカデミア（人文・社会編）』75（2002年6月），93-146頁。

⑦川島正樹「バーミングハム闘争再訪——複数の合意文書からその歴史的意義を考察する試み」『アカデミア（人文・社会編）』79（2004年6月），195-320頁。

⑧川島正樹「『自由の夏』運動の前提——1950年代〜60年代初頭のミシシッピ州市民権運動史研究」『アカデミア（人文・社会編）』80（2005年1月），215-272頁。

⑨ Clayborne Carson, *In Struggle : SNCC and the Black Awakening in the 1960s*, Harvard University Press, 1981.

⑩ John Dittmer, *Local People : The Struggle for Civil Rights in Mississippi*, University of Illinois Press, 1994.

⑪Charles Payne, *I've Got the Light of Freedom : Organizing Tradition and the Mississippi Freedom Struggle*, University of California Press, 1996.

⑫Frank Parker, *Black Voters Count : Political Empowerment in Mississippi after 1965*, University of North Carolina, 1990.

---

32) http//www.southernecho.org/ ; interviews of Hollis Watkins by Masaki Kawashima, in Jackson, on 16 August 2000, and 21 August 2001 ; interviews of Moses by Kawashima ; Robert P. Moses and Charles E. Cobb, *Radical Equations : Math Literacy and Civil Rights*, Beacon Press, 2001 ; Tamara Henry, "Algebra equals empowerment," *USA Today*, 8 February 2001；大石らら「アマルティア・センの人と思想」，アマルティア・セン，大石ら訳『貧困の克服』集英社，2002年所収；"1894 flag flies," Jackson (Miss.), *Clarion-Ledger*, 18 April 2001；「米ミシシッピ州，公民権活動家殺害から40年，歴史の汚点，再捜査へ」『朝日新聞』2004年7月10日。

33) 本章は2005年度南山大学パッヘ研究奨励金1-A2による研究成果の一部である。

第6章　公民権運動から黒人自立化運動へ　191

　①は奴隷制解体後に「ジムクロウ」制度として再度確立した人種差別体制成立から公民権運動後の「ブラック・パワー」までの黒人運動も視野に入れた好概説書。②は「ブラウン」判決に焦点を当てている。③は第二次世界大戦後の南部農業の機械化で本格化する南部から北部都市への黒人の移動がもたらす諸問題を扱っている。キング牧師による地域的公民権闘争やリトルロック事件に関心のある読者は④〜⑧の拙稿を参照されたい。⑨は60年代の学生たちの運動についての，⑩⑪はミシシッピ闘争についての，最良の研究書である。⑫は「地域闘争後」のミシシッピにおける政治の場での闘いに焦点を当てている。

第II部

現代アメリカと「人種」

第7章　住宅と「人種」

川島正樹

　前章で見たように，南部各地で展開された公民権運動に刺激され，国民的な意識高揚の中で公民権法（1964年）と投票権法（65年）が成立した。そしてこの二つの連邦法によって，南北戦争という甚大な犠牲の果てに憲法修正を経て実行が試みられた「法の下での平等」が，1世紀を経てようやく達成された。だが平等の実質化を目指したキング牧師による「シカゴ自由運動」（66年）や「最後の聖戦」と呼ばれた「貧者の行進」（68年）は十分な成果を上げたとは言えない。とりわけ解決が困難だったのは，住宅をめぐって，法によらない「自由な市場」の論理の下で成立している「事実上の隔離(デファクト・セグリゲーション)」である。60年代半ば，南部各地での公民権運動に刺激されるように，貧困と実質的な差別が集中した黒人ゲットーを抱える北部や西部の大都会では「暴動」という名の反乱が頻発した。連邦議会で上述の二法案が成立した直後の65年夏にロサンゼルスのワッツ地区で，これまでの運動の成果を否定するかのように大規模な「暴動」が起こったことは全国民にショックを与え，解決されねばならない人種の問題を抱えているのが南部だけではなく，また「法の下での平等」の立法措置だけでは問題は何ら解決しないことを全国民に印象づけた。

　1965～68年間に全米300以上の都市で起こった「暴動」には約50万人の黒人が参加し，逮捕者は5,000名を数え，8,000名の死傷者を出し，物的損害額は1億ドルに達した。都市の黒人反乱は67年に頂点に達し，同年だけで59もの「都市暴動」が勃発した。とりわけ7月27日に勃発し連邦軍部隊が動員されて鎮圧にあたった最大規模の「デトロイト暴動」はさながら内戦の様相を呈し，ヴェトナム戦争をエスカレートさせるリンドン・B・ジョンソン大統領は憂慮を深めた。ジョンソン大統領は「国内秩序喪失に関する国家助言委員会」を設置し，イリノイ州知事オットー・カーナーを委員長に任命した。68年3月1日，政党の枠を越えた11人の

委員からなる同委員会は報告書を提出した。通称「カーナー委員会報告」と呼ばれた同報告書は冒頭で，アメリカ合衆国が「二つの社会に分離しつつある，一つは黒人の，もう一つは白人の——分離され不平等の」と警告するとともに，黒人ゲットーの大規模な教育・住宅・就労機会の改善へ向けた国民的な関与の必要性を訴えた。ジョンソン大統領は答申の大部分を受容しなかったが，その後間もなく4月4日にキング牧師が暗殺され全米各地で黒人民衆による絶望的な暴力的反発が起こる中，連邦議会は1966年にジョンソン大統領から上程されながら放置されていた公正住宅法 (the Fair Housing Act of 1968) を異例のスピードで成立させた。同法の成立によって住宅の売買や賃貸に関する人種差別は違法とされた。しかしながら，今日アメリカの大都市を訪れた人が誰でも気づくように，住宅上の隔離はもちろんのこと，ゲットーも解消されないまま，現在に至っている。

公民権運動は「アメリカの夢」の共有化を目指していた。自家所有，とりわけ一戸建てのマイホームの獲得は，庶民にとって手近な「アメリカの夢」の実現を意味した。第二次世界大戦のもたらした「総動員体制」の副産物としての公的住宅資金援助やインフラ開発などの様々な連邦政府の恩恵的政策によって，戦後工業的大都市の白人労働者はようやくこの夢を実現した。そのような人びとの多くは，かつて「新移民」と呼ばれ差別の対象であった東・南欧系移民の子供や孫の世代であり，第5章で見たように「白人化」，すなわち主流社会への同化を勝ち取るが，公民権運動が「住宅開放」のスローガンを掲げて北部の大都市にやって来たとき，人種差別の糾弾の矢面に立たされることになるのである。

頻発した大都市の「人種暴動」とキング牧師の暗殺という国民的ショックの中で68年に法制化された，第三の公民権立法である公正住宅法によっても，居住区の隔離は解消されなかった。そればかりか，同法や後述する裁判所が下した「スクールバス通学」命令による「人種共学」の実行によって，大都市中心部から郊外地区への「白人の逃亡」が促進され，人種による住み分けは自治体の境界線を越えて大都市圏レベルに拡大した。ある国際派ジャーナリストが指摘するように，もはや民主的な憲政体制において解消の手立ては尽き果てたようにさえ見える情況が現出したのである[1]。

---

1) Ronald Segal, *The Black Diaspora : Five Centuries of the Black Experience Outside Africa*, Moonday, 1995, p. 358, 富田虎男監訳『ブラック・ディアスポラ——世界の黒人がつくる歴史・社会・文化』明石書店，1999年，635頁。

本章では，解消され難く今日まで残る住宅をめぐる人種隔離の問題に焦点を当てる。歴史的に北部は南部とどこまで異なるのか。南部の公民権運動に多数のボランティアを送り出し，差別禁止の連邦法案を支援した北部諸州の白人住民たちは，その公民権運動が北部に波及したとき，どのように反応したのか。強力な連邦法と連邦裁判所判決で 60 年代半ば以降に事情が一変した南部では，今日までにどのような変化がもたらされたのだろうか。

1　居住区隔離の現状と歴史的展望

　まず主として北部に焦点を当てることにする。そもそも奴隷制下の南部ではプランテーションにおいて監視の目的から白人と黒人の住宅は近接しており，都市部においても反乱の企てを防止する観点から自由黒人の居住はむしろ分散されていたため，「黒人居住区」という名のゲットーの原型が形成されたのはむしろ北部の都市においてであった。1830 年代初頭にアメリカ各地を訪れたトクヴィルが，奴隷制下の南部における以上に，奴隷制なき北部における人種間関係の行く末を懸念したのは，まさに慧眼というべきである[2]。

　法の下での人種平等が達成された 1960 年代以降の 20 年間に，アメリカの主要都市は住宅の人種隔離情況に関して何らかの好ましい変化を経験しただろうか。結論的には少数の都市における若干の緩和は見られたものの，全体としてほとんど変化はなかった。完全な人種隔離状態を 100 で表す「隔離度数」で比べると，確かに北部全体の平均では 84.5 (1970 年) から 77.8 (1990 年)，南部の平均では 75.3 (1970 年)から 66.5(1990 年) に微減が見られた。またボストンでは確かに 81.2(1970 年) から 68.2 (1990 年) に減少した。しかしシカゴでは 91.9 (1970 年) が 85.6 (1990 年) に微減しただけであり，デトロイトでは 88.4 (1970 年) から 87.6 (1990 年) と同水準で，逆にニューヨークでは 81.0 (1970 年) が 82.2 (1990 年) に微増し，南部ではかつてキング牧師が激烈な地域闘争を展開したアラバマ州バーミングハムで 37.8 (1970 年) から 71.7 (1990 年) に激増した。1992 年にデトロイトで行われた調査によると，返答に応じた白人のうちの 3 分の 1 が，黒人人口が 20 ％以上になると不快に感じ，そのような居住区に入ることもためらわれると答えた。また黒人

---

2)　Alexis de Tocqueville, *De la Démocratie en Amérique 1*, Garnier-Flammarion, 1981, pp. 456-457, 井伊玄太郎訳『アメリカの民主政治』中，講談社，1987 年，357 頁。

の割合が3分の1に増加した場合に不快感を示す白人の割合は44％, そのような地区に入ることをためらう白人の割合は59％に上った。これに対して黒人の場合には, 黒人の割合が20％の居住区に住むことをいとわない者は87％に達した[3]。

　人種に基づく住宅隔離が生じた原因については二つの考え方がある。まず今日のアメリカの大都市中心部に特徴的な, 住宅をめぐる人種隔離は, 大都市内部の住み分けを規定した差別的な地方条例や州法, あるいは連邦政府の差別黙認政策や大企業の労務管理を通じた居住区隔離を主要な原因と考え, 政府や産業資本の責任を強調する「上から」の視点による説明であり, チャールズ・アブラムズに代表されるこの立場は長らく説得力をもってきた。この主張は, 南北戦争後の再建期後に南部で成立した人種隔離体制としての「ジムクロウ」が, 奴隷制時代と断絶した, 当時人種を超えた下層農民の連帯を呼びかけたポピュリズムの高揚に対する反動として, 支配的白人プランター層によって「上から」もたらされたとするC・V・ウッドワードの学説に重なるものである。ウッドワードは, 特定の歴史的情況下で短期間に形成された「ジムクロウ」体制, すなわち法的制度としての人種隔離は, 新たな強力な連邦法によって解消しうるとした。これに対してマッシーとデントンのように, 白人における個人レベルでの人種偏見の強さに焦点を当てる研究が近年進められてきた。政治・産業指導部の「上から」の政策というよりも, 特定の居住区に居住する民衆レベルでの言わば「下から」の隔離圧力やそのような住民の集団的意思を反映した「自由市場」に焦点を当てた新たな研究が蓄積されつつある。実際, 南部と違って, 法的な人種隔離体制のなかった北部においては, 居住者による「制限的住宅協定」(後述)が設けられた「自由な不動産市場」を通じて実質的に隔離が制度化されてきた。まとめれば, 「上から」の政策的圧力と「下から」の偏見に由来する突き上げの両者によって, 北部都市の住宅をめぐる人種隔離は事実上制度化されてきたのである。地方自治体の条例によるゾーニングや連邦住宅資金の実際の活用をめぐる人種に基づく差別基準は, 民衆的支持なくしてはありえなかった。個々人の偏見が凝縮され, 社会的圧力を伴う非公式の制度となり, やがて様々なレベルの政府の政策に反映されて法的拘

---

[3] Douglas S. Massey and Nancy A. Denton, *American Apartheid : Segregation and the Making of the Underclass*, Harvard University Press, 1993, p. 222 ; Massey and Denton, "Residential Segregation and urban Poverty", in John Higham (ed.), *Civil Rights and Social Wrongs : Black-White Relations Since World War II*, Pennsylvania State University Press, 1999, pp. 105-106.

束力を伴うようになり，偏見がさらに助長されるという悪循環が出来上がっていったと考えるべきであろう[4]。

ここで人種隔離に関して第一次世界大戦から 1960 年代の公民権運動の時期までの展開を概観しておこう。第一次世界大戦期のヨーロッパからの移民労働力の流入不足と工業製品需要の高まりの中で生じた南部黒人の北部工業都市への「大移動」以来，住宅をめぐる人種のいざこざは南部よりもむしろ北部で，繰り返し起こってきた。このような情況に抵抗したのが「全国有色人地位向上協会」(National Association for the Advancement of the Colored People，以下 NAACP と略記)だった。NAACP は，徐々に増加しつつあった黒人の中産階級的な利益を代表する組織として，住宅取得という私的な領域における差別の不当性を糾弾する法廷闘争を展開した。NAACP が標的にしたのは，1910 年にメリーランド州ボルティモア市ではじめて成立し，その後各地に波及した居住区の人種隔離を命じた市条例だった。例えば，14 年に「ブキャナン対ウォーリー」裁判が提訴された折に直接問題とされたのは，ケンタッキー州ルイヴルの住宅隔離条例だった。17 年に連邦最高裁は，この市条例が憲法修正 14 条で認められた「財産を獲得し，利益を享受し，処分する個人の権利を侵害している」と認定した。NAACP にとって最初の主要な勝利となった[5]。

しかしながら，「ブキャナン」判決以降，住宅をめぐる隔離は巧妙化したにすぎなかった。主要な手段は，地方分権制度に基づく民主制のなかで立法措置と同程度の強制力を有する住民協定であった。1920 年代以降，あからさまに人種的居住条件を明記した「制限的住宅協定」が，とりわけ北部の都市圏に新たに開設された住宅地に設けられた。「安定的な住宅供給」を目指す全国不動産業者理事会協会の指導もあって，「制限的住宅協定」は急速に波及した。NAACP の次なる標的はこの「制限的住宅協定」だった。48 年，連邦最高裁は四つの事案を一括した「シ

---

4) Charles Abrams, *Forbidden Neighbors : A Study of Prejudice in Housing*, Harper, 1955 ; Stephen Grant Meyer, *As Long As They Don't Move Next Door : Segregation and Racial Conflict in American Neighborhoods*, Rowman & Littlefield, 2000, "introduction." ウッドワード説の文献に関しては前章注 1)を参照せよ。またウッドワード説をめぐる論争に関する簡便な文献としては次を参照せよ。John David Smith (ed.), *When Did Southern Segregation Begin ?* Bedford/St. Martin's, 2002.

5) *Buchanan v. Warley*, 245 U. S. 60 (1917), in *The Greenwood Encyclopedia of African American Civil Rights : From Emancipation to the Twenty-First Century*, vol. 1, Greenwood Press, 2003, p. 79.

ェリー対クレマー」判決で，この「制限的住宅協定」を人種に関わりなく市民権を擁護するとうたった憲法修正14条に基づいて違憲と断定した。NAACPは住宅問題に関して最終的な勝利を確保したかに見えた。しかしながら，あからさまな人種条項は，「好ましからざる人物」というようなより合法的な表現にとって代わられるだけだった。そのため，非合法的な手段の行使による黒人の転入者の排除とも相俟って，実質的な変化がもたらされることはなかった[6]。

前章でも触れたように，第二次世界大戦を契機として，南部農業，とりわけ綿摘み作業の機械化や除草剤の導入という「プッシュ」圧力の高まりとともに，わずか30年間に500万もの南部黒人の北部や西部の諸都市への移動が始まった。第二次世界大戦中の軍需生産への特化という国策によって急激な南部黒人の流入を見たデトロイトでは，1943年に文字通り白人と黒人の間で争われた「人種暴動」が勃発した。さらに戦後間もない1951年，シカゴ郊外のチェコスロヴァキア系・ポーランド系・イタリア系・オランダ系など所謂「エスニック系」白人労働者が集住する町シセロでは，はじめて転入を試みた黒人家族に対する過剰なまでの反発が暴動化する事態に至った[7]。

それでは，1960年代半ばの「公民権革命」と呼びうるほどの人種差別撤廃に向けた国民的意識高揚は，北部都市にどのようなインパクトを及ぼしたのだろうか。また，よく言われるように，65〜68年に全米各地で続発した「人種暴動」の背景には「ブラック・パワー」の叫びと呼応する黒人の自主的な分離志向があったのだろうか。次節では変化と問題の継続の両側面に留意しつつ，第二次世界大戦後から法的平等を達成した「公民権革命」を経た現在までの情況をデトロイト，ボストン，シカゴの北部三都市を事例として見てゆくことにしよう。

2 北部都市の事例から

1）デトロイトにおける住宅紛争

人種と「エスニシティ」が入組んだ自動車産業都市で黒人労働者は，連邦政府の手厚い就職支援が約束されていた第二次世界大戦の帰還兵でさえ差別され，根気強い努力と幸運に恵まれない限り，自動車会社などで職を確保することは難し

---

6) *Shelley v. Kraemer*, 334 U. S. 1 (1948), in *ibid.*, pp. 457-458.
7) Meyer, *As Long As They Don't Move Next Door*, pp. 118-119.

かった。幸運にも採用された者たちが配属された職場は、不熟練職・雑役など補助的業務や、鋳造・塗装部門職などの重労働や危険な職種に集中した。しかもその大半が昇進のない職場だった。間もなく公民権運動が高揚する時代を迎えるが、南部の公民権運動に同情的なはずの「全米自動車労連」(United Automobile Workers)の地方支部では、長年の全米自動車労連による闘争で勝ち取られてきた年功序列制度や地縁・血縁者優先採用慣行によって、黒人の労働者や採用応募者は差別されてきたのである。その結果、黒人労働者の多くが臨時雇用労働市場に向かわざるを得ず、例えばそのような職種が集中した建設業界では人種間の明確な格差となって表れた。1960年のデトロイト大都市圏における白人建設労働者一人当たりの平均年収は5,758ドルであったが、黒人の場合は3,530ドルにすぎなかった[8]。

一方、大戦中の急激な黒人人口増加によってゲットーは急速に膨張し始めた。とりわけ人種間の緊張が高まったのは境界線に位置する地区であり、1943年には前述の暴動が起こっていた。その後住宅をめぐる小規模な紛争は絶えることなく続いた。国益のみならず人種平等のためにも生命をかけて従軍した帰還兵たちは、公営住宅への入居を何度申請しても却下されるのが通例だった。47年1月から52年までに、黒人応募者3万7,382世帯中で空き待ちリストに掲載されたのは24％のみで、白人応募者5万6,758世帯の41％の半数にすぎなかった。ニューディール政策の一環として設立された連邦住宅公社の低利の住宅資金に関しても、それが地元銀行に窓口業務が委託されたことによって、黒人たちが居住を強制されたゲットー地区は「融資危険地域(レッドライニング)」の認定を受けたために、この有利な連邦住宅局による住宅融資を受給することができなかった。なけなしの元手を貯めることができた例外的な黒人たちは、市内の郊外地域の白人地主との間で高利の「土地購入契約」を結び、ようやく宅地を手に入れた。しかし返済不能に陥って、貴重な住宅資金もろとも全てを失うケースも稀ではなかった。しかも、このような黒人たちの戸建て住宅の外見はみすぼらしく、衛生施設も未整備だった。

それでも、先にも触れた「シェリー対クレマー」判決(同裁判を構成した四つの事案の一つはデトロイトでの裁判だった)や連邦政府による「上から」の指導と相俟

---

8) Thomas J. Sugrue, *The Origins of the Urban Crisis : Race and Inequality in Postwar Detroit*, Princeton University Press, 1996, p. 119, 川島正樹訳『アメリカの都市危機と「アンダークラス」——自動車都市デトロイトの戦後史』明石書店、2001年、190頁。

った，「白人職種」に果敢に挑戦したパイオニア的な黒人の努力の積み重ねと並行して，徐々に白人居住区に転住を試みる黒人の動きが見られるようになった。NAACP の支援を背景に，若い中産階級の黒人たちの中により良い住環境と子供のためのより良い学校を求めて白人居住区の住宅を購入する者が現れてきたのである。しかし，そのような勇敢なパイオニアたちを待っていたのは居住区ぐるみの集団的な暴力行為を伴う持続的な嫌がらせだった。対象は転入者のみならず，不動産を売り逃げしたかつての隣人にまで及び，転居先や職場にまで嫌がらせ行為がなされた。

さらに，白人だけだった居住区への黒人の流入を促進したのは「人種統合」の言説だけではなかった。黒人による市内居住区の人種境界線への挑戦を助ける上で，重要な役割を演じたのは不動産業者だった。不動産業者たちの動機は複雑だった。一部には，市内でもっとも成功した黒人企業家の一人である，アフリカ系アメリカ人のジェイムズ・デル・リオのように，純粋に自らの仕事を「住宅開放」と「人種統合」であると信じている者もいたが，大半の不動産代行業者は，人種構成上の変化が見られる居住区で見出される巨大な経済的機会を利用したのである。不動産業者は自家所有を望んでやまない黒人の期待を利用し，同時に自分たちの縄張りに侵入する黒人を恐れる白人の自家所有者の根深い不安を煽り立てた。このような不動産業者は，白人地区に転入を希望する黒人中産階級に破格に高い金額をふっかける一方で，黒人が転入するという噂を流して白人住民に不動産価格下落の不安を煽り安く買い叩く，所謂「街区破壊商法（ブロックバスティング）」を常套としていた。1950年代後半から 60 年代前半にかけて，住宅をめぐる人種間の軋轢は小規模な戦争の観を呈するようにさえなった[9]。

注意しなければならないのは，白人居住区の全てが「防衛的居住区」と呼ばれる，団結して黒人の流入を阻止した居住区だったわけではない点である。全ての白人居住区が同じ反応を示したのではなく，文化や価値観や経済条件が反映された，異なった反応を示した。黒人の流入に抵抗の度合いが低かった「非防衛的居住区」として目立った居住区は二つあった。一つはユダヤ系居住区であり，もう一つは意外にも黒人と同じく「プッシュ」圧力で南部からやって来たアパラチア地方出身の貧農たちの居住区だった。反対に，黒人の転入者に対して頑強な抵抗

---

9) *Ibid.*, part III, 邦訳，第三部。

を示した「防衛的居住区」の代表は，かつて「新移民」と呼ばれた東・南欧系の二ないし三世代目のカトリック教徒の集中する居住区だった。確かにそのような人びとの教会への紐帯を通じた居住区への帰属意識は堅固だった。ただし「非防衛的居住区」が人種的に寛容だったわけではない。ユダヤ系の場合にはコミュニティ全体がシナゴーグごと郊外地区へ逃避してしまうケースが目立ったのである。もちろんアパラチア白人の場合には南部において長らく黒人と近くに住んでいたことによって物理的近接性にそれほどの違和感がなかったこともあるが，より主要には自家所有率が低く，貧しすぎて他のより裕福な地区に転居する道も選択し難かったという事情が作用していた。「闘う」か「逃げる」かの選択の背景にあったのは，文化的な相違だけではなかったのである[10]。

やがてアメリカ全土に先駆けて1960年代の幕開けまでにデトロイトの自動車産業をはじめとする製造業はまずオートメーション化，次には脱工業化が進行する時代を迎えた。戦前に狭い市内中心部に建てられた工場は，そのような時代にあって無用の存在になりつつあった。加えて，経営サイドから見て，全米自動車労連(UAW)はあまりにも既得権を持ちすぎていた。三大自動車会社の経営陣が選んだ道はデトロイト中心部の工場を捨てて，郊外地区，さらには州外に新たな工場の立地を求めることだった。とりわけオハイオ州などの農村部では新たな産業を誘致するための好条件が提示されていた。そして自動車産業が地方分散化の尖兵となると，各種部品製造業者などの下請け産業や各種サービス業者の市内からの脱出も重なった。こうして非正規労働者が多くを占める黒人民衆とその家族が市内中心部に取り残されることになった[11]。

1967年7月の「暴動」は24年前のような「人種暴動」ではなく，貧しい黒人が集住する中心部の，職のない住民が絶望の叫びをあげた反乱だった。そこにはデトロイトの黒人民衆に高まっていた「ブラック・パワー」の叫びも影響を与えたであろう。人種による雇用差別と居住区における実質的な隔離の果てに起こった主要な経済的機会の市外への脱出後に放置された黒人民衆の絶望の声は，このような形でしか外部世界に届けられなかったに違いない。前述の，ジョンソン大統領が召集したカーナー委員会には確かにこの声は受け止められた。しかしカーナー報告はついに実現されないままに終ったのである。

---

10) *Ibid.*, pp. 240–241, 邦訳，361–362頁。
11) *Ibid.*, ch. 5, 邦訳，5章。

2）ボストンの「スクールバス通学」論争

　1974年6月21日の連邦地裁判決「モーガン対ヘニガン」でアーサー・ギャリティ判事は、長年ボストン市教育委員会が意図的に巧妙な人種隔離政策を実施してきたと判断し、市内公立学校の偏った人種構成を是正するための改善措置の策定と実行を指示した。事実上人種で隔離された居住区を反映して、全米各都市の公立学校も人種で隔離されていた。既に71年にノースカロライナ州シャーロットに関する「スワン対シャーロット＝メクレンバーグ教育委員会」判決で、連邦最高裁はついに事実上の居住区隔離を是正する命令を下すに至っていた。各校の人種割合均質化を目指す具体的な手段として採用されたのが、黒人地区と白人地区の間で生徒を相互に輸送する「スクールバス通学」命令であった。ボストンの場合にもこの「スクールバス」通学命令が下された。74年9月12日の新学期初日、最も大きな混乱が生じたのがサウスボストン地区だった[12]。

　黒人が集中する居住区であるロックスベリー地区の生徒たちがスクールバスで通学を命じられたサウスボストン地区には、裕福とは言い難いアイルランド系移民の子孫たちが集住していた。中産階級に上昇できたかつての隣人たちは、既に郊外の閑静な一戸建居住区へと転居しており、サウスボストンには下層の労働者階級が取り残されていた。一方、人種隔離居住区は市の境界線を超えて広がっており、スクールバス通学命令がより効果をもつためには、郡レベルで統合された教育委員会を構成していたシャーロットの例のように、大都市圏（メトロポリタン）レベルでの実行が不可欠だった。しかしながら、「モーガン」判決後間もない7月25日に最高裁は「ミリケン対ブラドリー」判決で、デトロイト大都市圏における都心部と郊外自治体との間の、教育委員会の境界線を越えたスクールバス通学を強制することを「合憲」とは認めなかった。サウスボストンの住民たちの反発は直接的には黒人生徒に向けられたのは確かであるが、しかしその背景には、本来なら歴史的な「つけ」を払うべき郊外に居住する受益者に代わって、アメリカの繁栄から取り残された自分たちだけが「人種問題」解決の負担を強いられることへの不満が渦巻

---

12)　ボストンの「スクールバス通学」論争に関しては次の3つの拙稿を参照されたい。「ボストン・スクール・バスィング論争再訪――『失敗』神話の検証に向けて」『アメリカ研究』31（1997年3月）、59-81頁；"Democracy and Justice in Boston School Busing," *Nanzan Review of American Studies*, 29 : 1 (Summer 1997), pp. 23-39；「II-10　キング牧師の夢はついえたのか？――アメリカ合衆国の人種平等の実験から」稲賀繁美編『異文化理解の倫理にむけて』名古屋大学出版会、2000年、193-210頁。

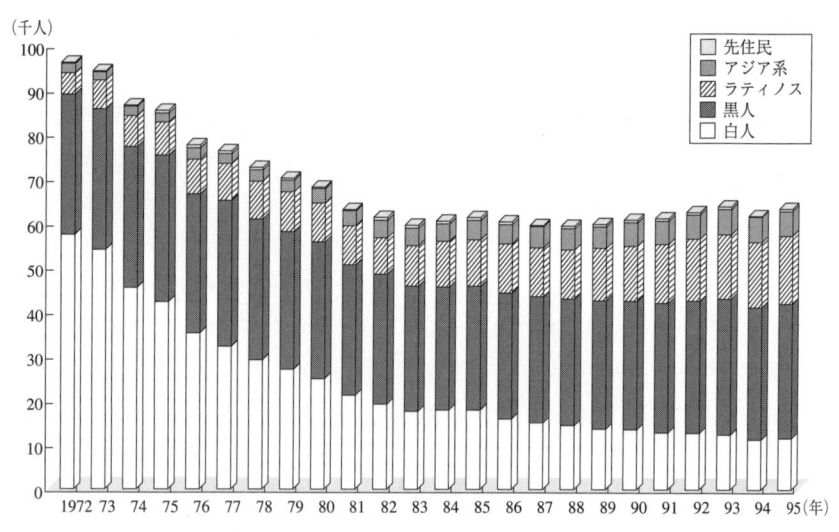

図7-1 ボストン公立学校生徒人種別動態
出典) Record Management Unit, Dept. of Implementation, Boston Public Schools.

いていた[13]。

　図7-1で明らかなように，スクールバス通学命令の実行に伴って，白人生徒の公立学校制度からの離脱傾向が促進された。1974年の新学期に登録された白人生徒数は，前年同期と比べて実に8,636名も減少した。郊外地区や私立学校への「白人の逃亡」はその後も続いた。翌75年9月の新学期には前年比で3,550名，76年9月には同6,846名の減少が見られた。78年には白人生徒比率は39.8％と4割を下回った。この動きは，州の重点的補助金支給を受け魅力的な教育内容を通して中産階級の親たちの注目を得る目的で間もなく導入された所謂「マグネットスクール」や「選択プラン」によっても止むことがなく，90年代初頭についに白人生徒比率は2割を割り込むのである。これが人種偏見の強さを実証する事実であるという見方は否定できない。筆者が現地で行ったインタビューによれば，サウスボストン地区が示した自分たちの居住区への黒人の流入に対する暴力的な反発以上に深刻だったのは，自分の子供がロックスベリー地区など黒人居住区の学校に通

---

13)　「エスニシティ」と人種と階級が入組んだボストンの歴史に関しては次を参照せよ。Stephen Thernstrom, *The other Bostonians : Poverty and Progress in American Metropolis, 1880-1970*, Harvard University Press, 1973 ; Alan Lupo, *Liberty's Chosen Home : The Politics of Violence in Busing*, Little Brown, 1977.

学を命じられた白人の親たちの公立学校制度からの離脱という, 言わば「静かな反発」だった[14]。

しかしながら, 決して多数派を形成し得なかったとはいえ,「スクールバス通学」命令が下された当初から, 親たちの人種を超えた協力の動きが起こった事実も看過できないのである。前章の冒頭で触れたように,「ブラウン」判決をもたらしたサウスカロライナ州クラレンドン郡の黒人の親たちが多大な犠牲を顧みずに「人種統合教育」を求める訴訟を起こした真意は, 白人の親たちに黒人学校の差別的な現実を共有させることにあった。ボストンの黒人の親たちが意図したこともまた同じだった。そして確かに「スクールバス通学」命令によって白人の親たちにも黒人地区の学校の劣悪な情況がもたらす問題を共有させることができたのである。1977年11月の選挙で「スクールバス通学」反対運動の指導者ルイーズ・デイ・ヒックスが市議会議員の議席を失った一方で, ジョン・オブライエントが黒人として76年ぶりに市教育委員に当選した。

他方, 翌78年の新学期までに公立学校の白人生徒は3,268名の減少を見た。この段階でもまだ残っていた良心的な親たちの最後の期待を砕いたのが, 80年11月の共和党のレーガン政権の誕生を告げた大統領選挙であった。既に共和党のフォード大統領は就任直後にギャリティ判事による判決に反対する声明を発して論議を呼んだが, レーガン政権下で進行した連邦補助金のカットと連動して行われた「学校閉鎖」の波はボストンにも深刻な影響を与えた[15]。

バンクロフト小学校校区の母親の一人であったパトリシア・バウンズ・コーランは, 人種混住のサウスエンド地区の白人住民である。しかしリベラルな若き「ジェントリー」の仲間の多くが郊外や私学へと去ってしまった。彼女は, ボストンの「スクールバス通学」をめぐる紛争の本質が地方自治体の壁に守られた「自己利益」の理念であることを暴いてピューリッツァ賞を得たアンソニー・ルーカスの『コモン・グラウンド』にも登場する, 最後まで6人の子供たちを公立学校に留めた熱心な親だった。彼女はギャリティ判事が下した判決それ自体には必ずしも賛同していないが, 裁判所命令に含まれた親の参加プログラムには大変によい印象を抱き続けている。判決以前から市内の学校は一般に劣悪な環境に置かれて

---

14) Interview of K. Marie Clarke by Masaki Kawashima, in Boston, on 8 April 1996.
15) Henry Hampton and Steve Fayer, *Voices of Freedom : An Oral history of the Civil Rights Movement from the 1950s through the 1980*, Bantam Books, 1991, p. 619.

いた。判決後の人種間の憎悪の激化に悩まされはしたが、親たちは子供の教育という共通の課題に熱心に取組んだ。しかし彼女同様に意識的に公立学校に踏みとどまった献身的な親たちも、80年代初頭までに多くが公立学校をあきらめてしまった。最後の打撃は81年の大規模な学校閉鎖だった、と彼女は振り返る。81年だけでバンクロフト校を含め実に23校が閉鎖された。教員数も前年度比で814名の減少を見た。また、レイオフの対象者の多くが若い熱心な教員だった。81年9月までにボストン公立学校からは3,268名の白人生徒の減少が見られたのみならず、黒人生徒の減少も1,670名に上った。こうして北部主要都市での「人種統合」実現への最後の期待を担ったボストンの実験が終焉を迎えたのである[16]。

3）「シカゴ自由運動」と二つの遺産

　1960年代半ば、64年の公民権法と65年の投票権法という二つの連邦法を勝ち取った後、キング牧師と彼が指導する「南部キリスト教指導者会議」(Southern Christian Leadership Conference、以下SCLCと略記)は、助言者たちの懸念を振り払って運動を北部へと拡大する決意を固めた。投票権法の成立をもたらす「セルマ＝モントゴメリー行進」直後の65年4月、SCLCの戦略家ジェイムズ・ビヴェルがシカゴのワークショップに招かれたことがきっかけとなって、SCLCはシカゴに関心を高めた。当時シカゴでは高校教員アル・レイビが住宅差別と重なる公立学校における「事実上の隔離」を解消するための運動に携わり、ミシシッピの「連合協議会(コーユーフォー)」に倣って競合する諸組織をまとめあげ、「地域諸組織調整会議」(Coordinating Council of Community Organizations、CCCO、以下「調整会議(トリプルシーオー)」と略記)を立ち上げていた。66年1月、キングは市内ウェストサイドのゲットー地区ノースローンデイルに所在するアパートを借りてシカゴでの運動拠点とし、毎週水曜から土曜までを過ごし、日曜にアトランタの教会での業務をこなす二重の生活を始めた。SCLC本部は同じくウェストサイドのイーストガーフィールドパークに置かれ、「調整会議(トリプルシーオー)」とSCLCは共闘組織「シカゴ自由運動」を開始した[17]。

---

16) Interview of Patricia Bounds Corcoran by Masaki Kawashima, in Bosoton, on 3 April 1996 ; Richard A. Dentler, "School Desegregation in Boston : A Successful Attack on Racial Exclusion or a Bungle ?" in Steven S. Goldberg (ed.), *Civil Rights in Schools : Readings on Equal Education*, vol. 12, AMS Press, 1995, pp. 36–37. なお学校閉鎖の数値に関しては数値に関しては市教育局のAndrew PuleoおよびJohn Conley両氏の提供による資料に拠った。

なぜキングたちは市内の黒人居住区のうちで旧来の地元黒人指導者の多くが居住するサウスサイドではなく，より貧しいウェストサイドの居住区にシカゴでの拠点を求めたのか。前述のように南部から北部，とりわけその中心であるシカゴを目指す黒人の大量流入は，第一世界大戦前後と第二次世界大戦後の二波に分けられる。最初の「大移動」でやって来たのは，「プル」要因，すなわち大戦下での工業製品需要の高まりとヨーロッパからの移民の流入停止とに起因する労働力需要の高まりに導かれた人びとだった。意欲溢れる南部出身黒人たちはウェストサイドや都心部に近いニアサウスサイドといった旧来のゲトー居住区に最初の居所を構えた。世代が交代しつつある頃，南部農業の機械化と除草剤使用による「プッシュ」要因を主とした「第二次大移動」が始まった。既に触れたように北部工業都市では短期的な軍需景気を経て，各工場ではオートメーション化が進行し，工場自体の都心部からの脱出が起こり始め，労働力需要が右肩下がりに転じる時代を迎えようとしていた。このとき新しい移住者が住み着いたのは，第一次「大移動」の世代のかつての居住区であった。一方，シカゴで増加しつつある黒人票を束ねることで地方政治機構の一翼を担うようになっていた黒人指導部を含め，同地区の前住民たちはサウスサイドの南部に移り住んでいった。図7-2はそれを示すものである。そして，人種で隔離されていたとはいえ，旧来の黒人指導部が集住する中産階級の町並みの連なる閑静なサウスサイド南部の居住区は，キングらSCLCの活動家の来訪を自分たちの確立した地方政治機構への脅威と感じたのである。同様の理由から，サウスサイドの黒人聖職者たちもキングたちに警戒の目を向けた[18]。

こうした中，キング牧師とSCLCの活動家が「調整会議(トリプルシーオー)」とともに設立した「シカゴ自由運動」が当初取組んだのは「スラム解消組合」を設立する活動だった。従来の抗議の行進を展開するだけに留まらない，SCLCの撤収後も持続する運動枠組みの組織化の必要性を考慮したためである。SCLCは市内で長らく活動を蓄積してきた「人種平等会議」(Congress of Racial Equality, CORE)と協力して，「人類愛」に基づく人びとの協力体制の確立を通じた「変革」を目指した。中心的メンバーは，既に前年9月からウェストサイドのゲトー地区で活動していた

---

17) James R. Ralph, *Northern Protest : Martin Luther King, Jr., Chicago, and the Civil Rights Movement*, Harvard University Press, 1993, "introduction."
18) *Ibid.*, pp. 47-50.

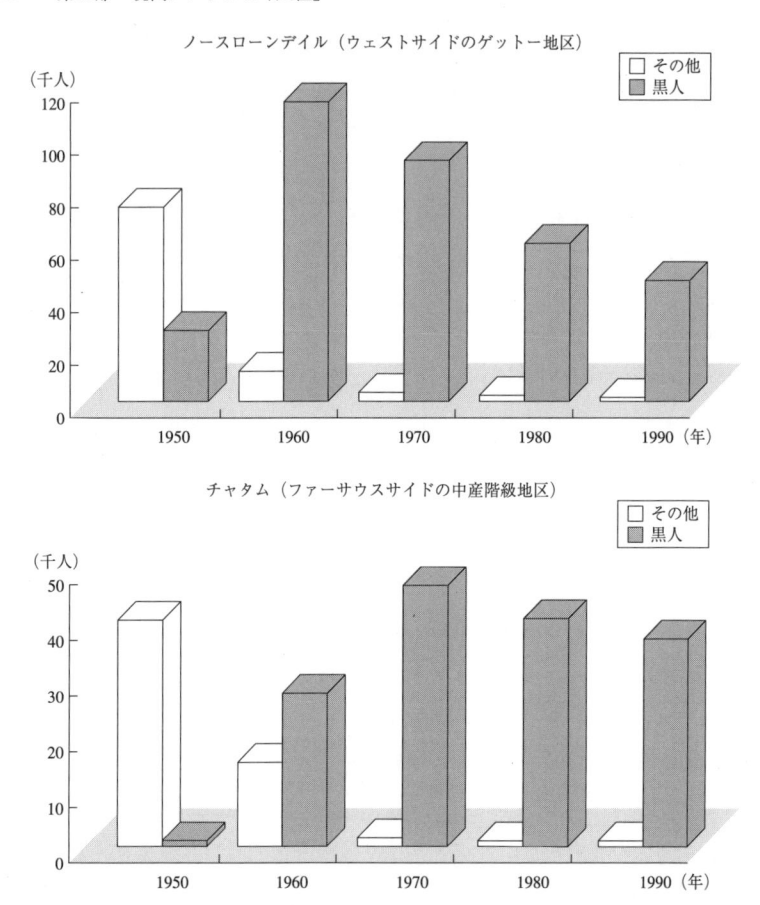

208　第II部　現代アメリカと「人種」

図7-2　シカゴのウェストサイドとサウスサイドの代表的居住区の人種動態
出典）Philip M. Hauser and Evelyn M. Kitagawa (eds.), *Local Community Fact Book for Chicago, 1950*, Chicago Community Inventory of the University of Chicago, 1953 他。

SCLCのジェイムズ・ビヴェルと,「人種平等会議」に専従活動家として採用されていたバーナード・ラファイエットだった。

　しかしながら間もなく判明したのは,ゲットーの組織化だけでは,66年夏に本格的に開始が予定されている「シカゴ自由運動」の活動のために必要な大衆動員を達成し難いという事実だった。いくら集会やワークショップを重ねても,当初想定されていたゲットー住民の恒久的な組織化は依然として課題のまま残された。当然のことながら,50年代以降に産業の空洞化が進む一方で,南部から流入し続

ける黒人住民の多くが職なし状態のまま放置されていたウェストサイドのゲットーには，大規模な運動に時間とエネルギーを割く余裕を期待し難かったのである。それでもどうにか7月10日にソルジャーフィールドに3万人以上を集めて「シカゴ自由運動」の直接行動のキックオフ集会が開催された。直前まで重ねられた内部の討論で，運動のスローガンとして当初の「スラム解消」に代わって「住宅開放」が採用されることになった。集会終了後，疲労したキングは車に乗ったままで5,000人のデモ隊を率いて市庁舎へ向かい，「公正な不動産取引」などの要求項目を扉に貼り付けた[19]。

　実はこの「住宅開放」という「シカゴ自由運動」の目標は黒人コミュニティが直面する重要な問題と考えられて選択されたわけではなかった。例えばビヴェルは「条件のよい職」の方がスラムの改善に有効であると考えていた。このとき，5日間続いて華氏90度を超えた1966年7月12日，ニアウェストサイドの集合住宅が建ち並ぶ路上で子供たちが消火栓を開いて遊んでいたことをめぐって警官といざこざが起こり，暴動が勃発した。死亡者が8名，80名以上が負傷し，逮捕者は400名を越えた。キングたちの努力で暴動は沈静化したが，結局のところ「シカゴ自由運動」は「住宅開放」という，ゲットー住民の組織化という当初目標とは直接関係のない，より中産階級的な運動目標を掲げ，それによる矛盾を抱え込んだままで本番を迎えたのである[20]。

　キング牧師をはじめとするデモ隊は，7月31日から排他的な白人労働者の居住区として知られるサウスウェストサイドのマーケットパーク周辺で連日600名から1,000名規模で波状的な行進を展開した。キングたちが「抗議」の対象とした居住者には，かつて第二次世界大戦前にアメリカへ難を逃れてきたリトアニア系住民が多く含まれていた。デモ隊は数で圧倒する地域住民の強烈な反発に出会った。群衆から罵声とともに球形爆竹や石・びんが投げつけられた。大げさな首吊り縄を振りながら，少年たちが次のような罵声を上げた。「僕はアラバマ州警官になりたい/それは僕が本当になりたいもの/というのも，もし僕がアラバマ州警官だっ

---

19) *Ibid.*, pp. 51-64 ; Mary Lou Finley, "The Open Housing Marches : Chicago, Summer' 66," Paper Written in the Spring of 1967, in David J. Garrow (ed.), *Chicago, 1966 : Open Housing Marches, Summit Negotiations, and Operation Breadbasket* (*Martin Luther King, Jr., and the Civil Rights Movement, vol. 11*), Carlson Publishing Inc., 1989, pp. 6-7 ; interview of Kale Williams by Masaki Kawashima, in Chicago, on 6 September 2001.
20) Ralph, *Northern Protest*, pp. 109-112 ; Finley, "The Open Housing Marches," pp. 7-9.

たら/ニガーを合法的に吊るせるからさ」。それは親の是認を背景にした「居住区の防衛者」としての行為であった。他方，その3日前には「非暴力調整委員会」(Student Nonviolent Coordinating Committee, SNCC)の指導者にのぼりつめつつあったストークリー・カーマイケルがシカゴを訪れて「ブラック・パワー」のスローガンを連呼し，若者を中心とした聴衆の歓呼を得ていた。8月5日，マーケットパークを500人のデモ隊が再度の行進をした折，開始早々に投げつけられたこぶし大の石がキング牧師の右耳付近に当たり，彼は昏倒した。やがて敵対的白人の群衆は4,000名以上に膨れ上がったが，1,200名の警官隊の警護で暴動は最小限に留められた。「シカゴ自由運動」は30名ほどの負傷者を出した。デモ隊の一翼を担っていた修道女たちにも暴行が加えられた。参加者の一部に「非暴力」への確信を捨てる者が現れた。キング自身を含めたベテラン活動家も，深南部地方でさえ遭遇したことがない，子供から大人までの男女を問わずコミュニティをあげて憎悪をあらわにした白人の集団的暴力の噴出にたじろいだ[21]。

　キングが南部のバーミングハムとセルマで成功を収めた，「創造的緊張状態」の生成によって「強制的非暴力」の圧力を高めるという手法は，もはや限界に達していた。シカゴ市当局は市内での実質的なデモ行進禁止命令を裁判所から勝ち取って，「シカゴ自由運動」の動きを封じる作戦に出た。これに対して「シカゴ自由運動」側は市の境界線を越えたシセロなどでのデモ行進の計画を発表して，市当局を威嚇した。こうした緊張状態の中で8月17日に市長リチャード・デイリーとキングの間で「頂上会談」がもたれ，26日に「合意」が発表された。内容は実行の期限を明記しない努力目標にすぎなかった。反発する人種平等会議を中心とした200名の「シカゴ自由運動」活動家たちは，キング抜きでシセロへの行進を強行し，これを契機に「シカゴ自由運動」は実質的に解体した[22]。

　「シカゴ自由運動」は北部の都市ゲットーにおける問題の深刻さと，解決が展望し難い現実を浮き彫りにした。シカゴでの闘争以降のキングは住宅をめぐる「人種統合」の要求を言わば棚上げにして，人種の枠を越えた貧困問題に本格的に取組み，首都ワシントンでの大規模な非暴力直接行動の展開を企画するに至る。中産階級の運動から再び黒人の大半を占める貧困者の声を代弁する運動に回帰した

---

21) Ralph, *Northern Protest*, pp. 119-121; interviews of Richard Brnett by Masaki Kawashima, in Chicago, on 2 September 2001, and 2 September 2002.
22) Ralph, *Northern Protest*, p. 200.

のであるが,彼の最後の聖戦である「貧者の行進」の開始目前の1968年4月4日,キングは黒人でも最下層の清掃労働者のストライキを支援しに訪れたテネシー州メンフィスで凶弾に倒れた。この項の最後に,彼が指導したシカゴの運動が残した二つの方向での遺産を概観しておきたい。

　第一の,住宅のよりいっそうの「人種統合」を求める方向性は,「頂上合意」の第10項目に即して,市の境界線を超えて住宅上の人種隔離の解消を目指すべく1966年11月に設立された「大都市圏コミュニティ開放指導者会議」によって追求された。この「大都市圏指導者会議」の活動が本格化するチャンスは,「調整会議〔トリプルシーオー〕」にも名を連ねたサウスサイドの公営集合住宅に居住するドロシー・ゴートルーが66年夏に「アメリカ自由人権協会」の弁護団の支援を受け,シカゴ住宅公社と連邦政府の住宅都市開発省を相手に起こした二つの訴訟によってもたらされた。68年に彼女は亡くなったが,公営住宅の建設で差別と貧困の集中をもたらした地方自治体と連邦政府の法的責任の追及が開始された。69年,連邦地裁判事リチャード・オースティンはシカゴ住宅公社が50～60年代に建設した公営集合住宅が人種隔離を意図していたと認定し,黒人住民が白人居住区に転住できるように,シカゴ住宅公社に住宅立地の変更を命じた。54～66年にシカゴ住宅公社によって建設された1万256世帯分の住宅ユニットのうち,実に63戸分を除いた99.4％が,黒人居住区に建設されていたのである。まずこの判決を受けてシカゴ住宅公社による市の境界線の内側での改善努力が開始された[23]。

　しかしもはや市内でできることは限られていた。1970年,「頂上合意」のもう一つの成果として設立されたシカゴの財界人の援助団体である「公共利益擁護企業家専門家集団」が,住宅都市開発省を相手にしたもう一つのゴートルー裁判の原告側代理人となった。原告側は,住宅都市開発省がシカゴ住宅公社の隔離助長行為を黙認した,と主張した。76年,「企業家専門家集団」は市の境界線を超えた改善命令を含む画期的な最高裁判決を勝ち取った。「企業家専門家集団」と住宅都市開発省の間で調整が進み,「大都市圏指導者会議」が実行責任を負って,連邦政府

---

23) Report on the Gautreaux Demonstration Program, Year I (ca. 1978), Box 52, Folder 4, Leadership Council of Metropolitan Open Communities Papers, the Chicago Historical Society ; Pamphlet of Business and Professional People for Public Interest : What is Gautreaux ? May 1, 1991, Chicago Hilton and Towers ; Leonard S. Rubinowitz and James E. Rosenbaum, *Crossing the Class and Color Lines : From Public Housing to White Suburbia*, University of Chicago Press, 2000, p. 23.

の補助金を得て市内のゲットー地区黒人住民を郊外自治体に転居させるのみならず，教育や雇用面の援助なども含むトータルな「流動性促進政策」(ドロシー・ゴートルーを記念して「ゴートルー・プログラム」とも呼ばれる) が開始された。同プログラムは次第にゲットー住民の反響を呼び，84年の申請受付時にはあまりにも多数の応募者が押し寄せたために電話での応募に切り替えたところ，1日だけで1万件の申込みが殺到したほどの支持を博した。98年の終了までに7,100世帯が恩恵を受けたという[24]。

「シカゴ自由運動」が残したもう一つの方向性は，「人種統合」よりも黒人自身のコミュニティを基盤とした個々人と地域全体の自立化（エンパワメント）を目指すジェシー・ジャクソンの「人権防衛民衆連合」(People United to Save Humanity, PUSH) によって追求された。ジェシー・ジャクソンは1964年にシカゴ神学校の学生となる傍ら，SCLC活動家としてサウスサイドを中心とした市内での活動やセルマなど南部での運動にも参加してきた。彼が「シカゴ自由運動」と並行してシカゴで展開したのは，フィラデルフィアで発案されアトランタで実行された，黒人が顧客であるのに雇用面で人種差別的な黒人コミュニティに所在する商店を対象に，選択的購入運動を展開して黒人の採用を目指した「パンかご作戦」だった。66年夏以降，ジェシー・ジャクソンは，当初は乳業会社，次にコカコーラを含む飲料会社一般に「パンかご作戦」を展開し，サウスサイドを中心に多くの黒人ゲットー住民に勤め口をもたらし，生活の安定に寄与した。こうして，「シカゴ自由運動」の団結が弛緩して後，「パンかご作戦」はゲットー地区で最も活動的な運動となった。「パンかご作戦」は，何よりも中産階級的な「住宅開放」のスローガンを掲げた「シカゴ自由運動」が達成できなかった，「統合された住宅」の前に何よりも職を求める貧しいゲットー住民の大衆的動員を実現したのである。71年にSCLCと正式に袂を分かった後，ジェシー・ジャクソンはサウスサイドを拠点に「人権防衛民衆連合」を創設し，「奪われた人びとのコミュニティの自立化（エンパワメント）」を活動目標とした[25]。

「人権防衛民衆連合」の創設は，旧来のデイリー市政の下請け的な黒人集票マシーンとなっていた伝統的黒人指導部に対抗して，数を増しつつある黒人民衆を「ブラック・パワー」スローガンの隆盛の下で独立的な政治勢力として結集する道を

---

24) Alex Kotlowitz, "forward" to *ibid.*, p. x.
25) Ralph, *Northern Protest*, 68-69, 200, pp. 226-229.

志向する新たな黒人政治指導者たちの台頭と，軌を一にする動きだった。新勢力の努力は1983年の初の黒人市長ハロルド・ワシントンの誕生として結実した。だが再選直後の87年11月にワシントンが急死すると黒人両勢力の抗争が再生し，修復されずに現在に至っている。そしてシカゴでもラティノス（ヒスパニック系とも呼ばれる）やアジア系の増加傾向の中で，今度は既得権者としての人権防衛民衆連合など「公民権派」の対応が問われる時代を迎えているのである。

　こうした中で，真の多様性を追求する「黒人」政治家が現れつつある。ハワイ生まれの，ケニア人を父，カンザス生まれの白人を母とし，ハーヴァード大学ロースクールを次席で卒業し，弁護士として活動しつつシカゴ大学でも教えながら州上院議員を勤める，まだ30代の若きバラク・オバマである。彼は「ブラック・パワー」政治家の限界を自覚し，人種を超えたリベラルな政策的連合を構築しようと努め，貧しい黒人民衆のみならず，白人リベラル派の信頼も篤い。2004年11月に連邦上院の議席獲得を果たした彼には，早くも将来の民主党大統領候補への期待すら寄せられている[26]。

3　「北部化」する南部

　次に前章で触れた地域的な公民権闘争が高揚したジョージア州オールバニーとミシシッピ州南部のハティスバーグの「その後」を概観し，南部各地に波及し，高揚した一連の地域闘争としての公民権運動が長期的には北部と同じような居住区隔離を促進した事実を例証する。ジョージア州オールバニーの「その後」の闘いの要約は，南部と北部を問わず，公民権闘争が闘われた各地の「運動後史」にかなり重なるものである。

　まずチャールズ・シェロッドらかつての活動家が深く関与して1960年代末から80年代半ばにかけて試みられた「ニュー・コミュニティ」という，「ブラック・パワー」の影響を多分に受けた経済的自立を目指す運動が挙げられる。しかし結局のところそれは州内白人有力政治家の強力な反対工作によって潰されてしまう[27]。

---

26)　*Ibid.*, p. 232 ; Rubinowitz and Rosenbaum, *Crossing the Class and Color Lines*, p. 190 ; Scott M. Malcomson, "An Appeal Beyond Race," *The New York Times Weekly Review*, 1 August 2004 ; interview of Barack Obama by Masaki Kawashima, in Chicago, on 30 August 2002 ;「アフリカ系，上院で3人目」『朝日新聞』2004年11月4日。

もう一つは，教育面での「人種統合」を掲げた法廷闘争である。ただし北部での場合がそうであったように，地元の黒人指導部の関心は親たちの関心と同様に，当初から公立学校での人種割合の均質化を目標とした「人種統合」それ自体にあったというわけではなく，北部と同様に「白人の逃亡」傾向が顕著になるにつれ，はっきりと「教育の質の向上」に向かったのである。オールバニーの公立学校を統括するドーティー郡公立学校区の隔離廃止は自発的にはなされなかった。最初の訴訟は1963年夏に連邦地裁に起こされ，9月の新学期に間に合うように最初の判決が下された。それは所謂「選択の自由」であり，勇気ある少数の黒人生徒の個人的努力による，遅々たる隔離廃止努力を意味した。その後，72年には「スクールバス通学」命令を伴う，より実効力ある，「人種統合」と呼ぶにふさわしい結果が期待される判決が下された。さらに80年には，より実効力ある方策を教育委員会に求める判決が下された。現在でも裁判は続行中であり，原告側の黒人の親たちを代表するのはかつての地域闘争の指導者の息子であるＣ・Ｂ・キング・ジュニアである。そして皮肉にも，95年に原告側を代表する教育長に黒人がはじめて就任するに至っている。確かに白人専用だった名門校オールバニー高校の初の黒人卒業生は65年の6人だったのだが，74年には931人の全在籍者のうち黒人生徒は265人と急増し，80年代半ばまでには同校の人種割合はほぼ半々にまでなり，2000年には黒人生徒は821人中498人と逆転している[28]。

しかしながら，より大局的かつ長期的見地に立って眺めたときに気づく現象は，北部都市で既に起こっていた，都市中心部と郊外という自治体の境界線によって分断された，新たな「事実上の隔離」と言わざるを得ない。表7-1が示しているのは，まず白人生徒の急激な減少である。白人生徒とその家族はどこへ行ったのだろうか。その多くは，オールバニーの北辺に接する，かつて1960年代までは圧倒的に黒人が多かった農業地帯のリー郡である。また表7-2と表7-3から結論づけられるのは，ドーティー郡への黒人の流入とリー郡への白人の流入による，両郡の人種割合の逆転である。今やリー郡はオールバニーの「ベッドルーム・コミュニティ」となっており，リー郡商工会議所が開設され，その「優秀」な，つまり

---

27) オールバニー闘争に関しては次の拙稿を参照されたい。「オールバニー運動再訪――一連の地域闘争としての米国市民権(シヴィル・ライツ)運動史研究試論」『アカデミア(人文・社会編)』75(2002年6月)，93-146頁。
28) 学区内の人種割合などの数値に関する史料はドーティー郡教育長室より提供いただいた。記して謝意に代えたい。

表7-1 ドーティー郡公立学校「人種」別生徒数

	白人生徒数(%)	黒人生徒数(%)	合計
1974年10月	10,669 (51.7)	9,959 (48.3)	20,628
1977年10月	10,579 (49.8)	10,667 (50.2)	21,251
1980年10月	9,160 (44.6)	11,393 (55.4)	20,553
1982年10月	8,115 (41.5)	11,453 (58.5)	19,573
1987年10月	6,547 (34.0)	12,618 (65.6)	19,248
1992年10月	5,526 (29.9)	12,928 (69.7)	18,538
2000年10月	2,725 (16.5)	13,612 (82.4)	16,514

出典) Office of Superintendent, Dougherty Co. School System.

表7-2 ドーティー郡の黒人人口動態

	1930年	1950年	1970年	1990年
総人口	22,306	43,617	89,639	96,321
黒人人口	12,816	18,693	31,068	48,387
黒人人口%	57.5	42.9	34.7	50.2

出典) Douglas C. Bachtel and Susan R. Boatright, *The Georgia County Guide*, 5th ed., Dougherty County Public Library, 1996.

表7-3 リー郡の黒人人口動態

	1930年	1950年	1970年	1990年
総人口	8,328	6,674	7,044	16,250
黒人人口	6,489	4,757	3,076	3,135
黒人人口%	77.9	71.9	43.7	19.9

出典) *Ibid.*

より白人が多い学校制度を宣伝し始めた。ポスト「ジムクロウ」体制への南部の適応過程において，公民権運動を担った黒人と「南部リベラル派」白人が皮肉にも果たした役割は，南部の「北部化」だったのである。「黒い肌」を持つ人びとに対する，より合法的に見える，新たな地理的・空間的分離を伴った人種の再定義化の波は，大都会を遠く離れた南西ジョージアの農村地帯でさえも起こっているのである[29]。

---

29) Lee W. Formwalt, "Southwest Georgia : A Garden of Irony and Diversity," *The New Georgia Guide*, University of Georgia Press, 1996, pp. 516-517 ; David L. Chappell, *Inside Agitators : White Southerners in the Civil Rights Movement*, Johns Hopkins University Press, 1994, p. 227.

表 7-4 ハティスバーグ市および周辺郡部の人口動態

	1960 年			1970 年			1980 年			1990 年		
	市内	フォレスト郡	レイマー郡	市内	フォレスト郡	レイマー郡	市内	フォレスト郡	レイマー郡	市内	フォレスト郡	レイマー郡
合計	34,989	52,722	13,675	38,277	57,849	15,209	40,829	66,018	23,821	41,882	68,314	30,424
黒人	11,215	14,719	2,231	11,024	14,151	2,013	13,995	17,695	2,562	16,934	21,001	3,637
%	32.1	27.9	16.3	28.8	24.5	13.2	34.3	26.8	15.3	40.4	30.7	12.0

出典) *1960-1990 Census of Population, vol. 1 : Characteristics of Population, Part 26 : Mississippi* (Washington, D. C. : Government Printing Office, 1963, 73, 82, 92).

かつて地域的公民権闘争が高揚したミシシッピ州南部の大学の町ハティスバーグ (University of Southern Mississippi が所在) でも，北部と同様の郊外への「白人の逃亡」現象が起こっており，その主因は明らかに黒人側がハティスバーグ市教育委員会を相手に「人種統合教育」を掲げて起こした連邦裁判機構での法廷闘争だった。ハティスバーグ市教委は当時の保健教育厚生省 (HEW) との協力の下で，現在に至るまで例外的に「スクールバス通学」命令のような強制的措置を回避して「白人の逃亡」を極力抑える努力を重ねてきた。しかしながら，かつて 1971〜72 学年度に半々だった生徒の人種割合は，今や 8 対 2 の比率で黒人が圧倒するに至っている。白人生徒が大量に「逃亡」する転換点となったのが，財政難を理由とする 89 年のリリー・バーニー・マグネットスクールの閉鎖だった。白人生徒たちは一体どこへ行ったのだろうか。表 7-4 から読み取れる結果は，オールバニーの例と同じく，フォレスト郡のハティスバーグ市外地域（ハティスバーグの大部分はフォレスト郡に所在する）やレイマー郡など，ハティスバーグ市に隣接する郊外に広がる新興住宅地への，白人の転居傾向である。フォレスト郡教育委員会はレイマー郡教育委員会と同様に別個の学区を確立している。このためハティスバーグ市教委は隣接するフォレスト郡教委の管轄地域の併合を求める訴訟を起こしたが，91 年に敗訴した[30]。

1997 年，ハティスバーグ市教委は，70 年以来続いていた連邦裁判機構における訴訟の停止を求めるに至り，99 年 4 月にはジェームズ・デイヴィス博士が黒人で最初の教育長に就任した。その時点で生徒の 75％が黒人となっており，間もなく

---

30) "Hattiesburg board axes Burney magnet school," *Hattiesburg American*, 8 February 1989 ; Telephone interview of Dr. Perrine Lowrey (Hattiesburg Public School District) by Masaki Kawashima, on 15 August 2001 ; "City schools can't take county kids," *Hattiesburg American*, 3 April 1991.

市教委は35年ぶりに居住区の学校への通学制度に回帰する決定を下した。最近はもはや学区内各校の人種割合ではなく、いかにして親たちの関与を高めつつ、生徒たちの基礎学力の向上を図るか、あるいは校内暴力を抑えるかといった、より現実に即した問題への対処が緊急課題となっている[31]。

おわりに——グローバル化の中で

　第5章の最後で触れられている1924年の移民法の改正はラテンアメリカからのヒスパニック系(「ラティノス」とも呼ばれる)移民の流入という予期せぬ結果を招いた。軍需産業での労働力需要を補うためにメキシコから積極的に労働者を導入した第二次世界大戦中の「ブラセロ計画」を経て、ヒスパニック系人口が目だって増えるのは、しかしながら、グローバル化が進む70年代以降であり、1940年の186万人から1970年に907万人、80年には1,460万人に急増した。1990年の国勢調査では黒人人口は2,900万人強であり、ヒスパニック系総人口の2,190万人をはるかに上回っていた。しかし2000年の国勢調査で双方の人口は逆転した。ヒスパニック系人口は3,989万人で、黒人人口3,709万人あまりを上回り、アフリカ系アメリカ人は「人種/民族的少数派」の最大多数派の地位をヒスパニック系に譲ったのである。ヒスパニック系急増の最大の原因は94年の「北米自由貿易協定」(NAFTA)の締結に伴うメキシコ系移民の急増である。また、公民権運動の影響で65年に改正された移民法によって24年以来の解禁となったアジア系移民の流入も増え、90年からの10年間で総人口が700万ほどから1,200万人に激増している。ヒスパニック系やアジア系の移民は携えてきた元手によって黒人ゲットー地区での商店経営に従事する者が目立つようになり、黒人住民との確執が問題化するようになった。とりわけ1992年の所謂「ロサンゼルス暴動」では韓国系がゲットー住民の略奪の標的とされたことが注目された。このような急増する非白人系を中心とした非黒人系の新「新移民」における「黒人嫌い」の傾向が、大都市中心部の貧困が集中するゲットー地区での黒人の集住化をさらに深刻化させ、新た

---

31) "Davis takes school reins," *Hattiesburg American*, 24 April 1999; "Neighborhood schools return after 35 years," *ibid*., 22 August 1999; "City schools vow to stifle gang violence," *ibid*., 1 December 1988; "Workshops promote parental involvement," *ibid*., 26 August 1990; "Test results mixed in area schools," *ibid*., 15 February 1996.

な人種の壁の構築を促進している。

　さらに「黒人」に分類されるカリブ海や西アフリカの諸国からの移民の流入が，とりわけニューヨークなどの北東部大西洋岸大都市中心部で急増している。既に1990年の段階で「外国生まれの黒人」の総数は145万人を数えている。そしてニューヨークの商店においてはアメリカ生まれの黒人よりも「外国生まれ」の黒人が好まれる傾向が生まれている。ジェニファー・リーの研究によれば，ウェストハーレム地区のユダヤ系商店で雇われる黒人従業員の69％，韓国系商店の同76％，さらに黒人商店の同55％までもが，「外国生まれ」の黒人である。これらの雇用主の大半は，選択肢が与えられた場合には，「勤労意欲が高い」西インド系・西アフリカ系移民を優先して雇うと表明している。人種よりも「勤労意欲」が雇用の基準となりつつあるとすら言いうる。しかしながら，筆者は「黒い肌の新移民」の第二・第三世代が，かつて南部の農村から北部の大都市へ移住してきた労働者の子孫と同じ運命をたどるのではないかと懸念を深めている。南部出身黒人移住労働者の第一世代は懸命に働いたが「アメリカニズム」はその自助努力に正当に報いなかった。「アファーマティヴ・アクション」の恩恵に浴せた例外的な成功者を除けば，第二・第三世代に至るころまでに，第一世代が有した唯一の資源としての勤労意欲は失われる。やがてカリブ海や西アフリカ系移民のアメリカ生まれの次世代が，かつての南部出身黒人が歩んだ「もう一つのアメリカナイゼーション」の過程を歩む可能性は少なくないだろう[32]。

　どうすれば大都市中心部の「アンダークラス」と呼ばれる，黒人の長期的不就労者が直面する，勤労意欲の回復を含めた深刻な問題に対処しうるのだろうか。住宅の人種隔離問題研究の第一人者ダグラス・マッシーは，その鍵はやはり隔離の解消にあると確信している。マッシーによれば，近年ヒスパニック系やアジア

---

32) Douglas S. Massey et al., *Beyond Smoke and Mirrors : Mexican Immigration in an Era of Economic Integration*, Russell Sage Foundation, 2002, p. 99 ; Jennifer Lee, "The Racial and Ethnic Meaning behind *Black* : Retailers' Hiring Practices in Inner-City Neighborhoods," in John David Skrenty (ed.), *Color Lines : Affirmative Action, Immigration, and Civil Rights Options for America*, University of Chicago Press, 2001, pp. 177-178 ; Douglas Massey, "Residential Segregation and Neighborhood Conditions," in Neil J. Smelser et al. (eds.), *America Becoming : Racial Trends and Their Consequences*, National Research Council, 2000, p. 414 ; Jacqueline Jones, "Southern Diaspora : Origins of the Northern 'Underclass,'" in Michael B. Katz (ed.), *The "Underclass" Debate : Views from History*, Princeton University Press, 1993, p. 29.

系で高まりつつある住宅の隔離度数は，かつての東・南欧系の「新移民」と同じく，急速に増加する移住労働者の相互扶助ネットワークの拡充を反映した，世代を重ねるごとに主流のアメリカ社会へ同化する過程の一つと見なせるのに対して，黒人の場合には南部からの移住労働者の例が示すように，出口が見出し難い貧しいゲットー地区への集住という「超隔離」(ハイパーセグリゲーション)がより深刻化しているという。ウィリアム・J・ウィルソンが指摘するように，このような地区の住民の就職や転職・昇進の情報は極めて乏しい。その上，雇用担当者がたとえ黒人の場合でも，このような地区の住民の採用を予めふるいにかけて落とす巧妙な差別化が行われている。マッシーは，より巧妙化する不動産業者の差別的対応を規制すべく，これまでに何度か改正が試みられてきた 68 年に成立した公正住宅法のさらなる強化を求めている。さらに既に触れたシカゴの「ゴートルー・プログラム」のような「流動性促進政策」の拡充も提言する[33]。

　しかしながら，現実問題として，差別の法的禁止措置をもたらした「公民権革命」が皮肉にも招いた，大都市圏における都心部と郊外地区の人種の住み分けの流れを効果的に逆行させることは困難と言わざるを得ないように思われる。産業構造の変化とグローバル化の進行という大きな流れを背景にしつつ，地域闘争の高揚や法廷闘争の勝利は，むしろ住宅の隔離を助長する皮肉な結果を導いてきた。南部の地方都市にまで人種の住み分けが波及しているのである。人種差別の撤廃を求める地域闘争がもたらしたものは，南部であれ北部であれ，よりいっそうの人種の住み分けが全米各地で進行する均質化の流れだったと言うことができる。そして住み分けに伴う格差を正当化するのは「アメリカニズム」の重要な構成要素でもある「地方分権」である。大都市中心部の居住区は長年にわたって人種のみならず階級によっても細分化されてきたが，近年シカゴやアトランタなど全米の大都市では商業地区に隣接する中心部で「職住近接」を謳い文句とした「高級化」(ジェントリフィケーション)と呼ばれる，洒落た外観の住宅建設などの新たな都市再開発事業が進行している。それによって人種に関わりなく中産階級の都心部への回帰現象が見られるようにもなってきた。ただしこれを好ましい傾向と見ることには留保

---

33) William Julius Wilson, *When Work Disappears : The World of the New Urban Poor*, University of Chicago Press, 1996, pp. 126-132, 川島正樹/竹本友子訳『アメリカ大都市の貧困と差別――仕事がなくなるとき』明石書店，1999 年，193-201 頁 ; Massey, "Residential Segregation and Neighborhood Conditions," pp. 425-428.

が伴う。その一方で最下層の黒人民衆が旧来のゲットー地域からさえ追い出されつつあるからだ。このようにして人種の烙印を押された新たな婉曲語法によって「アンダークラス」と呼ばれる，大半が黒人の長期的無職者や非正規雇用者からなる集中した貧困にさいなまれる人びとの苦境は，「小さな政府」の名の下に分権と個人主義のレトリックで放置され，次世代に世襲化されつつあるのである。

だが目を凝らせば希望の光も随所に見える。前述のシカゴにおける市の境界線を越えた「流動性促進政策」や，前章の最後に紹介したゲットー地区における地道なコミュニティの自立化(エンパワメント)活動，さらに本章で触れた人種政治を超える新たなリベラルな全国的政治潮流を構築しようとする若き「黒人」政治家バラク・オバマの試みである。これらの中に，また前章の最後に取り上げた南部でのかつての活動家による，有志の個々人および社会的な援助のネットワークに支えられて展開される黒人の地域社会を単位とした集団的な自立化(エンパワメント)支援の NPO 事業の中に，世襲化される貧困の悪循環を断ち切る可能性と人種の脱構築の未来を描くことは十分に可能であろう[34]。

【文献案内】

① Douglas S. Massey and Nancy A. Denton, *American Apartheid : Segregation and the Making of the Underclass*, Harvard University Press, 1993.

② Stephen Grant Meyer, *As Long As They Don't Move Next Door : Segregation and Racial Conflict in American Neighborhoods*, Rowman & Littlefield, 2000.

③ トマス・J・スグルー，川島正樹訳『アメリカの都市危機と「アンダークラス」――自動車都市デトロイトの戦後史』明石書店，2001 年。

④ 川島正樹「ボストン・スクール・バスィング論争再訪――『失敗』神話の検証に向けて」『アメリカ研究』31（1997 年 3 月），59-81 頁。

⑤ 藤永康政「シカゴ・フリーダム・ムーヴメント」『歴史学研究』758（2002 年 1 月），16-32 頁。

⑥ James R. Ralph, *Northern Protest : Martin Luther King, Jr., Chicago, and the Civil Rights Movement*, Harvard University Press, 1993.

⑦ Masaki Kawashima, "In Search of the Meaning of the Civil Rights Movement : A Perspective Drawn from Three Case Studies of Local Civil Rights Struggles" (Paper

---

34) 本章は 2005 年度南山大学パッヘ研究奨励金 I-A2 による研究成果の一部である。

presented in the Kyoto American Studies Summer Seminar-2002), *Publication of the Proceedings from The Kyoto American Studies Summer Seminar, July 25-27, 2002*, (Center for American Studies, Ritsumeikan University, March 2003), pp. 35-54.
⑧ Neil J. Smelser et al. (eds.), *America Becoming : Racial Trends and Their Consequences*, National Research Council, 2000.
⑨ Moon H. Jo, *Korean Immigrants and the Challenge of Adjustment*, Greenwood Press, 1999.
⑩ John David Skrenty (ed.), *Color Lines : Affirmative Action, Immigration, and Civil Rights Options for America*, University of Chicago Press, 2001.
⑪Douglas S. Massey et al., *Beyond Smoke and Mirrors : Mexican Immigration in an Era of Economic Integration*, Russell Sage Foundation, 2002.
⑫ウィリアム・J・ウィルソン著，川島正樹/竹本友子訳『アメリカ大都市の貧困と差別——仕事がなくなるとき』明石書店，1999年4月。

①と②は，住宅における人種隔離の歴史的展望と現状を知るための最も信頼できる研究書である。③④⑤⑥は，本章で扱った三つの北部都市の事例研究である。⑦の拙稿は「運動後」の現状を踏まえた南部の「北部化」について論じている。⑧によってアフリカ系アメリカ人を中心とした人種の現在の諸問題を総覧できる。⑨には「ロサンゼルス暴動」など1965年の移民法改正以降に急増した韓国系移民とアメリカ生まれのゲットーの黒人住民との確執についての叙述がある。⑩の論集では，産業構造変化やグローバル化の進展でアメリカ合衆国の人種問題が画期的な変化の時期を迎えつつあることが示唆される。⑪は急増するメキシコからの移住労働者について論じている。⑫は「アンダークラス」に関する必須の文献である。

第8章　教育と「人種」
――再隔離とアファーマティヴ・アクション――

中 村 雅 子

　1954年のブラウン判決[1]は，教育を「よき市民性の土台」であり「州政府と地域自治体のもっとも重要な機能」であるとした上で，教育における人種隔離を憲法修正第14条の「法の平等な保護」を侵すものであるとした。本章ではブラウン判決以降の教育における「人種」をめぐる問題を，「公立学校における人種隔離廃止のとりくみと再隔離」および「高等教育におけるアファーマティヴ・アクションの動向」を二本の柱として通史的に概観し，「カラーブラインドか，カラーコンシャスか」，つまり，社会政策において「人種」は考慮さるべきか否かという論争について考察する。

1　ブラウン判決――その背景と意義

1）プレッシー判決と人種隔離体制

　1896年のプレッシー判決[2]は，鉄道車両における白人と黒人の分離を定めた1890年のルイジアナ州法を連邦最高裁が是認したものであり，以後，半世紀にわたって「分離すれども平等」(Separate but Equal) の原理のもとに南部における人種隔離体制を正当化するものとなった。ブラウン判事は，憲法修正第14条は政治的差別を禁じてはいるが私的な領域における社会的差別を問題とするものではなく，人種の混合を求めたものでもないとした上で，裁判所は社会的偏見を是正することはできず，黒人が隔離を劣等の烙印と見なすのは主観の問題であるとした。有名な，そしてまさに現在の論争点になっている「憲法はカラーブラインドである」という主張は，ただ一人この判決に反対したハーラン判事の少数意見で表明

---

1)　*Brown v. Board of Education of Topeka, Kansas*（*Brown I*），1954.
2)　*Plessy v. Ferguson*, 1896.

されたものである。ハーラン判事は、人種的嫌悪は法で是認されるべきでなく、黒人が劣等である故に白人の隣に座れないという含意こそがさらなる人種嫌悪をもたらすものであり、「平等な」設備への言及がまやかしであることは明らかであると、この判決を批判したのだった。

ハーラン判事が指摘するとおり、白人と黒人が隔離された場合に、平等な条件が保障されることは、黒人が主権者としての権利を奪われていた当時の南部の状況では、まずあり得ないことだった。また、人種の隔離が白人側の意志によって先導されるものであったことも明らかだったと言えよう。南部の隔離教育制度のもとでは、法律の定めに従って、子どもたちは人種別の学校に行くことになる。これは、子どもたちが席を並べて教育を受けることを忌避する、白人の親の側からの黒人排除の論理の結果であり、両人種による合意にもとづく立法ではないことは言うまでもない。黒人は黒人学校を選んだというわけではなく、白人の学校に入れない結果として、黒人学校に行くことになっていたのだ。

教育における人種隔離は、法律によって是認され維持された南部の人種隔離体制のひとつの局面であるだけでなく、子どもたちが育つ過程で、隔離されない社会関係のあり方を構想する可能性さえ奪うという意味で、根底でその体制を支え再生産する装置であったと言えるだろう。

2）ブラウン判決に至る法廷闘争

教育における隔離に対する法廷闘争は、全国有色人地位向上協会（NAACP）[3]を中心に、当初は「分離すれども平等」という枠組みのなかで闘われた。つまり、隔離された施設における不平等の実態を証明することによって、その是正策として「平等化」か「隔離廃止」を勝ち取るという戦略である。ゲインズ判決(1938)[4]はこの先鞭をつけたもので、黒人に自州内のロースクールへの進学を認めず、他州のロースクールに入学する際の学費を負担するとしたミズーリ州の規定を却下し、それぞれの州が分離施設であれ平等のロースクールを保障しなければならないとした。しかし、シプエル訴訟(1948)[5]において、最高裁が黒人用の施設があればどのようなものであれ平等の保障と見なすという見解を提示したことに対して、

---

3) National Association for the Advancement of the Colored People. 1910 年設立。
4) *Missouri ex rel. Gaines v. Canada* (1938).
5) *Sipuel v. Board of Regents of the University of Oklahoma* (1948).

NAACPの法律顧問サーグッド・マーシャル[6]は，「分離すれども平等」原理の合憲性をはじめてこの訴訟で問題にすることになる。原告訴状において，彼は，公教育における隔離は奴隷制の伝統を永続化する意図のもとに，人種と皮膚の色に基づくカーストシステムを維持する機能を果たしていると指摘し，「平等は，施設設備の比較に限っても，決して達成できない。このような状況の下では「分離」と「平等」は一緒に使える言葉ではなく，分離された平等はあり得ない」[7]と述べた。これは「分離すれども平等」の原理について，そのオクラホマ州における適用を問題として，その実現があり得ないとする論理によって挑戦したものであったと言える。この判決で最高裁は，オクラホマ州の州議会議事堂内の一区画に置かれた3人の法律教授を擁する黒人用「ロースクール」を容認したが，NAACPはその後の訴訟を通して平等判定の基準の厳格化を求め，その点での実績を重ねることに成功した。

スウェット判決[8]とマクローリン判決[9]という1950年の二つの判決は，分離された施設が平等かどうかの判断にあたって，高等教育の「無形の」要素を考慮するとした点で，画期的なものとなった。すなわち，スウェット判決においては，その教育機関としての名声と教授陣の評判が，マクローリン判決においては学生同士の知的交流が，考慮されるべきものとして示され，原告の勝訴が導かれたのである。前者では，新しく設立された黒人用のロースクールと伝統のある有名なテキサス大学ロースクールとでは，スウェットが期待できる教育の機会は，後の就職可能性を含めて比較にならないとされ，後者においては，マクローリンを白人学生の教室の外に座らせて図書館でも隔離するという州による制限は，他の学生との討議を通じて学ぶ機会を奪い，専門職をめざして学ぶ彼の能力を損なうものであり，そのような不平等は認められないとされた。予算や施設設備などの目に見えるレベルでの平等だけでなく，「無形の」教育のコンテクストを問題にするという点で，ブラウン判決に至る扉は開かれていたのである。

---

6) NAACPの法律顧問として1954年の歴史的なブラウン判決を導き，1967年10月にジョンソン大統領の任命により，黒人として最初の最高裁判事となった。彼の祖父母は奴隷であった。
7) Richard Kluger, *Simple Justice : The History of Brown v. Board of Education and Black America's Struggle for Equality*, Alfred A. Knopf, 1976, p. 259.
8) *Sweatt v. Painter* (1950).
9) *Mclaurin v. Oklahoma State Regents for Higher Education* (1950).

3）ブラウン判決の法理と，隔離教育の是正策

　南部の隔離教育制度のもとでの白人の学校と黒人の学校の明白な不平等を訴えた四件の訴訟[10]が最高裁への過程で統合されたブラウン訴訟は，南部の公立学校の人種隔離に最高裁の審判を求めるものとなった。NAACPは「平等化」ではなく，「分離すれども平等」の法理そのものを問題にするための機が熟したと判断してこの訴訟に臨み，「公教育において，分離すれども平等はあり得ない。分離された学校施設は本質的に不平等である」との画期的な判決を勝ち取った。これが南部の人種隔離制度への大きな一撃であったことは間違いないが，この判決が一世紀近くも続いた南部の隔離制度自体を解体するものではなかったことは，ここであらためて確認しておかなければならない。

　つまり，ブラウン判決は「こと教育に関しては」という限定つきでプレッシー判決を覆したのであり，人種隔離制度の解体は1964年の公民権法を待たなければならないということである。全員一致の判決を書いた最高裁長官アール・ウォレンの議論は次のように展開する。求められているのは，憲法修正第14条が公布された当時ではなく現時点での教育の重要性に鑑みての判断であり，「今日，教育は州政府と地域自治体のもっとも重要な機能である。」教育は就職や軍務に従事するために必須であり，「よき市民性の土台そのもの」であり，「教育の機会を奪われた子どもに人生の成功はほとんど期待できない。」そのような機会を州が提供する場合，それはすべての子どもに平等に保障されるべき権利である。そして，公立学校での人種による子どもたちの隔離は，施設の設備や具体的な諸条件が平等だとしても，マイノリティの子どもの平等な教育機会を奪うものであると「われわれは信じる」。

　ブラウン判決が，隔離教育の影響そのものを論じて判決の根拠としたことも注目に値する。ウォレン判事は，上述のスウェット判決とマクローリン判決における「無形の」部分への考慮，つまり隔離の状況が学ぶ能力とそこから得られる利益に影響するという点について，それが高等教育のレベルにおいてよりも初等中等教育段階の子どもたちにこそ，より重く考慮されなければならないと指摘し，

10）　次の4件であり，ブリッグ訴訟からブラウン判決に至る過程は『裁かれた壁』というタイトルで映画化され，日本でもテレビ放映された。*Briggs v. Elliott* (South Carolina), *Davis v. County School Board of Prince Edward County* (Virginia), *Belton v. Gebhart* (Delaware), *Brown v. Board of Education of Topeka, Kansas* (Kansas).

同じ年で同じ資質を持つ子どもたちを人種だけを理由に分離することは，コミュニティにおける自分たちの地位について，分離された子どもたちに劣等感をもたらし，かれらの心と知性に取り返しのつかない影響を与える，と述べたのである。さらに，彼は，この点に関してのカンザスの下級審での判決文を，次のように，かなり長く引用している[11]。

> 公立学校における白人の子どもと黒人の子どもの隔離は，黒人の子どもに損傷的影響を及ぼす。それが法に基づいて行われるとき，その影響はさらに甚大である。人種別分離の政策はほとんどの場合，黒人の劣等性を示すと解釈されるからである。劣等感は子どもの学習意欲に影響する。したがって，法に基づいた隔離は黒人の子どもの教育的，精神的発達［の遅滞］に影響し，人種的に統合された学校システムにおいて得られたであろう利益をかれらから奪うことになりがちである。

こうした隔離教育の影響の議論に関わって，この判決が，「プレッシー判決当時の心理学がどの程度発達していたかはともかく」と断りつつ，心理学をはじめとするさまざまな分野の社会科学の知見に依拠したことも，当時としては注目を集めるものだった[12]。

ブラウン判決は，教育における人種隔離は憲法修正第14条の「法の平等な保護」を侵していると明快な言葉で述べたが，その是正策については，南部全域にわたるという影響の大きさと地域ごとの事情を考慮する必要性から，さらなる議論が必要であるとした。

ここまでがブラウンⅠ判決（1954）の裁定であり，1年後に是正策を示したのがブラウンⅡ判決（1955）である。ブラウンⅡで，最高裁は各地の教育委員会に，連邦地方裁判所の監督のもと，人種差別的でない方法で子どもを学校に割り振るプランを策定するように命じた。各学区には迅速な着手が求められたが，その正当性を証明できる場合には時間がかかるのもやむを得ないとされ，いずれにせよ，「可及的速やかに」行動することが求められた。ブラウンⅠ・ブラウンⅡとも9人

---

11) この部分はブラウン判決として引用されることが多いが，下級審の引用である。
12) ケネス・クラークやガンナー・ミュルダールによる文献など7点が注11として記されている。これが，裁判所が「社会工学」に進出したとの批判を招くことにもなったのである。

の判事の全員一致の判決であったが，これは，この重大な決定が社会に受け入れられるためには全員一致でなければならないとのウォレン判事の信念にもとづく指導性によってもたらされたものだった[13]。この後，学校における人種隔離廃止[14]にむけて，裁判所がリーダーシップをとっていく時代になるが，そのことに対する批判も根強いものとして存続することになる。

2　公教育における人種隔離廃止へのとりくみ——ブラウン判決後の展開

1) 初期の進展と抵抗の醸成

1957年までに，南部の多くの学区，特に市部学区においては，最高裁決定に従っての自発的な改善プランが準備されつつあったが，当初の表面的な穏やかさの下で，農村部，特に黒人人口の多いブラックベルト地帯では，市部での隔離廃止を止めないとその拡大を止められなくなるという危機感が醸成されていた。南部の伝統主義者は，ふたたび「よそ者」によって南部の生活様式が攻撃されているととらえたのである。1957年，南部選出の連邦議会議員101名が署名した「南部宣言」[15]は，ブラウン判決を違憲であるとし，その実施を阻止するために合法的なあらゆる手段を講じるとの宣言だった[16]。1957年9月の時点で，南部11州のうち8州が裁判所命令に対して州権侵害宣言を出しており，公立学校閉鎖法(6州)，私立学校助成法(4州)，生徒選別法(9州)，義務教育廃止(8州)など，共学化阻止のためには公教育システムの解体も辞さないとする抵抗が南部諸州に広がっていた[17]。

アイゼンハワー大統領がブラウン判決の実施に向けての指導力を発揮しない状況の中，裁判所命令への南部の反発は学校における人種隔離廃止の実力阻止とい

---

13) Mary F. Ehrlander, *Equal Educational Opportunity : Brown's Elusive Mandate*, LFB Scholarly Publishing LLC, 2002, p. 9.
14) 本章ではdesegregationの訳語として「隔離廃止」を用い，integrationの訳語として「共学化」あるいは「人種統合」を用いることとする。
15) "Southern Manifesto." これに署名しなかったのは，上院議員ではテキサス州選出のLyndon Johnsonと，テネシー州選出のEstes KefauverとAlbert Goreの3人だった。Kluger, *Simple Justice*, p. 752.
16) David M. O'Brien, *Storm Center : The Supreme Court in American Politics*, W. W. Norton, 1993, p. 380.
17) 深山正光「黒人の教育」『世界教育史大系18　アメリカ教育史II』講談社，1976年。

う事態を生んだ。その典型が、フォーバス知事がナショナル・ガードを使って黒人生徒の登校を阻止した、アーカンソー州リトルロックのセントラル・ハイスクール事件である。ここにいたって大統領は101空挺師団を派遣し、共学の実施と黒人生徒の警護のために常駐させたが、翌年、知事は高校を閉鎖してしまう。このように、人種隔離廃止のペースは遅々たるものだった。その事態が変わるのは、1964年の公民権法で立法府と行政府が積極的に関わるようになってからである。

2) 1964年公民権法と初等中等教育法

1964年公民権法[18]のタイトルIV「公教育の人種隔離廃止」条項は、連邦教育局が地域の教育委員会の求めに応じて隔離廃止プラン策定の技術的・財政的支援をすることを認めた。タイトルVI「連邦政府補助金プログラムでの差別禁止」条項は、人種・皮膚の色、出身国による差別を禁止し、それが守られない場合には連邦補助金供与停止の権限も政府に認めた。1966年までには連邦保健教育福祉局（HEW）[19]はほとんどの裁判所命令よりも具体的で厳密な人種隔離廃止のガイドラインを制定しており、かつての白人学校に入るべき黒人生徒の最低限の割合を明示していた。

1965年の初等中等教育法[20]は連邦政府による初等中等教育への補助金を定めた初めての立法で、その核であるタイトルIは経済的・文化的に「恵まれない」子どもたちが集中する地域での補償教育プログラム[21]のための補助金を定めていた。具体的には就学前教育、少人数クラス編成、補習クラス（特に算数とリーディング）、英語を母語としない子どものための特別援助、放課後のスタディセンター、サマースクール、朝食サービスなどである。1964年公民権法がすでに隔離学校への連邦政府援助を禁じていたので、この補償教育が人種隔離廃止をすすめる誘因になることも期待されていたのである。

3) 共学化のためのバス通学——隔離廃止の新段階

1968年、最高裁はグリーン判決[22]において、「一元的な、人種隔離されていない

---

18) The Civil Rights Act of 1964.
19) Department of Health, Education and Welfare.
20) Elementary and Secondary Education Act (1965).
21) 1964年経済機会法（Economic Opportunity Act）によるヘッドスタートも補償教育プログラムであり、幼児教育番組「セサミストリート」はそこから生まれたものである。

学校システム」を築き得ていない場合の「選択の自由」プラン[23]を却下し,「即座に実効性のある共学化にとりくむ」ことを要求した。ブラウン判決は「法による」人種隔離の廃止にとどまらず,人種的に特定しうる学校をなくすことを求めているとの判断が示され,人種隔離廃止プランの評価は,その目的や誠実さではなく効果が重要であり,すでに「可及的速やかに」対処すべき時は過ぎたことが宣言されたのである。

同じく1968年に,ジョンソン大統領のもとで司法省とHEWは,それまで見過ごされてきた北部と西部での学校の人種隔離にかかわる裁判に着手し,学校の人種隔離廃止政策は1970年代に新しい段階に入った。学校の人種隔離が法の定めではなく居住地域の分離によるものであった北部と西部でも,より厳密に検討すると公的機関の行為がそれを強化しているとの認定から,裁判所は「法による」の規定を,そのような公的機関の行為を含めるものと定義しなおした[24]。裁判所はその是正策を命じたが,それは学区全体におよぶ生徒のバス通学[25]を含むものであった。このことによって,学校の隔離廃止は新しい様相を帯びることになる。南部の人種隔離廃止を支持していた北部や西部の人々も,自分の子どもたちが人種隔離廃止のためにバス通学させられることになるや,強硬に反対し始めたのである。

スワン判決(1971)[26]は居住地域の人種隔離が顕著なメトロポリタン地域における学校の人種隔離廃止のためのバス通学を認めたもので,州法で隔離を定めていたという過去の差別に照らして,一元的な学校システムを実現するためには広範な是正策は時として必要であるとした。「人種的に中立な」学区の境界線は是正策としては不十分であり,「人種のバランス」あるいは「クォータ（割り当て）制」

---

22) *Green v. County School Board of New Kent County* (1968).
23) もとの（隔離された）学校に行くことを基本としつつ,希望者には家に近い学校への編入を審査の上で認めるものだが,希望が却下されることも多く,隔離廃止の責任を教育委員会でなく黒人生徒に負わせるものとの批判を受けていた。
24) de jure は通例は「法による」ものと解されるものだが,公的機関の行為もそれに含まれるという最高裁の解釈を含み込むために,「公的な」と訳すことにした。
25) スクールバスによる子どもの送迎のことで,アメリカでは一般的なことであるが,人種隔離廃止のために子どもを長距離移動させることが反発を招いた。「バス送迎」あるいは「バス輸送」と訳した方が本来の語感に近いが,ここでは通例に従って「バス通学」とする。
26) *Swann v. Charlotte-Mecklenburg Board of Education* (1971).

が是正策の出発点として用いられ得るとしつつ、その一方で最高裁は、単人種学校がそれ自体として差別の証拠となるわけではないとした。また、学区教育委員会は通学費を負担して単人種学校の生徒に転校の機会を与えなければならないが、一元的な学校システムが実現されたら、人種的バランス達成のための境界線の調整を毎年やる必要はないとした。

北部のケースについての初めての最高裁判断を示したキイズ判決(1973)[27]は、コロラド州のデンバー学区に意図的な差別があったとの判定をふまえ、広範な学区内のバス通学を求めた。多数意見を書いたブレナン判事は、学区の広範な地域における人種隔離の存在はブラウンII判決とスワン判決の適用を求めるものであるとしたが、ただ一人反対意見を書いたレンキスト判事[28]は、最高裁が「公的」の解釈を拡大して、「人種的に中立な」境界線を引くことの要求にとどまらず、「隔離教育の廃止」から「共学の実施」へと一歩を踏み出したことを、ブラウン判決の要求を越えるものであると批判した。

キイズ訴訟の審理の間に、「ボストンの闘い」の前哨戦が進行していた。人種隔離永続化のための学校行政官の広範な意図的行為があったと認定した連邦地裁判事のギャリティは、「人種不均衡法」[29]に基づいてボストンの通学区の線引きを全面的にしなおし、双方向のバス通学を含む学区全体の人種隔離廃止政策を課した。

人種隔離廃止とバス通学の裁判所命令が北部にも及ぶに至って、連邦議会では司法が地域の学区の問題に介入することに対する抵抗が高まった。ニクソン大統領はジョンソン政権の積極的な人種隔離廃止策から後退し、HEWの役割を裁判所命令に従うための学区への技術的支援に限定し、議会に反バス通学の立法を促した。

3　平等な教育機会の模索——共学化と補償教育

1）裁判所の境界設定——分水嶺としてのミリケンI

1974年、ミリケンI判決[30]で最高裁は、人種隔離の学区間是正策について、学

---

27)　*Keyes v. Denver School District No. 1* (1973).
28)　1986年にレーガン大統領に最高裁長官に任命されて以来、その任にあり、2003年のミシガン大学のアファーマティヴ・アクションを否定する判決で、多数意見を書いている。
29)　Massachusetts Racial Imbalance Law. 非白人が50％以上を占める学校を違法とした。
30)　*Milliken v. Bradley I* (1974).

区間の侵犯がなければ学区間是正策の必要はないとして，デトロイトでの「公的な」人種隔離の判定に基づく学区間是正策を命じた下級審を逆転させた。下級審ではデトロイトで黒人人口が圧倒的多数になっていた状況下で，デトロイト市内だけの是正策では人種隔離廃止を達成できないとして，周辺の53学区を巻き込んでの是正プランを命じたが，最高裁長官のバーガー判事は，憲法違反をしていない周辺の学区に共学化のプランを押しつけるのは「許されざる是正策である」とした。その一方で，デトロイトの黒人は一元的学校システムに参加する権利もあるとして，審理を下級審に差し戻した。5対4と割れたこの判決は，憲法違反には救済策を命ずるが居住隔離という社会問題には踏み込まないという境界を設定したものであった。マーシャル判事はこれを「巨大な後退」と呼び，市だけでなく州の行為がデトロイトの「公的」人種隔離に貢献している以上，市を越えての是正は当然求められてよいと主張した。

2)「ミリケンIIスクール」──是正命令の一環としての教育プログラム

　ミリケンII判決(1977)[31]は，全員一致で，地方裁判所は人種隔離の学区間是正策を求め，州政府に憲法違反があればその費用負担の一部を州に求めることができるとした。実際，ミシガン州では，過去の人種隔離の影響緩和のための，学区の自発的なプランの実施を州議会が禁じていたのである。地方裁判所は是正策として，リーディングの補習，人種隔離廃止過程円滑化のための教師研修，文化的偏りのないテスト実施，生徒へのガイダンスとカウンセリングという四つの教育プログラムを命じていたが，最高裁はこの費用負担を州に命じた下級審を支持することによって，人種隔離がその犠牲者を教育的に不利な状態にしたことを確認し，是正策の目的は犠牲者の回復であるとした。そのような不法行為がなかったとしたら達していただろうレベルに人種隔離の犠牲者を達成させるための特別教育プログラムが，是正命令の一部として求められたのである。

　こうして，ミリケンII判決は，過去と現在の人種隔離がマイノリティ児童にもたらしている影響の救済のための何億ドルもの出費をもたらした。居住隔離が進んだ多くの学区において意味のある人種隔離廃止が不可能となるにつれ，行政は補償教育プログラム，設備・備品など，人種隔離と貧困による不遇を被っている

---

31) *Milliken v. Bradley II* (1977).

子どもたちの学習環境を改善し，学力テストの成績を高めるための「ミリケンII スクール」プログラムに頼るようになった[32]。

3）連邦議会におけるバス通学への対応

ミリケンIIを最高裁が審議する一方で，議会は初等中等教育法の修正(1974年教育修正法)[33]を議論していた。1974年8月21日に成立したこの修正条項は，人種の不均衡をただすための人種隔離廃止策を拒否し，そのためのバス通学に連邦政府予算を使うことを禁止した。さらに学区の境界線が人種隔離の維持のために引かれたものでない限り，それを裁判所が変更することはできないとした。フォード大統領は同年10月に，人種均衡のための強制バス通学に反対であることを表明し，1975年秋，ボストン騒動のさなか，議会は，人種隔離廃止をしない学区に連邦援助資金を差し止める権限をHEWからとりあげた。

裁判所による包括的な是正策，特に強制バス通学に対する社会の反発と教育行政当局による抵抗に直面した多くの地方裁判所は，さらに具体的で包括的な裁判所命令を出して当局への圧力を強めたが，それは両者の溝を深めることにもなった。1977年のカーター大統領就任で，ジョンソン政権下での公民権法の積極的実施の方向に風向きが変わったものの，レーガン政権[34]は再び裁判所によるバス通学命令の実施を放棄した。

4）補償教育プログラムの効果の検証

1970〜80年代に多くの学区で導入された補償教育プログラムは，ミリケンIIで裁判所の人種隔離是正命令の一部として認められたことによって，「過去の差別結果の是正」の効果の検証がいっそう重要なこととして問われることとなった。結論から言うと，それらは期待されたような結果をもたらさなかったのである。

1984年に発表された最初の経年的調査では，参加児童は非参加児童よりも若干

---

32) Joseph Feldman, Edward Kirby, Susan E. Eaton, and Alison Moranz, *Still Separate, Still Unequal : The Limits of Milliken II's Educational Compensation Remedies*, The Harvard Project on School Desegregation, 1977, p. 1.
33) The Education Amendment of 1974.
34) レーガン大統領が最高裁判事に保守派を任命したことによってもたらされた構成の変化は，1990年代に裁判所が人種隔離是正の監督から撤退していくことにつながったのである。

早いレートで成績が向上したが，その成果は中学校レベルまでは維持されないという結果だった[35]。

1993年には，タイトルI参加児童の学力向上が社会経済的条件の同じ非参加児童と比べて思わしくなく，貧困層と非「不遇」児の学力ギャップが過去2年でさらに拡大したという結果が発表された。学力の遅れは4年生で1年，8年生で2〜3年，12年生で3〜4年であり，学年を追って拡大するという結果は深刻だった[36]。1997年発表の2回目の経年調査でも，入学当初の学力ギャップは縮まらないという結果だった[37]。

マイノリティと貧困児童の不遇の是正はもちろん，その緩和でさえ，一時的な補習プログラムでは不十分であり，大金をかけたプログラムでも社会経済的要因としての家庭と地域の貧困を埋め合わせできなかったという結果は，1960年代の楽観論を裏切るものではあったが，冷静に見るならば意外な結果とも言えないものだった。

5）人種隔離廃止プラン実施監督からの裁判所の撤退

最高裁は，人種隔離廃止のための裁判所による監督から学区を解放する意向を，1990年代初頭のオクラホマ判決(1991)[38]とフリーマン判決(1992)[39]で示していた。これが，ある程度人種隔離廃止が進んだ地域，特に南部において，再隔離がすすむ転機となった。前者においては，学区に人種で特定できる学校があったとしても，①学校システムが妥当な期間，裁判所命令に従ってきたこと，②過去の差別的方法に戻ることはないと予想されること，③学校行政における過去の差別を現実的な範囲で除去してきたこと，の三条件が満たされていれば，一元的システムと認定し，裁判所の監督から解放され得るとした。最高裁長官のレンキスト判事は，裁判所による監督が一時的な措置であることを強調し，居住パターンの変化による人種の不均衡を是正し続ける義務を学区は永久に負うわけではないとした。かつてNAACPの法律顧問としてブラウン判決を勝ち取ったマーシャル判事は裁判所の撤退を批判し，最高裁の法理が過去の差別の影響に関しての責任を教育

---

35) David J. Hoff, "Tracking Title I," *Education Week*, 22 October 1997, p. 16.
36) U. S. Congress, House 1993, pp. 3-4.
37) Hoff, "Tracking Title I," p. 29.
38) *Oklahoma City Public Schools v. Dowell* (1991). この年の秋にマーシャル判事は退任。
39) *Freeman v. Pitts* (1992). この判決は全員一致だった。

委員会に負わせてきたのであり，人種で特定できる学校の存在自体が行政の義務不履行の証左であるとして，人種的劣等性のメッセージを与え続けている隔離学校が子どもに与える特別の損傷を裁判所は認識し，その除去を明確に要求しなければならないとした。ブラウン判決で全員一致だったこの見解は，すでに3人の少数意見になっていたのである。

フリーマン判決(1992)では裁判所の監督の暫時性が再確認され，さらに上記の判定要素も部分的に満たされていればよいとされた。裁判所の介入は違憲行為による人種不均衡に限られるとされ，「公的な」人種隔離による不均衡が是正されれば，それ以上の是正義務は学区にはないとされた。こうして，最高裁は，私的選択による居住隔離に対抗して学校の人種均衡を命ずる憲法的権威は裁判所にはないこと，および，裁判所の学校当局への監督権限も限られたものであることを認めたのである。裁判所の介入は「公的な」行為の痕跡の除去に限定されたが，それが除去されたかどうかの判定自体，論争的なものだった。

このように，オクラホマ判決とフリーマン判決は，ブラウン判決の解釈を限定的なものにとどめ，下級裁判所に撤退サインを送ったという点で，学校の人種隔離廃止への裁判所のとりくみにおいて，明らかな後退の画期を記すものだった。

先に見た補償教育プログラムの有効性の曖昧さをふまえて，裁判所による監督の暫時性についてさらに強いメッセージを送り裁判所と学区の責任を限定したのが，カンザス・シティの人種隔離廃止についてのミズーリ判決(1995)[40]だった。巨額を投じたメトロポリタン学区(KCMSD)の補償教育プログラムも学力ギャップを埋めることができなかったという現実に対して，その存続を求める人々はギャップが過去の差別の結果である故に学区に対応義務があるとしたが，最高裁はKCMSDとミズーリ州のコントロールの及ばない無数の要因がマイノリティ児童の学力に影響しているとして，この要求を拒否した。学力ギャップを埋めるのは学校システムの責任ではなく，裁判所命令でそれを実現できるわけでもないとしたのである[41]。そして，これを受けて，多くの連邦地方裁判所はマイノリティ児童と非不遇児の学力ギャップが根強く存在する中で，管轄学区をその監督から解

---

40) *Missouri v. Jenkins* (1995).
41) 学力ギャップ縮小の期限設定や卒業テスト合格率の同等化などの具体的な目標を盛り込んだ裁判所命令もあったが，その一例であるサンディエゴでは，1980年代後半と1990年代にはマイノリティ児童のテストスコアは下がってしまっていた。Ehrlander, *Brown's Elusive Mandate*, p. 267.

放しはじめた。ある程度の人種隔離廃止が進んだ地域でも，人種隔離が拡大しつつあった地域でも，同様のメッセージが受け取られた。こうして，オクラホマ判決，フリーマン判決，ミズーリ判決という 1990 年代前半の一連の判決で，公教育における裁判所の限定的権威と，裁判所の監督の暫定性が確認された。裁判所の責任は学校システムの一元化で，学力ギャップの是正という「教育のゴール」を達成することではなくなったのである。

デンバーは 1995 年に「一元的システム」を達成したと認定され，裁判所の監督から解放された時点で，「共学化のためのバス通学の禁止」というコロラド州憲法の修正条項が適用されるようになり，学校の再隔離がすすんだ。リトルロックでは，2001 年に裁判所の監督から解放される旨が 1998 年に決まり，どの学校も白人が 80％以上にならないことという条件で，生徒の割り振りのより多くの権限を学区に戻し，一番近い学校に行くシステムの採用を認めることとなったが，その際，1989 年の裁判所命令に含まれていた学力ギャップ削減の要請ははずされることになった。

裁判所命令とその実施監督から解放された学区が，居住隔離が拡大する中で児童を近隣の学校に割り振れば，学校における人種隔離がさらに進むことは必然だった。それに抗する権威と能力が裁判所にあるかどうかが問われた以上に，裁判所命令なしでは，学区にその意志があったとしても，再隔離と人種的孤立に抗する権威と能力はないに等しかった。

6）学力ギャップ

1996 年発表のエデュケーショントラスト[42]による調査報告では，1970 年から 1988 年にかけて，白人の成績にあまり変化がなかった一方で，マイノリティ側の伸びによって，白人と黒人のギャップは 2 分の 1 縮まり，ヒスパニックと白人のギャップは 3 分の 1 縮まった[43]。その後，再び格差が広がり，1990 年代末には黒

---

42) The Education Trust は「すべての子どもの高学力保障」を目標に，特に学力ギャップの問題を継続的に調査公表している民間組織で，ここでは 1970～1980 年代の長期的傾向を総括した 1996 年の報告を使ったが，最新報告は常に web 上で参照できる。*Education Watch : The 1996 Trust State and National Data Book*.
43) この背景についての見解は，親の教育歴の改善と子ども数の減少による貧困家庭率の減少を重視する「家庭要因派」と，人種隔離廃止と補償教育の成果を重視する「教育要因派」に分かれている。

人，ヒスパニック，ネイティヴ・アメリカンはすべての科目，すべての学年で，白人に比べてかなり低いスコアとなった。マイノリティ児童の学力状況が州によって大きく違うこともこの報告で明らかにされた。ニューヨーク州では K-12 [44] の 20％が黒人で，英才プログラムの黒人在籍者も 20％と同率だが，ミシシッピ州ではそれが 51％と 7％という大きな差を示していたのである。

教育機会と学力のこのような格差は，マイノリティ児童を人生の成功に向けて平等に準備するという，ブラウン判決で掲げられた課題に，公教育システムがまだこたえられないでいることを物語るものであった。

4　高等教育におけるアファーマティヴ・アクション

高等教育における人種隔離廃止については，ブラウン判決以前にその突破口となったいくつかの判例を第 1 節で示したが，高等教育におけるとりくみが大きく変わるのは，「人種，肌の色，宗教，性別，出身国など」に基づく差別を禁止し，そうした差別が行われたと認められた時にはそれを是正するための「積極的措置（アファーマティヴ・アクション）」を裁判所が命ずることができるとした，1964 年公民権法が制定されてからである。

本来，このアファーマティヴ・アクションは，上記の趣旨での多様な措置を含むものであり，例えば，「バス通学」や「補償教育」などもその範疇に入るものとして論じられてきた。しかし，こうした措置の中でもっとも注目されたのが，高等教育機関への入学者選抜においてマイノリティ出願者の入学を確保するためにとられた措置であり，とりわけ，一定の優先的な枠組みを設ける「クォータ（割り当て）制」が議論の的になってきた。大学やプロフェッショナルスクールへの入学という，各人の人生への影響がきわめて大きい「利益」の配分をめぐる事柄であることがその根底にあるが，クォータ制がかつてはユダヤ系入学者の増加を多様性の名目で抑制するものだったという歴史も手伝って，「アファーマティヴ・アクション＝クォータ」という一面化の上にその是非を論ずるという屈折した展開が見られたのである。アファーマティヴ・アクションは「優遇措置」と訳されることが通例となっているが，その「優遇」の内容を確認するためにも，それぞれ歴

---

44)　K-12 は幼稚園から 12 年生（日本の高校 3 年生にあたる）の 13 年間の課程を指す。

史的な判決を導いたカリフォルニア大学 (1978) とミシガン大学 (2003) のケースを，以下で検討することとしたい。

1）バッキ判決における「学生の多様性」指針とその後の動向

　カリフォルニア大学デーヴィス校のメディカルスクールは，定員100人の入学者選抜において「一般方式」と「特別方式」の二つの方式を採用していた。「一般方式」は大学の成績がGPA[45]で2.5点以上の出願者について審査し，そのうち6人に1人が面接を受け，審査委員会のメンバー（1973年には5人，1974年は6人）が個々に面接結果，GPAの総合点と科学科目点，MCAT（医学系大学院入学テスト）[46]のスコア，推薦状，課外活動，本人の履歴等を総合して100点満点で採点したものの合計が「判断基準点」となった。

　「特別方式」は，マイノリティメンバーを主体として別に組織された特別審査委員会によって運営されていた。出願書類には「経済的・教育的不遇」（1973年）あるいは「マイノリティグループ（黒人，チカーノ，アジア系，アメリカインディアン）」（1974年）としての審査希望の有無を記入する欄があり，マイノリティの出願者が「不遇」であったことが確認されると，「一般方式」とほぼ同じ過程の審査で「判断基準点」が算出されたが，「特別方式」ではGPA2.5での足切りはされなかった。1973年と1974年には5人に1人の志願者が面接を受け，特別審査委員会から提出された上位者リストから，審査委員会が履修科目条件その他で問題のある候補者を却下するという過程を経て，「一般方式」の出願者とは競合しない形で「特別方式」によって16人が入学許可を得られることになっていた[47]。

　原告の白人男性アラン・バッキは1973年と1974年に出願したが，「特別方式」での審査は認められず「一般方式」のみで審査された。彼の「判断基準点」は1973年には500点中468点，1974年には600点中549点でいずれも不合格となったが，「特別方式」では彼より低い点のマイノリティ出願者が合格していた。彼は人種を理由に「特別方式」から排除されたことは，憲法修正第14条と，カリフォルニア州憲法の同趣旨の規定および1964年公民権法のタイトルVIに違反している

---

45) Grade Point Average. 成績評価を点数化したものに単位数をかけた数の合計を総取得単位数で割った数。評定平均値にあたるもので，4点が最高。
46) Medical College Admission Test.
47) この2年間を含む4年間で，マイノリティ出願者の63人が「特別方式」で，44人が「一般方式」で入学している。

として，彼の入学許可を求めて提訴したのである。

州地方裁判所は，「特別方式」はマイノリティ出願者が「一般方式」出願者とは別に16人という枠内でお互いに競合するのみであることから「クォータ（割り当て）制」であるとし，このような人種の考慮を上記の諸法規に違反するとしたバッキの訴えを認める一方で，彼が実際に合格し得たかの証拠は不十分であるとして彼の入学許可は却下した。

州最高裁は，州の行為で人種を考慮するときには，「所期の目的に対してふさわしく，かつ，もっとも負荷の少ない」方法をとるべきとする「厳しい審査基準」の法理を適用し，この方式が，「医療における人種統合を促進し，マイノリティ患者を積極的に診ようとする医師の数を増やす」という大学側が主張した目的を達成するための「もっとも負荷の少ないもの」とは言えないとして，州憲法と公民権法についての判断はせずに，憲法修正第14条の「法の平等な保護」に違反するとした。さらに，バッキの入学については，このような方式がなくても実際にバッキが合格し得なかったという証拠を被告が提示し得ていないとして，彼の入学を認める逆転判決となった。このような過程を経て，この訴訟は最高裁での審理に付されたのである。

バッキ判決(1978)[48]は，バッキの入学を命じ，「特別方式」を違法とした部分においては州最高裁の判決を支持したが，入学者選抜における人種の考慮を禁じた部分についてはそれを覆して，人種を考慮することは憲法違反ではないという見解を示した。

4人の判事が，人種差別の結果による不遇（マイノリティ医師が人口比に対して過小であるなど）の是正のためには人種を考慮することができるという判断からカリフォルニア大学の選抜方式を支持したのに対し，他の4人が憲法判断は不要として上記選抜方式を公民権法違反と裁定するという状況において，パウェル判事は「特別方式」を無効にする一方で，大学が示した理由の中では「多様性の確保」だけが入学者選抜における人種の考慮を正当化しうる唯一の根拠だとする見解を示し，結果としてアファーマティヴ・アクションへの支持を多数派の意見とした。憲法修正第1条の範疇である「学問の自由」をその根拠として多様性の尊重を認めたパウェル判事の議論は，「過去の差別による不遇の是正のために人種を考慮する

---

[48] *Regents of the University of California v. Bakke*, 1978年6月28日。判決は5：4。

ことは認められるか」という憲法修正第 14 条に関わる判断は避けて，その点においてはどちらの側も勝たせずにアファーマティヴ・アクションについての最高裁の拮抗状況を打開した，苦肉の策であったとも言えるのである。

　パウェル判事は，第一に，メディカルスクールと医療におけるマイノリティの歴史的不遇を軽減するという関心は，人種均衡化を旨とする不法なものであるとして却下し，続けて，第二に，社会的差別の是正という関心も人種の考慮を正当化する理由としては却下した。そのような方法は「特別方式」で利益を受ける出願者が過去に被ったとされる損害について，罪のない第三者に不必要な重荷を負わせるものだという理由からである。さらに，医師が少ないコミュニティで医師を増やすという目的も場合によっては必要かもしれないが，現行方式はその目的を特に達成しようとするものにはなっていないとして，却下した。こうして残った，唯一の正当化されうる根拠が「学生集団における多様性の確保」だったのだが，その多様性は，学生の一定の割合を特定のエスニックグループに確保するような，単なるエスニシティにおける多様性に限られるものではなく，より広い範囲の資質や特質を含むものであって，人種やエスニシティは重要ではあるがその一部であるに過ぎないとされた。

　そして，そのような多様性を目的として人種を考慮する選抜方式が正当化されるためには，それが「限定された方法」でなければならないとして，具体例としてはハーヴァード方式[49]を挙げた。その判断基準として彼が指摘したのは，ある特定のカテゴリーで区別された出願者をその内部での選抜に囲い込んで，その他の学生との直接的な競合関係を免れさせるような方法はとってはいけないという点と，出願者のファイルにおいて人種やエスニシティを単なる「プラス要因」として考慮することは許されるが，それは個々の志願者について関連するすべての多様性の要素を考慮できるような十分柔軟性のあるものでなくてはならないという点，それはすべての要素が同等の重みを付与されなければならないということではないが，志願者は同じ足場を与えられなければならないという点である。つまり，大学は特定のカテゴリーの学生に「クォータ（割り当て）制」による一定の数や割合の確保や，異なった選抜方式の適用はしてはならないというのが，大学入学者選抜方式についてのバッキ判決の判断であり，これがその後の大学入学者

---

[49] ハーヴァード方式は地理的多様性，経済条件，生活体験，特殊な才能などと同じように人種を考慮するもので，一定の数の確保はしないとされている。

選抜方式策定の指針となり，具体的な選抜方法についての憲法判断の基準ともなったのである。

その後，バッキ判決で全国の注目を集めたカリフォルニア大学は，1995年の理事会でアファーマティヴ・アクションの廃止を打ち出し，再びこの問題での注目の的となった。当時のカリフォルニア州知事ピート・ウィルソンの後押しを受けた理事会は，カリフォルニア大学傘下の九大学の学長，教授会，学生組織などが反対したにもかかわらず，アファーマティヴ・アクション廃止の決定をしたのである[50]。カリフォルニア大学は，アファーマティヴ・アクションにかわる方法で学生集団の多様性の実現の道を探ることになるが，その過程で1998年に採用されたのが，カリフォルニア州のすべての高校のトップ4％の生徒を，大学準備コースを履修していれば無条件にカリフォルニア大学に受け入れるという「4％解決策」[51]である。この方式は，テキサス州やフロリダ州でも採用され，人種を考慮した方法を使わずに大学の多様性を達成する方法として，2003年のミシガン大学のアファーマティヴ・アクション訴訟に際して，連邦政府が意見書で考慮に値する選択肢として推奨することになるのである。

2）ミシガン大学のアファーマティヴ・アクションについての二つの判決

2003年6月23日にミシガン大学の入学者選抜におけるアファーマティヴ・アクションに対する二つの最高裁判決が出された。グルッター判決[52]では，ロースクールの入学者選抜方式が支持され，グラッツ判決[53]では大学学部レベルの入学者選抜方式が却下されたのである。

この裁判は，バッキ判決を指針に入学者選抜をおこなってきた同大学について，人種を考慮することとその方法の是非を改めて問うもので，同年1月にブッシュ大統領がアファーマティヴ・アクションに反対する旨を表明し，約30人の退役将

---

50) 竹内裕子「償いの歴史を超えて——アメリカ合衆国におけるアファーマティブ・アクションをめぐって」田中きく代/高木（北山）眞理子編『北アメリカ社会を眺めて——女性軸とエスニシティの交差点から』関西学院大学出版会，2004年，99頁。
51) The 4% Solution. 高校のトップランクの生徒を一定の割合で受け入れる方式は総称して「パーセンテージプラン」と呼ばれているが，この方法の人種の多様性確保における有効性は高校での人種隔離を前提としており，その点が現実的対応とはいえ，問題であると言わざるをえない。
52) *Grutter v. Bollinger*, 2003年6月23日。判決は5：4。
53) *Gratz v. Bollinger*, 2003年6月23日。判決は5：4。

校や 300 人に上るビジネス界のトップ経営者が連名で多様性の確保された環境におけるリーダー養成の意義を述べる意見書を出すなど，判決の行方が注目されていたものだった。

　ロースクールでは，出願者の学力を焦点に，タレント，生活体験と可能性を総合的に評価するために，出願者の申請書ファイル（志願書，推薦書，ロースクールの多様性への貢献可能性を論じたエッセイ，大学での GPA と LSAT [54]）に基づいて個々に審査するとともに，推薦者の熱意や出身大学のレベル，大学での科目履修や苦手領域などのいわゆる「ソフトな変数」も考慮することとなっていた。ここでの多様性は，人種とエスニシティのみで定義されるのではなく，「実質的な重み」をもって考慮される多様性への貢献が限定されてもいないが，特別な配慮がないところでは実質的に意味のある数の学生の入学が困難となる可能性の高いアフリカ系アメリカ人，ヒスパニックとネイティヴ・アメリカンの受け入れは特に重視するとされていた。人口構成割合に比しての入学者数が過小となるマイノリティ出願者を「決定的に意味のある人数」[55] 入学させることによって，かれらがロースクールと後の法曹界で貢献しうる能力を確保することが目指されていたのである。

　原告のバーバラ・グルッターはミシガン州在住の白人[56] 女性で，GPA スコアが 3.8，LSAT スコアが 161 という成績で 1996 年に出願したが入学できず，ミシガン大学ロースクールが人種を理由に彼女を差別し，憲法修正第 14 条と 1964 年公民権法のタイトル VI に違反しているとの訴訟を 1997 年 12 月に起こした。原告が入学できなかったのは，被告が人種を「主な」要素として考慮したことによって，同等の資格がありながら「優遇されない」人種の学生に対して，特定のマイノリティグループの出願者にかなり大きなチャンスを与えているからであり，そのような人種の考慮には正当な根拠はないとした。

　連邦地方裁判所は原告の訴えを認めたが，第六巡回控訴裁判所では，バッキ判決でパウェル判事が示した「多様性の確保」を正当な州の利益とするという原理は拘束力のある先行判決であるとした上で，ロースクールにおける人種の考慮は単に「プラスとなりうる要素」という範囲にとどまる限定的なものであり，パウ

---

54) Law School Admission Test. ロースクールのための学力適性検査。
55) "Critical Mass." マイノリティ学生の孤立を防ぎ，ステレオタイプの形成を阻止するためには，ある程度の人数が必要であるとする教育的判断に基づくもの。
56) バッキ判決では white という記述であったが，グルッター判決とグラッツ判決においては Caucasian という言葉が使われている。

ェル判事が推奨したハーヴァード方式と同一のものであるとして，原告の逆転敗訴とした。最高裁判決は，これを支持して，ミシガン大学ロースクールの入学者選抜に当たっての，「学生の構成における多様性がもたらす教育的利益を確保する」という正当な理由による限定的な人種の考慮は，憲法修正第14条と公民権法のタイトルⅥに違反しない，とした。

　オコーナー判事が多数意見を書いたこの判決の意義のひとつは，先行判決としての拘束性が折に触れて議論されてきたパウェル判事の基準――「学生集団の多様性の確保」――について，それを全面的に支持し，その拘束性について論議する必要はないとしたことである。彼女は，続けて，多様性をその教育的使命における本質的なものとするロースクールの判断を尊重するとして，その目的の正当性を確認する。人種やエスニシティのみを基準として特定グループを一定の割合で入学させることは憲法違反だが，「決定的人数」概念は人種の垣根を越えた相互理解とステレオタイプの除去という教育的利益に基づいて定義されており，そのような多様性が学習成果にもよい影響を与え，ますます多様化する労働人口や，社会や，法曹界に学生をよりよく準備するというロースクールの主張は，多くの専門家の調査結果によっても裏付けられていると彼女は指摘する[57]。そして，ますますグローバル化しつつある市場で必要とされるスキルはとても多様な人々，文化，思想や観点との接触によってのみもたらされるものであり，高い資質と人種的多様性に恵まれた将校団は国家の防衛にとっても必須であるとする，主要な企業経営者や退役将校の声明に言及し，さらにスウェット判決(1950)を引いてロースクールの国家的リーダー輩出における重要性を強調する[58]。リーダーシップへの道は，人種とエスニシティに関わりなく，才能と資質のあるすべての人に広く開かれていることが「目に見えて明らかでなければならない」と彼女は指摘するのである。

　さらに，オコーナー判事は，多様性による教育的利益を確保するために，GPAやLSATなどの学力基準の引き下げやくじ引き方式など，他の「人種的に中立な」方法を採用すべきであったとの連邦政府意見書の見解を拒否する。エクセレンス

---

57) 主なものとして，William J. Bowen and Derek Bok, *The Shape of the River : Long-Term Consequences of Considering Race in College and University Admission*, Princeton University Press, 1998 を参照。
58) この流れは，パウェル判事の議論が，グローバル化のもとでのアメリカの世界戦略に位置づけられたことを，オコーナー判事が確認したものと見ることができるだろう。

の確保はロースクールの重大な関心事であり，そのこととすべての人種グループに教育機会を保障するという二つの要請を実現するためにあり得る方法の検証を，ロースクールは十分に行っていると判断できると彼女は述べる。くじ引きは多様性達成のためのニュアンスを考慮した選抜ができないという点で欠陥があり，政府の意見書が推奨するパーセンテージプランは，それが大学院やプロフェッショナルスクールでどう機能するか不明であると彼女は批判する。

　この判決で新しく提起され注目されたのが，アファーマティヴ・アクションの期限についての言及である。憲法修正第14条の目的は政府による人種に基づく差別の禁止であることを鑑み，入学者選抜における人種の考慮は期間が限定されなくてはならないとオコーナー判事は指摘する。人種的優遇の正当性の神聖化は「法の平等な保護」の原理を侵すので，大学においてはアファーマティヴ・アクションの必要性についての定期的レビューが必要であり，その終焉の展望も持たなければならないとされた。パウェル判事が多様性のためのアファーマティヴ・アクションを認めてから25年であることを鑑みて，次の25年でその必要がなくなることへの期待が，この判決の結びで言明されたのである。

　ミシガン大学学芸学部（LSA）[59]の入学者選抜方式についての裁定を下したのがグラッツ判決である。LSAの選抜方式は高校の成績，標準テストの成績，高校のレベル，カリキュラムのレベル，リーダーシップの経験，地理的要因，親族にミシガン大学の卒業生がいるかなどを総合的に審査するとともに，人種の考慮においては黒人とヒスパニックとネイティヴ・アメリカンを「人口比に対して相対的に入学者が過小であるグループ」と認めて，最高150点で100点が入学を考慮する必要最低限の点とされる評価システムにおいて，これらのグループのメンバーに20点を自動的に加算していた。

　この訴訟の原告はLSAへの入学を認められなかったジェニファー・グラッツ（1995年に出願）とパトリック・ハマッハー（1997年に出願）というミシガン州在住の白人で，LSAの入学者選抜方式は出願者が同等の条件で競争する機会を奪うものであり，憲法修正第14条と1964年公民権法タイトルⅥに違反するとした。連邦地方裁判所は入学者はすべて資格のある出願者だったとして原告の訴えを認めなかったが，レンキスト判事が判決理由を書いた最高裁では，マイノリティ出願者

---

[59] College of Literature, Science and the Arts.

に自動的に20点を加算するLSA方式は人種の要素を決定的にする作用を果たすので「限定的な方法」とは認められず、それゆえパウェル判事が否定したクォータに該当するとの判断を示した。

LSA方式には特に憲法上の問題は見いだせず、連邦地方裁判所の決定を支持するとして反対意見を書いたのはギンズバーグ判事である。トップランクの大学は常に出願者が定員を大幅に上回っており、白人出願者の数がマイノリティ出願者を大幅に上回っているときには、マイノリティ出願者への特恵が白人出願者のチャンスを重大に減ずるものではないこと、入学者がすべてその資格を備えていたことは原告も認めており、人種を基準として特定の席が確保されているわけではないことから、彼女はLSA方式を支持したが、特に注目されるのは、そうしたアファーマティヴ・アクションを支持する理由として、一般的な「多様性」の議論ではなく、「過去の差別の是正」を前面に出し、それを離れたところで「人種の考慮」の妥当性について議論することへの批判を展開していることである。

5 教育における「人種」——カラーコンシャス v. カラーブラインド

1) 高等教育におけるアファーマティヴ・アクションの議論から

バッキ判決において、パウェル判事は人種を考慮する選抜方式を正当化する唯一の根拠を「学生集団の多様性の確保」であるとし、グルッター判決でオコーナー判事はそれをあらためて確認した。しかし、多様性という議論は、パウェル判事が「過去の差別の是正」という論点を避けて提起したものであり、その意味するところが一般的である故に広範な支持も得てきたが、一方で「過去の差別の是正」というアファーマティヴ・アクションの本来の趣旨を曖昧にしてきたという点を見逃すことはできないだろう。

さらに指摘するならば、「過去の差別の是正」という側面も、「償い」としての「大学入学者選抜における若干の特典」に矮小化されてきたことが、アファーマティヴ・アクションを支持する側にとっても、反対する側にとっても、問題にされざるを得ないことだったと言える。その流れに対して、「過去の差別の是正」を前面に出し、「人種の考慮」をその目的を離れて一般論として論ずることに一石を投じたのが、グラッツ判決での反対意見におけるギンズバーグ判事の議論であった。

公的機関によるどのような人種の分類・認識も不当とするのは、この国が長い

間法律で強制していた差別の痕跡から解放された時に初めて妥当となることであり，その実現からはまだ遠いところにいるという現状では，その改善のために公的機関は「カラーコンシャス」でなくてはならないというのが彼女の主張である。アファーマティヴ・アクションが永遠に続くべきものではないという点に関しては，彼女もグルッター判決での賛成意見において同意するとしているが，25年のうちにはその必要がなくなるようにというオコーナー判事に対して，それは希望の表明ではあってもまだ現実的な見通しとは言えないとしている。

　アファーマティヴ・アクションの意義はその必要がないようにすることである，ということについては，多くの人々の同意を得られるだろう。その必要がないという状態は，一つの目安としては，失業や貧困というマイナス要因や，医療や教育の機会というプラス要因において，人種やエスニシティを指標としたときに，人口比に対しての相対的過大や過小が特定のグループに顕著でないということであるが，同時に，全体的な格差の是正がさまざまな施策の土台として据えられていることが必須であることは言うまでもない。貧富の格差が大きい社会において，富めるものにおいても貧しいものにおいても，人種比率は等しいという社会が究極の目標となるのではないはずである。

　しかし，平等を理念として標榜するアメリカ社会において，不平等に対する寛容度もかなり大きいように見えるのはなぜなのだろうか。人種による学校の再隔離が進み，都市部での貧困や失業，劣悪な学校環境が，いまだに改善されないのはなぜか。人種差別の意識がその寛容をもたらしている面もあるのではないだろうか。

　アメリカで尊重される平等は機会の平等であって，結果の平等ではないという説明も，可能であろう。そのような議論においては，機会を平等にしておけば，その結果については本人の責任であるとされる。だからこそ，機会の平等が確保されているかどうかが，その結果の正当性を確保するためにも重大なのである。ブラウン判決で問題とされたのは，マイノリティに課された機会の制限だった。奴隷制と法による隔離という差別の結果の是正として，学校の人種隔離廃止や大学の入学者選抜におけるアファーマティヴ・アクションなどの諸措置がとられてきたわけだが，過去に差別を受けた集団の機会確保のための「特典」を受けられないことが，その集団に属さない人にとっての機会の制限であり権利の侵害であるというのが，大学の入学者選抜におけるアファーマティヴ・アクションをめぐ

る訴訟の要点であり,「逆差別」というセンセーショナルな言葉も使われたのだった。しかし,原告は,自分が生まれたときからマイノリティ集団のメンバーだったらよかったと望むのだろうか。白人として生まれ,生活してきたことが,トップクラスの高等教育機関の扉の直前まで来たという,そこまでの達成にとって,一貫しての障害だったのだろうか。過去の差別に個人としての直接の責任はなくとも,その遺制によって利益を受けてきたと見なされる集団は,その差別の是正のための特典は受けられないというのは,アファーマティヴ・アクションの思想からは当然であろう。黒人として生まれることが困難の負荷をもたらすことが多いというのは統計的には明らかであり,アファーマティヴ・アクションによる「人種の考慮」がされない場面では,マイノリティ集団の重荷となる「人種主義的な人種の考慮」が,意識的であれ,無意識的であれ,広範に残っていると言えるのである。こういう状況の下では,「人種の考慮」は必要であり,その正当性を「多様性」で曖昧にするべきではないとするのが,ギンズバーグ判事の見解なのである。

2) 人種隔離の現在

　ギンズバーグ判事は,数世紀にわたって法で強制された不平等の影響は,コミュニティや学校において痛々しく明らかであると指摘する。ブラウン判決51年,バッキ判決27年目の現時点でも「まだだめなのか」というあきらめを,彼女が戒めていることも重要である。数世紀にわたる歴史の是正に取り組んで,「まだ50年しかたっていない」というのが彼女の現実認識である。さまざまな施策の有効性についての検証が必要なことは言うまでもないが,向かうべき理想は何であるのかについてのコンセンサスの形成が,今あらためて必要とされるのである[60]。
　それでもこの50年が変化をもたらしたと思われるのは,マクローリン判決(1950)では,原告の白人大学での強制された孤立の不利益が語られ,白人学生との接触が原告の利益になるとされていたのに対し,2003年のミシガン大学のケースでは,孤立を生まないための「決定的人数」の入学が配慮され,多様性の利益は黒人が白人から得る一方的なものではなく互恵的なものとして語られていることであり,ブラウン判決で隔離の「損傷」が意見書で提示されたのに対して,ミシガン大学のケースでは「多様性の利益」を論ずる意見書が提示されたことである。

ハーヴァード公民権プロジェクトの報告は，ほとんどの白人が 80％以上が白人である学校に行っている事態を指して，「公立学校でもっとも隔離されているのは白人である」と述べている。この隔離が法による強制ではないことは言うまでもないし，黒人学校から排除された結果でないことも付言するまでもないだろう。これはもちろん違法ではない。かれらの選択がどういう結果をもたらしているかという現実を示すものである。

しかし，選択肢の多い側に，選択の結果についてのより大きい責任を帰することも許されるであろう。かれらのこの選択は「カラーブラインド」なのであろうか。もちろん，これは私人の選択であり，政府による行為ではない。しかし，こうした状況においての政府の行為には何が求められるかが，「人種の考慮」が認められるか否かの論争で忘れてはならないことであり，この問題は一般論では語れないものなのである。

マーティン・ルーサー・キング, Jr. 牧師は「私の子どもたちが皮膚の色でなくその人柄で判断される日が来ること」への期待を，有名な 1963 年のワシントン行進の日の演説で述べた。それを「人種の考慮」に反対する議論の正当化に使う論者もいる。しかし，同じ演説で，彼が「アラバマで，黒人の少年少女が白人の少年少女と兄弟姉妹のように手を携える」夢を語っていたことも，忘れてはならない。

人種隔離は自然にはおこらないし，差別是正も自然にはもたらされない。その現実認識が，ブラウン判決 51 年目の事実であり，また希望でもある。

---

60) デイヴィッド・ホリンガー，藤田文子訳『ポストエスニック・アメリカ──多文化主義を超えて』(David A. Hollinger, *Postethnic America : Beyond Multiculturalism* [revised and updated edition], Basic Books, 2000) は，多文化主義，ことにそのアイデンティティ・ポリティックスの側面について問題提起をし，アメリカ社会が向かうべき一つの理想像を描いたものとして話題を呼んだ。しかし，そこで提起されたものは，多文化主義に対抗するものとしての，伝統的なリベラリズムに基づく個人主義的アメリカ像であり，ことに，人種民族的帰属を「所与」でなく「選択」の対象と考えるべきとする議論は，レイスコンシャスを批判してレイスブラインドを求める議論との親和性を指摘するまでもなく，また，「共同体と文化」を論じることがリベラリズムのアキレス腱であることを示す典型的な議論と言えるだろう。選択すべきは「帰属」でなく，その帰属が社会でどのような意味を持つべきかという「社会的枠組み」（つまり選択の文脈）であり，「人種」や「民族」が「歴史的社会的構築物」であることの意味は，個々人の主観で変更可能であるという理解とは裏腹に，それを解体するための新たな歴史的社会的構築が求められるという厳粛な認識である。

【文献案内】
① 大塚秀之「ブラウン判決から 50 年――アメリカ社会の人種的分裂の現在」『歴史地理教育』672（2004 年 7 月）。
② 竹内裕子「償いの歴史を超えて――アメリカ合衆国におけるアファーマティブ・アクションをめぐって」田中きく代/髙木（北山）眞理子編『北アメリカ社会を眺めて――女性軸とエスニシティの交差点から』関西学院大学出版会，2004 年。
③ William J. Bowen and Derek Bok, *The Shape of the River : Long-Term Consequences of Considering Race in College and University Admission*, Princeton University Press, 1998.
④ Faye J. Cosby and Cheryl Vandeeveer (eds.), *Sex, Race, & Merit : Debating Affirmative Action in Education and Employment*, The University of Michigan Press, 2000.
⑤ Mary F. Ehrlander, *Equal Educational Opportunity : Brown's Elusive Mandate*, LFB Scholarly Publishing LLC, 2002.
⑥ Kenneth R. Howe, *Understanding Equal Educational Opportunity : Social Justice, Democracy and Schooling*, Teachers College Press, 1997, 大桃敏行/中村雅子/後藤武俊訳『教育の平等と正義』東信堂，2004 年。
⑦ Jonathan Kozol, *Savage Inequalities : Children in America's Schools*, Crown, 1991.
⑧ J. Harvie Wilkerson, III, *From Brown to Bakke : The Supreme Court and School Integration : 1954-1978*, Oxford University Press, 1979.

①は表題のテーマを具体的なデータで説得的に示した，日本語で読める最良の文献。②では高等教育におけるアファーマティヴ・アクションのこれまでの展開と問題の所在を知ることができる。③と④はアメリカの高等教育におけるアファーマティヴ・アクションを語る際の基本文献と言ってよい。③はその長期的影響の調査に基づくもので，④はこの問題に関する様々な議論を集めたアンソロジー。⑤はブラウン判決で示された課題がこの 50 年にどう取り組まれたかを，いくつかの典型的な都市の調査から類型化して分析したもので，行政と司法のかかわりの分析も重要である。⑥は「頻繁に使われる割にはそれが何を意味するかについての共通理解があるとは思えない」と著者が指摘する，「教育機会の平等」の概念を教育哲学の立場から原理的に分析して，参加型民主主義における平等の概念を今後の展望として提起したもの。⑦は教育の現場から不平等の実態を鋭く告発して注目された古典的著作と言える。⑧はブラウン判

決からバッキ判決に至る人種共学とアファーマティヴ・アクションの過程を最高裁判所の役割に注目して分析したものであり，バッキ判決以降の展開については，次の最高裁ウェブサイト等で実際に最高裁判決を読むことを勧めたい。

【ウェブサイト】
① http://www.supremecourtus.gov
　アメリカ合衆国連邦最高裁判所。
② http://www2.edtrust.org/edtrust
　The Education Trust.「すべての子どもの学力保障」を目標に，特に学力ギャップの問題を継続的に調査公表している民間組織。
③ http://www.civilrightsproject.harvard.edu/research
　ゲリー・オーフィールドを中心とするハーヴァード大学教育学部の公民権プロジェクト。
④ http://www.civilrightsproject.harvard.edu/research/reseg03/AreWeLosingthe-Dream.pdf
　再隔離の動向についての総合的調査。E. Frankenberg, C. Lee & G. Orfield, A Multiracial Society with Segregated Schools: Are We Losing the Dream?
⑤ http://www.civilrightsproject.harvard.edu/research/affimativeaction/tristate.pdf
　三つの州のパーセンテージプランの分析。C. Horn & S. Flores, Percent Plans in College Admissions: A Comparative Analysis of Three State's Experiences, 2003.

第9章 「人種」と結婚
——人種混淆をめぐる政治学——

松 本 悠 子

　タイガー・ウッズが華々しく登場したとき，アメリカ人だけでなくおそらく世界中の人々がそのゴルフの技術とともに，タイ人，アフリカ系アメリカ人，アメリカ・インディアン，アイルランド人の血が流れているという複雑な人種的背景を話題にしたことであろう。1997年，オプラ・ウィンフリーのショーで，ウッズ本人も「白人 (Caucasian)，黒人 (Black)，インディアン (Indian)，アジア人 (Asian) の全てであるという意味で，Cablinasian」であると述べている[1]。しかも，ウッズがこの発言をした時期，アメリカでは，国勢調査の人種の項目をめぐる論争のまっただ中で，複数の人種的背景を持つ人々に注目が集まっていた。心ならずもウッズは，複数の人種を背景に持つ人々の象徴となってしまったのである。

　ある人が誰であるかを問うとき，なぜアメリカ合衆国では人種を特定しなければならないのであろうか。複数の人種の「血」を受け継いでいることが，なぜこれほど話題になるのであろうか。異人種間の関係も，「混血」[2]の存在も新しいことではない。すでに16世紀から，アメリカ・インディアンとヨーロッパ系白人との間の子孫を記述するのに，breed, half breed, mixed blood といった言葉が使われている[3]。19世紀のアフリカ系アメリカ人の指導者の中にもブッカー・T・ワシントン，フレデリック・ダグラスなど，ムラトーといわれている人が多い[4]。したが

---

1) Randall Kennedy, *Interracial Intimacies : Sex, Marriage, Identity, and Adoption*, Vintage Books, 2003, p. 143.
2) 「混血」という言葉がもたらす響きは必ずしもよいものではないが，他に適当な言葉が見当たらないため，本章ではカギ括弧を付けて使用する。
3) Karren Baird-Olson, "Colonization, Cultural Imperialism and the Social Construction of American Indian Mixed-Blood Identity," in Herman L. DeBose and Loretta L. Winters (eds.), *New Faces in a Changing America : Multiracial Identity in the 21st Century*, Sage Publications, 2003, pp. 195-196.

って，近年，人種混淆や複数の人種を背景に持つ人々のアイデンティティが議論されるようになったのは，それが目新しい現象だからではなく，人種混淆をめぐる政治が変わったからだと考えるべきであろう。本章では，人種の異なる人々の間の性的関係や結婚，その結果としての「混血」に焦点を当て，人種の持つ最も私的で，しかも最もやっかいな側面である「血」の問題がどのように扱われ，どのように語られてきたかを考察する。

すでに議論が尽くされているように，人種は生物学的な範疇ではなく，社会的につくられたものである。すなわち，どこに各人種集団の境界を引くかはそのときの政治力学で決定される。しかし，どこに境界をつくろうと，人種の境界は各個人の力では変更不可能な生物学的な外見や「血」によって決められる。したがって異人種間結婚やその結果としての「混血」のように「血」によって人種集団の境界を越えた人々のありようを考えることは，アメリカ社会の人種システムそのものを明らかにする一助となると考えられる。

1 異人種間結婚禁止法

1）異人種間結婚禁止法の歴史

「あなたの娘を黒人と結婚させたいか？」――この言葉は，異人種間結婚禁止法が違憲とされる2年前の1965年，異人種間結婚について聞かれた元大統領のトルーマンが，記者に投げ返した言葉である。さらにトルーマンは，異人種間結婚は聖書の教えに反するとも述べた[5]。トルーマンの言葉が象徴しているように，公民権運動が進行しても，異人種間結婚に対する抵抗は強かった。実に，植民地時代の1660年代から1960年代まで，アメリカ合衆国のいずれかの地域で，人種を異にする男女の結婚は犯罪とされていたのである。

アメリカにおける異人種間の関係という意味では，アメリカ・インディアンとヨーロッパ系白人との関係が始まりであるが，異人種間結婚禁止法の主要な対象は，アメリカの歴史を通じて，白人とアフリカ系アメリカ人の関係であった。第

4） F. James Davis, *Who Is Black ? : One Nation's Definition*, Pennsylvania State University Press, 1991, pp. 5-6, 55.

5） William D. Zabel, "Interracial Marriage and the Law" (originally published in 1965), in Werner Sollors (ed.), *Interracialism : Black-White Intermarriage in American History, Literature, and Law*, Oxford University Press, 2000, p. 54.

1章で述べられているように植民地時代の1660年代に始まった異人種間結婚禁止法は，1800年までに10州で制定された。たしかに南部では，この法律は奴隷制の維持拡大と密接な関係があった。たとえばヴァージニア植民地では，大半の「混血」の事例が白人男性と黒人女性奴隷との関係の結果であった事実を反映して，1662年の法律で，奴隷の母親から生まれた子どもは奴隷とさだめられた。イギリスのコモンローでは子どもは父親のステータスを引き継ぐ。しかしヴァージニア植民地では，父親が誰であろうと，黒人奴隷の母親の社会的地位を子どもは受け継いだのである[6]。

しかし異人種間の関係は，奴隷制の問題だけではなかった。北部の植民地においても同様の法律が制定され，一部の州では独立後も維持された。マサチューセッツ州は1705年に異人種間結婚を禁止する法律を制定し，独立後の1786年に再度制定したが，その法には「混血」の出生を防ぐために禁止すると明記されている。ロードアイランド州では1798年に法律が作られ，メイン州では独立後の1821年に異人種間結婚禁止法が制定された[7]。奴隷の処遇だけでなく，人種の境界を維持すること自体が建国時のアメリカ社会にとってすでに重要な意味を持っていたと考えられる。

南北戦争中，異人種間結婚は政治問題となった。リンカーン＝ダグラス論争において，ダグラスは，リンカーンが人種間の平等と結婚を推進していると批判した。異人種間結婚（人種混淆）を意味する miscegenation という言葉は，奴隷解放が人種混淆を招くと示唆するパンフレットに初めて使われた造語である。このパンフレットは，再選を目指すリンカーン大統領と共和党を批判するために1863年に出版されたのであるが，このような批判に対して，リンカーンは人種混淆の是非を説くのではなく，奴隷制こそ異人種間の親密な関係の温床であると論じた[8]。双方ともに，人種の境界を越えた関係は好ましくないと考えていたわけである。南北戦争時の最も政治論争が激烈なときに，論敵を批判するための急所となりうるほど，異人種間の関係は否定すべきものであったということであろう。

---

6) Davis, *Who Is Black ?* p. 33 ; Christine B. Hickman, "The Devil and the One Drop Rule," *Michigan Law Review*, 95 : 5 (March 1997), p. 1176.
7) Peter Wallenstein, *Tell The Court I Love My Wife : Race, Marriage, and Law――An American History*, Palgrave Macmillan, 2002, pp. 40-43.
8) 中條献『歴史のなかの人種』北樹出版，2004年，116-117頁 ; Kennedy, *Interracial Intimacies*, pp. 20-21 ; Wallenstein, *Tell the Court I Love My Wife*, pp. 55-56.

南北戦争後，異人種間結婚はいっそうタブー視されるようになった。再建期の初期には南部においても，憲法修正14条を根拠に5州で一時的に異人種間結婚禁止法が廃止された。しかし，ヴァージニア，ノースカロライナ，ジョージア諸州では戦前の法律が引き継がれ，さらに再建終了後には南部のどの州でも禁止法が復活した[9]。19世紀後半には同様の法律が西部諸州でも制定され，1913年には41の州が異人種間結婚禁止法を施行していたのである。異人種間結婚禁止法は本来州レベルの法律であるが，1912年にはジョージア州選出の下院議員が，異人種間結婚禁止を合衆国憲法に入れるようにと憲法修正案を提出している[10]。

　このような異人種間結婚に対する拒絶反応は，アメリカ人の日常生活と密接に関わっていた。異人種間の親密な関係と結婚に対する恐れは，いわゆるジムクロウ体制確立の一因となった。アフリカ系アメリカ人や他の有色人種と白人との距離を日常生活で保つために，物理的な境界をつくる必要があったのである。さらに南部のミシシッピやルイジアナなどには，白人の間に自警団や反異人種間結婚同盟などがつくられた。クークラックスクラン（KKK）も，異人種間の関係を持った人々をリンチにかけていた[11]。ヴァージニア州でも1920年代，アングロサクソン・アメリカ・クラブという団体が，「混血」の出自を隠している人々あるいは「混血」の子どもを出産した女性を捜し出すとともに，「白人」の定義を狭めることを州政府に請願した。このような社会的情勢は，当時発展しつつあった映画にも影響を与えた。1934年の映画産業条例は，結婚と家庭の聖域を守ることを映画の義務とし，異人種間の関係を描くことを禁止したのである[12]。

　第二次大戦後も，この価値観は多くの地域で受け継がれた。29の州で異人種間結婚禁止法が施行されていた。たとえばヴァージニア州で有名になった判例の一つに，ラヴィング判決がある。ラヴィング夫妻は，異人種間結婚が認められていた州で結婚したにもかかわらず，ヴァージニア州に戻ってきたために，異人種間

---

9) Wallenstein, *Tell the Court I Love My Wife*, pp. 80-93.
10) Kennedy, *Interracial Intimacies*, p. 219 ; Wallenstein, *Tell the Court I Love My Wife*, pp. 113-114.
11) Martha Hodes, "The Sexualization of Reconstruction Politics : White Women and Black Men in the South after the Civil War," in John C. Fout et al. (eds.), *American Sexual Politics : Sex, Gender, and Race since the Civil War*, The University of Chicago Press, 1990.
12) Davis, *Who Is Black ?* p. 55 ; Kennedy, *Interracial Intimacies*, p. 298 ; Sollors, *Interracialism*, p. 5.

結婚を理由に逮捕され，1959年に有罪判決を受けた。夫妻は，その後，約10年かかって連邦最高裁で無罪判決を勝ち取るまで戦うことになるのである[13]。

2）異人種間結婚禁止法にみる人種の構築

　異人種間の関係を禁止するためには人種の分類を明確にする必要があるが，異人種間結婚禁止法の歴史は人種の分類が時代に応じて構築されていることを明確に示している。特にヴァージニアの法律は人種観念の変遷を明確に示しており，研究者に注目されてきた[14]。1691年に制定されたヴァージニアの最初の禁止法は，「黒人，ムラトー，インディアン」と結婚した白人を永久に追放すると定めた。主要な対象は白人と黒人との関係であるが，法的には白人と「白人でない人」との関係として当初から異人種間の関係は定義されていたのである。さらに1705年のヴァージニアの法律では，「インディアンの子ども」および「ニグロの子ども，孫，さらにひ孫」はムラトーであると定義された。「血」の率からいうと，2分の1以上のアメリカ・インディアンの「血」を持つ人および8分の1以上黒人の「血」が混じっている者をムラトーと定めたことになる[15]。すでに「混血」が多く存在している実態に対し，「血」が人種の分類の要であると考えられていたことがわかる。ただし，その後のアメリカの歴史を通じて，「血」の割合とは白人の「血」の割合を意味してはいないことに注目する必要がある。あくまで，どの程度の非白人の「血」の割合以上を白人ではないとするかが論じられてきたのである。

　ヴァージニア州の場合，19世紀には引き続き「混血」の「血」の割合で人種の境界が定められていたが，奴隷制が廃止されて半世紀以上を経てから，公然と法律でいわゆる「一滴の血の掟」が明文化された。1924年に制定された「人種保存法」で「コーカサス人種以外の血を全く持っていない人」という「白人」の定義が示され，「白人」は「白人」としか結婚してはいけないと定められた。また，この法では，人種の登録を奨励し，虚偽の登録は処罰の対象となった。さらに，念

---

13) Kevin R. Johnson (ed.), *Mixed Race America and the Law*, New York University Press, 2003, p. 60.
14) 我が国でも，たとえば次の研究がある。松井美子「アメリカ合衆国における『黒人』の変遷——ヴァージニア州 Anti-Miscegenation Law 及び判例を中心に」『神戸市外国語大学研究科論集』7（2004年）。
15) Davis, *Who Is Black ?* p. 33 ; Karren Baird-Olson, "Colonization, Cultural Imperialism and the Social Construction of American Indian Mixed-Blood Identity," p. 210.

を押すかのように，1930年には，一滴でも「黒人」の「血」が入っている人を「黒人」とみなすと明文化されたのである[16]。

ただし，「ポカホンタス例外」を忘れてはならない。植民地時代から，アメリカ・インディアンは「非白人」として異人種間結婚禁止法の対象となっていた。しかしヴァージニア州の場合，ポカホンタス神話はアメリカの創成神話として大きな役割を持っており[17]，それが1924年の法律にも反映された。インディアンの血が16分の1以下ならば，「白人」とされたのである。といっても，他の有色の「血」が混じっている場合にはこの規定は適用されない。たとえば，アメリカ・インディアンとアフリカ系アメリカ人の「混血」に関して，居留地の外にいるインディアンに関しては少しでも「黒人」の血が入っていれば「黒人」，居留地のなかでは32分の1以上の「黒人」の血が入っていれば「黒人」とされた[18]。

なお，19世紀後半以降，他の州においてもアメリカ・インディアンの「血」に関する規定が行われていた。これは，連邦政府がこれまでの部族としての位置づけや部族との条約を無効にし，アメリカ・インディアンという人種集団を想定して，アフリカ系アメリカ人と同じように「血」の程度を論じ始めたことに呼応する。アフリカ系アメリカ人の定義の変遷にアメリカ・インディアンの歴史をかさねることによって，人種の社会的構築の歴史がいっそう明らかになるのである。

3）アジア系移民と人種の境界

ヴァージニア州の法律や1924年の移民法が提起したいまひとつの重要な問題は，「白人」を定義することによって，アフリカ系アメリカ人やアメリカ・インディアンだけでなく，「白人」ではないと規定された移民も異人種間結婚禁止法の対象となりうる余地を残したことである。「白人/黒人」の二極がアメリカの人種システムを作るのではない。19世紀後半のアジア系移民の流入により，「白人」と「非

---

16) Walter Wadlington, "The *Loving* Case: Virginia's Anti-Miscegenation Statute in Historical Perspective," in Johnson (ed.), *Mixed Race America and the Law*, pp. 53-54.
17) Ann Uhry Abrams, *The Pilgrims and Pocahontas : Rival Myths of American Origin*, Westview Press, 1999 ; Stephan Talty, *Mulatto America : At the Crossroads of Black and White Culture, A Social History*, Harper Collins, 2003, p. 58.
18) Wadlington, "The *Loving* Case: Virginia's Anti-Miscegenation Statute in Historical Perspective," pp. 53-54 ; Karren Baird-Olson, "Colonization, Cultural Imperialism, and the Social Construction of American Indian Mixed-Blood Identity," p. 211.

白人」との間に引かれた人種の境界がいっそう重要になったのである。たとえば1927年のジョージア州の定義によると,「白人」とは「アメリカ黒人, アフリカ人, ウェストインディアン, インド人, 日本人, 中国人」の「血」の入っていない者[19]であった。このような人種の規定は際限がなく, 複雑になるいっぽうであった。アリゾナ州の1913年の法では,「コーカサス」人（白人）の「血を引く」人と「黒人, モンゴル人, インディアン」の「血を引く」人の結婚が禁止された。その結果, たとえば白人とインディアンの血を引く人は誰とも合法的に結婚できないという奇妙な事態も引き起こされたのである[20]。

　なかでも, アジアからの移民が大量に流入したカリフォルニア州の例は,「白人でない」ことの意味が歴史の流れの中で変容していく様子を如実に示している。カリフォルニアでは, 1850年に「白人」と「黒人」との結婚を禁止する最初の法がつくられた。その後,「8分の1以上の黒人の血を持つ者」をムラトーと定義し, 異人種間結婚禁止法の条項にムラトーが付け加えられた[21]。さらに, 19世紀後半の中国人移民の流入を背景に,「白人」と「黒人, ムラトー, モンゴロイド人種」との結婚が禁止された。ところが, 20世紀に入って増加したフィリピン移民が「白人」女性との結婚の許可を求める過程で, フィリピン人の人種の認定が裁判によって異なる事態が生じた。1925年の裁判ではフィリピン人（マレー人）はモンゴロイド人種であると認定されたが, 1931年の判決は, マレー人はモンゴロイド人種ではないという理由で,「白人」との結婚を許可したのである。地元のフィリピン移民の組織も, フィリピン人はモンゴロイド人種ではないというキャンペーンを行った。この動きを受けて, 1934年, カリフォルニア州議会は, 異人種間結婚禁止法の条項に「マレー人」を書き加えることで, この問題を解決しようとした。同時期, 9つの州で, マレー人すなわちフィリピン人と「白人」との結婚が禁止されており, 新たな移民集団の流入のたびに,「白人/非白人」の境界がつくりなおされていることがわかる[22]。なお, カリフォルニアでは, アメリカ・インディアンやメキシコ系移民は, 外見や「血」において「白人」ではなくても, 異人種間結婚禁止法の対象にはなっていない。どのような人々が「白人の純粋性」にとって「脅威」と想定され, 禁止の対象となったかは, それぞれの地域の力関係

---

19) Wallenstein, *Tell the Court I Love My Wife*, p. 117.
20) Sollors, *Interracialism*, p. 7.
21) Johnson, *Mixed Race America and the Law*, p. 44.

によって異なっていたのである。

4) 人種の境界の恣意性

このような一連の法律が施行されたとしても，現実に人種の境界を越えた結婚や性的関係がなくなるわけではなかった。むしろ，20世紀に入って規制や人種の定義が厳しくなっている背景には，人種観の変遷とともに，実際の事例に対応できなくなっていた現実があると推察される。その結果，多くの裁判が起こされた。しかし，法律の内容や州レベルの裁判の判決は多様で相互に矛盾していた。たとえば，アラバマ，アーカンソー，ジョージア，ヴァージニアでは一滴でも黒人の血が混じっていれば黒人で，デラウエア，ケンタッキー，ルイジアナ，ウェストヴァージニア，ワイオミングでは，黒人の定義がなかった。1965年，ある弁護士は，異人種間結婚禁止法における人種の規定は，「法的フィクション」であると批判した。ジョージア州では曾祖母が2分の1黒人であったため黒人と認定され，州境を越えてフロリダへいくと白人になる。というのも完全に黒人の曾祖母を持っていないと，フロリダでは黒人として認められないからである。彼は，もっともな問いを発する。「もし血の程度で決まるのなら，なぜ8分の1白人の血を持っていることで白人にならないのであろうか？」「もしハワイ選出の下院議員が日系アメリカ人女性で夫が白人の場合，ヴァージニア州に住むと逮捕されるのか？」[23]

また，法律上あるいは理念上定義されている人種を，現実の裁判で確定することは困難であった。したがって，判例を積み重ねてみると，人種分類の恣意性がいやがうえにも見えてくるのである。各裁判において，法律が定める人種の分類を確定するためには，被告の祖先をたどって立証しなければならない[24]。だが，すべての裁判で系譜が明らかになるわけではない。時には，「血」の証明だけではなく，外見や「科学的根拠」あるいは周りの人々の印象まで，人種の確定に動員さ

---

22) Leti Volpp, "American Mestizo: Filipinos and Antimiscegenation Laws in California," *U. C. Davis Law Review*, 33: 4 (Summer 2000), pp. 820-821 ; Teresa Kay Williams, "Race as Process," in Maria P. Root (ed.), *The Multiracial Experience: Racial Borders as the New Frontier*, Sage, 1996, pp. 197-199 ; Victor C. Romero, "Aren't You Latino ?: Building Bridges upon Common Misperceptions," *U. C. Davis Law Review*, 33: 4 (Summer 2000), pp. 840-841.

23) Zabel, "Interracial Marriage and the Law," p. 57.

24) Davis, *Who Is Black ?* pp. 8-9.

れた。1939年のカリフォルニアの裁判では、遺産相続に関して、未亡人が「黒人」であるから結婚そのものが無効であるという訴えが出された。裁判の過程で、爪、髪の毛、骨格などの所見と外科医の証言によって未亡人が8分の1黒人であると認定され、未亡人は敗訴したのである[25]。この判例からも明らかなように、ある個人の人種を規定する根拠はそれほど確たるものではなかった。にもかかわらず、その根拠が、「血」、外見、骨格などの「生物学的な証明」を装うため、規定される側にとって交渉の余地のないものとなったのである。異人種間結婚禁止法は、人種の境界を明文化する法律であったと同時に、アメリカ社会における人種の境界の矛盾と恣意性を明らかにする場ともなっていたといえよう。

5）異人種間結婚禁止法の廃止に向けて

ただし、異人種間結婚禁止法がアメリカ全土で効力を持ったわけでもない。19世紀末には、南部や西部の州で締め付けが厳しくなった一方、異人種間結婚禁止法を廃止する州も増加した[26]。1948年には、カリフォルニア州最高裁が、憲法に反しているという理由で州の異人種間結婚禁止法が無効であるという判決を、初めて下した。その後、主に西部諸州で同法は廃止された[27]。しかし、異人種間結婚が全国的に認められるには、1948年のカリフォルニアの判決から、さらに20年ほどが必要であった。1960年代まで、連邦最高裁はどちらの人種にも同様に処罰が下されるのならば平等は保たれており、憲法上認められる範囲内であるという解釈を維持し、あくまで州の問題としていた。しかし1967年、ウォレン判事を中心とした連邦最高裁が、人種を理由に結婚の自由を制限するのは修正14条に抵触するため違憲であるという判決を下して、前述のヴァージニア州のラヴィング夫妻を無罪とした。いわゆるラヴィング判決である。その後、風向きが大きく変わったように見える。同年、白人女性と黒人男性の結婚を正面から取り上げたシドニー・ポワチエ主演の映画『招かれざる客』（*Who's Coming to Dinner?*）が封切られた。また、ラスク国務長官の娘がアフリカ系アメリカ人と結婚して話題となり、

---

25) Peggy Pascoe, "Miscegenation Law, Court Cases, and Ideologies of 'Race' in Twentieth-Century America," in Sollors (ed.), *Interracialism*, pp. 191-193.
26) Wallenstein, *Tell the Court I Love My Wife*, p. 116.
27) サウスダコタ（1957）、コロラド（1957）、ネヴァダ（1959）、ネブラスカ（1959）、ユタ（1963）などである。Kennedy, *Interracial Intimacies*, p. 259 ; Zabel, "Interracial Marriage and the Law," p. 57.

メディアも一転して好意的になった。1958年の世論調査では，96％の白人が異人種間結婚に反対していたが，1977年には，61％の白人が異人種間結婚に賛成しており，たしかに風向きが変わったといえる[28]。

このような風向きを受けて，1967年の判決以後，南部諸州でも異人種間結婚禁止法が廃止された。しかし，価値観や習慣がすぐ変わったわけではない。たとえば，1994年，アラバマ州ランドルフカウンティ公立学校の校長が，もし異人種間のカップルが参加するなら学校の卒業パーティーは中止すると述べて，全国の注目を集めた。しかも，父親が白人で母親がアフリカ系アメリカ人の生徒が，自分はどの人種の人をデートの相手に選べばよいのかとその校長に説明を求めると，校長はその生徒のような「間違い」がおこるのを未然に防ぐために，今回の措置をとったのだと答えたのである。教育委員会は校長を休職させ，生徒は公民権を迫害されたと裁判に訴えたが，この風土が消え去ったわけではない。アラバマ州の州憲法から異人種間結婚禁止の文言が削除されたのは，ようやく20世紀末のことである[29]。2001年の『ワシントン・ポスト』紙とハーヴァード大学の調査でも，約半数の白人が，自分と同じ人種の相手と結婚した方がよいと回答している[30]。人権尊重がアメリカの理念であり，人種が社会的に構築されたものであると，いくら理論的に論じられても，結婚という最も私的な生活のレベルで，人種意識を変えることは容易なことではないと考えられる。

2 異人種間結婚のもつ意味

1）「反社会的行為」

異人種間結婚はなぜ「反社会的行為」として法律で禁じられてきたのであろうか。州レベルの裁判の判決理由の中でも，以下の三点が，特に禁止法の正当性の根拠として挙げられた。第一に，「医学的」に本人のためであるという根拠が論じられた。異人種間結婚によって生まれてくる子どもが社会適応できないために肉体的・心理学的問題を引き起こす可能性があるから，結婚を禁止するべきである

---

28) Kennedy, *Interracial Intimacies*, pp. 272-278, 298 ; Frank H. Wu, *Yellow : Race in America Beyond Black and White*, Basic Books, 2002, p. 268.
29) Carlos A. Fernández, "Government Classification of Multiracial/Multiethnic People," in Root (ed.), *The Multiracial Experience*, pp. 26-27, 33.
30) Kennedy, *Interracial Intimacies,* p. 298 ; Wu, *Yellow*, p. 268.

という論点である[31]。たとえば，よく根拠として持ち出される1869年のジョージア州の判決は，「人種の混合は不自然なばかりでなく，嘆かわしい結果をもたらす。日常の観察からもわかるように，これらの不自然なつながりの子どもは，一般的に病気がちで柔弱で，肉体的発達や力の点で，混血ではない子どもより劣っている」[32]と断定している。とりわけ19世紀後半から20世紀初頭の異人種間結婚禁止法やその法に基づく裁判は，「好ましくない」あるいは「劣等」の「血」との混合が肉体的にも精神的にも脆弱な子孫をつくり，「(白)人種の自殺」を招くとする「人種科学」や優生学の影響を大きく受けていたのである[33]。第二の根拠として，「人種の純粋性」を守ることがアメリカを守ることであるという論理が展開された。1955年のヴァージニア州の判決においても，禁止法の目的は，「市民の人種的純粋性を守る」ためであり，「混血の市民」をつくることを防ぐためであると明言された[34]。さらに，生物学的にアメリカ国民の弱体化を招くというだけでなく，道徳的あるいは宗教的にもアメリカの「人種的純粋性」を守る必要があるという議論が展開された。ラヴィング夫妻にたいする1959年のヴァージニア州の判決でも，「全能の神は，白，黒，黄，赤，マレーをそれぞれの大陸に分けた。神の配置に対する干渉以外にそのような結婚の意味はない。人種を神が分けたという事実が，神が人種を混合する意志がないことを示している」と，「神」が論拠とされたのである[35]。このように道徳や宗教の問題とされた異人種間の関係は，「反社会的行為」として，社会不安を招く恐れがある。州は，異人種間の関係が引き起こしうる「暴力や緊張」を防ぐために，異人種間の結婚を禁止する力を持つ，という論理が第三点目の正当性の主張である。

「混血」の劣等性や「人種の純粋性」に関する根拠そのものが意味をなさないことは，今日から見れば明らかである。問題は，どのような結婚が，またその結果としてどのような子どもがアメリカ人としてふさわしいかを，公権力が判断でき

---

31) Zabel, "Interracial Marriage and the Law," p. 60 ; Wallenstein, *Tell the Court I Love My Wife*, p. 3.
32) *Perez v. Sharp*, California Supreme Court (1948) in Johnson, *Mixed Race America and the Law*, pp. 44-45.
33) 小林清一「人種主義と優生学」阪上孝編『変異するダーウィニズム』京都大学学術出版会，2003年．
34) Zabel, "Interracial Marriage and the Law," p. 59.
35) *Loving v. Virginia*, U. S. Supreme Court (1967), in Johnson, *Mixed Race America and the Law*, p. 60.

るという発想である。換言するならば，人種の境界を越えた結婚は個人の契約ではなく，社会的な問題とみなされたのである。異人種間結婚禁止法を批判する人々は，この点を指摘し，個人の自由の侵害であると主張した。古典的な例としては，1959年のハナ・アーレントの議論がある。彼女によると，異人種間結婚に関する法律は，学校の人種隔離以上に憲法の精神に違反している。なぜなら「全ての異人種間結婚は社会への挑戦であり，結婚の当事者は社会適応より個人の幸福を選んだために，差別の重荷を背負わなければならない」だけでなく，彼らの社会や常識への挑戦が「犯罪」とみなされているからである。アーレントは，警告する。「社会の基準は法的基準と同じではなく，もし立法府が社会の偏見にしたがったら，社会は独裁的になる」と[36]。

2) アフリカ系アメリカ人の視点

　異人種間結婚禁止法の主要な標的となったアフリカ系アメリカ人は，どのように考えていたのであろうか。指導者層の対応をみる限り，必ずしも異人種間結婚をタブー視する法律や社会に鋭く反応してこなかった。この立場を早くから示していたのは，1935年のデュボイスの論説である。デュボイスは，「人種科学」に疑問を呈し，白人のダブルスタンダードを批判した。「今日人種の混合を理論として嫌悪している同じ白人が，世界中で，より肌の色の濃い女性の『堕落』とシステマティックな虐待に主に責任があり，アジア，アフリカ，アメリカで何百万もの混血を生み出してきた」と。デュボイスは，人種の混合に対するおそれとその可能性に対する嫌悪が，アメリカの人種関係を緊張させていることにも気づいていた。にもかかわらず，人種の混合の問題を考える前に，アフリカ系アメリカ人を集団として社会的・経済的に平等な立場に置くことが先決だと論じたのである。「もし貧しく無知な集団とより知的な集団が混合したならば，下位の集団は上位の集団に追いつこうとして自尊心や道徳心をなくし，上位の集団は下位の集団を搾取して犯罪にむかわせる，また，カーストや結婚禁止法を使って自らの女性を守ろうとする。結果として人種間の憎悪を引き起こす。もし互いに尊重しあい，経済的にも知的にも本質的な平等を達成することができたなら，それから徐々に混合が起こるか，あるいは別々に平和に暮らせるであろう」[37]と。

---

36) Hannah Arendt, "Reflections on Little Rock" (originally published in 1959), in Sollors (ed.), *Interracialism*, pp. 492-502.

第二次大戦後の公民権運動およびその後のアフリカ系アメリカ人の運動も，デュボイスが論じたように，まず人種集団として社会的・経済的・政治的平等を目指すものとなった。アーレントも，先述の議論の中で，アフリカ系アメリカ人にとって，異人種間結婚禁止法に対する異議申し立ては，優先順位では，雇用，住居，教育などに比べて，最後であると指摘している。ラヴィング裁判の論争の中，異人種間結婚禁止法を批判した 1965 年のある論説は,「(黒人指導者が)これらの法の存在に関心がないことは明らかであるが，黒人の指導者はこの法の象徴的意味とこの法が施行されている州における心理的力を軽視している」とアフリカ系アメリカ人指導者に関心を持つよう呼びかけた[38]。この論説は，この法律ほど象徴的にアフリカ系アメリカ人が「二流の市民」であるとする法律はないと主張した。しかし，全国有色人地位向上協会（NAACP）がラヴィング夫妻を援助したものの，当事者ともいえるアフリカ系アメリカ人の動きは鈍かったのである。

　最近は，統計上，アフリカ系アメリカ人の間でも，他の人種との結婚に好意的な人々が増加した。1972 年のある調査では，他の人種との結婚に賛成と答えた人は 58％だったが，1997 年には 77％が賛成している。しかしアフリカ系アメリカ人コミュニティ全体としては，依然として異人種間結婚そのものに消極的であるといわれている。その理由として，政治的な運動方針の他に，「白人」と結婚することによってアフリカ系アメリカ人が「白人」の仲間入りをしたいのではないかと疑われたくないという考えもあると指摘されている。さらにアフリカ系アメリカ人のコミュニティの中には，自らの集団への「裏切り」として，他の人種との結婚を快く思わない風潮もあるという[39]。

　異人種間結婚禁止法は，公権力からの人種に関する統制，あるいは有色人種に対する差別という視点だけで論じることはできない。境界をつくられ，そこに押し込められてきた人々は，境界内の集団の力を統合していくことを闘うための最大の手段とした。したがって，禁止法の対象とされた人々にとって，人種の境界を越えることを認めることは集団の力を弱めることにつながったため，異人種間結婚禁止法に関しては積極的に対応しなかったと考えられる。

---

37)　W. E. Du Bois, "Miscegenation" (originally published in 1935), in Sollors (ed.), *Interracialism,* pp. 461-471.
38)　Zabel "Interracial Marriage and the Law," p. 61.
39)　Kennedy, *Interracial Intimacies*, pp. 25-26, 298.

3　多人種主義運動と 2000 年センサス

1）多人種主義運動（multiracialism）

　異人種間結婚禁止法の歴史に見られるように，アメリカの歴史は，人種の境界を構築してきた歴史である。越境は「反社会的行為」とされ，その結果としての「混血」は複数の人種の出自のうち，より下位の人種集団に帰属させることで隠蔽されてきた。いわゆる「白い黒人」が，就職や結婚などを契機に「白人」として「白人社会」に入ろうとした「パッシング」にまつわる悲劇も，「混血」をあってはならないものとする「人種の純粋性」幻想が生み出したものである[40]。

　ところが 1967 年のラヴィング判決以後，統計上，人種を異にするカップルの結婚は急増した。アメリカ・インディアンが最も外婚率が高く，1980 年代末には，インディアンの同婚率は 50％以下である。アジア系アメリカ人の外婚率も高く，2000 年には日系アメリカ人の 25％から 30％が日系アメリカ人以外と結婚している[41]。特に，白人と他の人種との結婚が増加していることは，人種を考える上で重要である。たとえば，白人とアフリカ系アメリカ人の結婚は，1960 年に 5 万 1,000 組であったのに対し，2000 年には 36 万 3,000 組となっている[42]。結果として，複数の人種を背景に持つ子孫が増加することは容易に想像できる。たとえば，センサスを扱う連邦政府行政管理予算局（OMB）の 1990 年の調査では，カリフォルニアのアジア系アメリカ人の子どもの 25％がヨーロッパ系アメリカ人（白人）とアジア系アメリカ人の「混血」であった[43]。

　ただし，全体で見れば，「有色人種」が 25％近くを占める国で，90％以上が自分と同じ人種集団の人と結婚している事実も合わせて考えるべきであろう。アフリ

---

40)　Davis, *Who Is Black ?* p. 56.
41)　Sollors (ed.), *Interracialism*, p. 461 ; Randall Kennedy, "Interracial Intimacy," *The Atlantic Monthly,* 290 : 5 (Dec. 2002), p. 104 ; DeBose and Winters, *New Faces in a Changing America*, pp. 91, 128, 197.
42)　Sollors (ed.), *Interracialism*, p. 461 ; David A. Hollinger, "Amalgamation and Hypodescent : The Question of Ethnoracial Mixture in the History of the United States," *American Historical Review*, 108 : 5 (Dec. 2003), p. 1386 ; Kennedy, "Interracial Intimacy," p. 104.
43)　Teresa Williams-Leon, "Check All That Apply : Trends and Prospectives among Asian-Descent Multiracials," in Winters and DeBose (eds.), *New Faces in A Changing America*, p. 160.

カ系アメリカ人の場合，たしかに他の人種との結婚は増加しているが，1996年の統計においても，全アフリカ系アメリカ人の結婚の1割に満たないのである。それぞれの集団の境界が固定されているかのように見えるからこそ，越境する人々の増加はアメリカ社会のあり方を問うことになったのである[44]。

統計上の異人種間結婚の増加は，彼らが自己の存在を積極的に明らかにした結果であるともいえる。複数の人種を背景に持つ人々が「新しいアメリカ人」として自己主張を始めたのである。多人種主義を唱える理論家の一人であるマリア・ルートは，「奴隷，強姦，戦争」といったイメージにつきまとわれない「混血」が増加したために自己主張がしやすくなったという[45]。たしかに近年，メディアも「混血」の人々を積極的に評価することが多い[46]。しかし，「混血」であるための問題がなくなったわけではない。たとえば，学校で子どもたちが書類のどの人種をマークしたらよいかわからない，親と子どもの人種の違いをどのように説明するかなど，アイデンティティや家族の問題が山積している。「混血」の人間の「権利宣言」を書いたルートは，「私には多人種（multiracial）であることについて語るための言葉を創造する権利がある」と訴えている[47]。

これらの問題を話し合うために，地域のレベルで多様な組織がつくられ，さらにそれらの組織をつなぐネットワークが組織された。1970年代に運動は活発化し，1979年には約80の組織が認められた。その後解散した組織も多いが，現在でも40ぐらいはあるといわれる。1988年には，「多人種家族」の積極的な意識を推進することを目的に，全国レベルの連合組織としてマルティエスニック・アメリカ人連合（Association of Multiethnic Americans, AMEA）が設立された[48]。

また，多様な媒体を使ってコミュニケーションが行われた。たとえば1989年に

---

44) Stephen Small, "Colour, Culture and Class : Interrogating Interracial Marriage and People of Mixed Racial Descent in the USA," in David Parker and Miri Song (eds.), *Rethinking 'Mixed Race,'* Pluto Press, 2001.
45) Maria P. P. Root, "A Bill of Rights for Racially Mixed People," in Root (ed.), *The Multiracial Experience*, p. 7.
46) Parker and Song (eds.), *Rethinking 'Mixed Race,'* p. 2.
47) Maria P. P. Root, "A Bill of Rights for Racially Mixed People," in Root (ed.), *The Multiracial Experience*, p. 7.
48) Nancy Brown and Ramona E. Douglass, "Evolution of Multiracial Organizations," pp. 117-118 ; Kim M. Williams, "From Civil Rights to the Multiracial Movement," p. 91 ; Kimberly McClain DaCosta, "Multiracial Identity : From Personal Problem to Public Issue," all in Winters and DeBose (eds.), *New Faces in a Changing America*.

は，インターネット上で Interracial Voice という雑誌が始められた。「我々は多人種の家族，子ども，大人，カップルを祝福する。……異人種間の関係とその結果としての美しい子どもを含む全ての人のための雑誌」であると述べ，実際の家族の写真や体験談，有名人のニュース，異人種間の出会いの情報，悩みに対する相談などを掲載している[49]。

1990年代初めには，スーザン・グラハムが中心となってプロジェクト・レース (PROJECT RACE, PR) が組織され，「公式な」人種集団のカテゴリーとして「多人種集団」(multiracial group) を認めることを要求する運動が始められた。1990年代前半には，公教育における多人種カテゴリーの導入などの立法活動を行っている。グラハムは運動を始めた動機として，「多人種」の誇りを持つ重要性を述べている。「1990年のセンサスでは私の子どもは白人で，学校では黒人で，同時に家庭では多人種であった。明らかになにかが間違っている。……多人種の誇りは他のどの誇りとも同様に正当で価値あるものである」と[50]。

なお，多人種主義運動の基盤は，複数の人種を背景に持っているという共通の意識であり，必ずしも白人とアフリカ系アメリカ人との「混血」のみの連帯ではない。ただし，前節に論じたように，歴史をさかのぼればアメリカ人の多くが人種的に混合している可能性があり，彼ら全てが運動の対象となるはずである。しかし活動家は，歴史的なムラトーについてはほとんど触れない。多人種のアイデンティティを持つ人々はあくまで「新しい人」であり，具体的には親あるいは祖父母の人種が異なる世代を対象にしている[51]。

2) センサスをめぐって

1992年，ラヴィング判決25周年を記念して開かれた会議で，AMEA や PR は2000年のセンサスの人種分類の変更を連邦政府に働きかけることを目的とする運動を開始した。1993年，政府による人種分類を議論するための連邦の公聴会に代表が出席し，政治的に統一された集団として「多人種」のカテゴリーを要求した。1996年には，参加者はそれほど多くなかったものの「ワシントン大行進」と

---

49) Kennedy, *Interracial Intimacies*, pp. 146-150 ; http://www.webcom/intvoice
50) Susan R. Graham, "The Real World," in Root (ed.), *The Multiracial Experience*, p. 48.
51) Melissa Nobles, *Shades of Citizenship : Race and the Census in Modern Politics*, Stanford University Press, 2000, pp. 134, 143.

呼ばれる多人種主義の連帯を示すデモを行い，さらに1997年には，ロサンゼルスでも同様のデモが行われた[52]。

これらの多人種主義を支持する人々は，国家によってつくられた人種民族のカテゴリーではなく，人々が自ら人種を選ぶことができるメニューがセンサスに必要であると主張した[53]。しかし究極の目標は，選択肢の一つとして「多人種」という公式の人種カテゴリーをセンサスに設けることによって，彼らの存在を国家あるいは社会に認めさせることであった。国家に公的に存在を認めさせようと意図しているところから，多人種主義の運動は，公民権運動のやり方にならっているといえよう。集団の権利，承認，アイデンティティなどの彼らの運動のキーワードからも，多人種主義の運動の基礎が承認の政治にあると考えられる。

しかしこのような運動は，多くの批判にさらされた。最大の批判はアフリカ系アメリカ人の組織からである。もともと「一滴の血の掟」は，「混血」の存在を否定し，彼らをアフリカ系アメリカ人に組み込む論理であった。しかし，異人種間結婚をめぐるアフリカ系アメリカ人の視点に関する項で既に述べたように，アフリカ系アメリカ人の運動は，その論理を逆手にとって，基盤を拡大してきたのである。多人種主義者にとって最大の論敵の一人であるジョン・マイケル・スペンサーは，「混血の黒人は白人からもアジア系のコミュニティからも人種差別にあうため，黒人にも混血の黒人にとっても，『一滴の血』のルールは必要なものと見なされている。混血の黒人が『安定したよりどころ』を得られるだけでなく，黒人のコミュニティが健全な結合を維持することができるからである。結局，この結合力が，黒人と混血が耐えなければならない人種主義から我々を守ってくれるのである」[54]と論じた。これに対して多人種主義を推進するポール・スピッカードは，スペンサーはアフリカ系アメリカ人のアイデンティティを捨てることができる人は皆そうすると論じるが，それは黒人性の魅力に関するスペンサー自身の自信のなさを示していると反論した。多人種主義者は，既存の人種集団コミュニテ

---

52) Wu, *Yellow*, p. 287 ; Hickman "The Devil and the One Drop Rule" ; DaCosta, "Multiracial Identity," pp. 69-72 ; Williams, "From Civil Rights to the Multiracial Movement," p. 95.
53) Reginald Leamon Robinson, "The Shifting Race-Consciousness Matrix and the Multiracial Category Movement," in Johnson (ed.), *Mixed Race America and Law*, p. 213.
54) John Michael Spencer, *The New Colored People : The Mixed-Race Movement in America*, New York University Press, 1997, p. 57.

ィへの連帯を確認した上で多人種主義を論じている,とスピッカードは主張したのである[55]。

ところが,PR のグラハムが保守派の政治家ギングリッチを担ぎ出してきたことから,多人種主義に対する批判はさらに高まった。ギングリッチは,この機に公民権体制を弱体化することを目指していたのである。アフリカ系アメリカ人指導者は,「多人種」のカテゴリーをつくることによって,白人の血を認めさせ,黒人であることから逃れようとしているのではないかと批判した。タイガー・ウッズも外見からアフリカ系アメリカ人と見られてきたことに反発して冒頭の発言をしたといわれ,やはり相当批判されたという。アジア系アメリカ人の「人種性」を論じたフランク・ウは,多人種主義運動は,その気はなくても「白人化」を推進すると指摘し,多人種主義運動が「人種はフィクションかもしれないが,人種主義は現実である」という悲観的な側面を隠すおそれがあると論じた[56]。

センサスのカテゴリーの問題がこのような論争を引き起こした背景には,公民権運動以降,センサスをモデルとする人種別のデータが政策に頻繁に使われるようになったことが影響している。たとえば投票権法では,選挙区毎の「人種」別人口統計によって選挙区の改正を考えるとしている。積極的差別是正政策(アファーマティヴ・アクション)や雇用機会均等法などの各種社会政策においても,人種毎のデータが必要とされている。承認の政治には数字が重要な役割を果たすのであり,「多人種」のカテゴリーを設けることによって既存の人種集団の人口が減少すると政治力が弱まるのではないかと,既存の人種集団がおそれたのである[57]。

結果として1997年,「多人種」という新たなカテゴリーをつくる案は退けられ,多人種主義運動は分裂した。かわりに2000年のセンサスでは,「白人,黒人あるいはアフリカ系アメリカ人,アメリカ・インディアンとアラスカ先住民,アジア人,ハワイ先住民など,その他の人種」の6つの人種カテゴリーのうち「該当する全ての人種にマークする」ことが新たに認められ,2003年から全ての政府機関で実施されることとなった[58]。ふたをあけてみると,2000年のセンサスでは,「二種類あ

---

55) Paul Spickard, "The Subject Is Mixed Race: The Boom in Biracial Biography," in Parker and Song (eds.), *Rethinking 'Mixed Race,'* pp. 84–85.
56) Wu, *Yellow*, pp. 289–299.
57) Nobles, *Shades of Citizenship*, p. 20.
58) 竹沢泰子「アメリカ合衆国——揺らぐ境界・揺らがぬ境界」青柳真智子編『国勢調査の文化人類学』古今書院,2004年。

るいはそれ以上の人種」を選んだ人々は，18歳以上の人口の2.4％であった。複数の人種を選んだ人が多く属す人種集団はアメリカ・インディアン，アラスカ先住民，ハワイ先住民である一方，ヒスパニックを選んだ人のうち6.3％，アフリカ系アメリカ人を選んだ人のうち5％しか，二種類以上を選んでいない[59]。この結果をどのように評価したらよいかが明らかになるには，もう少し時間が必要であるが，印象としては，「多人種主義」が論じられた割には，既存の人種集団の境界が厳然と存在しているようにみえる。

このセンサスをめぐる論争は，アメリカ社会における人種の意味を問い直すことになった。多人種主義運動は人種の本質主義を批判したが，一つ以上の人種を選ぶということは，まさに本質主義に通じる生物学的なアイデンティティを重視することになる。一方，既存の人種集団は，「一滴の血の掟」の歴史を批判しながら，その掟によって政治力の基礎を築いているのである。さらに，「混血」ということでアメリカ社会の中で連帯意識ができるのであろうかという疑問が残る。既存の人種集団と並ぶかたちで「多人種」というカテゴリーをつくることによってしかアイデンティティが得られないとしたら，それは各人種が境界のある集団として存在するアメリカの人種システムのあり方に起因しているのである。

4 人種混淆とジェンダー

1) ジェンダー秩序と白人社会

異人種間結婚とその帰結としての人種混淆の問題を考えるとき，深く関わってくるのがジェンダーの問題である。異人種間結婚禁止の目的は，なによりも白人女性の「保護」にあるとされている[60]。1924年のヴァージニアの人種保存法を論じたリサ・ドールは，この時期に白人女性の自立傾向が顕著になってきたため，他の人種との結婚が増加するのではないかという危機感が1924年の法律の成立要因のひとつであると論じている[61]。人種の秩序とジェンダー秩序は相互に深く

---

59) U. S. Census Bureau, *Census 2000 Brief* (March, 2001) (http://quickfacts.census.gov/qfd/states/00000.html); DeBose and Winters, *New Face in a Changing America*, pp. xi, xii, 3, 6.
60) Leti Volpp, "American Mestizo," p. 808.
61) Lisa Lindquist Dorr, "Arm in Arm : Gender, Eugenics, and Virginia's Racial Integrity Acts of the 1920s," *Journal of Women's History*, 11 : 1 (Spring, 1999).

関連しているといえよう。
　ジェンダーが重要な意味を持つのは，女性が生物学的にも，また文化に関しても再生産者として，人種の境界を維持する役目を担わされてきたからである。白人の「真の女性」は，白人の自然の優越性を表すと考えられてきた。白人の特権を持つ男性のアイデンティティは，白人の女性性の保護者として確立され，白人の女性も男性との関係を通じて特権を維持できるのである[62]。結果として，人種の境界を越えた人への対応は，ジェンダー非対称であった。植民地時代から，「混血」を生んだ白人の母親への処罰や風当たりは厳しかった。逆に，白人男性が有色人の女性と親密なつきあいをしてもそれほどのタブー視はされず，いわゆるダブルスタンダードが存在した。奴隷制における性的搾取のように，しばしば力をともなう関係があったことも事実である。また，アジア系アメリカ人と白人のカップルのうち，72％がアジア系の女性と白人男性の組み合わせであるが，そのうちにはいわゆる「戦争花嫁」が含まれる。第二次大戦後，2万人の日本人女性が渡米し，朝鮮戦争後の1950年から1965年までに約1万7,000人の韓国女性がアメリカ人男性と結婚したのである。もちろん結婚相手が必ずしも白人とは限らないが，異人種間結婚のこうした側面も忘れてはならない[63]。
　さらに，異人種間結婚に関わる判例を見ると，いわゆる結婚外交渉より結婚のほうが厳しく裁かれている。それは，結婚の「神聖さ」を守るという道徳の問題であると同時に，異人種間結婚が経済の問題でもあることを示している。正式な結婚が，（白人の）財産の譲渡の問題と子孫をつくることに直接関わるからである。さらに，異人種間結婚禁止法は，白人男性が社会的・経済的責任を逃れやすいシステムになっていた。たとえば1922年，離婚を希望している夫が，自分は白人であり妻は黒人であるから，この結婚は無効であるとアリゾナの裁判所に訴えたが，妻が「黒人でない」ことが証明されず，夫の勝訴に終わった[64]。アメリカ・

---

62) Henry Yu, "Tiger Woods Is Not the End of History : or Why Sex across the Color Line Won't Save Us All," *American Historical Review*, 108 : 5 (Dec. 2003) ; Wallenstein, *Tell the Court I Love My Wife*, pp. 16-17 ; Karen Maeda Allman, "(Un)Natural Boundaries : Mixed Race, Gender, and Sexuality," in Root (ed.), *The Multiracial Experience*, pp. 281-282.
63) Wu, *Yellow*, p. 275.
64) Peggy Pascoe, "Miscegenation Law, Court Cases, and Ideologies of 'Race' in Twentieth-Century America," in Sollors (ed.), *Interracialism*, pp. 178-187.

インディアンの同化主義者の中には，インディアンをアメリカ社会に同化させる一つの手段として白人との結婚をすすめる意見もあった。しかし法的には，白人と結婚したインディアンの女性は不利な立場にあり，いくつかの判例はインディアンの妻にたいする法的義務はないという判決を下している[65]。ただし，全ての異人種間の関係において女性が経済的に不利な立場に追いやられているとはいえない。19世紀後半の南部においてでさえ，白人男性の同意があれば，内縁関係の黒人女性とその子どもも遺産を相続できた判例が複数見られるという[66]。重要な問題は，白人男性の恣意的な力の行使によって，女性の立場が決定されてきたことであろう。

このように白人のジェンダー秩序と人種システムが深く関わっていたため，白人女性が主体的に人種の境界を越えるとき，アメリカの人種システムは揺らぐことになる。たとえば多人種主義運動には，白人女性だが黒人男性を夫に持つグラハムのように，異人種間結婚をした白人女性が多く関わっている。子どもを「有色」にしたくないという動機から行っているという批判もなされたが，白人の女性が，従来の規範にとらわれず，異人種間結婚と子どもの「混血」を明らかにできるようになったことも一因として考えられる。人種の境界を維持することを担わされてきた女性だからこそ，女性は人種の構築とともに脱構築の鍵となることもできるのである[67]。

2）非白人人種集団とジェンダー秩序

人種集団の境界を維持するためにジェンダー秩序を守ることが重要であったのは，白人社会だけではない。社会的に構築された人種の境界を引き受けた非白人の各人種集団においても，子どもを産み育て，文化伝統を継承する再生産者としての女性が重要な鍵をにぎっていた。女性が各集団の境界を維持することによって，各集団のアメリカ社会における力が蓄えられたのである。アフリカ系アメリ

---

65) Bethany Ruth Berger, "After Pocahontas : Indian Women and the Law, 1830-1934," in Johnson (ed.), *Mixed Race America Law*, pp. 71-79.
66) Mary Frances Berry, "Judging Morality : Sexual Behavior and Legal Consequences in the Late Nineteenth-Century South," *Journal of American History,* 78 : 3 (Dec. 1991), p. 854.
67) Maria P. P. Root, *Love's Revolution : Interracial Marriage*, Temple University Press, 2001, p. 170.

カ人だけでなくどの集団においても人種の境界を越えることに対する批判が高いことは，各人種集団にとって境界の維持が重要であったことを示している。1998年の中国系アメリカ人組織の調査によると，親の世代の69％が同じエスニックグループの相手が好ましいと答えている。日系アメリカ人と他の人種との「混血」の人々の運動が，まず日系アメリカ人集団にその存在を認めてもらおうとする運動であったことも，この傾向を裏付けていよう[68]。

　人種集団の権利運動のためにもジェンダー秩序は重要であった。各人種集団内では，男性は女性を守り，家族を養うことによってその「男性性」を維持していた。ところが，白人社会は，人種関係を論じるときにジェンダーの比喩を使い，有色の人種集団の男性を被保護者として女性的に形容した。したがって，各人種集団が自らの権利を取り戻す運動を行うとき，各人種集団の男性はアメリカ社会に向かってその男性性を強調し，人種集団内のジェンダー秩序はより厳しく維持されたのである。たとえば，マルコムXなどに代表される1960年代後半のブラック・ナショナリズムは，男性中心主義を声高に主張することによって，アメリカ社会にその強さと団結を示そうとした[69]。人種集団の運動が強まるほど，集団内のジェンダー秩序も厳しく維持されたのであり，その秩序を批判することは，人種集団への「裏切り」とみなされたのである。

　ただし，女性が常に受け身であったわけではない。たとえばアフリカ系アメリカ人女性の活動には長い歴史がある。とくに1970年代末以降，アフリカ系アメリカ人女性の運動は，白人中産階級女性のフェミニズムの人種意識を批判すると同時に，アフリカ系アメリカ人社会のジェンダー秩序を変革するために活発な活動を行っている。ただし，アフリカ系アメリカ人女性の場合，人種の境界を越えることは，集団内のジェンダー秩序の問題に比較すると，重要な課題であると認識されていないようにみえる。前述のように「一滴の血」のルールでは，「白/黒」の枠組みの中で，「白人」と思われる女性が「黒人」の子どもを産む可能性はあるが，黒人と認識された女性が「白人」と認められる子どもを産むことはありえない。アフリカ系アメリカ人女性の活動家にとって，越境は人種集団を拡大するだ

---

68)　Wu, *Yellow*, p. 268.
69)　拙稿「『有色人の女性』の『声』と歴史認識」原恵里子編『ジェンダーとアメリカ文学』勁草書房，2002年，19頁；貴志雅之「アフリカ系アメリカ人の人種，ジェンダー，歴史」原恵里子編，前掲書，121-126頁。

けであり，人種の脱構築の手段とはならないのである。

3）ボーダーランド

「白/黒」の枠組みのはざまに位置づけられ，「一滴の血の掟」をアフリカ系アメリカ人ほどには深く刻み込まれていない他の非白人集団の女性の活動家たちは，人種の境界を線ではなく「場」として意識し（ボーダーランド），境界を越えて多様な文化のあいだを行き来することをむしろ自らの力とした。その最も力強い「声」が，チカーナと呼ばれるメキシコ系アメリカ人女性の「声」であろう。

彼女たちの母国であるメキシコは，後述のブラジルと同様に，「混血」（メスティーソ/メスティーサ）の伝統を持っていた。とくに，19世紀後半のメキシコにおいては，メスティーソ/メスティーサは，国民意識を構築し集団的忘却を促す統合のイデオロギーであった。しかし，表面上は「混血」に寛容にみえるメキシコにおいても，その底辺に明確な人種主義を抱えていた。そのため，母国メキシコとの違いを意識した1960年代後半のメキシコ系アメリカ人（チカーノ）の運動は，むしろ，ヨーロッパの血が入ったメスティーソであることを無視して，先住民の子孫であることを強調した。アズテカ族の神話的故郷であるアストランにアイデンティティを求めたのである[70]。この運動では，アストランの戦士の男性性がチカーノのアイデンティティであり，女性は何よりも母親になり伝統を守ることによってコミュニティへの忠誠を誓うことができた。したがってチカーノの運動においても，女性が集団内のジェンダー秩序に疑問を持つことは，メキシコ民族の文化と歴史に対する裏切りであり，彼らの力に対する挑戦とみなされたのである[71]。いうまでもなく，境界を守るべき女性が人種民族の境界を越えることは非難の的となった。あるメキシコ系アメリカ人女性研究者は，メキシコ系アメリカ人男性はメキシコ系アメリカ人女性が白人と結婚すると激怒するが，メキシコ系アメリカ人男性は男性の特権を行使して白人女性と結婚し，半分「白人」の子どもは主流社会の権力に近づくことができる，とダブルスタンダードを指摘している[72]。

1980年代はじめに，『私の背中というこの橋』で「有色人女性」たちの声を集め

---

70) J. Jorge Klor de Alva, "Cipherspace: Latino Identity past and Present," in Rodolfo D. Torres et al. (eds.), *Race, Identity, and Citizenship*, Blackwell, 1999, pp. 175-179.

71) Karen Anderson, *Changing Woman: A History of Racial Ethnic Women in Modern America*, Oxford University Press, 1996, p. 5.

たグロリア・アンサルデューアは、チカーノ運動のジェンダー秩序とアメリカ社会における人種主義の両方に抵抗するために、メスティーソであることを否定するチカーノの論理に対して、ボーダーランドに生きる女性としてのメスティーサの意識を解放の論理とした。本人自身アメリカ白人と先住民の血を濃く引くメキシコ人との「混血」であり、「血」や地理的国境を越えて言語・文化が交差する場で主体性を探し求めたのである。アンサルデューアは、メスティーサの意識は、矛盾と曖昧さを許容することによってうまれると主張し、二項対立に基づく人種の枠組みからの脱出を提案した[73]。アンサルデューアに続く多くのチカーナの活動家たちも、アイデンティティは一つで変わらないものであるという考え方を覆すために、メスティーサの概念を主体性の表象として重視した。個人のアイデンティティは多様であり、言語・国家・文化の境界を越えて行き来できることを意識することから出発しなければならないと訴えたのである。

近年の議論では、人種の境界を流動的なものとしてみることで普遍主義の論理に戻るのではないか、あるいは、有色の中のより白い肌の人々に特権を与えることになるのではないかなどの疑問が出されている[74]。しかし、越境を論ずるということは、チカーナ・フェミニストにとっても境界は厳然として存在するということを意味する[75]。ジェンダー秩序と人種システムが交差する場としてボーダーランドを論じることによって、ジェンダーと人種それぞれの境界のありようがむしろ鮮明に浮かび上るのである。

---

72) Emma Pérez, "Speaking from the Margin: Uninvited Discourse on Sexuality and Power," in Adela de la Torre et al. (eds.), *Building with our Hands : New Directions in Chicana Studies*, University of California Press, 1993, p. 62.

73) Gloria Anzaldúa, *Borderlands : La Frontera*, Spinsters, 1987, pp. 77-81；堀真理子「新しい神話を紡ぐラティーナの作家たち」原恵里子編『ジェンダーとアメリカ文学』勁草書房、2002年、214-217頁。

74) Suzanne Bost, *Mulattas and Mestizas : Representing Mixed Identities in the Americas, 1850-2000*, The University of Georgia Press, 2003, pp. 23-24.

75) Norma Alarcon, "Traddutora, Traditora: A Paradigmatic Figure of Chicana Feminism," in Anne McClintock et al. (eds.), *Dangerous Liaisons : Gender, Nation, & Postcolonial Perspectives*, University of Minnesota Press, 1997.

5　鏡としてのブラジル

　前述のメキシコのように，中南米諸国では，人種の境界はアメリカ合衆国より流動的であり，多様なカテゴリーが存在し，「混血」が社会の中に居場所を持っているといわれる。中南米諸国の人種関係を論じるのは筆者の力の及ぶところではないが，合衆国の人種を論じる人々がよく比較するブラジルについて，アメリカ人研究者がどのように引き合いに出してきたか，さらに，合衆国の人種関係およびその理論がブラジルの自己像にどのような影響をもたらしたかを簡単に紹介することによって，「混血」のあり方の比較からみたアメリカ合衆国の人種の問題の一端を明らかにしたい。

　ブラジルも19世紀後半まで奴隷制を維持していた国である。「白人」の優越性もアメリカ合衆国と共通しており，ブラジルにおいても「黒い」ことが社会的に不利である。しかし，奴隷制のもとに人種の境界を明確に設定しようとした合衆国に対して，ブラジルでは異人種間の関係が人種構成を複雑にした。ある人類学者によると，ブラジルには36の人種に関する呼び名があり，それを4つに大きく分けると，白人 (branco)，混血 (Moreno)，肌の色の黒い混血 (Mulato/Pardo)，黒人 (Preto/Negro) となる[76]。アメリカが「血」によって分類してきたのに対し，ブラジルのこの分類は，肌の色や肉体的特徴に基づいているのである。この人種分類のシステムは，ブラジル社会において肌の色をめぐる摩擦が常に緊張関係をつくっていることを示すと同時に，人種の認定には交渉の余地があることを示している。たとえば，自らのアイデンティティと他者からの分類は必ずしも同じではなく，本人のほうが「より白く」自己を分類し，髪をまっすぐにするなど，肌の色の違いや外見の違いを最小限にしようと努力するのである。

　このような分類システムを背景に，ブラジルの人口の大半は，白人とメスティーソが占めていると論じられてきた。たとえば，ブラジルの1991年のセンサスでは，branca (白人) 51.5％，preta (黒人) 5％，parda (メスティーソ) 42.5％，amarela (黄色人種，東アジア系) 0.4％，indigena (先住民) 0.2％という人口構成になっている。地域によって呼称の定義が違うなど正確さを欠くが，メスティーソ（ここで

---

76) Livino Sansone, *Blackness without Ethnicity : Constructing Race in Brazil*, MacMillan, 2003, pp. 39-40.

は，メスティーサも含む意味で）の数が1940年以後，コンスタントに増加しているという[77]。このメスティーソと白人が大半を占めるとされるブラジルでは，人種はどのように語られたのであろうか。

19世紀末，「混血」を否定し人種の純粋性を強調する科学的人種主義がアメリカからブラジルにもたらされた。すると，メスティーソの多いブラジルでは，「混血」による「人種的自殺」といった議論に対する防衛策として，ヨーロッパからの移民の流入と人種混合の繰り返しで，ブラジルは「白人化」していると論じられた[78]。この議論は政策にも反映され，ヨーロッパからの移民が奨励された。しかし，人々は移民との競争を強いられ，明らかな白人偏重の社会に不満が高まった。そこで「白人化」にかわる言説として脚光を浴びたのが「人種的民主主義」である。1930年代，アメリカの人種隔離と差別を観察したブラジルの社会学者が，ブラジルはヨーロッパ人・アフリカ人・先住民の調和を基盤とする「人種的民主主義」に基づく多人種社会であると論じた。これは，ブラジルの人種関係の創造神話ともいうべき議論で，半公式的なイデオロギーになったといわれる[79]。

しかし，現実は必ずしもそれほどバラ色ではなかった。1950年代，ユネスコが世界の人種主義を克服するためのモデルとしてブラジルの「人種的民主主義」を調べたところ，「民主主義」どころか人種偏見と差別の実態が報告されたのである[80]。ブラジル国内でも疑問の声があげられたが，「人種的民主主義」はブラジルにとって重要なイデオロギーであり，人種による差別を論じると，逆に「人種主義者」とされた。だが1970年代には，合衆国の公民権運動の影響を受けた中産階級のアフリカ系ブラジル人が中心となって，人種のために社会的上昇から排除されていると主張し，政治運動を始めた。行政においても，積極的差別是正政策に類似した政策がとられるようになった。しかし，アメリカ的な人種を意識した政策には批判も多く，「人種的民主主義」は依然として影響力を持っている[81]。

同じ頃，若いアフリカ系ブラジル人を中心にして，合衆国やカリブ海域の黒人文化への関心が高まり，アフリカを共通のアイデンティティのシンボルにして，「黒人」の共通の経験が論じられるようになった。彼らは，「黒人」としての誇り

---

77) Sansone, *Blackness without Ethnicity*, p. 22.
78) Nobles, *Shades of Citizenship*, pp. 86-90.
79) Sansone, *Blackness without Ethnicity*, pp. 2, 6-11.
80) George Reid Andrews, "Brazilian Racial Democracy, 1900-1910: An American Counterpoint," *Journal of Contemporary History*, 31 : 3 (July 1996), pp. 483-497.

や文化を語り，アフリカ系ブラジル人のアイデンティティを求めて，1990年のセンサスに自らを「ニグロ」と書く運動を展開した。アフリカ系ブラジル人の活動家は，「混血」(Moreno) という言葉が曖昧で，ブラジルの人種階層の偽善をあらわしていると批判し，合衆国のような境界を持つ人種集団を作ることによって政治的力を得ようと試みたのである[82]。しかしブラジルでは，誰が「黒人」であるかという問題から掘り起こす必要があり，文化的に明確で政治的な基礎をもつコミュニティをつくることは難しいと考えられる。

一方，人種問題の解決策を模索するアメリカ合衆国では，活動家や研究者がブラジルに注目した。1910年代にデュボイスの雑誌 the Crisis はブラジルには差別が少ないと論じ，ボルティモアや他の都市のアフリカ系アメリカ人の新聞は1910年代から20年代にかけて，人種問題を解決したと考えられていたブラジルへの移住を提案した[83]。1950年代の研究の主流も，ブラジルが「調和した」人種関係を構築しており，アメリカより「勝っている」と指摘した。しかし，ブラジル本国で疑問が示された時期と相前後して，アメリカの研究も，合衆国よりブラジルの方が職業などにおける人種差別が強いと論じ始めた。カール・デグラーは，工業化が進み競争が激化するにつれて，アメリカの人種関係の歴史がブラジルで繰り返されるであろうと1970年代初めに予言している[84]。1970年代には，フォード財団が資金を出し，ブラジルにおけるアフリカ系ブラジル人の研究と教育を後援した。近年の統計を駆使したアメリカの研究も，合衆国ではラテンアメリカやアジアからの新たな移民の流入もあって「白人/黒人」という二極的な人種の考え方はなくなっているが，ブラジルでは依然として「白/黒」の二極的システムであると論じている[85]。ブラジルをお手本にするのかと思われた合衆国の多人種主義者も，

---

81) G. Reginald Daniel, "Multiracial Identity in Global Perspective," in DeBose and Winters (eds.), *New Faces in a Changing America*, pp. 258-259 ; George Reid Andrews, "Racial Inequality in Brazil and the United States : A Statistical Comparison," *Journal of Social History,* 26 : 2 (Winter 1992), p. 256 ; Andrews, "BrazilianRacial Democracy, 1900-1910," pp. 495-457.
82) Sansone, *Blackness without Ethnicity*, pp. 2, 40, 45, 55, 57, 192.
83) Andrews, "Brazilian Racial Democracy, 1900-1910," p. 497.
84) Carl N. Degler, *Neither Black Nor White : Slavery and Race Relations in Brazil and the United States*, MacMillan, 1971, C・N・デグラー著，儀部景俊訳『ブラジルと合衆国の人種差別』亜紀書房，1986年。
85) Thomas Skidmore, "Racial Mixture and Affirmative Action : The Cases of Brazil and the United States," *American Historical Review,* 108 : 5 (Dec. 2003).

ブラジルを引き合いに出さないか,あるいは「人種的民主主義」を神話であると否定している[86]。

このようにブラジルとアメリカ合衆国の人種に関する立場は,逆転したかのように見える。しかしこの流れの中で最近ブラジルとアメリカの人種問題を比較したエドワード・テルズは,公民権運動以後のアメリカに,皮肉にも,ブラジルのような「自由放任人種主義」,あるいは「微笑みを伴う差別」をみているのである[87]。ブラジルを鏡とすることで,人種の境界を明確にしようとするアメリカの人種システムは普遍的ではなく,むしろ特殊で,アメリカの社会と歴史がつくってきたものであることが一層明確になったといえよう。と同時に,両国の人種をめぐる言説は,ともに人種がイデオロギーとして機能していることを如実に示しているのである。

おわりに

異人種間結婚禁止法の歴史は,人種の境界がどのように規定されたかの歴史であり,また,越境した人々をどのように隠していくかの歴史であった。と同時に,人種の境界の設定が恣意的で矛盾しているにも関わらず,「人種の純粋性」の幻想に基づく人種システムがアメリカ人の最も私的な生活に介入してきた歴史でもある。そのような歴史を経て,現代社会で複数の人種を背景にした人々が声をあげるとき,それはこれまでのシステムを否定するのではなく,「多人種」という新たな人種分類をこれまでのシステムに加えるという要求となった。したがって,これまでのシステムを引き受けて政治力を強めてきた既存の人種集団と衝突することになったのである。

さらに,異人種間結婚禁止法と人種混淆をめぐる歴史は,ジェンダーのあり方を規定する歴史でもあった。逆に,ジェンダー秩序が人種システムを支えてきたとも言える。女性は人種の境界を維持する役目を担い,その女性を保護する役割を持つ男性は各人種集団の境界を維持しようとした。それゆえ,ジェンダー秩序の見直しと既存の人種システムの脱構築は,深く関わっているといえよう。さら

---

86) Nobles, *Shades of Citizenship*, p. 134.
87) Edward E. Telles, *Race in Another America : The Significance of Skin Color in Brazil*, Princeton University Press, 2004, p. 15.

に，ブラジルを鏡にしてみると，越境者を隠し，「人種の純粋性」の幻想にこだわってきたアメリカ合衆国の姿がより鮮明に映し出されるのである。

デイヴィッド・ホリンガーは2003年のアメリカ歴史学会の学会誌において，人種混淆の歴史，あるいは人種の境界をめぐる政治の歴史をたどることが，アメリカの歴史や現代社会における人種を理解する上で，新たな視角を提供すると問題提起をしている[88]。アメリカニズムと人種の関係を論ずるために，人種混淆をめぐる歴史のさらなる研究がのぞまれる。

【文献案内】

① 青柳真智子編『国勢調査の文化人類学』古今書院，2004年。
② 小林清一「人種主義と優生学」阪上孝編『変異するダーウィニズム』京都大学学術出版会，2003年。
③ 中條献『歴史のなかの人種』北樹出版，2004年。
④ 原恵理子編『ジェンダーとアメリカ文学——人種と歴史の表象』勁草書房，2002年。
⑤ "AHR Forum: Amalgamation and the Historical Distinctiveness of the United States," *American Historical Review*, 108 : 5 (Dec. 2003).
⑥ Martha Hodes, *Sex, Love, Race : Crossing Boundaries in North American History*, New York University Press, 1999.
⑦ Kevin R. Johnson, *Mixed Race America and the Law : A Reader*, New York University Press, 2003.
⑧ Werner Sollors (ed.), *Interracialism : Black-White Intermarriage in American History, Literature, and Law*, Oxford University Press, 2000.
⑨ John Michael Spencer, *The New Colored People : The Mixed-Race Movement in America*, New York University Press, 1997.
⑩ Edward E. Telles, *Race in Another America : The Significance of Skin Color in Brazil*, Princeton University Press, 2004
⑪ Loretta I. Winters & Herman L. DeBose (eds.), *New Faces in a Changing America : Multiracial Identity in the 21st Century*, Sage Publications, 2003.

---

88) Hollinger, "Amalgamation and Hypodescent." 他にも Gary B. Nash, "The Hidden History of Mestizo America," in Martha Hodes (ed.), *Sex, Love, Race : Crossing Boundaries in North American History*, New York University Press, 1999 参照。

①は各国のセンサスにおける人種分類の分析。②は優生学について。③は最新のアメリカの人種に関する論考。④は有色人女性に関して歴史および文学の視点から分析。⑤は人種混淆の歴史に関する4人の研究者の議論。⑥はジェンダーと人種の視点から異人種間結婚などを論じた論文集。⑦は法律と歴史の視点で人種混淆を論じる。⑧は文学，歴史，法律の分野から異人種間結婚をめぐる問題に関する判例，資料，論文の抄録などを集めたテキスト。⑩はブラジルについて。多人種主義について，⑨は批判的，⑪は賛成の立場から。

第 10 章　スポーツにおける「人種」

小澤　英二

　良いことをするとアメリカ人だと言ってくれるが，悪いことをするとニグロだと言われる。

　この言葉は，1968年にメキシコで開催されたオリンピック大会の陸上競技200メートル走において金メダルを獲得したトミー・スミスによって発せられたものである[1]。アメリカのスポーツ界，とりわけ陸上競技において顕著な活躍をみせた黒人たちが当時のアメリカ社会に置かれていた状況を如実に示す言葉と言えよう。では，40年近く経過した現在においてこのような状況ははたして改善されたのであろうか。

　現在のアメリカ・スポーツ界においては黒人をはじめとするマイノリティに対する人種偏見や不当な差別はもはや払拭され存在しないと見なされるむきがある。それは，アメリカの三大プロ・スポーツと呼ばれるベースボール，アメリカン・フットボール，バスケットボールにおいて，白人以外のプレイヤーがその多くを占め活躍している現状にもとづくものであろう。たとえば，プロ・ベースボールの統括団体である MLB (Major League Baseball) に所属する現役のプレイヤー全体に対して黒人が占める比率は，1995年の時点で19％であった。この数値はアメリカの全人口に占める黒人の比率である12％をかなり上回るものである。また NFL (National Football League) では1994年度のシーズンで68％と過半数を占め，NBA (National Basketball Association) にいたってはその8割強が黒人という驚くべき現状にある[2]。

---

1 ）　クリストファー・ブレイシャー『1968年メキシコ・オリンピック――第19回オリンピックの日記』1968年，73頁，バリー・リドル編，樋口秀雄他訳『欧米スポーツ名言名句1200』北星堂，155頁の引用による。

また，現在ボクシング界では数あるヘビー級タイトルのほとんどが黒人ボクサーによって独占されている。以前には黒人の活躍をほとんど見ることのなかったゴルフやテニスにおいてさえも，最近では黒人のヒーローが誕生している。ゴルフでは，全米アマチュアで3連覇したうえで1997年に21歳でプロ・デビューしたタイガー・ウッズが，そのシーズンに17戦して4勝をあげ，そのうちのマスターズでは18アンダーという歴史的な最小スコアでの優勝を成し遂げている。スーパースターがしばらく不在で不景気が長らく続いていたゴルフ界では，新しい風を吹き込んだウッズの登場を歓迎した。ところが，前章でも述べられているようにウッズは，人種のうえでは代表的なアメリカの「雑種」である。父親のアールは半分がアフリカ系アメリカ人，4分の1がネイティヴ・アメリカン，もう4分の1が中国人である。母親のクチルダは，半分がタイ人で4分の1が中国人，さらに4分の1が白人である。タイガー自身は自らのことを「より合わせのアジア人」(Cablinasian) とささかの皮肉を込めて言う。しかし，おおかたのメディアや黒人コミュニティでは，白人が占有するスポーツで成功を勝ちとった「黒人」青年と彼を位置づけているのである。またテニスでは，ヴィーナスとセリーナのウィリアムズ姉妹が活躍し，アメリカでスーパースターの地位を獲得している。さらに，近年の日本人メジャー・リーガーに与えられている機会や彼らに対するアメリカ人の高い評価が，そこには差別や偏見がないという印象を与えている。このような現状から，「実力本位」とされるスポーツ界にあっては，個人の才能や技術，実力といったものとは無関係な人種差別や偏見などは，強いチームをつくりゲームに勝利することを第一に考えるいわゆる「勝利至上主義」のもとでは，非合理でナンセンスなものであるという見解が生じるのである。

しかし，アメリカ・スポーツ史における人種主義(レイシズム)の問題をひもとけば，スポーツの世界がアメリカ社会のなかにあった人種主義(レイシズム)とは無関係で例外的なものではなかったことが容易に理解できる。アメリカで黒人のメジャー・リーガーが誕生したのは1947年のことである。アメリカのスポーツ社会学者であるハリー・エドワーズは1979年に『ニューヨーク・タイムズ』のコラムの中で，次のように述べている。「黒人は現実についてのアメリカの主流的な考えと永遠に戦っている。そ

---

2) Richard E. Lapchick (ed.), *1995 Racial Report Card*, Northeastern University, Center for Study of Sport in Society, 1995, in Kenneth L. Shropshire, *In Black and White : Race and Sports in America*, New York University Press, 1996, p. 4.

してスポーツにおいてこのことがもっとも顕著にあらわれている[3]。」それはほんの四半世紀前のことである。

　2003年のメジャー・リーグのシーズン中に起こったサミー・ソーサの不正バット使用疑惑の例を思い出してみよう。ソーサはその数年前にマーク・マグワイアとともに本塁打王を競い，長年破られることのなかったロジャー・マリスが打ち立てた1シーズン中の本塁打の記録を塗りかえた歴史的偉業を成し遂げた選手である。ソーサの打撃によってバットが折れ，そのとき彼が使っていたバットがルール上ゲームでの使用が認められていない通常より飛距離の延びるよう中にコルクがつめられたものであったことが発覚した。ソーサの言い分によると，ゲーム前の練習を見ていたファンへのサービスとして彼らに飛距離のある打球を見て喜んでもらおうと，そのバットは練習時にのみ使用していたものであり，たまたまその打席で間違えて使用してしまったというのである。その後ソーサのロッカーなどに彼が所有していたすべてのバットの検査が行われたが，結果は「白」であった。それでも過去のシーズン時に不正なバットを使用した疑惑が取りざたされ続け，彼の前年度までの輝かしい記録までもが疑わしいものであるという声も囁かれた。この事件の根深い部分は，元MVPのホセ・カンセコやソーサと同じドミニカ出身のペドロ・マルチネスが，「白人支配のメディアが，ソーサが黒人であるために不当に扱い，騒ぎを大きくしている」と，公言したところにある。もし彼が白人であったならば，このような扱いにはならなかったというのである。実際にそのような「黒人であるがための不当な扱い」がソーサに対してなされたかどうかを検証することはできないが，彼自身がそこで「黒人であること」を強く意識させられていることは事実である。つまりは「黒人であること」を感じざるをえない何かがそこにはあるということであろう。言い換えると，その何かによってスポーツの世界において人種が再生産されているということにほかならない。「悪いことをするとニグロと言われる」といった状況は，いまだになくなることなく続いているのであろう。

　また，1994年に男女二人を殺害した容疑で逮捕されたNFLの元スーパースター—O・J・シンプソンにたいする裁判は，さらに複雑な状況を映し出している。陪審団の構成が12人中9人を黒人が占めた刑事裁判では無罪，同1名と圧倒的に白

---

3) *New York Times*, 6 May, 1979.

人によって占められた民事裁判では有罪という結果が出たのである[4]。このケースは，もはやスポーツの枠を超えた問題であるかもしれないが，この裁判がアメリカで社会的関心事となった背景に，シンプソンがフットボールのスーパースターであった過去の経歴が関係したことは否定できない。彼は，「トップ・アスリート」と「犯罪者」という両極端ではあるが以前から黒人に対して持たれてきた偏見を含めた代表的なイメージを体現したのである[5]。

　本章では，アメリカ・スポーツにおいて，現在とりわけて顕著な活躍をみせている「黒人」を中心にして人種がいかに再生産され，その秩序や構造が構築されていったかを歴史的な経緯を追いながら解明していく。また現在，その不条理さに対して，いかなる取り組みがなされてきたか，またはなされているかを検討していきたい。

1　スポーツ・レイシズムの発生と展開

1）南北戦争前後の状況

　奴隷制時代には，アメリカにおける黒人は南部の農園地帯に集中していた。奴隷制の下では，ほとんどの黒人にとって組織化されたスポーツに参加する機会など皆無であった。しかし，数少ない休日である日曜日やイースター，クリスマスには，黒人の「大多数は，ボール投げやボクシング，レスリング，徒競走などのスポーツをして過ごした」という記録がある[6]。また，ミシシッピ州ナチェスの理髪師ウィリアム・ジョンソンが1835年から51年までに記した日記によると，奴隷たちは，シャッフルボードやビリヤード，競馬，ラバ競争，闘鶏などの娯楽活動を行っていたという[7]。これらの競技は，黒人同士の間で行われるものに限られ，白人とプレーをすることはなかった。また，奴隷主たちは奴隷たち同士のボクシ

---

4)　その経緯については，四宮啓『O・J・シンプソンはなぜ無罪になったか──誤解されるアメリカ陪審制度』現代人文社，1997年に詳しい。
5)　Billy Hawkins, "The Dominant Images of Black Men in America : The Representation of O. J. Simpson," in Gary A. Sailes (ed.), *African Americans in Sport*, Transaction, 1998.
6)　David K. Wiggins, "The Play of Slave Children in the Plantation Communities of the Old South, 1820-1860," *Journal of Sports History,* 7 (Summer 1980), p. 32.
7)　Arthur R. Ashe, Jr., *A Hard Road to Glory : a History of the African American Athlete 1619-1918*, Warner Books, 1988, p. 21.

ングや陸上競技をしばしば主催した。それは競技会というよりもむしろ、なぐさみや賭けの対象として行われる闘鶏のような感覚で開催されたものであったという。「われわれのスポーツやダンスは、白人の盛大な娯楽であった」と語ったかつてのテキサスの奴隷の談話も残っている[8]。

　南北戦争直後はスポーツが社会的な関心事になるような状況ではなかったが、イギリスの影響を受けながらその後徐々にアメリカでもスポーツの組織化が進んでいった。組織化されたスポーツのほとんどは新興の紳士たちが集まった社交クラブによって統括されていた。こうしたスポーツ・クラブは、イタリア人やユダヤ人などの新しい移民、「旧移民」でも最底辺に位置づけられていたアイルランド人の加入を制限していたが、黒人にはさらに露骨にその制限が課せられていた。ニューヨーク・アスレティック・クラブをはじめとする東部都市圏にあったスポーツ団体は、成文化された規約等で黒人の排除を明示していたのである。これらの団体は黒人の会員としての加入については厳しかったが、人気のある黒人選手を起用した利益の上がるイベントを主催することには抵抗がないというよりもむしろ積極的であった。その代表的な競技がボクシングと競馬であった。

　南北戦争直後は、競馬界では白人ジョッキーの姿はあまりみられなかった。というのも当時白人はこの仕事を蔑み、かつてプランテーションで馬の調教をしていた黒人が奴隷解放後、この仕事に就いたためである。1875年の第1回ケンタッキー・ダービーでは15頭中14頭に元黒人奴隷が騎乗し、第1回から28回までのうち15回黒人騎手が優勝している。これらの騎手の中でアイザック・マーフィーのように、1400回を越す騎乗で勝率44％という驚異的な成績を上げ、平均的な白人のほぼ10倍に相当する年収を稼ぎ、スター・ジョッキーとなるような者まであらわれた[9]。しかし、競馬が人気と金の両方を集めるようになると、19世紀末には白人ジョッキーたちは騎手資格を認可するジョッキー・クラブを設立し、牧場主に圧力をかけ黒人を競馬界から締め出していった。20世紀に入ると黒人は勝てる馬にまったく騎乗できなくなり、競馬界は白人によって支配されてしまうのである。

---

8) Jon Entine, *Taboo : Why Black Athletes Dominate Sports and Why We Are Afraid to Talk about It*, Public Affairs, 2000, 星野裕一訳『黒人アスリートはなぜ強いのか――その身体の秘密と苦闘の歴史に迫る』創元社、2003年、182頁の引用による。

9) David K. Wiggins, "Isaac Murphy : Black Hero in Nineteenth-Century American Sport, 1861-1896," *Canadian Journal of Sport and Physical Education*, May 1979, pp. 15-33.

2) 19世紀におけるベースボールと黒人

　19世紀後半にアメリカでもっともポピュラーなスポーツとなっていたベースボールにおける黒人との関わりはどうであろうか。南北戦争によって全国に広められたとされるベースボールでは，1857年に初めての全国的な組織であるナショナル・アソシエーション・オブ・ベースボール・プレイヤーズが設立される。当初同組織では，白人のみでなく黒人もそのメンバーに加えられていた。しかし，終戦後に黒人の加入に対する制限が加えられるようになり，1867年にはフィラデルフィアの黒人チーム，ピーシアン・クラブから出された加盟申請を却下するまでにいたった。そして1876年にナショナル・リーグが設立され，支配権が選手ではなくオーナー側に移行すると，「1名以上の有色人種を含むクラブ」の加盟を公式に拒絶するようになるのである。

　それでもベースボールは黒人の間でも絶大な人気を保持していた。この時期アッパークラスの黒人によって組織されたプロないしセミプロのチームが南部，北東部の都市中心街地で20前後活動していた。また，70人ほどの黒人選手が逆境にもまれながら白人のプロないしセミプロのチームに進出している。純白を保っていたナショナル・リーグでも少しの間黒人を受け入れていた時期がある。1884年，所属選手の交渉権を制限したオーナー側との混乱によってリーグが分裂した折に，モーゼズ・ウォーカーら優れた黒人選手が加わったのである。しかし，彼らが受けた風当たりは相当に強く，それから3年後には白人ファンや選手たちの反感は勢いを増して嵐となっていた。1887年ナショナル・リーグでは「有色分子」との新たな契約を禁じるルール「紳士協定」が採択された。それからさらに2年経って，数人残っていた黒人選手もメジャー・リーグから締め出され，有色人種のみのチームへと追いやられてしまうのである[10]。

　黒人が追いやられた流れは，言うまでもなく南部再建期以降のアメリカ社会での流れに呼応している。第Ⅰ部で述べられているように，1883年，連邦最高裁は1875年の公民権法を違憲と判断し，その翌年には共和党が南北戦争以降初めて政権を失って，南部再統合法が終焉する。それによって南部では非公式な人種隔離政策が合法化され，「分離すれども平等」なる教条が公認されていく。メジャー・

---

10) Robert Peterson, *Only the Ball Was White : a History of Legendary Black Players and All-Black Professional Teams*, Oxford University Press, 1970 ; Mark Ribowsky, *A Complete History of the Negro Leagues 1884–1955*, Citadel Press, 1995.

リーグや競馬にみられた黒人の締め出しは、バスの専用席に押し込めたのとまったく同じレトリックによってなされた。しかもメイソン＝ディクソン・ラインに関わりなく全国的な組織のなかで進行したのである。このような人種分離体制は当然他の競技にも及んだ。一流大学へ進む道が閉ざされた多くの若い黒人アスリートは、黒人専用のカレッジに進み競技を行った。1912年には、そのような大学が集まって黒人大学対抗競技協会が設立されている。また、テニスでは1916年にアメリカ・テニス協会が、ゴルフでは（プロゴルファー連盟は「白人のみ、コーカサス人種のみ」という規約を当時持っていた）1925年にアメリカ黒人ゴルフ協会 (United States Colored Golf Association) が、締め出しに対抗した黒人選手たちによってそれぞれ設立された。

3）黒人ボクサー・ジャック・ジョンソンの栄光と失墜

　白人によって占有されていた20世紀初頭のスポーツ界にあって、黒人が8年間にわたって王座にすわり続けた競技がある。それは現在では黒人がタイトルのほとんどを独占しているボクシングである。当時白人によって占有されていた状況はボクシングにおいても例外ではなかった。黒人ボクサーが前座試合で白人と対戦することはあったが、ほとんどの世界戦からは締め出されていた。とりわけ世界ヘビー級のタイトルは白人の優越性のシンボルとなり、その選手権は白人専用のものであった。1903年に黒人世界チャンピオンとなったジャック・ジョンソンは、黒人には閉ざされていた世界ヘビー級のタイトルに挑戦するべく白人マネージャーと契約を交わしその機会をうかがった。しかし黒人に敗れることを恐れてかあるいは偏見からか、それ以降5年のあいだ彼の挑戦を受ける白人チャンピオンはあらわれなかった。1908年、3万ドルという当時においては破格のファイトマネーでジョンソンの挑戦を受けた白人チャンピオンはカナダのトミー・バーンズであった。試合はオーストラリアで行われ、ジョンソンの一方的な展開のまま14ラウンドに警官が割り込んで試合を止め、タイトルはついにジョンソンの手に渡ったのである。

　黒人コミュニティはジョンソンの勝利に歓喜した。その後ジョンソンは、誰からのいかなる挑戦も拒まなかった。彼はしばしば白人の強豪ボクサーを挑発し、リングに上がらざるをえない状況に追い込み、一方的に打ちのめした。ジョンソンが圧倒的な強さを見せつけたにもかかわらず、白人社会は容易に彼を認めよう

とはしなかった。その理由はジョンソンがリングの内外で示した態度や行動にあった。彼は，言いたい放題に猛烈な勢いでしゃべり，自分の趣味で派手に着飾り，白人女性との華やかな関係をこれ見よがしに人前でみせびらかしたのである。いかなる白人の前でもへりくだることなく，粗野で威圧的な態度を崩さなかった。ジョンソンは黒人差別主義者が抱く不愉快な黒人のステレオタイプそのままを体現したのである。やがて彼の傍若無人な振る舞いや，白人体制を激怒させるような発言には，ミドルクラスの黒人たちにも複雑な感情を抱かせた。彼によってますます黒人に対する差別や偏見が助長し，二つの人種間の対立が深まるのではないかと。案の定，白人の優秀さとして白人がかつて誇りとしていた肉体や運動能力の優越さはその価値を低め，知的・精神的な優秀性によってその地位は不動である，と白人が主張し始めた。それによって「黒人は体力があっても，頭脳は弱い」というステレオタイプができあがった。ジョンソンの偉業も「人格的に致命的な欠点を持った原始的なアフリカ系の血筋の副産物」として切り捨てられたのである。

　1912年，ジョンソンは白人女性とのセックスを目的に州境を越えた容疑で有罪となり，保釈が認められたが国内での試合を禁じられた。さらに国税庁が彼を破産者にまで追い込んだ。そして1915年，ハバナで行われた因縁含みの疑惑が持たれる内容の試合でジョンソンはタイトルを失った[11]。その後ボクシングは再び白人専用のスポーツに戻り，黒人が参加する道は閉ざされてしまうのである。

4）ジェシー・オーエンスとジョー・ルイス

　1920年代はアメリカ・スポーツにおける黄金時代といわれるが，黒人にとってはまったく活躍の場が与えられない暗黒時代であった。黒人がスポーツの場で人々の注目を集め活躍したのは30年代後半のことである。その代表的な選手は，陸上競技のジェシー・オーエンスとボクシングのジョー・ルイスである。彼らが表舞台に出てきた背景には，当時アメリカや民主主義の敵として台頭してきたドイツやイタリアのファシズムがあった。ジェシー・オーエンスは，1936年にナチ

---

11) ジャック・ジョンソンに関しては以下を参照。Jeffrey T. Sammons, *Beyond the Ring : the Role of Boxing in American Society*, University of Illinois Press, 1988, pp. 34-47 ; Entine, *Taboo* ; Benjamin G. Rader, *American Sports : from the Age of Folk Games to the Age of Televised Sports*, Prentice Hall, 1983, pp. 141-144.

スのプロパガンダに利用されたベルリン・オリンピック大会において4つの金メダルを獲得した。オリンピック大会で「アーリア人の優越性」を示すというナチスのもくろみに対して，オーエンスの活躍は一矢報いたと，アメリカ社会は黒人青年の勝利をアメリカの勝利として賞賛し祝賀したのである。帰国したオーエンスは英雄的な歓迎を受け，ニューヨークではラガーディア市長が「すべてのアメリカ人の誇り」と称え，凱旋パレードが行われた。しかし，彼が栄光の座にいたのはほんの僅かの間であり，その後も人種的偏見にさらされ続ける状況に変わりはなかった。黒人としての扱いは相変わらずで，食事のできるレストランにも制限があった。また国家的英雄であっても黒人が就ける職業は限られた。オーエンスはやがてボードビルの仕事にまで身を落とし，メキシコやリノへ巡業へ行き馬や汽車，オートバイを相手にレースを行ったのである[12]。

　しかし彼は，政治論争に巻き込まれることを嫌い，ジョンソンのように挑戦的に黒人の力や権利に対して発言することはなかった。オーエンスは人種の置かれた状況をそのまま受け入れたのである。そのため，彼は多くの白人から好印象を持たれ，公衆に対して「信頼，尊敬される黒人」のイメージがつくりあげられた。同様なイメージ作りによってアメリカ白人社会に受け入れられた黒人アスリートがジョー・ルイスである。

　ルイスが心がけた規範は次のようなものであった。清潔に生活し，クリーンなファイトをする。倒れた相手を上から満足そうに見下さない。ひとりでは決してナイトクラブへ行かない。そしてとりわけ白人の女性と一緒に写真を撮らない。言うまでもなくこれらの行動はジャック・ジョンソンによっておかされた失敗から得た教訓である。ジョンソンの追放以来ボクシング界はいっそう人種の壁を強化していた。その呪縛を解放するために白人のマネージャーとトレーナーが1934年にルイスのパートナーとなり，いろいろと知恵を授けていくのである。35年ルイスは前チャンピオンであったイタリアのプリモ・カルネラを打ち破り，華やかなニューヨーク・デビューを飾る。当時，ファシストのムッソリーニがエチオピアへの侵攻を準備していた時でもあり，反イタリアの感情がアメリカで高まって

---

[12]　ジェシー・オーエンスに関しては以下を参照。Ashe, *A Hard Road to Glory : Track and Field* ; William J. Baker, *Jesse Owens : an American Life*, Free Press, 1986 ; Entine, *Taboo* ; Tony Gentry, *Jesse Owens*, Chelsea House, 1990 ; J・A・ルーカス/R・A・スミス，片岡暁夫編訳『現代アメリカスポーツ史』不昧堂出版，1980年。

いた。ルイスの勝利は、ファシズムに対するアメリカの象徴的な勝利として白人黒人に関わらず誇りを持って迎えられたのである。しかし翌年ナチス・ドイツの誇りであった元チャンピオンのマックス・シュメリンクに打ち負けてしまう。そうなるとルイスは黒人の模範から新たなる人種的偏見の格好の餌食となった。それでもルイスは再起し、ユダヤ人プロモーター・ジェイコブズの助けを得て翌37年世界ヘビー級のタイトルを手にする。そしてその翌年、ヒトラーの戦士としてアーリア人の優秀性のシンボルと化していたシュメリンクとの因縁の再戦をジェイコブズと共に実現させる。

　この試合は政治的にも重要な意義を持った。ドイツはその数カ月前にオーストリアを併合し、チェコスロバキアの一部を奪ってヨーロッパに脅威を与えていた。ヒトラーの肉体的アイドルに勝利することはアメリカ国民にとっても特別な意味を持ったのである。試合が行われたヤンキー・スタジアムには7万人の観衆が集まり、合衆国にあるラジオのほぼ3分の2がこの試合の放送を受信し、その向こうでは数千万人が聞き入ったと推定されている。「アメリカの黒人」と「ナチズムのシンボル」との選択をアメリカの大衆が迫られたとき、当然前者にアメリカのヒーロー役が割り当てられた。これこそがジェイコブズの思惑であった。盛りを過ぎたシュメリンクはもはやルイスの敵ではなく、第1ラウンドわずか2分でマットに沈んだ。アメリカ人は「アメリカ生まれの息子」がナチズムのシンボルを打ち負かしたことに誇りを持ったのである[13]。

　その後ルイスは12年ヘビー級のタイトルを守り、黒人だけでなく白人からも人気を博した。その間もルイスは「清潔」な生活を続け、また「謙虚」な態度を崩さなかった。それによって黒人社会との絆を深めることよりも白人社会に受け入れられることに力を注いだ。当時黒人にはほとんど門戸を開いていなかったアメリカ・スポーツ界において、ルイスやオーエンスは特例的な存在である。黒人にとって厳しい状況にあったなかで彼らにリングに上がるもしくはスタートラインに立つ機会が与えられた背景には国際的な情勢だけでなく、ボクシングや陸上競技がチーム・スポーツではなく個人競技であったこととも関係している。偏見を持った人間がいるチームで黒人がプレーすることの困難さに加えて、きわめて客観的な結果しか出せない陸上競技やボクシングでは、実力を持った人間がたとえ

---

13) ジョー・ルイスに関しては以下を参照。Sammons, *Beyond the Ring*, pp. 96–129；クリス・ミード、佐藤恵一訳『チャンピオン——ジョー・ルイスの生涯』東京書籍、1988年。

黒人であってもそれを排除する口実を見つけることは困難であったと考えられる。彼らの偉業によって，1930年代後半にはアスリートこそがアメリカ人にとっての黒人の成功のシンボルとなりつつあった。さらに戦後に展開するアメリカ・スポーツ界での「人種統合」への兆しとなったのである。

2 スポーツ界における「人種統合」の展開

1) ジャッキー・ロビンソンのメジャー入り

　ルイスとオーエンスは，大戦前の国際的な緊張の中でアメリカ社会に受け入れられた。大戦中には，雇用差別撤廃の原則が確立され深刻な労働力不足から黒人の雇用機会が拡大し，いくつかの州では反差別法が通過した。さらにナチスの「人種差別主義」に対して集中したアメリカ国民の非難などにより，スポーツ界でも戦後大きく事態が動いていった。たとえば1946年プロ・フットボールのNFLとオールアメリカン・フットボール・リーグでそれぞれ2名ずつ黒人プレイヤーが誕生している。アメリカ・ボウリング連盟は49年に黒人にレーンを開放し，その翌年にはNBAでチャック・クーパーとナット・クリフトの2名の黒人選手の加盟が認められている。さらに同年，上流階級のスポーツとして頑なに白人のみしか参加できなかったテニスにおいて，アルシア・ギブソンが初めてフォレストヒルズで行われた全米オープンに参加が許可された。また51年には，組織化されたアイス・ホッケーのチームにはじめて黒人選手が入団している。そのような動きの中でシンボリックかつ重大な意味を持ったのが，1947年に実現したジャッキー・ロビンソンのドジャースへの入団である。ロビンソンのメジャー・リーグ入りは，「国民的娯楽」での「有色人種の排斥」の打破を意味し，アメリカ社会全体に先駆けて実現した「人種統合」の象徴となった。97年にその50周年を記念して行われたセレモニーにおいて，クリントン大統領は，「ロビンソンはベースボールとともに，アメリカ社会を大きく変えた」と演説している。

　これらのスポーツにおける人種差別撤廃の動きは様々な圧力が交錯したなかで起こってきた。たとえば，戦後に生じたユニバーサリズムの精神に触発されその価値の高まりをみせた「平等主義」，それとともに生じた白人の黒人に対する態度の変化といった間接的なものや，政治的な圧力，さらにはスポーツ興行主のさらなる利益を求めた動機といった直接的なものなどである。ジャッキー・ロビンソ

ンが入団した経緯における直接的な圧力についてみてみよう。

　ロビンソンのドジャース入りを実現した立役者は，同球団ゼネラル・マネージャーのブランチ・リッキーであった。彼は人種差別に反対する中西部のメソディスト派の家庭に育ち，またその地で盛んであった黒人野球で多くの優れた黒人選手を見た。そのような環境がメジャー・リーグでの人種統合という難業を実行に移す素地を育んだことは想像に難くない。また1946年にニューヨーク州では，トーマス・E・デューイ州知事が発起人となり反差別法が制定され，その翌年ラガーディア市長によって，ベースボール界での実態を含めた，人種に関する問題を調査・検討するための統合委員会が設置された。この動きは，黒人の組織票が選挙の動向を大きく左右しかねない都市部での状況によってもたらされたものである。リッキーはこの統合委員会に設置された小委員会のメンバーであった。彼が黒人選手との契約に踏み切るにあたって，ラガーディアからの圧力が働いていた。また，肌の色を問わず優秀な選手を入団させ自分のチームを強化すること，さらに黒人ファンにアピールし，新たな観衆の動員によって増益を図りたいとする経営上の理由もあったであろう。実際他のチームのオーナーたちも経営上の動機によってロビンソンを受け入れている。ロビンソンが入団したドジャースが初めてセントルイスに遠征したとき，非常に多くの黒人が球場に押し寄せ，以前から黒人専用に隔離されていた観覧スペースでは収容できなくなった。セントルイスの経営陣は，差別を思わせる座席制度は不利益につながると考え，即刻その境界が取り払われたのである。その年，ナショナル・リーグの他の球場でも同じように，ロビンソンのプレーを見るために多くの黒人ファンがつめかけた。

　制度や組織は表向き人種差別に対して撤廃される風潮に動いたが，個人の感情やそれにともなった行動はかならずしもそうではなかった。それまで門戸を閉ざしていたメジャー・リーグで黒人がプレーするにあたって，当然白人の選手や観客から大きな反発があった。しかし，ジョー・ルイスの時と同様に，いかなる野次や中傷，侮辱的発言，差別的な待遇にも「謙遜のマント」を脱ぎ捨てない礼儀正しい振る舞いが彼には強いられた。また「挑発されても仕返しをしない勇気を持った」人間として彼が選ばれたのである。ロビンソンはその期待に見事に応え，何があっても紳士的に振る舞い通し，ついにはそのシーズンの「新人賞」をさらに49年にはMVPを獲得するに至るのである[14]。

　ロビンソンの成功にもかかわらずメジャー・リーグへの黒人の進出のペースは

ゆっくりであった。ロビンソンが入団してからも数年間は，フィールドにチームの半数以上の黒人を出さないという暗黙のルールがあった。1954年にドジャースが先発メンバーにロビンソンをはじめとする5人の黒人選手をラインアップし，ようやくこの慣習が破られた。またメジャー・リーグで黒人の占める割合が，アメリカの総人口に占める割合程度になったのは58年のシーズンになってからであった。また全16球団が黒人選手と契約を交わすまでにはさらに数年を要している。ロビンソンによってベースボール界にあった厚い人種の壁に穴が開けられたが，その壁の崩壊にはまだまだほど遠い状況にあったといえよう。

　プロ・スポーツと比較すると，大学におけるチーム・スポーツの人種差別撤廃の動きは非常に遅かった。プロの世界では1954年のブラウン判決に先んじて人種の壁が突破されていたにもかかわらず，大学でそのような動きが活発化し始めるのはこの判決以降であった。しかしその進行は恐ろしくゆっくりとしたペースであった。たとえばケンタッキー大学のバスケットボール・チームには1968年まで黒人が加わることがなかった。それでも1970年代になると，ほとんどの大学で総人口の比率以上の黒人が大学のチーム・スポーツで活躍するようになる[15]。

　1960年代には，形のうえではあったが，スポーツ界における「人種統合」が本格的に進み始める。とりわけ60年代後半にそのような動きが顕著に見られた。たとえば，66年のNCAAバスケットボール選手権決勝で，全員黒人によって構成されたテキサス・ウエスタン大学が全員白人のチームであったケンタッキー大学に勝利し，バスケットボールが黒人的スタイルへと転換する時代の到来を象徴した。68年には，NFLにおけるO・J・シンプソンのハイズマン賞の受賞，テニスでは黒人として初めてのアーサー・アッシュの全米オープン制覇，NBAではボストン・セルティックスのビル・ラッセルがプレイヤー兼コーチとして連覇に導き，『スポーツ・イラストレイテッド』誌の「スポーツマン・オブ・ザ・イヤー」に選出されている。しかし，スポーツが人種的に寛容な聖域であるというふれこみは，

---

14)　ジャッキー・ロビンソンに関しては以下を参照。Jackie Robinson, *I Never Had It Made : an Autobiography*, Ecco Press, 1995 ; Arnold Rempersad, *Jackie Robinson : a Biography*, Knopf, 1997 ; Jules Tigiel, *Baseball's Great Experiment*, Oxford University Press, 1983 ; 佐山和夫『黒人野球のヒーローたち――「ニグロ・リーグ」の興亡』中央公論社，1994年。

15)　Rader, *American Sports*, p. 313，川口智久監訳，平井肇訳『スペクテイター・スポーツ』大修館書店，1987年，207頁。

少なくとも 60 年代にはいまだ幻想であった。

2）黒人アスリートたちの反乱

　1960 年代の初期，プロ・スポーツ界に進出していた黒人選手たちは，アメリカ社会での公民権運動とははっきりと距離をおいていた。ロビンソンに強いられた振る舞いにもみられたように，興行を生業とするプロの選手たちにとって，顧客となる白人が求めることから逸脱したり，権威主義的な体質に逆らったりすることは許されなかった。人種差別に抗議するような行動は，自分たちが苦難のすえ勝ち取った地位や名誉を失う結果になりかねなかったのである。しかし，60 年代も後半になって公民権運動がますます過激化し黒人の期待が高まってくると，スポーツの世界でも反旗を翻す行動が起こってくる。

　その代表的な例がモハメド・アリである。彼はカシアス・クレイの名前で 1960 年のオリンピック・ローマ大会で金メダルを獲得し，その後ヘビー級チャンピオンに向かって急速に昇っていった。64 年にタイトルをとると彼はクレイという「奴隷の名前」を捨て，モハメド・アリに改名し，人種の統合に反対する過激な黒人の宗教団体ブラック・モスレムに入信した。そして 66 年，アリはモスレムの信仰に従って兵役を拒否したことによって連邦政府から起訴された。アリが兵役拒否を宣言した直後にニューヨーク・アスレチック・コミッションは彼のボクシング・ライセンスを取り消し，その 4 時間後に WBC は彼のタイトルを剥奪した[16]。アリに対する処遇はアメリカでも大きな論争を巻き起こした。アリが白人でキリスト教徒であったなら，このような処遇がありえたであろうか，という疑念が黒人アスリートを中心に渦巻いた。彼らは自分たちの置かれている状況をアリの言動によってはっきりと思い知らされるのである。そしてこの思いは 68 年に開催されるメキシコ・オリンピック大会へのボイコット運動へと発展していく。

　この運動は，当時サンノゼ・ステイト大学の黒人社会学教授であったハリー・エドワーズによって 1967 年夏に組織された。ボイコット運動では，アリのボクシ

---

16) モハメド・アリに関しては以下を参照。Sammons, *Beyond the Ring*, pp. 184-206; Wilfrid Sheed, "Muhammad Ali-King of the Picture Gods," in Tom Dodge (ed.), *A Literature of Sports*, Heath, 1980; Rader, *American Sports*, pp. 313-315；マイク・マークシー，藤永康政訳『モハメド・アリとその時代――グローバル・ヒーローの肖像』未来社，2001 年；デイビッド・レムニック，佐々木純子訳『モハメド・アリ――その闘いのすべて』TBS ブリタニカ，2001 年。

ング資格の回復や南アフリカ共和国のオリンピックからの排除を含め，黒人アスリートに対する処々の改善が要求された。年末にはH・ラップ・ブラウンやストークリー・カーマイケル，さらにはマーティン・ルーサー・キングらの著名活動家の支持を得て勢いを増し，一大社会問題にまで発展していった。エドワーズは，ボイコットによってアメリカ黒人の一般的な窮状を劇的に世界に知らしめることをもくろんだ。しかし，肝心な黒人選手たち全般からの支持を得ることができず，この運動は内部から崩壊していった。オリンピックへの出場が決定していた黒人選手52名のうちボイコットに賛同した者はわずか12名しかいなかったのである。大会のボイコットは，オリンピックを目標にそれまで営々と練習を積み重ねてきたアスリートにとって許容できる行動ではなかった。またそこでよい記録や成績を出すことで将来を築こうと考えている者にはオリンピック出場は抗しがたい魅力であり，エドワーズはそのような黒人アスリートたちの心情を算段に入れることができなかったのである。そのためエドワーズは，ボイコットを自主的なものとし，大会に参加する選手も独自に抗議の表明をするよう提唱するにとどめる結果となった。

こうした状況の中で，大会において抗議行動を実行するものがあらわれた。それは陸上競技の200メートル走において金メダルと銅メダルをそれぞれ獲得したトミー・スミスとジョン・カルロスであった。本章の冒頭に記した言葉はこのスミスによるものである。その表彰式において彼らは黒い手袋を各々片方の手にはめ，靴を脱いだ黒いソックスのままの足で表彰台に上がった。また，彼ら二人と銀メダルを獲得したオーストラリアの白人ピーター・ノーマンも胸に「オリンピック人権プロジェクト」のバッジをつけていた。国歌の演奏が始まると二人は地面を見つめながら手袋をはめた手でこぶしを握って高々と突き上げたのである。そのあと5人の黒人選手たちが彼らの後に続いて抗議行動を示した。合衆国オリンピック委員会はこの件に関する国際的な謝罪声明を出し，ただちにこれらのメダリストたちを出場停止処分にしたうえで彼らに48時間以内にメキシコシティから退去するよう命じたのである[17]。

この事件は当時大きな物議をかもした。アメリカにおけるマスコミの論調は，

---

17) この事件に関しては以下を参照。Entine, *Taboo*; Peter Levine, *American Sport : a Documentary History*, Prentice Hall, 1989, pp. 134-143 ; Rader, *American Sports*, pp. 315-316；藤原健固『国際政治とオリンピック』道和書院，1984年，57-75頁。

合衆国オリンピック委員会の態度を受けて、オリンピックという神聖な場においてスポーツマンとしてはあるまじき不遜な行動であったというように、この事件を「不祥事」として捉えた批判的なものが多かった。彼らに浴びせられたものはその多くが中傷であった。しかし、これらの論点はアマチュア・スポーツの本質論、つまり「神聖なスポーツの場に政治的な思想や表現・行動を持ち込むべきではない」という文脈で出されたものであった。それはもともと近代スポーツの多くが発祥したイギリスが生み出した伝統的な価値観であり、いわゆるアングロサクソンのスポーツ美学に彩られたものである。そこにはアメリカ社会で歴史的に脈々と続いてきた「人種差別」の問題を汲み取るだけの包容力はなかったのである。

しかし、この事件を機に全米中のキャンパスで黒人選手たちと一部の白人選手たちとが一緒になって、抗議行動を起こすようになった。不穏な空気にあった60年代のキャンパスにおいては、それまではスポーツ選手が古い伝統やしきたりをもっとも重んじる立場にたっていた。彼らはラディカルなデモ行進者を抑える役目にあったのである。それが180度転換した態勢で彼らがとった戦闘的態度は、多くの白人コーチたちに衝撃を与えた。

また1968年の出来事は、白人との対立と同時に、黒人アスリートの間でも世代間の断絶を生じさせた。ジェシー・オーエンスはエドワーズに対して、多くの将来有望な黒人アスリートから「機会という貴重な贈り物を」をとりあげた日和見主義的な自己宣伝家だと非難したのである。しかし、差別という状況がいぜんとして残っている現実を否定することはできなかった。

3　スポーツにおける黒人の「身体的優位」と「スタッキング」

黒人選手を中心としたこの反乱によって、スポーツ界でも1970年代に入って形ばかりの改革が進められた。たとえば、ごくわずかであるが黒人のコーチが雇われたり、服装や身だしなみに対する規律が緩められたりした。アリは71年に最高裁から以前出された有罪判決を破棄された。その少し前にアリはボクシングへの復帰が認められ、2試合に勝ったあと、71年の5月にタイトルに挑戦する機会が与えられた。彼は判定で敗れたが、その3年後32歳で不敗のジョージ・フォアマンを破り、不当に取り上げられたタイトルを再び手にすることになる。60年代には

アリの言動に恐れを抱いていた多くの人たちも70年代中頃には，このアリの勝利は10年前にアメリカ社会が犯した悪に対する勝利であると考えるようになっていた。アリは，人種に対するアメリカ社会のこの時代の劇的な変化を体現したのである。黒人アスリートたちの不安が少しずつ減少していくこのような状況のなかで，黒人選手の反乱は急速に終結していった。

　抗議活動が最盛期を迎えていた時期にいっぽうでは，スポーツ界における「人種勢力図」の変化に大きな注目が集まり話題となった。スポーツのトップレベルのチームが人口比に不釣合いなほど黒人によって占められているのはなぜかという疑問を，多くのジャーナリストや学者がとりあげて話題にしたのである。そのなかでもっとも激烈な論争を巻き起こしたのが，1971年に『スポーツ・イラストレイテッド』誌に掲載された「『ブラック・イズ・ベスト』の評価」という記事である[18]。この記事は，同誌の編集委員マーティン・ケインによって，さまざまなエピソードや科学的なデータ・知見などを織り交ぜながら，伝統的なジャーナリズムの手法でまとめられていた。ケインは，「生理的，心理的，歴史的要因」から，黒人は特定のスポーツでは白人よりも有利になると主張した。ウガンダの黒人乳幼児に対してなされたWHOの調査を引用したり，アメリカの小学校における黒人と白人の児童の体力測定に関する研究を引き合いに出したりしながら，彼は「生理学」的な見地での黒人の優位性を説明した。「心理的」には，黒人はプレッシャーのもとでもリラックスしていられる特別な能力を持つと主張した。また「歴史的」には，ダーウィンの自然淘汰説を持ち出し，奴隷時代のプランテーションの苛酷な環境で弱い黒人は淘汰され，強い遺伝子のみが生き残ったというのである。また，メキシコ・オリンピックの400メートル走で金メダルを獲得し表彰台で抗議行動を実行したリー・エバンスの次のような発言を引用した。「プランテーションでは頑強な黒人男性は頑強な黒人女性とつがわせられた。我々は単に身体的な品質のために生み出された」。この「歴史的要因」をはじめとして，随所に人種差別的な恣意性に富んだ論調がみられる，と多くの学者が痛烈な批判を寄せた。そのひとりハリー・エドワーズは次のように主張した。「白人は，黒人が肉体的に優れていると言明することで，アフリカ系アメリカ人に以前からつきまとっている時代遅れの偏見を強化しようとしているのだ。……それは，白人が知性面では黒人

---

18) Martin Kane, "An Assessment of 'Black Is Best,'" *Sports Illustrated*, 18 January 1971.

表10-1 MLBにおける黒人と白人のポジションに占める割合（1986年）

ポジション	アメリカン・リーグ		ナショナル・リーグ		両リーグ	
	白人	黒人	白人	黒人	白人	黒人
ピッチャー	99 (50.5%)	8 (12%)	103 (54.4%)	4 (7.4%)	202 (52.4%)	12 (9.8%)
キャッチャー	27 (13.7%)	0 (0%)	21 (11.1%)	0 (0%)	48 (12.4%)	0 (0%)
ショート	10 (5.1%)	3 (4%)	5 (2.6%)	7 (12.9%)	15 (3.8%)	10 (8.1%)
ファースト	11 (5.6%)	5 (7%)	13 (6.8%)	2 (3.7%)	24 (6.2%)	7 (5.7%)
セカンド	6 (3.0%)	10 (14.7%)	11 (5.8%)	2 (3.7%)	17 (4.4%)	12 (9.8%)
サード	19 (10%)	2 (2.3%)	10 (5.2%)	4 (7.4%)	29 (7.5%)	6 (4.9%)
外野	24 (12%)	40 (58.8%)	26 (13.7%)	35 (64.8%)	50 (12.9%)	75 (61.4%)
計	196	68	189	54	385	122

出典）Earl Smith and C. Keith Harrison, "Stacking in Major League Baseball," in Sailes (ed.), *African American in Sport*, p. 209.

に勝っていると，非公式に認めさせようとするものだ[19]」。このような反発は数年にわたって続き，その後15年以上にわたってこの種のテーマをとりあげる雑誌はなかった。

ところで，エドワーズが指摘した「黒人の身体的優越性と知性面の劣勢」は，現実には「スタッキング」(stacking) と呼ばれた現象を正当化する理論として暗黙のうちに働いた。「スタッキング」とは，黒人がある特定ポジションに追いやられ，他のポジションから締め出される傾向をいう。これは制度的な人種統合が実現した現在のスポーツ界に残存する，間接的で陰湿な差別と解されている。表10-1をみると，1986年のメジャー・リーグでは，白人に比べて黒人のピッチャーやとりわけキャッチャーが極端に少ないことがみてとれる。黒人はスピードや敏捷性の求められる「反応性」のポジション，白人は戦略的な意思決定が必要なポジションに集中しているのである。フットボールでも同様な傾向がみられた。黒人

---

19) Harry Edwards, "The Sources of Black Athletic Superiority," *Black Scholar*, November 1971, pp. 38-39, Entine, *Taboo*, p. 304 の引用による。

のクォーターバックやポイントガードが圧倒的に少なかったのである。70年代前半にこのようなパターンが調査され，「ポジションの人種分離」なるフレーズが作り出された[20]。現在でも黒人をリーダーにすることへの抵抗にはまだ根深いものがあるが，ポジションにおける「スタッキング」はかなり影を潜めている。黒人によってほとんど占有されているバスケットボールでは，2, 30年前に消滅したと言われている。しかし，99年のNFLでは黒人のクォーターバックは20％程度しか登録されていない。また，メジャー・リーグにおいてもいまだに黒人のキャッチャーはほとんどみられない。

　現在においては「スタッキング」の問題は，スポーツ組織の管理職における黒人の数の少なさが指摘され，問題になっている。引退した黒人選手が経営や管理部門に昇進できる可能性が白人と比べてきわめて低いのである。また，三大プロ・スポーツにおけるチームのオーナーにいたっては，95年時点で有色人種としてはシアトル・マリナーズの山内溥ひとりで，他は全員白人によって占められ，黒人は一人もいないのが現状である[21]。

4　スポーツにおけるアファーマティヴ・アクション

　スポーツの世界は「実力本位」であり，一般的にはアファーマティヴ・アクションとは無縁であるかのように受け取られる。しかし，前節で述べた「スタッキング」などの状況の改善を図るために，実のところ様々なアファーマティヴ・アクションが各スポーツ団体に存在している。たとえば，1993年には「マイノリティ問題に関するMLBのプラン」として次のような7つの項目が掲げられた[22]。

1. 「相当期間において」それぞれの組織の職場全体にわたって，マイノリティを雇用する候補に含めること。
2. 投資家としてマイノリティを勧誘し，それぞれの取締役会に「マイノリテ

---

20) J. W. Loy & J. F. McElvogue, "Racial Segregation in Sport," *International Review of Sport Sociology,* 5 (1970), pp. 5-23, ジョン・W・ロイ, Jr. 他編, 粂野豊編訳『スポーツと文化・社会』ベースボール・マガジン社, 1988年, 157-175頁に「アメリカのスポーツにおける人種的差別待遇」として所収。
21) Shropshire, *In Black and White,* p. 37.
22) "Comparison of Baseball Affirmative-Action Plans," *USA Today,* 30 March 1993, in Shropshire, *In Black and White,* p. 87.

ィの適切な参加」を図ること。
3．医者や法律家，銀行業者を含めてマイノリティが経営する納入業者を探すこと。
4．ノンマイノリティの納入業者であっても雇用には機会均等であることをその業者に対して要求すること。
5．マイノリティのファンを惹きつける新たな努力をすること。
6．「明確にそれを必要としていない状況ではない限り」，センシティヴ・トレーニングを受けさせること。
7．地域的あるいは慈善的な活動を増やすこと。

スポーツ界における差別的な制度もしくは行為や行動を調査し，その組織に改善を申し入れる，もしくはアメリカ法務省に報告するなどして一定の成果を挙げている団体に「競技における公平を求めるレインボー連合」がある。実は，先のMLBの7項目が出される直前に同団体からMLBに対して次のような「10項目のアファーマティヴ・アクション・プラン」が提出されていた[23]。

1．地域発展のプログラムとユース・リーグの組織を計画すること。
2．3人のマイノリティもしくは女性をそれぞれのチームの幹部に加えること。
3．審判や放送部門を含めて，チームやリーグの職における3年ないし5年のアファーマティヴ・アクションを展開すること。
4．全グッズやサービスのうち少なくとも20％をマイノリティや女性が経営する納入業者から入れること。
5．メジャー・リーグの財に関する製造や売買，あるいは販売の促進のためのアファーマティヴ・アクションを3年ないし5年にわたって展開すること。
6．マイノリティのオーナーの可能性を探る委員会を発足すること。
7．すべての重役ならびに管理職に少なくとも2人はマイノリティを入れること。
8．選手たちに自己啓発と財務管理のトレーニングを提供すること。
9．すべてのオーナーと重役に「人種の多様性と人間性のトレーニング」を提供すること。
10．組織の発展と人種の多様性を実現するために副長を任命すること。

---

[23] *Ibid.*, p. 86.

これらの項目には，人数や期間の具体的な数値目標がある。それを受けて出されたMLBの7項目には，具体的な数値が一切出されていないことに気がつく。これでは形どおりの改善計画と受け取られても不思議ではない。ここにもオーナーや組織の側が，アファーマティヴ・アクションに対して現在でも及び腰な姿勢であることがみてとれる。問題の多くは，「オールド・ボーイ・ネットワーク」と呼ばれる結束にあることが指摘されている[24]。それは学閥や縁故的な関係による長年にわたった知り合いで，政財界に影響力を持つ人々の排他互助的なつながりである。日本の各大学の体育界のOB組織やプロ野球オーナー会と同様に，アメリカのスポーツ界でも保守的な姿勢がこのようなネットワークによって保持されているというのである。スポーツにおけるアファーマティヴ・アクションは，このようなネットワークに対していかに働きかけてくことができるかが，今後の展開を生み出す課題となっている。

　またアファーマティヴ・アクションがスポーツの世界にはなじまないのではないかとの主張もある。たとえばマイノリティを監督やコーチに据えなければならないとする「割り当て制度」は，必ずしも優秀な人材を確保することができず，チームを強くするという目的の妨げになることもあるというのである。また「割り当て制度」は，いうなればゼロサム・ゲームで，優遇される者がいれば不遇なものが必ず出る結果となり，一種の「逆差別」を生むという主張もある。さらに，一時的にマイノリティの雇用を増やしても，「実力主義」的なスポーツの世界ではやがては淘汰される。最終的には消滅させていかなければならないアファーマティヴ・アクションでは，根本的な解決にはならないのではという疑問である。これらの主張には，スポーツそのものが持つ特異なロジックがそれとは本来無関係な経営の問題にまで持ち込まれている様相がみられる。経営者側に「人種差別」のない状況が作られていない限り，その最前線で活躍している黒人選手たちが差別されているのではという不信感を持つのは当然であろう。前述したサミー・ソーサ選手を取り囲む環境にもそのような空気が常にとりまいていたのかもしれない。そのような意味では，現在では選手側と経営者側との関係において人種が再生産されているということができよう。

---

24) *Ibid.*, pp. 36-61.

おわりに――スポーツにおける「平等」とは

　問題の解決を導くものは，闘争（race）ではなく実はリレーである。

　これはコメディアンでもあった活動家ディック・グレゴリーが，アメリカの人種問題への取り組みの鍵を説明した言葉である[25]。歴史上脈々と続く人種問題につなげて考えると，それは終ることのないリレーであるということを示唆している。本章でみてきたように，奴隷制時代から発生したスポーツ界における人種差別に対して，それぞれの時代に応じた闘争が繰り広げられた。その闘争のバトンは多少形を変えながらも確実に次の時代へと引き継がれていった。現在に至るまでそのバトンは主に黒人アスリートの手によって引き継がれてきた。しかし，ブランチ・リッキーが第一走者として送り出した経営者側のバトンはごく少数の者によってしか引き継がれていないのが現在の状況である。プロの世界のみでなく，学校教育の場においてもドル箱となって大金を生み出すスポーツは，市場の論理にも大きな影響を受けざるをえない。単なる感情的な偏見によって生み出されたものではなく，それぞれの利害が大きく関係している。また，フランチャイズ制や選手が意思に反したチームへの所属や移籍を強いられる状況が反トラスト法および市民権条項に違反しているという訴えに対して，最高裁が例外とした裁定を以前下したことにみられるように，スポーツ界が社会における例外を許容できる場として受け取られる風潮もある。問題は複雑であり，その解決には困難をきわめている。79年にハリー・エドワーズは『ニューヨーク・タイムズ』のコラムで，「いかなる社会においても，スポーツは人間関係の一般的な特徴と体制側の価値観を反映するだけでなく，それを強化し再確認するものである[26]」，と述べている。ジャッキー・ロビンソンの例に見られたように，スポーツの世界では一般社会に先んじて「人種の統合」が実現されてきたように思われがちであるが，その反面もっとも保守的な構えをみせ，根深くその壁を残存させてきたのが現実であろう。

　ところで，ここ10年のうちにふたたび黒人の「身体的優越」に関する議論が一

---

25)　*Ibid.,* p. 156.
26)　*New York Times*, 6 May 1979.

部の科学者やジャーナリストの間で活発化した。それは，遺伝的な要因から黒人は白人に比べてIQが低いという内容で1994年に出版された『ベル曲線』の反響，反動であった。それに対して「解剖学的な利点」から黒人の競技能力の優秀性が説明され，それが「知能」の高低とリンクすることはないと力説された。またそのような主張に対して，人種間の先天的な差異を認める立場は，人種差別を助長することになりかねないと警鐘を鳴らす社会学者もいる[27]。スポーツにおける「平等」は，一般的には競争する「機会」と「条件」の二つの次元で求められている[28]。つまり，肌の色や国籍，民族，信仰する宗教等に関わりなく，誰もが等しく競技に参加できる機会が与えられなければならないこと，そしてその競技ではすべての競技者が同じ条件下で戦える環境が整えられていることである。前者は主にスポーツ憲章などの制度や組織によって，後者は主にルールによって保障される。また後者の論理により，先天的な身体的差異が認められるとされる男性と女性とは多くの競技で別に行うのである。同じく，多くの格闘技ではウエイトが重い方が有利になるため，体重別に行われている。仮に人種間に優位差が認められるとすると，「条件」を「平等」にするため人種別に競技を行わなければならない。スポーツ界では「平等」の名のもとに，「人種分離」が起きかねないのである。それによって結果的には，等しく競技に参加できるという「機会」の平等が失われていくというジレンマが起こってくる。実のところスポーツにおける「平等」自体も，めまぐるしいルールの変更などによって大きく揺れ続けている。すべてにおける「平等」は，スポーツにとってもいまだ幻想に過ぎないのである。

文献案内

① 川島浩平「アメリカスポーツと人種——日米両国における研究の動向と展望」『武蔵大学人文学会雑誌』33：4（2002年5月），128-101頁。

② Arthur R. Ashe, Jr., *A Hard Road to Glory : a History of the African American Athlete 1619-1918*, Warner Books, 1988.

③ Jon Entine, *Taboo : Why Black Athletes Dominate Sports and Why We Are Afraid to Talk about It*, Public Affairs, 2000, 星野裕一訳『黒人アスリートはなぜ

---

27) Entine, *Taboo*；「『黒人優位』に議論白熱」『読売新聞』1979年12月16日朝刊。

28) Allen Guttmann, *From Ritual to Record : the Nature of Modern Sports*, Columbia University Press, 1978.

強いのか——その身体の秘密と苦闘の歴史に迫る』創元社, 2003 年。
④ Nelson George, *Elevating the Game : Black Men and Basketball*, HarperCollins, 1992.
⑤ Benjamin G. Rader, *American Sports : from the Age of Folk Games to the Age of Televised Sports*, Prentice Hall, 1999 (4th ed.), 川口智久監訳, 平井肇訳『スペクテイター・スポーツ』大修館書店, 1987 年（初版の 20 世紀部分の翻訳）。
⑥ Arnold Rempersad, *Jackie Robinson : a Biography*, Knopf, 1997.
⑦ George H. Sage, *Power and Ideology in American Sport : a Critical Perspective*, Human Kinetics Books, 1990, 深沢宏訳『アメリカスポーツと社会』不昧堂出版, 1997 年。
⑧ Gary A. Sailes (ed.), *African Americans in Sport*, Transaction, 1998.
⑨ Kenneth L. Shropshire, *In Black and White : Race and Sports in America*, New York University Press, 1996.
⑩ David K. Wiggins, *Glory Bound : Black Athletes in a White World*, Syracuse University, 1997.

①はアメリカスポーツと人種に関する研究動向の分析。②は競技別に編集された黒人アスリートの歴史的記録集。③はジャーナリストによって著された黒人アスリートの「身体的優越性」をめぐる歴史。④はバスケットボール界での黒人の状況。⑤はアメリカスポーツ史の概説書で, 人種について 1 章が設けられている。⑥はジャッキー・ロビンソンの伝記。⑦⑧⑨⑩は主に現代の状況を扱った社会学的視点からの研究。

第11章 「人種」をめぐる権利政治
―― 20世紀アメリカ国家とその市民像 ――

中 野 博 文

1 21世紀のカラーライン

「カラーライン」とは，アメリカを代表する知識人であり，また黒人運動の指導者でもあったW・E・B・デュボイスが使ったことで有名な言葉である。それは，有色人種であるがゆえに直面する社会的な障壁，肌の色を理由とする差別を指して用いられたものであった。デュボイスの活躍した時代はいまや遠い昔である。しかし，20世紀の問題とはカラーラインの問題であると言い切った彼の差別克服への思いは，この21世紀の世界でどれほどまでかなえられたのであろうか。

1960年代，ケネディ暗殺という国家的危機のなかで，アメリカ社会では，国民すべての平等が権利として保障され，その権利を擁護するために国家権力が発動されるようになった。市民的権利の在り方をめぐりアメリカ政治に大変革が起こったのである。白人と平等な権利が黒人に認められたことによって，アメリカ南部の人種隔離体制は撤廃へと追い込まれていった。住居や職場，学校をはじめ，商業施設や飲食店，交通機関など人間が生活する場のほとんどを分断し，人が先祖から受け継いだ血によってその人が属すべき場を強制した人種の壁が取り払われたのは，まさに画期的なことであった。

しかし，そのような改革が断行された背景を考えると，そこには無視できない問題があった。そもそも行政は，最高裁が1954年にくだしたブラウン判決の後，次々と爆発していったテロや暴動，暗殺の連鎖を見るまで，人種問題に真剣に取り組もうとしなかった。大統領であったケネディ，ジョンソンを始め連邦政治を動かす政治エリートたちは，危機克服の必要に迫られてはじめて問題解決に動き始めたのである。暴力の嵐が吹き荒れるなか，正義の実現のためではなく秩序維

持の必要から改革がなされたのであれば，改革がおこなわれたとき，国民の間に目指すべき新しい人種関係のイメージができあがっていなかったのは仕方がない。人種差別を是正するための大胆な政治制度は，1964年公民権法を皮切りにして次々と打ち出されていったが，それは必ずしも公正な社会を建設しようという国民の決意を反映したものではなかったのである。実際，アメリカ社会の多くの人々が従来の人種をめぐる考え方をなかなか変えようとしなかったし，後に見る通り，20世紀後半，特定の人々を二級市民として排除する差別意識が新たに生まれていった。

　このような観点から考えるとき，人種的平等の権利が国家によって保障されるようになったからといって，カラーラインが消失したなどとは，とても言えない。実際には，人種的権利が認められた後，適切な人種関係とは何かをめぐってアメリカ社会では激しい議論が繰り広げられることになった。その道筋には，差別的な人種関係を維持しようとする人々の抵抗を一つ一つ打ち砕く地道な努力もあったが，合法的かつ巧妙に特定の人種に対する差別を創り出そうとする反動的な動きもあった。法や制度によって人種的な権利を保障すること自体は，有色人種の歓心を買おうとする政治家や，差別対策の拡充によって利益を得る官僚や弁護士の活動もあって，確かに充実していった。けれども，そうした国家の施策の着実な進展は，社会内部に微妙な波紋を広げることにもなり，かえって人種的平等に反対する集団を生み出すもとともなった。市民的権利の追求に命を捧げた人々にとって，政府による権利の承認は祝うべき勝利であったろうが，実のところ，その勝利は長い権力闘争の歴史の中にあらわれた一場面に過ぎなかったのである。

　以下，この章では，人種的な権利の拡充が必ずしも社会関係の改善に結びついていない現在の状況について政治的な考察を試みる。法で人種的平等が定められたのは，公正な社会に向けての大きな前進であったかもしれないが，より重要なのは，そのような法を現実のものにしようとアメリカに住む人々が真剣に考えているかどうかであろう。人種的な権利の創出が，国民の民意とは別のところで政治エリートによって決められているならば，必ずその矛盾は噴出するはずである。実際，これまでの章でも述べられているように，南北戦争後に制定された黒人保護の法律をはじめとして，アメリカ史上では，人種の平等が法に謳われるたびに法を有名無実化しようとする強力な動きが巻き起こり，新たな差別的秩序が形成されていった。人種的な権利が確立した現在のアメリカ社会にも，国民の心

理に巧妙に働きかけることで差別を差別とは感じさせないようにするカラクリが，隠微な形で至る所に仕掛けられている。そうした政治的な仕掛けの一端をときあかし，公正な社会の実現に向け何がアメリカで求められているかを示すことが，ここでの課題である[1]。

2 権利革命の衝撃——20世紀国家の形成と発展

1960年代後半，アメリカ社会の根幹は大きく揺さぶられた。人種や性を理由として差別を受けてきた人々が，いっせいに正当な権利の承認を求めて大胆な政治運動を展開しはじめたのである。さらに，環境保護運動や消費者運動，職場環境の改善のための運動が勢いを得て，国民にはきれいな水や空気，安全な食品や工業製品，安心して働ける環境を求める権利があると訴えだした。このような要求の噴出がもたらした変化はあまりにも大きく，1990年代に入ると，これらの政治運動を支持母体としている民主党の大統領候補となったクリントンでさえ，その行き過ぎを批判したほどであった[2]。

このような1960年代から70年代の変化を指して，研究者たちは「権利革命」と呼ぶようになっている。それが革命と呼ばれる理由は，この時期，憲法制定時に承認された諸権利とは根本的に異なる方法で，国民の権利が新しく創造されるようになったためである。この建国以来の国家制度の大変革で先導的な役割を担ったのが黒人たちであった。J・パターソンも指摘するように，市民権を追求した彼

---

1) 本章では政治秩序の成り立ちに関する理論的検討を避け，あくまでもアメリカ社会の現状分析を中心に議論している。そこで読者の誤解を避けるために筆者の理論的立場を端的に示しておくと，人々の討論や政治活動を政治社会の成熟の基礎とする点で，H・アレントやJ・ハーバーマスの議論に影響を受けている。20世紀国家の発展のなかで人々の自由な政治活動の空間が奪われたとする彼女たちの議論を，アメリカの政治文化の特質を歴史的に解明した諸研究と接合することが筆者の目指すところである。なお，20世紀アメリカ国家を文化的に論じたものとして特筆すべき文献を二つあげるなら，Robert H. Wiebe, *Self Rule : A Cultural History of American Democracy,* The University of Chicago Press, 1995 と，Karen Orren and Stephen Skowronek, *The Search fo American Political Development,* Cambridge University Press, 2004. 本章で後にその議論を紹介するモローンやアイゼナッハは，オレンやスコウロネクが開拓したアメリカ政治発展論と呼ばれる政治史研究の新しい分野で活躍する研究者である。

2) Sidney M. Milkis, *Political Parties and Constitutional Government : Remaking American Democracy*, The Johns Hopkins University Press, 1999, p. 157.

らの運動が成功を収めたことによって，他の多くの社会運動も活気づき，大胆な政治的挑戦が次々と始まったのであった[3]。

ただし，この1960年代の変革が成功するための条件が，その一世代前の時代に準備されていたことを忘れてはならない。C・サンシュタインをはじめとして権利革命を論じた研究者の多くが示すとおり，F・D・ローズヴェルト政権期に行われたニューディール改革が権利革命の先駆けとなったのである。1960年，ノースカロライナのレストランにはじまって南部一帯に広がっていった「座り込み」抗議によって，公民権運動は連邦政府を差別是正に向けて突き動かしていった。われわれは，そうした抗議行動の原型を1936年の別の「座り込み」に見ることができる。それは，オハイオ州アクロンのタイヤ工場を端緒として，北部工場地域一帯に広がっていった産業労働者のストライキであった。このストが成功することによって，それを指導した産業別組合会議（CIO）は，ローズヴェルト政権に大きな影響力を持つ一大政治勢力へと成長し，連邦政治全体に大きな発言権を持つようになった。権利を求めた黒人たちの戦いは，この一世代前の事例を踏襲するかたちで行われたのである[4]。

研究者のなかには，1960年代の運動を「新しい社会運動」と呼んで，1930年代の運動と峻別する人々もいる。ニューディール期に昂揚した労働運動や農民運動は，よく組織化された団体による経済的利益の要求であった。一方，黒人運動をはじめとした60年代の運動は，社会的な抑圧に苦しむ人々が連帯して，アメリカ社会を支配する差別的な文化の転覆を目指したものであった。このことを理由に新旧の社会運動の区別が説かれるのである。また，そうした違いをあらわすために，1960年代のアメリカでは，労働団体などの要求する経済政策と区別して，「社会政策」という言葉が黒人らの求める政策に使われはじめた。しかし，T・ローウィも強調しているように，ここでいう社会政策が，ローズヴェルト時代に受け入れられた政治手法と憲法的な原理に基づいて形成されていったことは無視できない重みを持っている[5]。運動に参加した人々の構成や運動の組織形態に違いがあ

---

3) Cass R. Sunstein, *After the Rights Revolution: Reconceiving the Reguratory State*, Harvard University Press, 1990, p. v; James T. Patterson, *Grand Expectations: The United States, 1945-1974,* Oxford University Press, 1996.

4) Sunstein, *After the Rights Revolution*, p. v; Sidney M. Milkis, *The President and the Parties: The Transformation of the Party System since the New Deal*, Oxford University Press, 1993, pp. 8-9.

るのは事実であるが,「新しい社会運動」に参加した人々は,1930年代の労働運動が築いた新しい政治のやり方に沿って行動しているのである。

この点,アメリカ国家と社会運動の関係を考える上で重要な問題なので,より詳しく述べることにしたい。20世紀アメリカにおいて最も大きな国家制度の転換点は1937年に訪れた。「全国労働関係局(NRLB)対ジョーンズ・ラフリン鉄鋼会社事件」判決がそれである。この判決で連邦最高裁判所は,連邦議会が制定した法律に従って労使関係が決せられることを認めたのであった。

このことが画期的であったのは,第一に,国制の基本原則である連邦制の枠組みが変革された点にある。この判決で問題となったのは,労使間の雇用条件であったが,それ以外にも,たとえば農産物の作付けや証券取引のルールづくりなど国民生活の多くの分野が,それまで連邦政府の権限外とされてきた。それがこの判決をきっかけにして,連邦議会が制定した法の権威が,実質上,国内で最高のものとして尊重されるようになった。従来,州が独自に判断すべきと考えられてきた政治問題に連邦政府が介入することが容認されるようになったのである。

法の番人である連邦最高裁がこうした判断を下すにあたっては,国民の権利関係をめぐる大きな考え方の転換が伴っていた。それまで労使紛争を裁定する上で最終的な根拠とされてきた中世イギリスに起源を持つコモン・ローの法原則が完全に否定されたのである。それがこの判決の第二の画期的な点であった。この判決以前は,いかに民意を得た議会が革新的な労働立法を制定しても,裁判所がコモン・ローの原則に反すると判断すれば,その法は違憲とされ無効化されてきた。近代工業が発展した1930年代に至っても,数百年前から伝わる古来の伝統に従って,裁判官たちが労働問題の判断をしていたとは驚きであるが,最高裁が労使の団体交渉を契約自由の原則の侵害としてきたのは,封建的な主人と奉公人の権利義務関係で,この問題を捉えてきたためなのであった[6]。

K・オレンはこのような権利観の転換を捉えて,近代的な自由主義国家秩序が本当にアメリカで成立するのは,1930年代であったと論じている。国民相互の権利

---

5) 小野耕二『比較政治』東京大学出版会,2001年,51-53頁;Thodore J. Lowi, *The End of the Republican Era*, University of Oklahoma Press, 1996, p. 67.

6) Karen Orren, *Belated Feudalism : Labor, the Law and Liberal Development in the United States*, Cambridge University Press, 1999, p. 29. 1930年代直前の最高裁の違憲判決について,紀平英作『ニューディール政治秩序の形成過程の研究――20世紀アメリカ合衆国政治社会史研究序説』京都大学学術出版会,1993年,81-89頁。

関係が，古来からの法原理に顕現した永遠の真理や，時代を超えた理性などといった封建的な考え方から解放された点を彼女は強調したのである。そして，権利が議会に表明された国民の意志と国民の代表である大統領の同意を得ることで，自由に創れるようになったことは，大きな政治的意味を持っていた。労働組合は，ローズヴェルトを指導者とする民主党が支配した議会に働きかけることによって法律をつくり，様々な労働者の権利を連邦政府に認めさせるようになった。既にこれに先だって農民団体が大統領に圧力をかけるため，1933年の政権成立前夜，果敢な直接行動に及んでいたが，ジョーンズ・ラフリン判決の後は，他の団体もこうした前例にならって，政治家に圧力をかけるようになった[7]。労働者の座り込みストが1936年，黒人運動の座り込み抗議が1960年と，ともに大統領選挙の年に爆発したことでもわかるように，権利を求める団体は選挙を控えて有権者の支持取り込みに躍起となっている政治家に示威行動をするようになった。それにより選挙後の法案通過を約束させようとしたのである。

　ただし，自由に権利が創れるようになったと言っても，ここには大きな問題があった。よりよく組織され資金や人材が豊富な団体がより大きな圧力を政治家にかけることができるのは当然であり，逆にいうと，政治家へ接近することが困難で団体の組織化が難しい人々は不当な扱いを国家から受けることになったのである。

　この点は，ローズヴェルト政権の最大の功績といわれる福祉国家の建設にも，はっきりと現れている。M・ブラウンは，「黒人は白人アメリカ人と同じ社会権を与えられたことは決してなかった」と述べている。白人に比べて所得の低い黒人にとって社会保障費の支払いは生活の上で重荷となった。一方，共働きが多いため白人のように扶養控除が認められることはなく，住宅を所有することが難しいため，政府が提供する諸種の住宅取得補助にあずかることもできなかった。夫が働き妻と子を扶養する勤労者世帯を前提として構想された福祉国家体制は白人家庭がモデルとされており，黒人家庭の現実に沿った制度設計はなされなかったのである[8]。このように人種的に歪んだ福祉国家が形成されたのは，ローズヴェルトの権力基盤であった労働組合と南部白人が，当時，白人中心の社会を当然と考え

7） Orren, *Belated Feudalism*, pp. 215-216.
8） Michael K. Brown, *Race, Money, and the American Welfare State*, Cornell University Press, 1999, pp. 2-3.

ていたためであり，また黒人たちが大統領に限られた影響力しか与えることができなかったためであった。

　こうした不正な状況が打破されるきっかけとなったのが，1954年のブラウン判決であった。このとき，差別主義者であった南部の政治家たちは依然として連邦議会の要職を握り，大統領の政策決定に影響を及ぼしていた。このため，黒人団体がいかに働きかけても，議会制定法によって差別の打破を実現するのは不可能であった。そこで，議会の多数派を味方につけることができない黒人団体は，議会ではなく司法の力で権利を獲得することをはかったのであった。

　この判決で，最高裁はジョーンズ・ラフリン判決に続くもう一つの国制上の革命を引き起こす。第8章でも述べられているように，ブラウン判決で問題になったのは，南北戦争後に生まれた憲法修正14条であった。それは各州に対して何人からも法の平等な保護を奪ってはならないとする条文である。1873年のスローターハウス判決以降，最高裁は様々な法理論を持ち出して，この規定を骨抜きにし，州政府の政治決定に実質的に最高の権威を認めてきた。そうした法理論はブラウン判決で一掃された。そして，この判決以降，連邦最高裁は，アメリカ国民の権利を守るために州や自治体の決定に次々と違憲判決を下すようになった。修正14条を根拠としてアメリカ国民であれば等しく享受できる権利を具体的に宣言していくようになったのである。

　最高裁による権利創出の代表的なものとしては，たとえば，州や自治体が個人の私生活を不当に侵害してはならないというプライヴァシーの権利がある。それは南部白人に支配された警察権力の圧迫を受けていた黒人活動家を大きく助けるものであったが，他の社会運動にも影響を与え，その進路を斬り開くことになった。アラバマ州が全国有色人地位向上協会（NAACP）に協会加入者名簿の提出を要求した事件に対して，連邦最高裁は，そのような要求を認めると警察の不当な捜索に利用されるおそれがあるとして，1958年，協会の拒絶を合法的な権利の行使とした。これを見た女性団体はこの拒絶の論理を拡張して，自らが求める権利を獲得しようとする。そして，1965年には州法が定めた避妊具の使用禁止に違憲判決をださせることに成功し，さらに1973年には妊娠中絶を女性の正当な権利であると最高裁に宣言させることができたのである[9]。

---

9) Theodore J. Lowi and Benjamin Ginsberg, *American Government: Freedom and Power*, 5th ed., W. W. Norton, 1998, pp. 120-121.

さて、ここでこれまで述べた歴史的変化を要約すると、ニューディール改革と権利革命との間には確かな連続性を認めることができる。この二つには、30年の時の隔てがあるし、またニューディール期には少数の資本家の犠牲になった労働者や農民が改革を推進したのに対して、権利革命期にはアメリカ社会の多数派から差別された黒人や女性といった少数派が政治的変化の原動力になった。けれども、こうした違いがある一方で、それがもたらした国家制度の変化に目を向けるとき、はっきりとした共通点が見て取れる。それは連邦政府への権力集中である。

ジョーンズ・ラフリン判決以降、最低賃金や労働時間といった私人間の契約の個別の内容に介入し、必要な場合、その一部を無効にすることが連邦政府の仕事とされるようになった。そして、ブラウン判決以降、連邦最高裁に提訴して勝利しさえすれば州政府や自治体政府の法律を無効にできるようになった。建国以来、アメリカでは、個人間の交渉で相互の関係を決め、何らかの理由でそれを権力的に調整するときでも、民主的な統制が可能な自治体や州といった小さな共同体の決定を可能な限り優先することが、政治の原則であった。そうした伝統は20世紀中期に至って根本的に修正され、連邦政府の権力が個人や州に優越するようになった。連邦政府に認められたこの新たな政治権力は、19世紀アメリカの政治的常識では思いもつかなかったものであり、権力の基礎となる政治理念の根本的な変化に注目するなら、それは「20世紀国家」の建設とさえ表現できるような革命的な出来事であった。

この20世紀国家のもとでは、アメリカ国民は連邦の政治権力を借りて自己に不利な契約や法律、社会関係を否定できるようになった。もとより、そうした否定は簡単にはできない。議会や最高裁で関係者の権利が法として承認されることが必要であった。けれども、60〜70年代の権利革命期には、労働者や農民の経済的な権利を承認したニューディール期以上に様々な権利が数多く認められたのである。一方、そうした権利の承認の代償も大きく、連邦の政治権力はより幅広い領域でいっそう頻繁に行使されるようになった。国民が権利を求めて政治家や裁判官に働きかけるようになればなるほど、そしてそれが成功すればするほど、連邦の権力はより広くより深く社会の隅々にまで浸透し、より強く社会関係を規制するようになっていったのである。

3 アメリカ市民の条件——人種的排斥を生み出す政治の論理

搾取された労働者や農民,あるいは差別されたマイノリティを解放しようとした結果,巨大な国家の権力機構ができあがったというと逆説的に響くかもしれない。けれども,国民を苦しめている社会の矛盾をただすことが国家の責務なら,その矛盾を解決するのに見合っただけの権力を国家は持たねばならない。このように考えるなら,国民の権利追求と国家権力の連邦政府への集中とが裏腹の関係にあったのは当然のことである[10]。

実際,20世紀前半,福祉国家建設のために社会権の確立を訴えた人々は,国民の自由を犠牲にしてでも国家が社会を統制すべきであると主張していた。この点,アメリカでも広く参照された英国の社会学者T・H・マーシャルの著作を見ると,個人の自由は国家の政策によって制限されるべきことをはっきりと述べている。文明社会の市民にふさわしい生活水準を国民に保障し,「すべての人が社会の完全な成員として,つまりは市民として受け入れられる」ために,国家は積極的に市民の私的領域に介入しなければならないとされたのである。権利革命の意義を高く評価する立場で活動している法学者C・サンシュタインの議論も,系譜的にはこのマーシャルの思想を受け継ぐものである。政治経済が発展していくなかで特定の人々が社会的に不利な状況に追い込まれていくのなら,そうした問題の解決を個々人の自力救済に任せるべきではない。発展によって利益を得ている人々もふくめて,すべての市民がその問題を自分のことと考えて解決に取り組むべきであって,サンシュタインによれば,ニューディール改革以降の規制行政はまさにそうした考えのもとに発展してきた。権利が政府の決定で自由に創造されるようになったのも,個々人の権利の行使が社会全体に及ぼす影響に関心が持たれるようになったからであり,政府は社会全体の利益をもっともよく確保できるように計算し計画したうえで,各個人が自由に行動できたり政府に要求できたりすることを権利として認めるようになったと彼は説くのである[11]。

---

10) 19世紀には截然と区別がついた国家と社会の境界が,基本的人権としての社会権が確立するとともに曖昧化し一体化していくことは,よく知られた事実である。この点の古典的研究として,ユルゲン・ハーバーマス,細谷貞雄/山田正行訳『公共性の構造転換——市民社会の一カテゴリーについての探究』第2版,未來社,1994年。

また，人種差別に苦しんでいたアメリカ人にとって，すべての人が平等な市民として受け入れられるため，国家がすすんで社会的な条件を整備するという考えは受け入れやすいものであった。19世紀，黒人奴隷を支配した南部白人の専制的権力を一掃するためには，大統領リンカーンに率いられた連邦政府の軍事力が必要であった。1960年代，多くの良心的白人にとっても，アメリカ社会に牢固に根付いた差別を一掃し市民権を真に保障するためには，かつての北軍に匹敵するだけの強大な国家権力を用いる以外ないと思われたのである。

こうした状況を念頭におくと，権利革命期，黒人運動が斬り開いた市民的権利の運動が環境運動や消費者運動まで巻き込んで進んでいったことも理解しやすい。環境衛生などの領域で問題なのは，国家が中心となって国民生活を合理的に規制することであった。60年代，人々の自発的な行動に期待しては社会的正義を一向に達成できない人種差別の問題が燃えさかる中，公共問題の解決に積極的に連邦政府が乗り出すことに人々は同意しがちであった。人種差別の歴史と現実，そして修正14条のような差別是正のための諸制度の存在は，他者を顧みない不道徳で利己的な人々がアメリカ社会に存在すること，そして国家はそうした人々を断固として統制すべきことを国民に教えたのである。

しかし，市民的権利を奪われてきた有色人種の窮状を打開するための施策は，他の規制行政とは質的に異なる特徴を持っていた。人種政策の拡大には一定の制約があったのである。確かに，特定の人種が危険で低所得の仕事に就かされたり，特定の地区を指定され割高な住居に住まわせられたりしないようにすることは，政府の重要な仕事であろう。公権力の存在根拠はそうした社会的不正の取り締まりにあるからである。けれども，もともとアメリカ社会では，自由な生き方を貫くだけの意志と能力が個人に備わっているかどうかが，きわめて重視されてきた。R・ウィービが紹介しているように，S・ダグラスは，南北戦争前夜，共和党が法によって人は自由になると唱えたとき，民衆に向かって「私は，あなた方が自由になろうと選択したから，あなた方みなが自由なのだと考えていた」と演説していた。政府が法を創ったからではなく，国民個々人の選択によって，自分自身の

---

11) T・H・マーシャル/トム・ボットモア，岩崎信彦/中村健吾訳『シチズンシップと社会的階級——近現代を総括するマニフェスト』法律文化社，1993年，10-11, 93-95頁；Sunstein, *After the Rights Revolution*, pp. 21-29. 福祉国家建設にあたっての権利観念の転換について，James Kloppenberg, *Uncertain Victory : Social Democracy and Progressivism in European and American Thought, 1870-1920*, Oxford University Press, 1986.

生き方や社会の在り方が決まるというのはアメリカ民主政の基本原理であった。そうした原理は20世紀に新しい国家体制ができあがったからといって清算されたわけではなかった。アメリカ伝統の政治文化として民衆の心にしっかりと残っていたのである。そうした文化がある限り，ある人種が政府から特別の優遇措置を受けて生活するのは，もしそれが南北戦争やケネディ暗殺のような例外的で危機的な状況に対する一時的な非常策としてならば許されても，そうでなければとても国民から理解されないのであった[12]。

　実際，有色人種が政治権力を持つ政治家や官僚，大手メディアを味方にして不当な国家の庇護を受けているという不満は，20世紀後半以降，アメリカ社会の底流に渦巻くことになった。2003年10月，人気コメンテーター，R・リンボーのテレビ番組降板が発表された。その原因は，イーグルスというアメリカン・フットボール・チームの選手に対して，黒人であるだけでメディアは能力以上の評価を与えていると発言したことにあった。この事件は，黒人団体はもとより民主党の大統領候補たちも次々と降板を要求したことで社会問題と化していったが，実のところ問題であったのは発言それ自体ではなかった。テレビ局はリンボーを起用した時点でこうした騒ぎが起こるのを予想できたのである。彼はテレビでは言えない問題発言を自分のラジオ番組で繰り返すことで民衆の人気を博してきた人物なのであった[13]。差別主義者と批判されるのを恐れて誰も公の場で口にださないことを本音で語るリンボーに喝采を贈る視聴者は多数存在し，そうしたファンがいるからこそテレビ局も彼をレギュラー出演者にしたのである。

　こうした不満にアメリカの社会的伝統である差別主義を見るのは容易である。それを差別是正措置への反動と斬って捨てるのも簡単である。けれども，ここにはそれ以上のものがある。それは政府に影響力を持つエリートたちを通じて自分たちの地位を確保しようとする社会集団への軽蔑である。思えば，先述したデュボイスがカラーラインの問題と取り組むなかで示した平等な社会のヴィジョンとは，個人の尊厳が尊重される世の中であった。アメリカ人であることと有色人種であること，この二つの自己をいずれも捨て去ることなく，二つの魂を一つに統合して真の人格を完成させることが可能な社会を彼は夢見ていた[14]。換言すれば，白人でなくとも，あるいは白人のように振る舞わなくとも，同じアメリカの理想

---

12) Wiebe, *Self Rule*, p. 66.
13) ESPNのウェブページを参照。ESPN.com news services, October 2, 2003.

を担える平等な社会的存在であると承認されることが，黒人解放運動の目的の一つであった。それが60年代，市民的権利が確立した後，本当に有色人種はアメリカ市民として自立した存在なのかどうか，白人から疑われるようになってしまった。

現在の人種問題を考えるときに重要なのは，権利保護の国家制度が発展するなかで生じていった，こうした新しいタイプの差別意識である。1980年代に入ると，リンボーのような保守主義者が心酔する大統領レーガンでさえ，20世紀なかばまで人種差別の習慣が政治制度のなかにまで浸透していたことを認め，二度とそうした事態をつくってはならないと訴えるようになった。もとより，こうした発言の背景には有権者の支持確保を狙った政治家の打算がある。けれども，すべてのアメリカ国民が平等であるとするのは，20世紀後半に現れたアメリカ保守主義の基本理念である[15]。保守主義者は，肌の色にかかわらず市民が平等であると認めたうえで，個々のアメリカ人が本当に市民としての資質があるかどうかを厳しく問おうする。そして，その資質を欠いている者に国家が保護を与える必要はないと主張するのである。

たとえば，肌の色で差別をしないとする保守主義者は，肥満が低所得の有色人種に多いことを見て，自分の身体の自己管理ができないのは意識が低い証拠と考えてしまう。確かに，疾病管理センターという団体が発表した統計によれば，1997年から1998年の期間，貧困線以下の所得しか得ることのできない低所得層の成人のうち，実に26％が肥満であった。特に女性だけに限ってみると，この数字は29％に増加し，最高所得層の女性肥満率14％を遙かに越えている。そして，有色人種が数多く住む大都市中心部に肥満者が多いのも事実であり，ある人が肥満かどうかを知ろうと思えば，その人の住まいの郵便番号を見るだけでだいたいの察しがついてしまうという[16]。

---

14) W. E. B. デュボイス，木島始/鮫島重俊/黄寅秀訳『黒人のたましい』岩波文庫，1992年，16頁。
15) 人種差別に関するレーガンの発言は第二期就任演説で述べられている。保守主義理念の分析については，拙稿「呪縛としての自由——保守主義時代を招いたアメリカ特有の政治風土」岡住正秀/中野博文/久木尚志編『たたかう民衆の世界——欧米における近代化と抗議行動』彩流社，2005年，253-290頁。
16) 統計や郵便番号をめぐる話は『ナイトライン』が2004年6月2日に放送した「肥満というアメリカが直面する危機」から引用。

保守主義者の立場で考えると、自由の国アメリカでは何を食べても確かに自由であるが、そのつけを他の市民にまわすことは絶対に許されない。肥満のために発病し、それによって健康保険の掛け金があがったり、公立病院の維持費が増大してしまっては、日々健康の維持に配慮しながら生活している健全な中産階級の負担になってしまう。そこで、そうした肥満患者は少なくとも金銭的には自分で自分の責任を取れということになる。

　しかし、こうした身体と所得、そして人種の関係は、20世紀国家を支持する者の目から見るとまったく違って映る。アメリカABCニュースの報道番組『ナイトライン』は、上に見た肥満問題の背景として、有色人種が数多く住む都市中心部に、安価で空腹を満たすことのできるスナック菓子やインスタント・ラーメンをもっぱら販売する雑貨屋しかないことを紹介した。健康的で高価な野菜が揃った郊外のスーパーに、自動車を所有できない低所得層の人々がバス代を払ってまで行くことは難しい。十分な食費がない人々が割高で空腹を満たせないサラダに手を伸ばすわけはなく、安価で高カロリーなハンバーガーなどの食品を食べてしまう。『ナイトライン』の司会者T・コップルは、このような人々の実際の暮らしを踏まえれば、肥満はまさに貧困に直結した問題であると訴えたのであった[17]。

　社会問題をこのように捉えて国家権力で貧困の原因を取り除こうとするのは自由主義者たちの典型的な発想であり、個人の自己責任を重視する保守主義者の考えとは大きく異なっている。けれども、そうした自由主義者たちが差別的意識とはまったく無縁であったかというと、必ずしもそうではない。これは、公民権運動後のアメリカ社会を見て幻滅を感じた活動家や有識者たちが訴えてきた点である。人種的不平等は政治的な仕組みとして社会内に埋め込むことが可能であり、いったん埋め込まれると人々は特に人種差別的な意図を持っていなくても、ある決まった人種を従属的地位に追い込んでしまう。自由主義者たちは20世紀国家体制を創るなかで、そうした仕組みの埋め込みを行ったと批判されているのである[18]。

　R・リーバーマンは、アメリカの福祉制度の根幹にある社会保障法を事例として、こうした差別の生成を具体的に解き明かした研究者である。前節で述べたと

---

17) 同上。
18) Robert C. Lieberman, *Shifting the Color Line : Race and the American Welfare State*, Harvard University Press, 2001, p. 12.

おり，アメリカ福祉国家は最初から人種差別的な性格を持っていたが，リーバーマンは有色人種の排斥が南部に限らずアメリカ全土で行われていた点を統計的に明らかにした。たとえば老齢年金の場合，もっとも人種的排斥が著しいのはニューイングランドからニューヨークを含んだ大西洋岸であって，黒人小作がひろくみられたミシシッピやアーカンソーは全国的に見ると公平になっている。これは，労働の場における人種隔離が農業地域であった南部特有の現象であったわけではなく，産業化した北部でも広く行き渡っていたために起こったことであった。こうした社会背景のもと，法律を審議した議員たちは白人に有利な制度を作るため，黒人の大部分が働く職種を社会保障の適用対象外としたり，多くの黒人が到達できない資格を受給条件として設定したり，資格認定に地域の自治権を認めて地方政治を支配する白人たちが黒人の受給決定を左右できたりするようにした[19]。

こうして社会保障制度に持ち込まれた人種差別は，制定後，新たな種類の問題を創りだしていく。そのなかでももっとも深刻なのは，国民を社会保険受給資格を持つ勤労市民と資格を持たない市民とに二分化する考え方が広まったことであった。安定した職にある受給資格者は，有色人種であっても中産階級としての生活を営む良き市民と認められるようになり，他の「問題のある」有色人種と区別されるようになった。公的扶助制度の厄介になり税金で生活を支えてもらっている「福祉依存者」とは違う名誉ある地位を得たのである[20]。その人が就いている職業や時々の経済状況などを考えれば公的扶助に頼るしかない様々な場合が考えられるのに，そうしたことはなかなか意識されず，福祉国家に依存していないことが良き市民の条件と見なされるようになった。

こうしたリーバーマンの議論を踏まえて考えてみると，有色人種の福祉依存を批判し政治の争点としていったのは保守主義者であったものの，彼らと対立している自由主義者がどれほど有色人種のことを重視してきたかについては，あらためて検討が必要なように思える。自由主義者は保守主義者のように貧困した人種集団の生活改善は各自の自助努力に任せるべきであると唱えることはなかった。けれども，そうした人々に政府が教育の機会や労働のインセンティヴを与えることによって誘導し，他のアメリカ人の負担にならない経済的に自立した市民へと「成長」させようとした。ジョンソン政権の貧困撲滅計画がその典型的な例であ

---

19) *Ibid.*, pp. 46–48, 25.
20) *Ibid.*, p. 13.

る。立場の違いはあったとしても、自己の労働で生活のできない者をまっとうな市民と認めない点では両者は共通しているのである[21]。

4　多文化主義への疑問――市場経済と道義的共同体の狭間で

　国民に一定の生活水準を保障する強力な国家を必要と考える人々が、その国家権力を使って社会発展に必要な有益な市民を創り上げようとするのは、不思議な話ではない。自由主義理論の泰斗であるJ・S・ミルは教育の強制を正当化したし、英国で社会保険制度を推進したフェビアン協会のウェッブ夫妻は失業者の強制労働を主張した。市民すべてが社会の正当な経済的な分け前を要求できるようにするには、市民すべてが社会に対して何らかの経済的貢献ができるようにしなければならない。多くの理論家はそう考えたのである。

　しかし、それにしてもアメリカは市民の勤労に特別な関心を払う社会である。アメリカ福祉国家の研究で知られるM・カッツによれば、アメリカ国民が農家や企業、住宅所有者に政府援助を与えることを当然としながら、福祉制度に依存して生活するシングルマザーへの公的扶助を打ち切ろうとする理由もそこにある。社会のルールに従って懸命に働く者は国家の保護に値する市民であるが、事情はどうあれ働いていない者は市民としての要件を完全に満たしておらず、保護を与える訳にはいかないというのである[22]。

　このような考えが出てくる背景の一つには、合衆国に有力な社会主義政党が存在していないことがある。ヨーロッパのように資本主義経済の矛盾を説く社会主義者が支持を得ているところでは、20世紀における国家の役割は市場経済から自由な生活を市民に保障することとされた。市場経済で高く評価される労働を行い、

---

21)　貧困撲滅計画に参加してアメリカ国内の「遅れた」コミュニティの開発に取り組んだ人々が、ケネディ・ジョンソン政権が進めた発展途上国の近代化政策と密接な関係を持っていたのは注目されてよい。近代化論者のイデオロギーについては、Michael E. Latham, *Modernization as Ideology : American Social Science and "Nation Building" in the Kennedy Era*, The University of North Carolina Press, 2000. 合衆国の自由主義者は、「遅れた」アメリカ人をまっとうな市民に造り直そうとしただけでなく、ラテンアメリカやアジアなどでもアメリカ的な考え方をする市民の創出に励んでいた。この点の詳細は今後の研究が必要な未開拓の分野である。

22)　Michael B. Katz, *The Price of Citizenship : Redefining the American Welfare State*, Metropolitan Books, 2001, p. 348.

高い所得を獲得することが良き市民の証拠であるとするアメリカとは，真っ向から対立する文化がヨーロッパにはある。では，それならば，なぜアメリカ国民は社会主義的な訴えに関心を示さずにきたのであろうか。他国であれば国家の保護を受ける当然の権利があるとされる者にその権利を認めない理由は何であろうか。

この古くから問われ続けた問題に対し，現在，古くから知られた答えがあらためて見直されるようになっている。それはアメリカ人の宗教的価値観である。合衆国で勤労が重視されるのは怠惰を罪とするピューリタニズムのためであり，罪ある者の存在を許しては共同体の崩壊につながると人々が恐れたから資本主義社会が発展した。これはM・ウェーバーの著作で有名な議論であるが，それを用いると20世紀アメリカ国家が福祉依存者を一人前の市民として認めない理由も理解しやすい。

J・モローンの『ヘルファイア・ネイション』によれば，今日のアメリカ国民がアンダークラスと呼ばれる貧困層を見る目は，かつて奴隷制廃止論者が奴隷主を見た目や移民排斥論者がアイルランド系移民を見た目と共通するものがあるという。そこには，怠惰，飲酒，暴力，そして性的放埒という悪業を犯しながら生活する罪人の姿が映っているのである。もとより，これは国民の多くが頭の中で描くイメージの世界の話であって，貧困層の現実を正しく捉えたものではない。けれども，それに気づく者は少なく，世論では道義的憤激に駆られた人々の議論が横行し，罪を犯した者を悔い改めさせることや，問題解決のための法律制定，取り締まり強化のための政府制度の整備がもっぱら論じられることになる[23]。このような道義意識の爆発をアメリカ政治の特徴とするのは別に目新しくはないが，モローンの議論に斬新さと説得力を与えているのは，それによって1980年代以降の現状を説明しているところである。

モローンが示した事例の一つを紹介すると，現代アメリカのピューリタン的厳格さを典型的に表しているのは，実に他の先進国の5倍以上にのぼる受刑者数である。1980年代まで，受刑者数は他国とそれほどの違いはなかったが，レーガン政権が登場した後，麻薬が深刻な社会問題として浮上した結果，急上昇したのであった。86年，テレビや雑誌にクラックという新種の麻薬が都市の貧困層に広がっているとの報道が次々と現れ，取引に絡んだ暴力事件の増加や依存症の母親か

---

23) James A. Morone, *Hellfire Nation: The Politics of Sin in American History*, Yale University Press, 2003, pp. 15-17.

ら生まれた赤ん坊の悲劇がセンセーショナルに取り上げられた。市民の不安の広がりを受けて政府は大規模な取り締まりを行ったが，それによって新たに投獄されたのは大多数が黒人かヒスパニックであった。この二つの人種は85年から97年までの期間に入獄した者の7割を占めるのである。社会不安が鎮まるに従って明らかになったところでは，取り締まりを行った警察の捜査には明らかな不正が存在した。ロサンゼルスではクラック常習者の3分の1が白人であるのに，94年から98年までの間，クラック関係の取り締まり法規で起訴された白人は一人としていなかった。また法律自体にも差別的内容が認められ，白人がもっぱら逮捕されるヘロインや粉末コカインに比べてクラックの処罰は格段に重くされていた。他の麻薬では単に所持が発見されただけなら初犯の場合，軽罪とされるのに，クラックでは実刑となるのであった[24]。

　肌の色や身体的特徴が白人と異なるだけで警察から潜在的な犯罪者という目で見られ，白人ならば執行猶予となるところを刑務所送りにされるというのは，明らかな人種差別である。けれども，裁判の判決や法律家の報告書でこうした不正が問題となった後も，政治家たちの行動は鈍かった。黒人びいきといわれたクリントン大統領でさえ，量刑問題への善処を口にしたのは退任する一週間ほど前のことである[25]。もとより，ブッシュ政権の成立を目前にしたこの時点では，クリントン個人ができることは実質的に何もなかった。麻薬犯罪の刑を理由はどうあれ軽くしたりすれば，犯罪者に甘いと批判されるのを恐れて大統領でさえ行動できなかったのである。住民が安心して暮らせる環境を守るには，罪を犯した者に峻厳でなければならないとする意見があまりにも強力なため，誰が見ても明白な人種的な不正義を大統領や議会がただせないとは，非合理な話である。けれども，選挙で勝利を目指す政治家たちは，不合理とは知りつつもそうした意見に耳を傾けなければ政治の世界で生き残れない。

　有色人種の市民的権利が確立した権利革命後，勤労しない者や犯罪者を不道徳な人間と決めつけ，そうした人々を国家の配慮が必要な市民とするのは認めがたいという考えがアメリカ社会を覆うようになった。こうしたなか，国家制度の上では認められた市民の平等が形骸化してしまっていることに危機感を抱いた人々が集まって，合衆国の政治的議論を縛っているアメリカ特有の文化的枠組みを全

---

24)　*Ibid.*, pp. 455-456, 467-469.
25)　*Ibid.*, pp. 470-471.

面的に批判する運動をはじめたのは自然なことであった。1980年代以降,「多文化主義」と呼ばれる考えに共鳴した人々は,学校教育をはじめ職場や公共の場などあらゆる場面で,伝統的なピューリタニズムが絶対ではないことを熱心に訴えていった。その目的はあらゆる種類の偏見を一掃し,すべてのアメリカ人が平等に配慮される社会をつくることにあった。

多文化主義はアングロサクソン人種の政治文化が合衆国で特権的な地位を得ていることを問題視する思想であり,そうした考え方が広まっていった背景には,世紀末の知的世界で国際的に流行したポストモダニズム哲学の影響がある。それは近代国家が生み出してきた暴力に注目し「国民」意識の超克をラディカルに主張する理論であり,カルチュラル・スタディやポストコロニアル批評といった新しい学問領域の発展に大きく貢献した。けれども,モローンをはじめとしてアメリカ政治の歴史発展を研究する人々の多くは,合衆国のピューリタン文化を相対化しようとするそうした動きに批判的である。

この点,政治思想史家であるE・アイゼナッハが多文化主義への挑戦をはっきりと表明した著書を発表しているので,彼の意見に沿って多文化主義が抱える問題を考えてみよう。アイゼナッハは多文化主義の理論家たちがことさらに難解な言葉で政治や倫理を論じているのを見て,知的に不健全であると激しく非難している。知識人でなければ理解できない抽象的で形式的な枠組みを使って政治文化を分析した研究は我が国のポストモダニストの文献にも数多く見られる。また,およそ理論的な文献は専門家を対象にしたものである以上,難しいのは仕方のないことかもしれない。けれども,それが一般人との対話を拒否しているとすれば問題である。アイゼナッハが批判の目を向けるのは,多文化主義の理論家たちがアメリカ社会に暮らす人々の実際の生活感覚から切り離された議論を展開していることであり,さらには彼らの立場から見て思慮に欠けた発言をすべて否定しようとしていることである[26]。

1990年代,公共の場での差別的発言をなくすため,特定の社会集団の尊厳を傷つけるかもしれない発言をすべて権利の侵害として禁じようとする社会運動が盛んになった。ポリティカル・コレクトネス(PC)と呼ばれるものがそれである。こうした動きを支えた多文化主義の理論について,アイゼナッハはあらゆる社会

---

26) Eldon J. Eisenach, *The Next Religious Establishment : National Identity and Political Theology in Post-Protestant America*, Rowman & Littlefield, 2000, p. ix.

集団に正当な配慮を行った発言を原理的に検討し、それを人々に使うように強制しようとするのは、まったく不当なことであると指摘している。そのようなことをすれば、実質的に人々の自由な発言を封じてしまうことになるし、また正当な発言とは何かを判断し人にそれを強制する政治的権威をつくらねばならない。もし、適切な発言とは何かを知悉するごく少数のエリートに権力を与え、その管理のもとで公共の発言が行われるようにするというのであれば、これは一種の権威主義的政治秩序を要請していることに等しく、多文化主義者は民主政治を傷つけることをしているというのである[27]。

　こうしたアイゼナッハの主張は、多文化主義を支持する人々にとって心外に思えるかもしれない。前節でリーバーマンの研究を紹介したときに述べたとおり、差別は政治的な制度として社会に組み込まれると、人は知らぬまに差別をしてしまうようになる。PC運動が公共の場での発言を問題にしたのは、それが善意の人々でさえ無意識に行ってしまう差別をなくすうえで突破口になると考えてのことであった。その狙いは、何気ない会話のうちに特定の社会集団を傷つける発言が潜んでいることを多くの人々に気づかせることにあった。差別を受けている人々の側から既存の社会秩序を眺めると、それがいかに歪んで見えるか社会の多数派に理解してもらうこと、つまりは、より自由で平等な世の中を建設するために他のアメリカ人と協力することが運動の目的なのであった。

　しかし、こうした目的は「権利」の侵害を訴えることによって、果たしてかなえられるものであろうか。アイゼナッハが問題にしているのは、まさにこの点である。実は、歪んだ社会秩序を解体し、より公正な秩序を目指して人々が協力していかなければならないとする点では、アイゼナッハも多文化主義者と同じ立場を取る。彼がPCを痛烈に批判するのは、それが他者を傷つけるような発言をすべてなくそうと考えすぎて、国民全体が本音で語り合うことの意義を見落としているためである。会話の中にあらわれた差別を権利の侵害として追及し、必要ならば法的手段に訴えて発言の是正を求めていけば、確かに表面的には差別発言はなくなるかもしれない。けれども、それでは国家権力によって発言を封じられただけである。差別的な発言を気づかないままに口にした者が、より公正な社会の創造に向けて自分も行動しなければならないという意識を持つことは、それだけで

---

27) *Ibid.*, pp. ix-x.

はできない。難解な理論を使って多くの国民が親しんでいるアメリカ文化を抽象的に非難し，一部の知的エリートによって承認された「適切」な言語を普通の人々に強制するようなやり方では，アメリカ国民全体の公共心をかえって弱めてしまうとアイゼナッハは考えたのである[28]。

それでは，どのような方法をとれば多文化主義とは異なるやり方で人種的な正義が達成できるのであろうか。アイゼナッハが提案するのは，アメリカ国民の良心にもっと信頼を寄せることである。歴史的に見ると，様々な人種や民族がアメリカの大地で出会い，出会う以前とは違う新しい文化的アイデンティティを形成してきたと彼は指摘する。人々の生活を仔細に見れば，人種や民族の意識は絶対的で不動のものではなく，一人一人の自由な意志で他者に開かれたものにすることができるというのである。この点，ドイツ系ロシア人の血を引くアイゼナッハは自己の家庭環境を語って，もし彼の家族が偏狭なエスニックな文化に閉じこもって暮らしていたら，自分の人生は不幸なものになったろうと述べている。彼によれば，自己のエスニシティを越えたアメリカ国民としての自覚を持てたことは幸せであった。その理由は，アメリカの歴史を創ってきた様々な先人たちの経験と自分の来歴とを重ね合わせ，自分もまた良きアメリカ人として他のアメリカ人と協力しながら，より良き未来の扉を開こうと考えられるようになったからである[29]。

立場はいささか異なるものの，上述したモローンがアメリカ社会の正義の回復のために期待するのも，「国民」感情である。彼はピューリタニズムが生み出す差別や抑圧を歴史的にたどったうえで，そのような不正をただそうするとき，これまでもっとも効果的な武器になってきたのはピューリタニズムの正義意識であったと指摘している。罪人に峻厳な態度をとるアメリカ国民は，人を罪に導いた責任が社会にもあると気づいたとき，徹底的な社会の浄化を要求するようになる。モローンによれば，1930年代や1960年代の改革政治を道義的に支えたもの，そして黒人解放に命を捧げたM・L・キングが誰よりも美しく表現したものは，罪の原因を社会から取り除かねばならないとする宗教的信念であった。ピューリタニズ

---

28) *Ibid.*, pp. 5-7. 本文で筆者が行った説明は，アイゼナッハが展開している理論的に緻密な議論を筆者の立場からできるだけわかりやすく述べたものである。限られた紙幅では彼の議論を忠実に追うことができないためのやむを得ざる方便である。関心のある読者は同書に直接触れられることを強く勧めたい。
29) *Ibid.*, pp. 7-9.

ムに含まれた自由主義的な改革の力が爆発すれば，勤労や犯罪問題で個人の責任を過酷なまでに追及する現在の行き過ぎた状況も是正することができると彼は論じているが，これはピューリタニズムの超克を主張する多文化主義とは対照的な考え方といえよう。21世紀の今日でもアメリカ国民が良くも悪くもピューリタン的価値観に染まっていることを忘れるべきではなく，そこから脱出しようとするよりも，そのなかで建設的な努力をおこなった方が良いというのがモローンの立場である。このほか，差別イデオロギーの大著を発表して注目を集めたR・スミスも，平等な政治秩序を生み出す鍵はアメリカ国民の集団的な責任感に訴えることであると主張している[30]。

　こうしたアメリカの学界状況は国民国家に批判的な意見が多い我が国とは対照的である。このため，アイゼナッハらの問題関心をよく理解しないままに彼らの議論を見ると，ひどく保守的なものに映るかもしれない。国民としての連帯感を基礎に平等な社会を築こうなどと言っても，なかなか差別の根本的な解決には結びつかないように思えるからである。けれども，これまで論じてきたアメリカの歴史的な政治発展を踏まえるなら，21世紀の今日，人種問題と真摯に取り組んでいる合衆国の政治学者たちが国民意識に注目している背景を理解することは，それほど困難ではあるまい。

　ここであらためて20世紀アメリカ国家の発展を振り返ってみよう。国制の転換点となったのはニューディール改革と権利革命であったが，前者では未曾有の経済恐慌が，後者では過熱化した人種対立が，新しい権利の創造をもたらすきっかけとなった。苦境に陥った人々が彼ら自身の権利として国家に救済を求めることができるようになったのは，大きな政治的進歩であった。けれども，そうした権利は資本家や白人に有利であったそれまでの社会秩序を根本から変革するものであっただけに，その権利の保障のためには，アメリカ史上，戦時をのぞけばこれまでに前例がなかったほどの巨大な国家権力を必要とした。多くの国民は危機のあまりの深刻さに驚き，危機克服のための例外的措置として，そうした権力を認めたのであった。実際，1930年代に労働者の経済的権利が認められたときに議論されたのは，労働者の購買力を高めることで恐慌から一刻も早く脱却することであった。1960年代に有色人種の市民的権利が確立していく過程でも，問題とさ

---

30) Morone, *Hellfire Nation*, pp. 22, 19, 497; Rogers M. Smith, *Civic Ideals : Conflicting Visions of Citizenship in U. S. History*, Yale University Press, 1997, pp. 489, 496-497.

れたのは社会を覆った暴力への対処であった。こうした非常事態への対策として権利が生み出されたのであれば，危機が去ったとき反動が訪れたのも不思議ではなかった。権利革命後，連邦政府の権力が社会に広く浸透するようになった後，それまで認められていた自由が国家によって制限されていったことに苛立ちを覚えた人々は，国家権力の拡大のきっかけとなった有色人種に不満をぶつけるようになった。しかも，その不満はあからさまなものではなく，形式的にはすべての人種の平等を認めながらおこなわれる隠微なものであった。福祉依存や麻薬の問題で端的に示されたように，国家権力の保護に値するだけの良き市民かどうかを厳しく問うことによって有色人種を狙い撃ちにするような差別がひろがっていったのである。

　こうした背景をもつ 21 世紀アメリカの差別と取り組む上で有効な手段は，再び連邦政府に頼って国家権力で差別的な動きを封じていくことであろうか。20 世紀国家体制の特徴は，政治家や裁判官，官僚といった政治エリートに圧力をかけることによって権利を創造することにあった。とくに権利革命後は人種団体をはじめとした社会的少数派が政府の行動を要求して活発に運動するようになったため，社会集団間の影響力の競い合いはいっそう過熱化した。有力な政治家や法律家，官僚を味方につけた者，あるいは敵対する政治勢力を効果的に攻撃しその動きを封じた者が，より大きな国家の保護を得られる仕組みに政治の世界はなっていったのである。現在の差別をなくすために求められているのは，こうした状況にすすんで順応することであろうか。政治エリートを巻き込みながらおこなわれる権力ゲームに積極的に参加して，権利保護の名の下に国家の介入をいっそう増やしていくことであろうか。

　アイゼナッハやモローンらが提案しているのは，そうした国家中心の方法とは異なった道である。彼らは，アメリカ人ならば誰しもが抱く「アメリカ」の理想や愛国心，つまりアメリカニズムに訴えかけることで，法的には確立している人種の平等の重要さを人々の心に刻み込み，人種を越えた連帯感を醸成していくことを唱えている。それは，政治エリートに接近することによってではなく，国民間の対話を通じて権利で謳われた理念を社会の現実に少しでも近づけていく試みなのである。

5　21世紀アメリカの課題

　上に見た多文化主義への批判が説得力を持つのは，それが20世紀アメリカ国家が持つ民主主義的問題を鋭く突いているからである。筆者の関心に沿って，その要点を一口に言えば，アイゼナッハらは，本来，法の作成に先だって行うべき国民の合意形成が実際にはきちんとおこなわれていないため，法ができた後になって，それをあらためてやり直そうとしているのである。権利創造の原動力となった1960年代の危機がいまや歴史的な出来事となった現在，危機の中で認められた権利がアメリカ国民にとってなぜ重要なのかをいま一度問いかけ，社会の多数派が慣れ親しんでいる価値観に訴えながら説得することが目指されているのである。

　もちろん，国民意識の涵養を通じて他者の権利を尊重する気持ちを育んでいこうとする意見を批判するのはたやすい。ナショナリズムや愛国心に訴えなくとも，国家を越えた人類共通の立場や同じ地域にともに暮らす者の立場を強調することで権利の尊重は達成されるはずである。また，国民という視点を強調したために平等な扱いを拒否される人々も不可避的にでてくる。けれども，アメリカ社会に不正に苦しむ多くの人がいることを示し，そうした人々に対して何かできないかをアメリカ人同士で話し合おうとすることが本当に悪いことであろうか。そのような話し合いがこれまでできてこなかったとすれば，むしろそのことの方が問題なのではなかろうか。アイゼナッハらの問題関心は，適切な人種関係について自由で真剣な議論をおこなっていくことを阻害している理由は何か，アメリカ社会の歴史的発展を具体的に見ながら考察することにある。そして，国家機構を動かす政治エリートがつくった法や権利を真に自分たち自身のものにするための社会的な議論や運動を広げていくための方法として，彼らは国民意識の喚起を唱えたのである。

　国家権力やエリートに頼らずに，人々が自分の意志で公正な社会をつくろうと望むようにするには，他者の窮状を自分のことのように思い，そうした人々に手をさしのべようとする連帯感が必要になる。立場の違いはあれ，多文化主義もそれに対抗する意見も，そうした連帯感をうみだす最善の道を，人々が平等な立場で自由に話し合い，ともに行動していくことであるとする点で，それほどの大きな違いはないと筆者は思う。21世紀のカラーラインを打ち壊そうとするとき鍵に

なるのは，人種を越えた市民の絆をいかにしてアメリカ社会で創りだしていくかなのである。

【文献案内】
① A・ハミルトン/J・ジェイ/J・マディソン，斎藤眞/中野勝郎訳『ザ・フェデラリスト』岩波文庫，1999年。
② A・トクヴィル，岩永健吉郎/松本礼二訳『アメリカにおけるデモクラシー』研究社叢書，1972年。
③ ルイス・ハーツ，有賀貞訳『アメリカ自由主義の伝統——独立革命以来のアメリカ政治思想の一解釈』講談社学術文庫，1994年。
④ Glenn C. Altschuler and Stuart M. Blumin, *Rude Republic : Americans and Their Politics in the Nineteenth Century*, Princeton University Press, 2000.
⑤ Maxwell Bloomfield, *Peaceful Revolution : Constitutional Change and American Culture from Progressivism to the New Deal*, Harvard University Press, 2000.
⑥ Theda Skocpol, *Diminished Democracy : From Membership to Management in American Civic Life*, The University of Oklahoma Press, 2003.
⑦ Richard A. Primus, *The American Language of Rights*, Cambridge University Press, 1999.
⑧ Judith N. Shklar, *American Citizenship : The Quest for Inclusion*, Harvard University Press, 1995.
⑨ Harvey C. Mansfield, Jr., *Taming the Prince : The Ambivalence of Modern Executive Power*, The Johns Hopkins University Press, 1993.
⑩ Sheldon S. Wolin, *Tocqueville between Two Worlds : The Making of a Political and Theoretical Life*, Princeton University Press, 2001.

本章の参考文献としては，注であげたものを読んでもらいたいが，それ以外にとくに重要なものを分野ごとに示すと，上の通りである。アメリカ社会の基層をなしている政治文化を知るためには，古典としての地位が確立している①と②を読むべきである。その上で，アメリカ市民であることの特異さを知るものとして③④，20世紀アメリカ国家の発展を考えたものとして⑤⑥，市民と権利を考察した理論的なものとして⑦⑧，民主主義において指導者と民衆といずれを尊重すべきかは難しい問題であるが，相反する見解を代表したものとして⑨⑩がある。

終章　アメリカの経験，南アフリカの経験

峯　陽一

　ひとつの社会の成り立ちを理解しようとするとき，三角測量の視点で考えると，対象となる社会の特質がくっきりと見えてくることがある。『アメリカの民主主義』において，トクヴィルがアメリカとイギリスの民主主義の特質と対比させながら，フランスの課題を鮮烈に浮かび上がらせたことは，その好例であろう[1]。社会に質的および量的な変化をもたらす変数は多様である。数多くの変数のなかのどれが，どのように作用して，どのような方向へと社会を変化させているのだろうか——特定の社会の歴史の複雑な因果律を解きほぐしていこうとする際に，いくつかの点でよく似ているが，他の点ではまったく異なっている社会を参照の枠組みとすることによって，私たちは多くのことを学べるかもしれない。

　この終章は，そのような問題意識から，日本におけるアメリカ研究に南アフリカ研究の視点を持ち込もうとする試みである。私たちが現代アメリカの人種問題を理解しようとするとき，アフリカ大陸南端の南アフリカの歴史的な経験は，有益な座標軸を提供してくれるかもしれない。南アフリカ社会は，アメリカ社会の「鏡」になりうる。その理由は，はっきりしている。これらのふたつの社会は，人種というコードにもとづく制度的差別の歴史と，そこにおけるアングロサクソン支配の影響を，深く共有しているからである。

　しかし，鏡に映る写像では，オリジナルな像の左右が逆転しているものである。白人が多数派を占めるアメリカ社会とは対照的に，南アフリカにおいて白人移民の子孫は少数派にすぎない。南アフリカの人種別人口構成をみると，黒人が8割，白人が1割，その他が1割であり，白人と黒人の割合を乱暴に入れ替えてしまえば，ふたつの社会の人種構造はほとんど重なり合うことになる[2]。

---

[1]　トクヴィルのアメリカ民主主義論の現代的意義については，次を見よ。河合秀和『トックヴィルを読む』岩波書店，2001年。

アメリカと南アフリカは、どこが似ていて、どこが似ていないのだろうか。それぞれの社会の歴史的個性と共通性を認識することで、ふたつの眼差しが交差する領域を指し示すことが、本章の課題である。ただし、ここでは細部の実証研究の論点には立ち入らず、考察すべき問題群を大づかみに提示することを試みるにとどめたい。まずは、南アフリカにおける人種主義の生成史を整理する作業からはじめることにしよう[3]。本書でこれまで述べられてきたアメリカの人種差別の歴史を念頭に置きながら、以下の叙述を読み進めていただければ幸いである。

1　植民地化の時代

1) オランダ東インド会社によるケープ支配

　南アフリカにおける人種主義の起源は、通常、1652年の出来事に求められる。この年、オランダ東インド会社のヤン・ファン・リーベックの部隊が、アフリカ大陸の南西端のケープ地方に上陸し、本格的な植民地を築きはじめたのである。長崎の出島を訪れたこともあるファン・リーベックは東方貿易の重要性をよく認識しており、ケープタウンをオランダ艦船への補給基地にしようとした。ケープ植民地にはオランダ人、ドイツ人、フランス人など、オランダ東インド会社が募集した大陸ヨーロッパ系の入植者たちが住み着いて、粗放的な農業活動を内陸へと広げていく。この初期移民の子孫たちは後にアフリカーナー (Afrikaner) と呼ばれ、大部分がカルヴァン派のオランダ改革派教会の信徒となった[4]。

　ケープ植民地の沿岸部と広大な内陸部では、狩猟採集や牧畜を生業とする先住民（コイサン人 Khoisan）が暮らしていたが、彼らは、さらに内陸へと追われる

---

2) 2001年の国勢調査による南アフリカの人種別人口は、黒人が79%、白人が9.6%、カラードが8.9%、インド系が2.5%となっている。アパルトヘイト撤廃後の公式な人種別人口統計は、現在のアメリカの統計と同様、回答者の自己認識にもとづくものである。Statistics South Africa, *Census 2001 : Census in Brief*, Statistics South Africa, 2003. 南アフリカでは、1960年代末以降の黒人意識運動（Black Consciousness Movement）を通じて、人口の多数派を占めるバントゥー系アフリカ人だけでなく、カラードやインド系の住民もまた、解放運動の主体として自らを黒人と呼ぶ用語法が広がった。しかし現在では、バントゥー系アフリカ人のみを黒人と呼び、これにカラード、インド系住民、白人をあわせて、南アフリカ人と呼ぶケースが増えてきている。本章では、さしあたりこの用語法に従う。

3) 南アフリカの歴史については章末の文献案内を参照。南アフリカの史学史については、拙論「解説『南アフリカの歴史』を読む」（レナード・トンプソン、宮本正興他訳『新版南アフリカの歴史』明石書店、1998年、所収）を参照されたし。

か，殺害されるか，捕獲されて白人入植者の使用人となるかであった[5]。さらに，オランダ東インド会社の艦船が，アジアとアフリカの広大な地域から奴隷を連れてきた。奴隷の出身地は，現在のアンゴラ，モザンビーク，マダガスカルから，インド，パキスタン，スリランカ，マレーシア，インドネシア，フィリピンにまで広がっている。マレー系のイスラム教徒の奴隷は主として港湾都市ケープタウンで働かされたが，内陸のアフリカーナー農民に売られた奴隷たちもいた。

　時間が経過するにつれて，ケープ植民地では白人と非白人の混淆が進んでいく。「カラード」(Coloureds) という言葉は，通常の英語の用語法とは異なり，南アフリカでは有色人種一般ではなく，白いアフリカーナーと褐色の先住民や奴隷たちを祖先とする混血の社会層のことを指す。その人口は，現時点で，ケープタウンを中心とする西ケープ州の人口の半分強を占めている。ケープ植民地におけるフロンティアの拡大は，先住民を駆逐し，奴隷を移入しながら，徐々に階層的な「クレオール社会」を生み出していくプロセスをたどったのであるが，これは，アメリカと南アフリカの比較史研究の大家ジョージ・フレドリクソンが指摘したように，人種主義の初期の歴史において両国の経験がもっとも大きく食い違う点のひとつだと考えられる[6]。オランダ植民地時代の南アフリカにおける暴力的かつダイナミックな混淆の歴史は，アメリカよりも，むしろ移民国家ブラジルをはじめとするラテンアメリカ諸国の成立史を想起させるものだといえよう。

　だが，互いによく似た人種隔離体制が成立したのはアメリカと南アフリカであ

4）　ケープの内陸に広がった大陸ヨーロッパ系の初期移民たちは，もともと自分たちをブール (boer：オランダ語で「農民」）と呼んだが，後にやってきたイギリス系の移民たちは，「田舎者」という意味を込めて英語風に「ボーア」と呼んで，彼らを軽蔑した。初期移民の子孫たちは，19世紀末までに，自分たちをアフリカーナー（オランダ語で「アフリカ人」）と呼ぶようになる。なお，17世紀から19世紀半ばまでのケープ植民地の歴史をもっとも包括的に記したものが，次である。Richard Elphick and Hermann Giliomee (eds.), *The Shaping of South African Society, 1652-1840,* Maskew Miller Longman, 1979.

5）　現在，南アフリカ共和国の内部には，コイサン人としての生業を維持する人々はほぼ存在していない。北方のボツワナやナミビアで暮らすサン人（ブッシュマン）については，日本の人類学者の研究は世界的な水準に達している。最新の研究成果が次である。田中二郎/菅原和孝/佐藤俊/太田至編『遊動民——アフリカの原野に生きる』昭和堂，2004年。

6）　George M. Fredrickson, *White Supremacy : A Comparative Study on American and South African History,* Oxford University Press, 1981 ; ditto, *The Comparative Imagination : On the History of Racism, Nationalism, and Social Movements,* University of California Press, 2000.

って，ブラジルではない。共和党のアメリカ大統領ジョージ・ブッシュは，最近，ブラジルのカルドーゾ大統領に対して，「あなたの国にも黒人はいますか」という愚問を発したことがある。これが愚問であるのは，現実にはアメリカよりもブラジルの方が黒人の数が多いとされており，それをアメリカ大陸の超大国の指導者が認識していないのはまったく非常識だからである[7]。それはともかく，ブラジルの人種主義は，黒人奴隷の子孫たちの巨大な存在感にもかかわらず，制度的な人種隔離という形態をとらなかった。アムハーストカレッジ学長の政治学者アンソニー・マークスによれば，アメリカと南アフリカの両国において20世紀に徹底した人種隔離体制が根を下ろしていったのは，ふたつの極に分裂した白人住民を「国民」として統合していくにあたって，黒人を制度的に排除することが有効だと考えられたからである。他方，ブラジルの場合には，白人住民の分裂を癒すというナショナルな課題は存在しなかった。マークスの考え方によれば，体系的な人種差別は必ずしも歴史的な運命ではなく，むしろ19世紀から20世紀にかけての政治的構築物だったということになる[8]。

2）イギリス帝国の介入

かくして，白人の分裂を考慮に入れることが，現代の人種主義の歴史的起源を理解するにあたっての重要な論点のひとつになる。南アフリカにおいて，アメリカの南北問題に比肩するような白人の分裂の構図は，アングロサクソンによるケープ支配が始まった19世紀初頭から姿を見せはじめていく。イギリスは，オランダが革命フランスの支配下に落ちることで，地政学的に重要なケープ植民地がフランス領となることを恐れ，1795年にケープを占領し，ナポレオン戦争中の1806年に恒久的なイギリス植民地とした。イギリス帝国は1807年に奴隷貿易を廃止し，1834年には帝国領内の全奴隷の解放を決めることになるが，ケープ植民地もこの流れに沿って上からの奴隷解放に着手し，ケープの奴隷制は，1830年代に制

---

[7] 2001年11月の両大統領の会話は，もともとブラジルの新聞に報じられ，独誌 *Der Spiegel* の報道（2002年5月19日号）によって世界に広がった。ブッシュ大統領に対して，アメリカよりもブラジルの方が黒人の数が多いとコメントしたのは，黒人のライス大統領補佐官だった。「混血の褐色の人々」を黒人に含めると定義すると，ブラジルの黒人人口は4割を超える。

[8] Anthony W. Marx, *Making Race and Nation: A Comparison of the United States, South Africa, and Brazil*, Cambridge University Press, 1998.

度としては廃止された。しかし、土地も財産ももたない自由黒人の生活に変化はなく、それどころか1841年には、契約による強制労働を正当化する「主人および使用人布告」(Masters and Servants Ordinance) が発布される[9]。悲惨な境遇に置かれていた農場労働者に対してはモラヴィア教会やロンドン伝道協会による支援もあったが、その影響力は限られていた。南アフリカの作家アンドレ・ブリンクが、当時のケープ植民地を舞台とする小説『声の鎖』において、その数十年後のアメリカ南部の状況を念頭に置きながら描き出したように、白人奴隷主の圧力によって解放の約束がいとも簡単に裏切られたことは、ケープの非白人社会に深い落胆と緊張をもたらした[10]。

このように中途半端なものではあったが、新たな支配者イギリス人が試みた奴隷解放は、初期移民アフリカーナーの激しい反発を招くことになる。1835年、植民地東部のフロンティア地帯で暮らすアフリカーナーたちは、イギリス領のケープ植民地から脱出し、牛車の部隊で「アフリカの奥地」へのグレート・トレック（大移動）を開始した。この旅は、アフリカーナーにとっては後のアイデンティティの根幹となる辛い共通体験となり、多数派の黒人たちにとっては、本格的な土地喪失の悲劇の始まりであった。先住民の人口密度がきわめて低かったケープ植民地とは違って、アフリカーナーが目指した南アフリカの東半分の土地では、牧畜に加えてソルガムなどを栽培する黒人たちが、相対的に肥沃な土地の周囲に数多くの首長国を形成していた（図終-1）。なかでもズールー王国 (Zulu Kingdom) は、1820年代には常備軍を備えた強大な中央集権国家を築いていた。アフリカーナーたちは、まず北東の高原地帯を占領し、そこから南東の海岸地帯に向かってズールー王国と戦ったが、決定的な勝利を収めることはできなかった。そこで、イギリスは1843年にズールー王国の南東の沿岸地帯を併合し、イギリス領ナタール植民地とした。イギリス当局はまた、ケープ植民地の東部沿岸地帯にもイギリス人農民を入植させ、先住コーサ人 (Xhosa) の領土を徐々に削り取っていった。

これらの白人入植地が領域のすべてを実効支配できていたかというと、まった

---

9) この法律が正式に撤廃されたのは1974年のことである。ケープ奴隷制の終焉については、次を見よ。Nigel Worden and Clifton Crais (eds.), *Breaking the Chains : Slavery and its Legacy in the Nineteenth-Century Cape Colony,* Witwatersrand University Press, 1994 ; John Edwin Mason, *Social Death and Resurrection : Slavery and Emancipation in South Africa,* University of Virginia Press, 2003.
10) André Brink, *A Chain of Voices,* Faber & Faber, 1982.

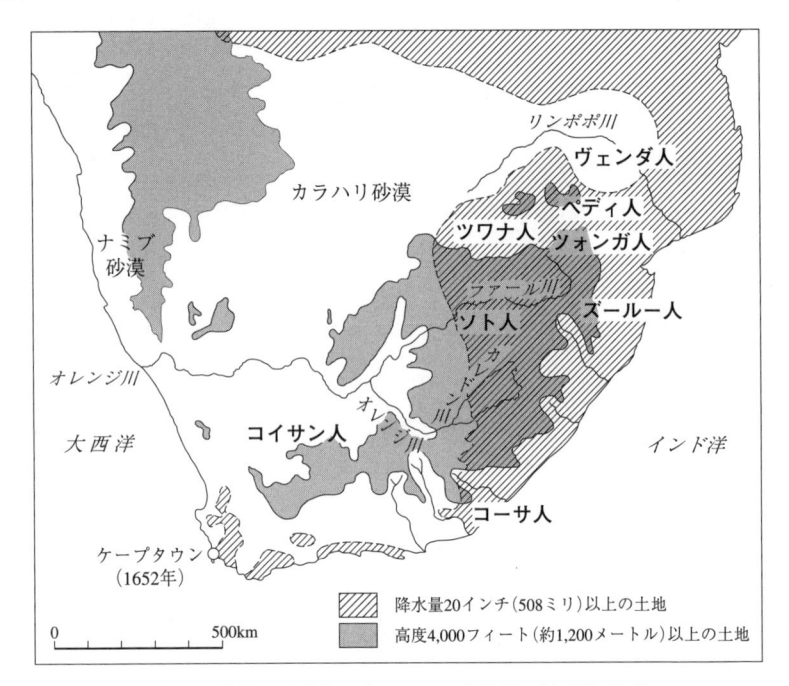

図終-1 前植民地時代の南アフリカ先住民の地理的広がり

くそうではない。ズールー人やコーサ人，ソト人 (Sotho)，ツワナ人 (Tswana) などの首長国は政治的な自律性を享受していたし，ケープ植民地北東部の権力の空白地帯，すなわちオレンジ川とファール川の合流地点の付近には，追い立てられたコイサン人や逃亡奴隷，犯罪を犯したとされる白人などが混じり合って暮らす，アジール的なキリスト教首長国グリカランド (Griqualand) が勃興していた[11]。それぞれの政体は広大なフロンティアに浮かぶ島のようなものであり，交易網で結ばれ，ときおり戦闘が勃発したが，現在の南アフリカの国土全体に主権を行使する権力は存在していなかった。当時は，そもそも「南アフリカ」という国家の枠組みそのものが存在していなかったのである。

だが，この19世紀半ばの均衡状態は，内陸部における地下資源の発見という大

---

11) Martin Legassick, "The Northern Frontier to c. 1840: The Rise and Decline of the Griqua People," in Richard Elphick and Hermann Giliomee (eds.), *The Shaping of South African Society, 1652-1840*, Maskew Miller Longman, 1979; Karel Schoeman (eds.), *Griqua Records: The Philippolis Captaincy, 1825-1861*, Van Riebeeck Society, 1996.

事件によって崩れ去る(1867年にダイヤモンド，1886年に金の採掘が始まる)。イギリスはダイヤモンド産地を併合し，金産地を支配するアフリカーナーの政治家を政治的に締め付けた。採掘が深層に及ぶと鉱山会社の独占が急速に進行し，安価な労働力を調達することがきわめて重要になっていく。イギリスは先住民の政体に対する征服戦争を加速させ，黒人農民に人頭税や小屋税を課して，鉱山への出稼ぎ労働を奨励した。1879年にはイサンジュワナ (Isandlwana) でズールー人の奇襲を受けたイギリス軍1個連隊が壊滅するなど，イギリス世論を沸騰させた事件もあったが，19世紀末までに，イギリスの軍事的脅威に正面から挑戦できる首長国はほぼ消滅することになる。

イギリスの南アフリカへの介入には，偶然と必然の連鎖がある。18世紀末のケープ植民地併合は，ナポレオン戦争というヨーロッパの事件を引き金とするものであった。ダイヤと金の鉱脈が発見されたのは，奇しくも1869年にスエズ運河が開通し，東方貿易の中継拠点としての南アフリカの地位が決定的に低下したのと同時期であった。だが，金の鉱脈が世界最大規模であることがわかった19世紀末になると，イギリス帝国における南アフリカの位置は決定的に高まり，黒人労働と鉱物資源の支配権をめぐって，アフリカーナーとイギリスの利害の対立が決定的に深刻化していく。その結果が，レーニンによって米西戦争や日露戦争と並んで史上初の帝国主義戦争と解釈された，アングロ・ボーア戦争（南アフリカ戦争1899～1902年）であった。

2　人種隔離体制の成立と起源

1）差別と隔離の20世紀

オランダ東インド会社の時代から鉱業革命の時代に至る2世紀のあいだに，南アフリカ社会はきわめて階層的な人種差別社会へと変貌していった。ただし，当時は人種問題といった言葉はほとんど使われず，むしろ原住民問題 (Native question) という言い方が支配的だったことに注目しておきたい。人種差別の是非は問題として意識さえされず，ヨーロッパ文明の優位への素朴かつ粗野な信頼のうえにたって，未開の地に暮らす野蛮な臣民たちを「いかに統治するか」が問われていたのである。黒人の側が直面していたのも，体系的な白人人種主義というより，白い主人の横暴やイギリス人の侵略に抗して，自らの生活空間をいかに防衛し，

創り出していくかという課題であった[12]。

そもそも20世紀初頭まで，南アフリカで人種対立という言葉を使うときは，白色人種と黒色人種ではなく，「ふたつの白い人種」，すなわち初期移民アフリカーナーと新参者イギリス人の対立のことを指すのが普通であった。この対立は，アメリカの南北戦争に匹敵する熾烈な総力戦となったアングロ・ボーア戦争において，極点に達する。戦争では，イギリス側が設置した強制収容所においてアフリカーナーの女性と子供2万6,000人が死亡するとともに，イギリス軍の戦死者もおよそ2万人に達し，戦争の記憶は百年後の現在でも南アフリカ白人の深層心理に影を落としている[13]。

だが，戦後の再建期における白人の結束は固かった。戦中の混乱期には黒人への統制が緩んだため，鉱山や白人農場は深刻な労働力不足に苦しめられていた。金鉱山は中国人契約労働者を移入せざるをえなくなり，黒人農民のなかには放棄された白人農場を耕しはじめる者もいた。さらに，焦土戦によって農場を焼かれたアフリカーナーは貧窮化し，都市に流れ込んで「プアホワイト」（白人貧困層）を形成していった。白人エリートは黒人と貧しい白人の混淆を恐れ，アフリカーナー労働者は黒人労働者に職を奪われることを恐れた。多数派の黒人に対して，エスニシティを横断する白人の利益を決然と防衛することが，白人の共通の課題として浮上したのである。

戦後の1910年に成立した白人統一国家の南アフリカ連邦は，かくして，本格的な人種隔離（racial segregation）を導入しはじめる。南アフリカにおいて，白人種，黒人種，混血人種，アジア人種といった現代的な意味での人種の言説が広がるのは，この頃からである。農村地帯には黒人農民を収容する居留地（リザーヴReserves：後にホームランドHomelandsと呼ばれる）が設定され，それ以外の「白い

---

12) 黒人ジャーナリストのソロモン・プラーキは，1913年の原住民土地法（Native Land Act）によって強制移住させられた同胞の窮状を克明に記録した。この同時代の記録文学のテキストには白人，黒人という表現もあるが，オランダ人，ブール，主人（baas），イギリス人，原住民（native），カフィール（Kaffir 黒人の蔑称）といった，当時の人種関係を示す多様な用語法がうかがえる。Solomon T. Plaatje, *Native Life in South Africa*, P. S. King and Co., 1916 ; reprint. Longman, 1987.
13) 岡倉登志『ボーア戦争』山川出版社，2003年；Peter Warwick (ed.), *The South African War : Anglo-Boer War, 1899-1902*, Longman, 1980. 当時の南アフリカの白人人口はおよそ百万人であった。強制収容所では，戦争に巻き込まれた黒人捕虜の死者も1万4,000人に達したとされる。

図終-2　1950年代から60年代の南アフリカでは,駅の入り口も人種ごとに厳格に隔離されていた。
© UWC/RIM Mayibuye Archives

南アフリカ」での黒人の独立した営農は原則的に禁止された。都市には黒人居住区(ロケーション Locations：後にタウンシップ Townships と呼ばれる)が設定され,住み込みのメイドなどを除き,白人地区に黒人が暮らすことが禁止された。黒人が就業できる職種は制限され,最低賃金も労働組合も認められなかった。

　こうした人種隔離制度は,1948年に成立した国民党政権のもとで,アパルトヘイト(Apartheid：オランダ語の造語で「分けること」)体制として完成に向かう。農村のホームランドは国土の約13％で固定化されるとともに,それぞれに「自治」や「独立」が認められ,白い南アフリカからの切り離しが試みられた。都市ではあらゆる公共施設が人種別に分離され,黒人には身分証明書(パス)の携帯が義務づけられた。穏健なキリスト教徒の運動も含めて,人種隔離に反対する運動には共産主義のレッテルが貼られ,活動家の投獄や拉致,拷問や暗殺が相次いだ。ケープの奴隷制を含む南アフリカのかつての人種差別は,白人の主人が黒人の従者を人格的に支配するものであった。それは暴力的で不平等な関係であったが,それでも両者のあいだには生活圏における日常的かつ緊密な接触が存在していた。20世紀の人種隔離体制,とりわけその完成形態としてのアパルトヘイト体制は,もっと冷酷で,集権的で,社会工学的で,権威主義的なシステムであった。

学校や列車，映画館や公園に掲示が出され，白人と黒人が徹底的に分離される——20世紀の半ば，アメリカの人種隔離と南アフリカの人種隔離は，少なくとも見かけのうえでは，双子の兄弟のような相貌を呈していた。しかし，一方のアメリカでは，1954年のブラウン事件判決から1964年の公民権法制定の流れにおいて，赤裸々な隔離制度は形式的には消え去っていく。他方の南アフリカでは，1960年代から70年代にかけて，人種隔離体制はますます厳格なものになっていった。南アフリカだけに残った制度としての人種隔離を，国際連合は「人類に対する犯罪」と規定して非難し，多くの国々が南アフリカの白人国家に経済制裁を加えはじめた。

2）人種隔離の起源（1）——アフリカーナー責任論

ホロコーストの責任を負うべきは，ナチスである。では，南アフリカの人種隔離体制の責任を負うべきは，いったい誰なのだろうか。この問いに対する答えとして，これから3つの考え方を検討することにしたい。第1は，初期移民アフリカーナーが17世紀から抱いてきた人種偏見の延長線上に，20世紀の人種隔離体制が成立したとする考え方である。ケープ植民地のフロンティア地帯において，アフリカーナーは奴隷や先住民に対する人種偏見を強めるようになり，グレート・トレックを共通体験として，自分たちは神に選ばれた民であると信じるようになった。アフリカーナー民族主義と人種隔離体制を矢印で結ぶ考え方は，マクミランやド・キーウィート，ウォーカーといったイギリス系の自由主義派の歴史家によって以前から主張されており，1980年代には，レナード・トンプソンの『アパルトヘイトの神話学』などの著作でアフリカーナーの歴史的責任を問う立場が表明されている[14]。

このアフリカーナー責任論は，20世紀全体を通じてアカデミックな南アフリカ研究の主流だった見解であり，一般には今日でももっとも影響力がある見方である。ハリウッド映画『遠い夜明け』（*Cry Freedom*, 1987）では，ナチス流の警察国家を支えるアフリカーナーと，「原住民の友」である良心的イギリス系白人という二分法が，きわめて鮮明に提示された[15]。アメリカの歴史をよく知る者がこの映画を観れば，即座に北部人と南部人の対立の構図を思い起こすことだろう。典型的

---

14) Leonard Thompson, *The Political Mythology of Apartheid,* Yale University Press, 1985.

終章　アメリカの経験，南アフリカの経験　339

な北部の自由主義者にとって，南部人の奴隷嗜好はアメリカ史を貫通する汚点であり，19世紀末の反動は南部人の価値観の「復活」として解釈される。スピルバーグの映画『アミスタッド』(*Amistad*, 1997) は，奴隷を私有財産として支配しようとする態度を，アメリカの建国の理念に対する反動的な裏切りとして描き出している。「われわれ」は手を汚していない。アフリカーナー責任論によれば，南アフリカの歴史も，まったく相似のものとして解釈される。奴隷の解放者として南アフリカに到来したイギリス人は，常にアフリカーナーの人種偏見に批判的であった。だが，白人人口の6割を占めるアフリカーナーは，アングロ・ボーア戦争という懲罰にもかかわらず，ナチスのように，20世紀半ばには合法的な選挙を通じて人種憎悪の体制を「復活」させることに成功した。南アフリカにおいて20世紀末まで人種隔離体制が残存したのは，大陸ヨーロッパ系のアフリカーナーが抱く人種偏見が並はずれて強かったからであり，世界は非合理的な偏見に対する理性の闘いを強めなければならない，ということになる。

こうした見方は非常にわかりやすく，一面では真実であるが，歴史理解としては正確さに欠ける。ケープ植民地のオランダ改革派教会の聖職者と知識人が，クレオール化したオランダ語であるアフリカーンス語 (Afrikaans) で書かれた聖書を出版し，選民思想にもとづくアフリカーナーの「想像の共同体」を生み出したのは，意外に遅く，19世紀末のことであった。アングロ・ボーア戦争の直前まで，アイデンティティ集団としてのアフリカーナーは存在していなかったのである[16]。そもそも，20世紀前半の人種隔離体制は，アフリカーナー独裁のもとではなく，イギリス帝国を構成する南アフリカ連邦政府によって着実に法制化されたのであった。

---

15) リチャード・アッテンボロー監督。このようなアパルトヘイト理解は，書物・パンフレット・映像資料などの形で世界中に流布し，反アパルトヘイト運動を広げるのに大きく貢献した。筆者はこうした理解が無意味だったとは思わないが，『遠い夜明け』の素材となったスティーヴ・ビコの思想には，「私はアパルトヘイトには何の責任もない」というイギリス系白人の偽善的態度に対する厳しい批判が含まれていたことに注意を促しておきたい。Steve Biko, *I Write What I Like,* Penguin, 1988, 峯陽一他訳『俺は書きたいことを書く』現代企画室，1988年．

16) Herman Giliomee, "The Growth of Afrikaner Identity," in H. Adam and H. Giliomee (eds.), *Ethnic Power Mobilized : Can South Africa Change ?* Yale University Press, 1979 ; ditto, *The Afrikaners: Biography of a People,* Tafelberg, 2003.

3）人種隔離の起源（2）——イギリス帝国責任論

そこから第2の見方として，過去のイギリスの植民地行政そのものに人種隔離の起源を求める歴史研究が登場することになる。この流れは，良心的なイギリス系知識人による，歴史の自己切開の試みだと考えることもできる。

代表的な研究としては，ケープタウン大学のデヴィッド・ウェルシュによるナタール植民地統治論を挙げることができるだろう。ウェルシュが注目したのは，イギリス植民地ナタールの行政官セオフィラス・シェプストンが果たした役割である。メソディスト派宣教師の息子シェプストンは，1850年代から70年代にかけて，白人農村地帯から切り取られた黒人農村共同体の制度的慣習を温存すると同時に，共同体の首長をイギリス植民地行政の末端の官吏として位置づける間接統治（indirect rule）のシステムを完成させ，ナタール植民地において着実に実行に移した。ウェルシュによれば，白人の世界と黒人の世界を明確に分離したうえで階層化する統治方法は，20世紀の人種隔離政策の特徴を見事に先取りしているだけでなく，ナイジェリアやタンガニイカなど，イギリス領の熱帯アフリカ植民地で体系的に実践されることになる統治方法のプロトタイプでもある。なお，19世紀のズールー人の農村ではプロテスタント伝道団体アメリカン・ボード（American Board of Commissioners for Foreign Missions, ABCFM）の活動がとくに活発であった[17]。宣教師たちはブッカー・T・ワシントン流の自己規律と勤勉の哲学を教え，各地の黒人篤農家に影響を与えた。こうして形成された黒人キリスト教エリートの穏健なモラルは，1912年に創立された南アフリカの解放運動アフリカ民族会議（African National Congress, ANC）の初期の綱領にも影響を与えている。

イギリスが奴隷を解放したケープ地方の首座都市ケープタウンは，現在でも，南アフリカのなかでもっとも自由で開放的な都市だと考えられている。だが，メイナード・スワンソンの興味深い研究によれば，都市の厳格な人種隔離をいちばん早く導入したのが，このケープタウンであった。中国南部で発生した腺ペストが1901年にケープタウンに上陸すると，白人住民はパニックに陥り，黒人を伝染病の温床とみなし始めた。統計上は白人の感染者よりも黒人の感染者の方が少な

---

17) David Welsh, *The Roots of Segregation: Native Policy in Natal, 1845-1910*, Oxford University Press, 1971; F. D. Lugard, *The Dual Mandate in British Tropical Africa*, William Blackwood, 1922; Andrew Duminy and Bill Guest (eds.), *Natal and Zululand: From Earliest Times to 1910, A New History*, University of Natal Press, 1989.

かったにもかかわらず，イギリス領ケープ植民地議会は，翌年，黒人住民を都心の外部へと追放し隔離する法律を可決させた[18]。内陸部に目を転じると，ダイヤモンドや金の鉱山地帯では出稼ぎ労働者を隔離宿舎（コンパウンド Compound）に収容する制度が定着したが，これもまた，イギリス系の鉱山資本のイニシアティヴによるものであった。

4) 人種隔離の起源 (3) ——近代の構築物としての理解

　アフリカーナーの人種偏見を重視するにせよ，イギリスの植民地統治術の影響を重視するにせよ，これらの見方は，特定の白人集団に固有のものとされる文化や価値観，制度の延長線上に20世紀の人種隔離を位置づけるという意味で，「連続説」の立場に立つものだといえよう。そこで最後に，第3の流れとして「切断説」を検討することにしたい。

　この立場は，南アフリカにおける人種偏見の長い歴史を否定するものではないが，体系的な人種隔離体制が成立したのはあくまで20世紀初頭であることを重視する。鉱業の発展，製造業の成長，都市化，食糧需要の増加など，当時の南アフリカの経済構造は激しい質的変化を経験していた。イギリス系の鉱業・製造業資本，そしてアフリカーナー系の労働者・農民の双方にとって，黒人労働者の完全なプロレタリア化を抑止し，彼らを伝統的農村につなぎ止めるとともに，その低賃金労働だけを効果的に利用できるような体制をつくりだすことが，焦眉の課題として浮上していた。理論的な切れ味がもっとも鋭かったのは，南アフリカ共産党の活動家でもあったハロルド・ウォルペの論考である。20世紀の白人権力は，間接統治の手法を踏襲しつつ，南アフリカ全土の黒人農村を居留地(ホームランド)として徹底的に隔離していったが，その目的は，人種の隔離それ自体というより，労働力の供給源としての前資本主義的生産様式を「温存」することにあった。子供の養育，失業や病気の時の生活，高齢者の介助にかかわる費用(労働力の物理的・社会的再生産のための費用の一部)を居留地に残された女性たちの無償労働で肩代わりさせることによって，資本主義部門は，出稼ぎ労働者の賃金を単身者賃金の水準へと切り下げ，超過搾取の果実を享受することができた。ウォルペによれば，この特異な資本蓄積体制こそが，20世紀の南アフリカ経済の高度成長を可能にす

---

18) Maynard W. Swanson, "The Sanitation Syndrome: Bubonic Plague and Urban Native Policy in the Cape Colony, 1900-1909," *Journal of African History,* 18 (1977).

ると同時に,人種対立と階級闘争を激化させていったのである[19]。

人種隔離の制度化を,20世紀初頭の工業化と都市化の段階に照応する白人権力の動きとして理解するこうした観点は,ウォルペのようなマルクス主義者に限らず,1980年代から90年代にかけて幅広い研究者によって提示されていく。この立場を,アメリカと南アフリカの比較研究として体系的に提示したのが,比較史家ジョン・セルであった。アメリカ史家ウッドワードの一連の古典的著作を再評価しながら,セルはアメリカにおける南部奴隷制と19世紀末に姿を見せたジムクロウ制度とを質的に区別し,後者が登場した背景には南部の初期的な工業化と都市化があったことを強調する。そしてセルは,アングロ・ボーア戦争期の南アフリカが同様の社会変容を経験していたことに着目し,19世紀末のアメリカにおける人種隔離の政策論争が,20世紀初頭の南アフリカの白人世論と政策立案者に「決定的ではないが重大な」影響を与えたと指摘する[20]。アメリカと南アフリカにおける人種隔離は,前近代への退行ではなく,どちらも近代の構築物に他ならない。

これと並行する視点は,南アフリカとアラバマ,北アイルランド,イスラエルを比較しながら,資本主義の発達の帰結として人種主義体制の成立を理解しようとしたスタンリー・グリーンバーグの作品でも提示されている[21]。前節で紹介した

---

19) Harold Wolpe, "Capitalism and Cheap Labour Power in South Africa: From Segregation to Apartheid," *Economy and Society,* 1 (1972). これと並行する議論が,フランスの人類学者クロード・メイヤスによる次の論考の後半部において展開されている。Claude Meillassoux, *Femmes, greniers et capitaux,* Maspero, 1975, 川田順造/原口武彦訳『家族制共同体の理論――経済人類学の課題』筑摩書房,1977年。関連するネオマルクス派の研究としては,マーティン・リガシックによる業績も見よ。さしあたり次を参照。Martin Legassick, "Gold, Agriculture, and Secondary Industry in South Africa 1885-1970: From Periphery to Sub-Metropole as a Forced Labour System," in Robin Palmer and Neil Parsons (eds.), *The Roots of Rural Poverty in Central and Southern Africa,* University of California Press, 1977.

20) John W. Cell, *The Highest Stage of White Supremacy : The Origins of Segregation in South Africa and the American South,* Cambridge University Press, 1982; C. Vann Woodward, *Origins of the New South, 1877-1913,* Louisiana State University Press, 1951; ditto, *The Strange Career of Jim Crow,* Oxford University Press, 1955, 清水博他訳『アメリカ人種差別の歴史』福村出版,1977年。セルが重視するのは,ウッドワードの前者の作品(『南部の起源』)である。他方,黒人は白人の和解のための「いけにえ」として排除されたという,後者の作品(『奇妙な履歴』)で強調された論点は,前節で紹介したマークスの議論に引き継がれている。

21) Stanley Greenberg, *Race and State in Capitalist Development : Comparative Perspectives,* Yale University Press, 1980.

アンソニー・マークスによるアメリカ・南アフリカ・ブラジルの比較研究もまた，敵対する白い人種の和解を通じた近代国民国家の構築という課題こそが，アメリカと南アフリカにおいて人種隔離体制を成立させたもっとも重要な要因であると解釈する点で，切断説の流れに位置づけることができる。ただしマークスは，南アフリカの人種隔離は中央集権的な国家介入によって，アメリカの人種隔離は連邦権力の南部からの政治的撤退によって成立したというふうに，それぞれの中央政府が対照的な動き方をしたことに注目している。

5）農村を分割する人種隔離

都市部におけるアメリカの人種隔離と南アフリカの人種隔離は，その背景も相貌も非常によく似ていたが，両国の体制にはひとつだけ大きな相違点があった。それは，南アフリカにおける人種隔離は農村の黒人ホームランドの全国規模の隔離に基礎づけられていた，という点である（図終-3）。アメリカ史においては，南部から北部に脱出した黒人が，仕事を見つけられないでいる，あるいは身分を証明する書類を携帯していない，といった理由で逮捕され，黒人だけが暮らす僻地の農村へと組織的に強制送還されることはなかったはずである。だが，南アフリカではそのような制度が無慈悲に機能しており，人種隔離制度の帰結として強制的な移住を余儀なくされた人々の数は，1960年から83年までの累計でのべ355万人にも達した[22]。南アフリカ当局は黒人労働者の都市化の波を逆転させようとまではしなかったが，都市で暮らす出稼ぎ労働者がたとえばズールー人であれば，彼は本来的にクワズールーという名前の農村ホームランドに所属するものだと見なされ，「白い南アフリカ」では二級市民として扱われていた。

なお，南アフリカにおける人種隔離体制の生成においては，社会ダーウィン主義と文化相対主義もまた，無視できない役割を果たしたように思われる。適者生存を人間の社会に適用し，優等人種と劣等人種を序列づけする社会ダーウィン主義は，まずはイギリス系，次いでアフリカーナーの政治家と知識人に大きな影響を与えた。ゴビノー流の優生学の理論にもとづき，白人種の雑種化と退廃を防ぎ，劣等人種の能力を試すために，ふたつの人種は隔離されなければならない。この論理は，黒人の側にも受け入れられやすい別の論理によって補強された。異なる

---

[22] The Surplus People Project, *The Surplus People : Forced Removal in South Africa,* Ravan Press, 1985.

文化に絶対的な尺度から優劣をつけることを拒否する文化相対主義である。南アフリカの黒人の村落でフィールドワークを実践する人類学者たちの一部は，都市化と西洋文化の浸透によって黒人文化が汚染されることを懸念し，相対主義の立場から，消えゆく「原住民文化」を保護すべきだと主張した。社会人類学の創始者のひとりラドクリフ・ブラウンは，1921年にケープタウン大学の社会人類学科の教授に就任している。人類学者たちが抑圧的な人種隔離体制を支えようと意図していたわけではないが，黒人の伝統を保護するためには集団の分離が必要だという議論は，結果的に，当時の南アフリカの為政者たちに利用されることになった[23]。

図終-3　ホームランドへの強制移住

社会の少数派のアメリカ黒人は，ディアスポラの地においてもアフリカ文化を維持し，創造的に変容させてきたが，それは多かれ少なかれ日常生活の想像力にもとづく営みだったといえるだろう[24]。他方，社会の多数派の南アフリカ黒人は，アフリカ大陸において，「アフリカの伝統文化」そのものを生きている。伝統文化を尊重する姿勢を示し，支配体制に対する伝統的首長の忠誠心を確保することは，

---

23) Saul Dubow, *Racial Segregation and the Origins of Apartheid in South Africa, c. 1919-1936,* St. Martins Press, 1989.
24) たとえば，次の古典を見よ。Melville J. Herscovits, *The New World Negro : Selected Papers in AfroAmerican Studies,* Indiana University Press, 1966.

図終-4 南アフリカ最大の商工都市ジョハネスバーグに位置するソファイアタウンは，あらゆる人種が混じり合って暮らす活気あふれる街区であった。1953年，黒人住民は強制立ち退き処分を受け，更地になった区画は白人中産階級の住宅地に指定された。
© UWC/RIM Mayibuye Archives

少数派の白人がアフリカの地で生き残るための有効な戦略でもあった。1950年代末の南アフリカ政府は，アメリカの「プレッシー対ファーガソン判決」で有名になった「分離すれども平等」の戯画的な拡張として，「分離発展」(separate development)というスローガンを公式に打ち出していく。それぞれの人種集団は，それぞれの能力と意思と文化に従って異なる方向に発展していくべきだという論理のもとで，人種隔離体制が正当化されたのである。

「連続説」と「切断説」には，それぞれ様々な変種があり，全体として南アフリカの人種隔離の性質を多面的に理解するのに大きく貢献してきた。研究の蓄積を通じて，南アフリカの人種隔離体制は過去の遺物ではなく近代の構築物であるととらえる見方は，十分に定着したようである。アメリカの人種隔離体制とは違って，この体制が南アフリカでは20世紀末まで持続したことについては，白人権力が黒人農村の伝統のマニピュレーションにかなり成功したこと，黒人の低賃金労働への依存度がきわめて高い経済構造が成立していたこと，また，黒人多数派に対する白人少数派の恐怖感が著しく強く，アフリカーナー政治家のナチス流のレ

トリックに嫌悪感を抱いたユダヤ系住民を除いて,イギリス系白人の有権者がほぼ全面的にアフリカーナー政党の国民党を支持するようになったことなど,いくつかの理由が考えられる。

いずれにせよ,1990年には反体制運動のシンボルだったネルソン・マンデラが釈放され,1994年には南アフリカ史上初の全人種参加の総選挙が実現し,アパルトヘイト体制は公式に撤廃された。そして,ポスト・アパルトヘイト時代の今,南アフリカの過去の研究においては,以前とは異なる意味で,再び連続性の研究に力点が移ってきているように思われる。20世紀の人種隔離体制の特殊性を強調することは,同時に,打倒すべき「敵」の性格を明らかにすることでもあった。しかし,制度としての差別が消滅した今,歴史家の関心は,構築された人種やエスニック集団の形成と相互関係の歴史をたどりながら,「虹の国」の複合的なアイデンティティを探求する方向へと向かい始めているのである。歴史研究とアイデンティティ研究を結びつける学際的な共同研究,歴史を記憶するモニュメントに関する博物館学の成果,数百年にわたる人種間の接触の事件史を再解釈する試みなど,近年,新しい方向性をうかがわせる文献が次々と出版されはじめている[25]。人種隔離の時代は,南アフリカの歴史の重要な一部であるが,すべてではない。南アフリカ現代史研究における「切断説」の画期的意義を認めるにせよ,歴史区分には,こうした相対化の視点も必要である。

3 アメリカとアフリカのフロンティア

1)「フロンティア仮説」再考

個々の人間の心の意識と無意識がそうであるように,人間の社会も重層的な諸力の複合体である。現代に生きる人々の行動や価値観を理解するためには,特定の地理的環境のもとで人々の歴史的接触を通じてゆっくりと形をとった社会の原

---

25) Adebe Zegeye (ed.), *Social Identities in the New South Africa*, Kwela Books, 2001 ; Leon de Kock et al. (eds.), *South Africa in the Global Imaginary*, University of South Africa Press, 2004 ; Annie E. Coombes, *History After Apartheid : Visual Culture and Public Memory in a Democratic South Africa*, Wits University Press, 2004 ; Clifton Crais, *The Politics of Evil : Magic, State Power, and the Political Imagination in South Africa*, Cambridge University Press, 2002 ; Max du Preez, *Of Warriors, Lovers and Prophets : Unusual Stories from South Africa's Past*, Zebra Press, 2004.

型と，それらが近代化によって被った変容とを，複合的に理解する必要がある。白人支配から脱したばかりの多人種国家南アフリカとは違って，アメリカには共通の価値観と行動様式，すなわちアメリカニズムが歴史的に存在しており，その根幹には，西漸運動とともに形成された「フロンティア精神」があるとされる。真にアメリカ的な行動様式は，ヨーロッパ的な制度と価値観に染まった東部からではなく，西部開拓の渦中において生成したのではないか。この考え方をアメリカ史研究の有力な流れとして定着させたのが，フロンティア仮説を唱えたフレデリック・ジャクソン・ターナーであった。彼の記念碑的論文「アメリカ史におけるフロンティアの重要性」が発表されたのは，フロンティアが物理的に消滅するとともにジムクロウ制度が成立した19世紀末，1893年のことである[26]。

人種隔離以前のケープ植民地もまた，人口希少なフロンティア社会であった。その意味では，南アフリカにおける大陸ヨーロッパ系の入植者の内陸への拡大は，北アメリカの西漸運動と相似のプロセスだったと考えられるかもしれない[27]。だが，南アフリカの東半分の土地には黒人の首長国が分布しており，アフリカーナーとイギリス人の侵略に強力に抵抗した。ここで非常に興味深い議論がある。これらの黒人首長国とコイサン人社会を含めて，サハラ以南アフリカの広範な先住民社会は，白人の到来のはるか以前から，それ自体が「フロンティア」的な社会の編成原理に従っていたというのである。アメリカの人類学者イゴール・コピトフによれば，フロンティアは世界中に存在したにもかかわらず，アメリカ精神はアメリカだけで生まれたのだから，「フロンティアがアメリカ的な価値観を生み出した」と説明するだけでは不十分である。そこでコピトフは，アメリカ史の文脈から離れてターナーのフロンティア仮説を一般化し，それを，より普遍的な歴史理解の道具として利用しようとする[28]。

コピトフが理解するフロンティアとは，政治的な開放空間，あるいは「制度の真空地帯」である。真空地帯は自由に制度や文化を描くことができるキャンバス

---

26) Frederick Jackson Turner, *The Frontier in American History,* Henry Holt, 1920.
27) Martin Legassick, "The Frontier Tradition in South African Historiography," in Shula Marks and Anthony Atmore (eds.), *Economy and Society in Pre-Industrial South Africa*, Longman, 1980 ; Howard Lamar and Leonard Thompson (eds.), *The Frontier in History : North America and Southern Africa Compared*, Yale University Press, 1981.
28) Igor Kopytoff, *The African Frontier : The Reproduction of Traditional African Societies,* Indiana University Press, 1987.

のようなものであり，フロンティアに進入する諸グループは，出身地域の支配的な価値観をもちこんで，それらを保守し，より純化した形で再構築しようとする傾向がある。すなわち，どのような集団がどのようなイデオロギーをフロンティアに持ち込んだかという初期条件の違いによって，フロンティアで形成される制度と価値観の性格は大きく異なってくるわけである。わりあい大規模な出身母体からフロンティアに飛び出した小グループは，そこで離合集散を繰り返し，一部はまとまった統治体を形成していく。これらは何らかの理由で再分裂するかもしれないし，他の統治体に吸収されるかもしれないし，より大きな政体に成長するかもしれない。過去の主流のアフリカ研究において，アフリカ社会の編成原理は，小規模な血縁集団としての部族が，やがて民族を形成し，国民国家を形成していくという単線的な社会発展論の枠組みに沿って理解されてきたが，これは，自らの国民や人種が単一の起源から発展してきたことを論証しようとした19世紀ヨーロッパ的な思い込みである，とコピトフは指摘する。フロンティアにおいて核集団が成長していくプロセスは，典型的には，異種混合的な人々の移入の歴史そのものなのである。アメリカ史が移民の歴史であることは自明であるが，白人の到来以前のアフリカもまた，内部的な移民の歴史を積み重ねてきた。人口希少な空間における人びとの自由な移動が，双方の歴史を特徴づける共通項となる。

　コピトフは，フロンティア的な行動原理が現代のアフリカでも続いているかのような理解を示すが，植民地支配を経験した現代のアフリカ諸国では，かつてのように統治体が現れては消えるフロンティア的なプロセスをそのまま続けることは，物理的に不可能になっている。アメリカのフロンティアが革新的で，アフリカのフロンティアが保守的だというコピトフの暗黙の理解も，論証にもとづく知見だとは思えない。アメリカニズムには，革新的な側面のみならず，西ヨーロッパ的価値観の保守的な側面を原理的に徹底させた側面もあるからである。だが，アメリカ史を出発点に，フロンティア仮説を理論の道具として一般化しながら，アフリカの黒人社会の編成原理を解明していこうとするコピトフの越境の姿勢は，きわめて刺激的でスリリングなものであった。

2）フロンティア，退出，発言

　アメリカ史から離れてフロンティア仮説の発想を一般化する試みは，プリンストン大学の思想家アルバート・ハーシュマンによる「退出・発言モデル」にも組

み込まれている。ハーシュマンによれば，組織の成員/顧客が，提供される財やサーヴィスの質の劣化に直面したとき，その組織/企業との絆を断って別の組織/企業と関係を結ぶ行動が「退出」(exit) であり，その組織/企業との絆を維持したまま，財やサーヴィスの質の改善のために直接的に声を上げる行動が「発言」(voice) である。「退出」は，競争的市場の理論すなわち経済学が想定する人間行動であり，「発言」は，民主主義の理論すなわち政治学が想定する人間行動だと考えられる[29]。現代のアメリカでは，ケインズ主義にかわって，ハイエクやフリードマンの影響を受けた新自由主義的な政策論が主流派の位置を占めており，その思考はグローバリゼーションの福音として世界中に伝染しつつある。ハーシュマンの問題意識によれば，競争的市場の原理を公共空間においてまで徹底させようとする新自由主義は，「退出」オプションの有効性を万能視することで，コミュニティから「発言」の力を奪い去ってしまう。たとえば，都心の住環境の劣化に直面した中産階級の住民たちが，環境の改善のために発言するかわりに郊外に退出してしまうと，都心には低所得者層だけが滞留し，税収不足によって住環境はますます劣悪化することになるだろう。これこそ現代アメリカ都市のゲットー化に他ならない。アパルトヘイトのような政治的強制力に頼らなくても，個人の「自由な選択」の帰結として，人種隔離が達成されてしまうわけである[30]。

　もっとも，社会の成員が置かれた条件が比較的平等であり，かつ自由な「退出」行動がすべての成員に開かれているならば，「退出の全面化」は好ましい帰結をもたらすかもしれない。ハーシュマンは論文「退出，発言，国家」(1978) のなかで，ジャン゠ジャック・ルソーの自然人 (l'homme naturel) の概念と，アフリカやラテンアメリカの先住民社会の人類学研究を素材として，「退出」行動が支配する国家なき民主社会の編成原理を生き生きと素描している[31]。考え方の相違があれば，去ればよい。周囲に広大なフロンティアがある限り，分裂した小集団が飢え

---

29) Albert O. Hirschman, *Exit, Voice, and Loyalty : Responses to Decline in Firms, Organizations, and States,* Harvard University Press, 1970, 矢野修一訳『離脱・発言・忠誠——企業・組織・国家における衰退への反応』ミネルヴァ書房，2005 年。
30) 並行する議論として，ミュルダールの『アメリカのジレンマ』における累積的・循環的因果関係の概念を参照せよ。Gunnar Myrdal, *An American Dilemma : The Negro Problem and Modern Democracy,* Harper & Row, 1944 ; reprint. Transaction, 1996, vol. 1, pp. 75-8 ; vol. 2. pp. 1065-70.
31) Albert O. Hirschman, "Exit, Voice and the State," *World Politics,* 31 : 1 (1978).

ることはない。ルソーが述べるように、「もし私が一つの樹から追われるなら、それを捨てて他の樹に行きさえすればよい。もし私が或る場所で苦しめられるなら、ほかの場所へ移るのを誰が妨げるだろうか」[32]。前植民地期の南部アフリカでは、首長の威信は、他所からやってきて首長に従う人々の数で計られていた。すぐれたマネジメント能力を示す首長国は栄え、そうでない首長国は衰退するという、足で投票する民主主義が機能していたのである[33]。1820年代、強大化したズールー王国は周辺の首長国に略奪戦争（ムフェカーネ Mfecane）を仕掛け、ズールー人の軍勢から逃れるために、多くの集団が南部アフリカのフロンティアをさまよった。多様な出自の人々が集まってフロンティアの各地に新しい首長国を築いていったが、古老からの丁寧な聞き取りを通じて、現在のボツワナで暮らすクウェナ人の系譜を再構成した日系アメリカ人の研究者が、コロンビア大学のゲーリー・オキヒロである。アフリカのごく平凡な村落がダイナミックな移住民の社会であることを描き出したオキヒロは、鏡としてのアメリカ社会を念頭に置いていたのかもしれない[34]。

　人々が自由に移動できる「退出社会」において、無政府的な民主主義が安定的に機能する。ハーシュマンは、この無秩序の秩序に光を当てた。だが、一部の集団が支配的な政体から「退出」する前の段階においては、集団間の価値観の衝突、いわば遭遇戦のような「発言」の衝突があるかもしれない。コピトフが描き出したフロンティア社会のダイナミクスは、そのようなプロセスにおいて移民の出身母体の特定の価値観が保守され、原理主義的に純化していく局面を扱ったものだと考えられる。いずれにせよ、人口希少という初期条件が消滅するとき、歴史は新たな局面を迎える。フロンティアの消滅によって領土的境界線を伴う国民国家が確立するやいなや、国民全体を束ねる共通の価値観が必要になるのである。アメリカ国家の逆説のひとつは、退出の絶えざる反復を前提とする「フロンティア

---

32) ジャン＝ジャック・ルソー、本田喜代治/平岡昇訳『人間不平等起源論』岩波文庫、1972年、82頁。
33) レナード・トンプソン、宮本正興他訳『新版 南アフリカの歴史』明石書店、1998年、76-79頁。
34) Gary Okihiro, *A Social History of the Bakwena and Peoples of the Kalahari of Southern Africa, 19th Century,* Edwin Mellen, 2000. 「白いアフリカ部族」としてのアフリカーナーのグレート・トレックを、19世紀南部アフリカのフロンティアの動乱の一環として位置づけることも可能であろう。

精神」が，もはや自由な退出が不可能な条件のもとで，共通の価値観にまで高められたところにあるのだろう。しかし，資源希少という新たな条件の下では，敗者が追われるとき，頼るべき「他の樹」は存在しない。社会の内部において敗者が滞留し，絶望が蓄積していくことになるかもしれない。

アメリカのフロンティアは，自治意識，個人主義，私有財産制への固執，楽天主義，素朴な勤勉主義，家族愛，発明を重んじる気風，資源の浪費，伝統と身分制度への屈折した嫌悪などとともに，自助努力の哲学にもとづく強烈な上昇志向の価値観を生み出したとされる。肌の色や社会的出自を問わず，社会的底辺から自力で脱出した勇敢な人々の成功物語には，現代のアメリカでも惜しみない賛辞が送られる。貧困からの脱出は，貧しき人々の共同行動の成果としてではなく，無数の個人的出世物語がもたらす累積的な結果として展望される。だが，ハーシュマンは，外部のフロンティアが物理的に消滅し，内部的に階層化した現代のアメリカ社会においては，上昇のための機会と資力を奪われて下層に滞留する人々，すなわち，苦境から個人として「退出」する選択肢を奪われた人々の「発言」を組織化することに，もっと力が注がれてもよいのではないかと考える。ハーシュマンが記しているように，ターナー自身，フロンティアの消滅はアメリカ社会に新たな「発言」型の政治的プロセスを生み出さざるをえないことを指摘していた[35]。

フロンティアの独立した入植者が抱いた「退出」の規範がポスト・フロンティア的な状況のもとでも残存することによって，社会の歯止めなき階層化が進展していく。ハーシュマンが現代アメリカにおける黒人運動の斬新さを指摘するのが，まさにここである。ブラック・パワーを求める運動には，小数の選ばれた黒人が白人社会で成功することを目指してコミュニティから「退出」する上昇志向の行動を軽蔑し，黒人の集団としての地位向上を求めようとする，コミュニティに密着した「発言」の組織化という側面があった。それはまた，コミュニティの指導者となるべき者が壁の向こう側に取り込まれることで，コミュニティから「発言を組織する力」が奪い去られてしまうという事態への懸念にもとづくものでもあった[36]。

---

35) Hirschman, *Exit, Voice, and Loyalty*, p. 107 ; Turner, *Frontier in American History*, pp. 320-321.
36) Hirschman, *Exit, Voice, and Loyalty*, p. 109.

3）アメリカから，アフリカへ

　こうしたアメリカの黒人運動のラディカルさの背景には，言うまでもなく，アメリカ黒人に固有の歴史がある。ネイティヴ・アメリカンを除き，現代のアメリカ人のすべてはもともとの出自を国外にたどることができる人々である。出自がヨーロッパであれ，アジアであれ，ラテンアメリカであれ，出身社会から自らの意志で「退出」し，アメリカという可能性の大地へと向かった人々の子孫であるに違いない。しかし，アフリカ出身の奴隷たちは，自らの意志とは無関係に，むきだしの暴力によってアメリカ世界に「連行」されてきた人々であった。すなわち，自由な「退出」を経て自発的に結合したアメリカ人というアイデンティティの根幹を，その存在によって根底的に否認するのが，アメリカ黒人の存在だと考えられる。この見知らぬ大陸において，頼るべき「他の樹」は存在しない。そうであるならば，故郷に帰ろう。この文脈においてこそ，強制連行の過去を意識的に逆流させる熱烈な運動，すなわちアメリカからの集団的退出＝「アフリカへの帰還」（Back to Africa）を掲げたマーカス・ガーヴィーの運動は，歴史的な意義を獲得することができたのであった。

　アメリカにおいてガーヴィー主義が隆盛をきわめた1920年代には，南アフリカもまた，前例のない政治的活性化の時代を経験していた。1921年に建党された南アフリカ共産党は，少数の白人左翼知識人の運動であった。1927年，コミンテルンは同党に対し，「南アフリカ原住民共和国」の樹立を目指して黒人民族主義者を隊列に加えるよう指令を出したが，人種隔離体制のもとで，肌の色の違いをこえた共産主義運動を組織することは容易ではなかった[37]。同じ時期に南アフリカの黒人大衆の心を鷲づかみにしたのは，共産主義ではなく，1919年にクレメンツ・カダリーが旗揚げした産業商業労働者組合（ICU：Industrial and Commercial Workers' Union）の運動である。当時は，ガーヴィーが設立した万国黒人向上協会（UNIA：Universal Negro Improvement Association）の支部が南アフリカ各地の都市に結成されており，機関誌『黒人世界』（*Negro World*）は南アフリカの黒人知識人

---

37) Stephen Ellis and Tsepo Sechaba, *Comrades Against Apartheid : The ANC and the South African Communist Party in Exile,* James Currey, 1992. この努力はおよそ半世紀後に実を結び，1980年代までに，解放運動ANCの幹部の多数派は共産主義者で占められるようになった。しかし，ソヴィエト連邦が崩壊し，ANCが与党となった1990年代になると，共産党を脱退したターボ・ムベキがANC議長および大統領に就任し，政権中枢から共産党員を遠ざけるようになった。

にもよく読まれていた。マラウイ出身のカダリーはアメリカ風のアクセントで英語を話し，「南アフリカのガーヴィー」を自称していたという。彼はケープタウンの港湾労働者とともに ICU を旗揚げし，全国的な運動を指導しようとしたが，共産党の白人活動家と対立して都市部での活動は尻すぼみになっていく。

ここにおいて，事態は誰も予期しなかった方向へと展開していく。1920年代後半，ICU の名を冠した運動は，イギリス労働党と接近し始めたカダリーの手から離れ，南アフリカの農村部へと急激に拡大していった。「アフリカはアフリカ人のために」(Africa for the Africans) というガーヴィー主義のスローガンは，エチオピア派の独立系キリスト教会の教義と響きあって，千年王国的な土地回復運動の起爆剤となる。そして，南アフリカの黒人は，アメリカ黒人を自らの救世主に仕立て上げた。トランスカイ地方の農民たちは，「アマメリカ(amaMerika)」(アメリカ人)が船と飛行機に乗って南アフリカに押し寄せ，白人たちを海に突き落とし，この教義を信じる黒人だけを救済してくれると信じたのである。白人多数派の土地から帰還する黒人同胞とともに，われらの大地を占領する白人少数派を追放せよ。噂が広がるとともに，騒擾はケープ州東部からナタール，そして内陸部へと全国化し，白人農場からの脱走や襲撃が続く。当局の取り締まりと指導部の内紛によって状況は 1930 年までに沈静化したが，ガーヴィー主義に鼓舞された ICU 運動は，人種隔離政策の矢面に立っていた南アフリカの黒人大衆の心の深層に，奪われた土地を回復するという甘美な夢を植えつけた[38]。この夢は，20世紀後半にはロバート・ソブクウェのパンアフリカニズム，そしてスティーヴ・ビコの黒人意識運動へと引き継がれ，南アフリカの黒人解放運動の価値観を最深部において規定し続けていくことになる[39]。奪われた土地の回復による主体性の回復の夢。人種統合を規範とする南アフリカの主流派の運動と研究からは傍流扱いされることが多かったが，この切実な希求が 20 世紀の南アフリカの黒人解放運動の底流を形づくっていたことに，私たちは十分な注意を払う必要がある。

---

38) Robert A. Hill and Gregory A. Pirio, " 'Africa for the Africans' : the Garvey Movement in South Africa, 1920-1940," in Shula Marks and Stanley Trapido (eds.), *The Politics of Race, Class and Nationalism in Twentieth Century South Africa,* Longman, 1987 ; Helen Bradford, *A Taste of Freedom : the ICU in Rural South Africa, 1924-1930,* Yale University Press, 1987.

おわりに——収斂し, 分岐する課題

　フロンティアの自由な流動性と, 奴隷制の拘束と抑圧は, 一見すると完全に相反するように見える。しかし, ハーシュマンによれば, フロンティア的な状況は奴隷制を生み出す根拠にもなる。人々が自由に「退出」できる土地豊富社会において他人の労働を組織的に利用しようとすれば, 強制力を行使するしかないからである[40]。植民地化以前のアフリカ大陸にも, ネイティヴ・アメリカンの社会にも, 固定的な階層制度ではなかったが, 確かに奴隷制に近い慣行が存在した。アメリカの西漸運動は南部奴隷制と矛盾なく共存していたし, ケープ植民地におけるフロンティアの拡大もまた奴隷制を伴っていた。だが, 歴史は次の段階を迎える。ターナーのフロンティア仮説が提示された19世紀末は, アメリカのフロンティアが最終的に消滅したとされる時代である。これは, 南アフリカにおいて, 黒人の群立する首長国が白人の軍事力によって制圧された時代と重なる。本格的な工業化と都市化の時代, アメリカでも南アフリカでもフロンティアの時代は完全に終わりを告げ, 捕捉した人間を厳格に分類し, 自己と他者の眼差しを固定化する人種主義的な隔離体制が姿を現していく。しかし, この硬直した体制は, 同時に大西洋を越えた黒人の連帯を呼び起こしていった。

　アメリカの比較史家ジョージ・フレドリクソンは, アメリカと南アフリカの黒人解放運動が共通の課題に直面し, 歴史的に収斂する傾向を見せてきたことを強調するとともに, 両国の解放運動の共通の流れとして, 底辺層を上位に持ち上げる革命運動ではなく, 「人種の平等」を求める非暴力的で理性的な運動が存在してきたことに着目する[41]。確かに, 共振する黒人たちの運動に普遍的な意義があるこ

---

39) Gail M. Gerhart, *Black Power in South Africa : The Evolution of an Ideology*, University of California Press, 1978. アフリカ研究者の立場からガーヴィー主義のパンアフリカ的なエートスを高く評価するのが, 次である。小田英郎「カリブ海の初期パン・アフリカニストたち」矢内原勝/小田英郎編『アフリカ・ラテンアメリカ関係の史的展開』平凡社, 1989年, 所収。ただし, われわれアフリカ研究者は, ガーヴィー主義の「語られた理念」に引きずられすぎるのかもしれない。アメリカ黒人運動におけるガーヴィー運動の限界と豊かな両義性は, 歴史研究として精査されるべきであろう。川島正樹「ガーヴィー運動の生成と発展(1914〜1924年)」『史苑』50:1 (1990年); 同「ガーヴィー運動衰退期のマーカス・ガーヴィー(1925〜1940年)」『史苑』54:2 (1994年)。

40) Hirschman, "Exit, Voice and the State."

とは疑うべくもないが,収斂がすべてではない。アメリカと南アフリカには,それぞれ固有の歴史的課題が存在することを,最後に指摘しておくことにしたい。

まず注意しておくべきは,南アフリカの現在はアメリカ南部の再建期とはまったく性質を異にしている,ということである。史上初めて参政権を得た黒人多数派が南アフリカの未来の舵を取る構図は十分に受け入れられており,過去の体制へと逆行することはありえない。同時代の南アフリカに求められている課題は,人種主義から最終的に訣別するために,多数派の黒人たちが中心となって,白人やカラード,インド系を含む少数派集団を寛容に包み込む「アフリカの虹の国」のアイデンティティをつくりだしていくことである。これは,かつてのケープ植民地の「クレオール化」を,その暴力性を消去しつつ,黒人多数派支配という逆転した状況のもとで文化的に再現していくプロセスになるのかもしれない。そのプロセスは,過去の歴史を踏まえて,そして過去の歴史を超えて,「アフリカ」という空間を集団的に再定義していく営みと並行するものになるだろう。

ポスト人種隔離の時代の南アフリカにおいては,政治の舞台で黒人が圧倒的な存在感を示し始めているが,その反面,経済権力は主として白人が握り続けており,同時に黒人と白人の新しいエリート層と黒人貧困層との格差が拡大するという構図が鮮明になってきている。黒人の失業率がおよそ4割に達している状況のもとで,ヨーロッパ製の高級車を購入する黒人エリートの姿も目立つ。「人種」と「階級」が重なり合う時代は去り,ポスト・アパルトヘイト時代の南アフリカは,ブラジル型の不平等社会へと徐々に移行しつつあるようにも見える。黒人解放運動の国境を越えた収斂に言及するならば,人種統合の理想よりもむしろ,グローバリゼーション下の新自由主義的市場原理のもとで「発言」の力を奪われて底辺に滞留していく階層の無言の力を,いかに組織化していくか,その経験こそが語られ,共有されるべきであろう。

現代アメリカの黒人が直面する課題については,どうだろうか。この終章は結論を出すべき場ではない。だが,少なくともアフリカ史の視点から見るとき,アメリカの黒人は「西欧世界によって捕獲された人質」であったということだけは,あらためて確認しておきたい。アメリカ黒人は,アメリカ民主主義の理想を前提

---

41) George M. Fredrickson, *Black Liberation : A Comparative History of Black Ideologies in the United States and South Africa,* Oxford University Press, 1995 ; ditto, *Racism : A Short History,* Princeton University Press, 2002.

として承認し，アメリカ民主主義の担い手として，アメリカ民主主義の発展のために，「発言」を組織してきたのだろうか。結果的にはそうなのかもしれない。しかし，アメリカ黒人の解放運動に類例のない新しさがあったのは，そこに，「個人の自発的な退出行動の累積として民主的に建国されたアメリカ国家」という規範に対する，根本的な異議申し立てが含まれていたからではないだろうか。

多数派が少数派に対して寛容を求めるのは，おそらく筋違いであろう。自由なアメリカ世界において幽囚の身となったアフリカ系人たちの存在は，今もなお，建国の神話に突き刺さった鋭い棘であり続けているように思われる。自分たちの未来に向けて，統合と自立のどちらの道を選択するかは，他の誰でもなく，アメリカ世界で暮らす黒人たち自身の集合的な決断に委ねられている。そして，彼ら・彼女たちの自己定義の試みを通じて，「アメリカニズム」そのものが，これからも不断に再定義されていくのであるに違いない。

【文献案内】

① ティム・マッキー文，アン・ブラックショー写真，千葉茂樹訳『未来を信じて——南アフリカの声』小峰書店，2002年。

② シンディウェ・マゴナ，峯陽一/コザ・アリーン訳『母から母へ』現代企画室，2002年。

③ 峯陽一『南アフリカ——虹の国への歩み』岩波新書，1996年。

④ 野間寛二郎『差別と叛逆の原点——アパルトヘイトの国』理論社，1969年。

⑤ Anthony W. Marx, *Making Race and Nation: A Comparison of the United States, South Africa, and Brazil*, Cambridge University Press, 1998.

⑥ George M. Fredrickson, *Black Liberation: A Comparative History of Black Ideologies in the United States and South Africa*, Oxford University Press, 1995.

⑦ John W. Cell, *The Highest Stage of White Supremacy: The Origins of Segregation in South Africa and the American South*, Cambridge University Press, 1982.

⑧ William Beinart and Saul Dubow (eds.), *Segregation and Apartheid in Twentieth-Century South Africa*, Routledge, 1995.

⑨ Nigel Worden, *The Making of Modern South Africa: Conquest, Segregation and Apartheid*, Blackwell, 1994.

終章　アメリカの経験，南アフリカの経験　357

　①の原書は，アパルトヘイト撤廃後の南アフリカの若者たちの証言を，アメリカの同世代の若者向けに編集したもの。南アフリカの「生の声」を知ることができる貴重な一冊で，高校や大学の教材としても役に立つ。②は，本文で触れた「土地回復の夢」を活写した南アフリカ黒人女性作家の小説。南アフリカを訪れた善意のアメリカ人女子大生が，地元の黒人少年たちに虐殺された悲劇を題材にしている。③には，近年の南アフリカ史研究の成果をふまえた簡潔な通史が含まれている。④は，黒人解放運動の歴史に焦点を当てた南アフリカ史の古典。⑤⑥⑦は，アメリカと南アフリカの比較史という課題に正面から取り組んだ代表的な研究書。現代の南アフリカ史研究の争点を理解するには，⑧と⑨が便利である。

おわりに
―― 過去の清算から未来の展望へ ――

　1998年春，当時のクリントン大統領がアメリカ合衆国の大統領としてはじめてアフリカ諸国を歴訪する際に，セネガルにあるかつての有名な奴隷積出港であるゴレ島を訪れ，大西洋で展開された奴隷貿易について謝罪する予定であると報じられると，様々な論議が巻き起こった。発端は前年6月初旬，民主・共和両党から6名ずつ計12名の超党派の白人議員が連邦議会に提出した，「1865年まで合衆国の憲法と諸法の下で先祖が奴隷として苦しめられたアフリカ系アメリカ人に連邦議会が謝罪する」ことを求めた議案だった。大統領はCNNのインタビューで「アメリカ人は誰でも確かに奴隷制が悪いことであり，それに対して多大な代償を払い，その修復をし続けねばならないことを知っている」と答えた。これに対して共和党保守派を代表する下院議長ニュート・ギングリッチは，貧困に喘ぐ子供たちの窮状の改善に何ら貢献しない空しいジェスチャーである，と皮肉っぽく非難した。また黒人有力公民権指導者ジェシー・ジャクソンも，「ばかげてはいないが，よいことではない。我われに何ら実質的な価値をもたらすことはない」と，ソフトに批判した。結局，翌98年3月末から4月初旬にかけて，ジャクソンが同行した12日間のアフリカ歴訪でクリントン大統領は，奴隷貿易と奴隷制に対して「遺憾の意」を表明するに留め，帰国後の6月から開催される予定の人種問題をめぐる諮問委員会でもこの件に関する言及を避ける意向を示した。しかし前後してクリントン大統領は，かつてアラバマ州の黒人大学の町タスキーギで1930年代に秘密裡に黒人住民を使って展開された梅毒の研究に対する謝罪を行い，間もなく生存者への賠償金の支払いが開始された。そして一連の論議は奴隷制とその「後遺症」の清算をめぐるもう一つの運動，賠償請求運動に火を付ける結果となった[1]。
　奴隷貿易と奴隷制に関与した国家と有力企業，およびブラウン・イェール・ハーヴァードほか有名私大などへの賠償請求が行われたのだが，一見するとこれは突拍子もない企てのように思われるかもしれない。原告団である「賠償請求調整委員会」を代表してハーヴァード大学法科大学院教授チャールズ・オグレトリー

は，この「奴隷制の遺制に対する賠償請求運動」の意図するところを次のように説明している。まずアメリカ合衆国連邦政府を原告とすることが中心的戦略とされる。従来憲法上，国家賠償請求が許されていないとされていたアメリカ合衆国において，第二次世界大戦中の，市民権を持つ7万7,000人を含む日系人12万人の強制収容が1983年の再審裁判で最高裁によって改めて違憲と認定されたことを受けて，88年に合衆国政府は国家として，当事者である日系市民生存者に謝罪するとともに，連邦議会は生存者一人当り2万ドルの賠償金の支払いを決定した。前述のタスキーギ事件の賠償もそれにならったものである。また2001年に国連が南アフリカで主催した国際会議でも，アフリカの発展を奴隷貿易が阻害したことを含む「後遺症」に関する欧米諸国の責任の問題が論議され，国際的な関心も高まってきた。ただし個人に対する賠償金の支払いを求めるものではない，とオグレトリーは言う。奴隷制とその遺制に関する国民的対話を喚起することこそが，この極端とも言える賠償請求運動の真のねらいなのである。換言すれば，「人種統合」やそれに続く「アファーマティヴ・アクション」によっても救済し難かった，奴隷制の遺制に最も苦しんできた人びと——高等教育・医療保険制度・十分な住宅等の，「アメリカニズム」が主流社会への同化の道として用意してきた手段へのアクセスを断ち切られてきた「真に不利な人びと」——の自立化の支援こそが目標とされている[2]。

　この訴えは各地の連邦地裁で争われているが，そのうちの一つであるシカゴでの訴訟において，2004年1月26日，連邦地裁判事チャールズ・ノーグルは，原告たちは「先祖の法的権利を主張しようと努めながら」，被告企業からの被害を証明できていない，として原告側の訴えを退け，この問題を連邦議会の立法措置に委ねる決定を下した。原告側はこれを不服として，奴隷貿易と奴隷制で莫大な利潤を得てきた被告企業の活動の結果として自分たちが固有の民族性(エスニシティ)を奪われ，単に「アフリカ系アメリカ人」として画一化されたアイデンティティを強要されてきた

---

1) Howard W. French, "On Both Sides, Reason for Remorse," *The New York Times Weekly Review*, 5 April 1998, IE1, 3 ; Peter Baker, "Clinton Weighs Apology for Slavery," *International Herald Tribune*, 17 June 1997, 3 ; Deborah Sontag, "Too Busy Apologizing To be Sorry," *The New York Times Weekly Review*, 29 June 1997, IE2 ; Bill Nichols, "Slavery: Should the nation apologize," *USA Today*, 18 June 1997, 1A ; Paul Leavitt and Daniela Deane, "Clinton plans no apology for slavery on Africa trip," *USA Today*, 13 March 1998, 6A.

という，かつてユダヤ系が「ホロコースト」に加担した企業を相手に勝訴した際に用いた「ジェノサイド」論を展開した。3月29日にノーグル判事はこれに明確に答えることなく，奴隷制時代の罪に対する時効が成立しており，この問題はもはや裁判所ではなく連邦議会で解決されるべき課題である，と再度訴えを退ける判決を下した[3]。

しかしながら，連邦議会も行政府も効果的な反応を示すことのないまま，2004年11月2日の大統領選挙を迎えた。この選挙の結果は，4年前に明らかになった或る傾向をよりはっきりと示すものであった。主要メディア各社が共同して行った1万3,600人の電話調査によれば，伝統的なアメリカ社会の主流派と目される白人プロテスタントにおいて，現職のジョージ・W・ブッシュ大統領に投じた有権者は実に63％に達した。これは前回と比べて10％もの上昇である。他方，黒人は前回同様実に9割近くという高率(88％)で民主党候補を応援した。現職のブッシュ大統領は4年間の在職中に，有力公民権擁護団体であるNAACP(全国有色人地位向上協会)の年次大会にただの一度も出席しなかった。フーヴァー大統領（在職1929-33）以来の態度である。表向きの理由は日程がとれなかったためとされたが，選挙民へのメッセージは明確だった。それは確かに白人プロテスタントのみならず，「エスニック」系白人とヒスパニック系が多くを占めるカトリック教徒における大幅な支持増加(37％から47％へ)にもつながったものと見られる。ただしアジア系においては，民主党候補に投じた者の割合が，1992年の31％から，96年の43％，2000年の54％，そして2004年には58％へと着実な増加を見た点が注目

---

2) Charles J. Ogletree, Jr., "Litigating the Legacy of Slavery," *The New York Times Weekly Review*, 31 March 2002 ; Ogletree, "Reparations for the children of slaves : Litigating the issues," *The University of Memphis Law Review*, 33 : 22 (Winter 2003). 奴隷貿易・奴隷制賠償運動に関しては次の2冊の文献を参照されたい。前者は推進側，後者は批判的立場からの主張である。Raymond A. Winbush (ed.), *Should America Pay ? : Slavery and the Raging Debate on Reparations,* Amistad Press, 2003 ; David Horowitz, *Uncivil Wars : The Controversy over Reparations for Slavery,* Encounter Books, 2002. なお「真に不利な人びと」は所謂「アンダークラス」のことを指す。William Julius Wilson, *The Truly Disadvantaged : Inner City, the Underclass, and Public Policy,* University of Chicago Press, 1990, 青木秀雄他訳『アメリカのアンダークラス——本当に不利な立場に置かれた人々』明石書店，2000年参照。

3) James Cox, "Judge rejects lawsuit seeking reparations," *USA Today,* 17 January 2004, B1 ; Cox, "Descendants of slaves accuse companies of genocide," *USA Today,* 30 March 2004, B2.

される[4]。

　また，2003年春に開戦されたイラク戦争を担うアメリカ軍は，73年に「徴兵制」が廃止されて以降，「志願兵」で構成されているが，アメリカの黒人人口が12％であるのに対して，軍隊内では黒人が約2倍の22％を占めている。しかも『ニューヨーク・タイムズ』紙によれば，18～44歳の一般のアメリカ人では「人種」に関わりなく，高校修了資格者は32％にすぎないが，軍隊内の高校修了者の割合は72％に上る。対照的に，わずかでも大学教育経験のある者の割合は一般社会の56％に対して，軍隊内では27％のみである。ここからは，70年代以降に歴史的差別の積極的解消措置として導入された「アファーマティヴ・アクション」が救えなかった，真面目に働き未来を切り開こうとする人びとを，より有利な立場の人びとがより多く受ける「国益」に奉仕させるべく軍隊が掬い上げている構造が浮かび上がってくる。そして2004年の大統領選挙で戦争遂行に否定的な民主党を支持したのは主に前者であり，共和党を支持したのは主に後者である。「アメリカニズム」が称揚するほどには国民は自助努力に応じた平等な報いを得ているとはとうてい言い難い現実が見えてくる。それを少しでも是正しようとした民主党候補ジョン・ケリーの訴えは，前回の大統領選挙を上回る48％対51％の票差で退けられた。「アメリカニズム」が普遍的な内実をもつために不可欠な条件である人種の脱構築は，21世紀を迎えた今日においても十分な程度にまで進んだとは言い難いのである[5]。

　移民の国であるアメリカ合衆国には，流入し続ける移民たちのために，歴史的に二股に裂けた「同化」の道が用意されてきたと見ることができる。ひとつは主流社会への同化の道であり，それには政治的権利のみならず経済的にも平等な恩恵が伴っていた。20世紀初頭に北東部や中西部の大都市に大量に流入した東・南欧系の「新移民」は当初「異人種」として扱われ「アメリカ人化」のプロセスの外に置かれたが，世代を超えた苦闘の末に名実ともに主流社会への参入を果たした。第5章で述べられているように，それはとりもなおさず「白人化」への道であった。一方，やや遅れて第一次世界大戦期に南部農村地帯から北部の工業都市へ

4） Majorie Connely, "How Americans Voted : A Political Portrait," *The New York Times Weekly Review*, 7 November 2004, IE2；「最大級人権団体と決裂」『朝日新聞』2004年7月15日。

5） Steven A. Holmes, "Is This Really An All-Volunteer Army ?" *The New York Times Weekly Review*, 6 April 2003, IE1, 3.

の流入を開始した黒人移住労働者(マイグラント)たちのために用意されていたのは，労働組合から排除され，劣悪なゲットーへの集住を余儀なくされた「もうひとつの同化」の道——「民主主義」と「市場」の原理に基づいて事実上制度化された差別的環境への「同化」の道——であった。この「同化」の過程で，南部出身黒人の多くが第二・第三世代までに，第一世代が携えてきた唯一の資源である勤労意欲を失った[6]。

20世紀末以降に進行した産業構造の変化とグローバル化の中で，ヒスパニック系（ラティノス）やアジア系など非白人系を中心とする新たな「新移民」が急増しつつある。もともと「文化」によるカテゴリーである「ヒスパニックおよびラティノス」は，西暦2003年7月の国勢調査速報値において13年間で1,791万人もの増加を示して3,989万人となり，3,709万人の黒人を抜いて最大の「社会的少数派(マイノリティ・グループ)」となっている。一方アジア系も，1990年の722万人から2003年7月の1,192万人に急増した。現代の新たな「新移民」には，上述の二股に裂けた「同化」の道に

---

[6] アメリカ合衆国には建国当初から移民に対して「人種」の枠が設定されていた。1790年の第二回連邦議会で可決された最初の「帰化法」で，「アメリカ市民」になれる外国生まれの移民一世は「自由白人」に限定されていたのである。1856年の有名な「ドレッド・スコット」判決でロジャー・トーニー最高裁主席判事は，憲法制定時の「白人のみの共和国」としてのアメリカ合衆国の出発を再確認し，黒人や先住民の憲法上の権利や保護規定を否定した。南北戦争後の1870年に「アメリカ市民」になりうる外国人の枠は黒人（アフリカ人）移民にまで拡大されたが，帰化可能者の「人種」枠が撤廃されてアジア系にまで拡張されるには，朝鮮戦争中の1952年まで待たなければならなかった。この時成立したウォルター＝マッカラン法によって「人種」にかかわりなく「共産主義者」が排斥されることになった。また本書第5章で触れられているかつての「新移民」と並んで，南北戦争前まで自由黒人とともに「クレオール」という文化的アイデンティティを共有していたルイジアナのフランス系白人住民においてさえも「白人化」が進んだ。それは皮肉にも奴隷制の廃止後，「人種」隔離の法制化において南部諸州と同一歩調をとる中で進行した。1924年の移民法（日本では「排日移民法」と呼ばれた）で実質的に禁じられたアジア系移民に再び門戸が開かれたのは，公民権運動の影響を受けて65年に成立した改正移民法によってである。Ronald Takaki, "Reflections on Racial Patterns in America," in Ronald Takaki (ed.), *From Different Shores : Perspectives on Race and Ethnicity in AmericaI*, Oxford University Press, 1987, p. 28 ; *Dred Scott v. Sandford*, 19 Howard 393 (1857) ; Arnold R. Hirsh, "Simply a Matter of Black and White : The Transformation of Race and Politics in Twentieth-Century New Orleans," in Arnold R. Hirsch and Joseph Logsdon (eds.), *Creole New Orleans : Race and Americanization*, Louisiana State University Press, 1992, pp. 262-319. なお「アンダークラス」の「南部起源説」に対する批判に関しては次を参照せよ。Jacqueline Jones, "Southern Diaspora : Origins of the Northern 'Underclass,'" in Michael B. Katz (ed.), *The "Underclass" Debate : Views from History*, Princeton University Press, 1993, pp. 27-54.

対応して二つの選択肢が用意されている。一つは人種の壁を前提に主流社会への同化を果たす言わば「名誉白人化」を目指す道であり，もう一つは「アメリカニズム」に内在し続ける人種の脱構築に，自立化運動(エンパワメント)を展開する黒人活動家とともに貢献する道である。ますます「アメリカ人」の「非白人化」が進む今日，後者は未来のグローバル社会の倫理を真に求める白人リベラル派の支持も十分に展望できる選択肢であろうと確信するが，それはどこまで実現可能であろうか[7]。

伝統的に黒人とかつての「新移民」を中心とした中・下層白人労働者階級との間で頻発してきた「人種」をめぐる軋轢は，1980年代以降にはもっぱら黒人・ヒスパニック系・アジア系の間で起こるようになっている。1992年4月29日に発生した「ロサンゼルス暴動」でとりわけアメリカのみならず世界の人びとに衝撃的だったのは，黒人とヒスパニック系の「暴徒」の略奪行為の対象とされたのが主に韓国系の商店であったという事実である(高学歴で或る程度の元手を携えて渡米した韓国系の人びとが集中的に選ぶ仕事は，大都市中心部のゲットー地区での食料雑貨店の経営である。リスクは高いものの，少ない投資で短期間に利益をあげることが期待できるからである)。80年代以降に大都市で共通の問題となってきた非白人「新移民」と黒人の衝突であるが，ロサンゼルスとは違って，ニューヨークやシカゴでは小規模な軋轢は起こるものの，悲惨な結果を伴う暴動にまで発展することは今までのところ回避されてきた。この違いをもたらした要因の中に，問題解決の糸口が隠されているのではないだろうか。ニューヨークやシカゴでは，黒人住民は公民権運動時代を契機に地域的に組織化されており，そのような黒人住民の抗議運動を受けた「新移民」商店主が地元黒人の雇用に応じるなどの問題解決努力がなされてきた。また地方自治体当局による居住区レベルでの住民の政治過程への参加促進とその制度化の努力も積み重ねられてきた。多様な背景の人びとの政策決定過程と実行面での参加を含む民主的手法を基礎とした取組みは，短期的には人種諸集団間の軋轢を増幅させる面が否定できないが，中・長期的には問題の着実な改善が期待しうる唯一の道であろう[8]。

ハーヴァード大学ケネディ行政大学院教授ウィリアム・ジュリアス・ウィルソ

---

7) 国勢調査局の速報値等については公式ホームページ http//www.census.gov/を参照されたい。

8) Patrick D. Joyce, *No Fire Next Time : Black-Korean Conflicts and the Future of America's Cities,* Cornell University Press, 2003, pp. 178-179.

ンは，20世紀末以降の新たな非白人系移民諸集団のみならず黒人公民権諸団体にも，従来の人種など「生得的(エッセンシャル)」とされる要素に基づく「アイデンティティ」政治の枠を越えた，幅広い連帯の必要性を説く。「最終的分析において，もし普通の市民の諸集団が相互の政治的協力の必要性を受け入れないなら，自らにのしかかる経済的・社会的重荷を軽減するのに必要な政治的力量を身に付けるチャンスは乏しい。」新たに労働市場に参入する若者や移民のみならず，グローバル化がもたらす競争の激化の結果「リストラ」された労働者やホワイトカラー職の再就職先は，多くの場合サービス部門となっている。アメリカ合衆国に本拠地を置き，日本のスーパーをも傘下に治める，そのような大規模チェーン店では，労働の高密度化の一方で非正規雇用の永続化と不当に低い賃金の職への固定化をはかる過酷な労働管理が行われているが，それは今や国境を越えて「世界標準」化されている。したがって，人種を超えた普通の市民における連帯の構築は，このようなグローバル化が一般にもたらす問題への対処の大前提ともなろう[9]。

　グローバル化の進行の中でも「身体的特徴」に基づく「アイデンティティ」を強制する構造が，とりわけ黒人に対して依然として根強い現状を認めた上で，デイヴィッド・ホリンガーは逆説的にも「国民共同体」意識の醸成こそがアメリカ国内の社会的・経済的公正さを高めうる，と期待を寄せる。第11章で論じられたように，このような傾向は新たな政治思想潮流の中に明確に認めうるし，従来とは異なる「黒人」政治家バラク・オバマ（第6章参照）の連邦上院議員選勝利は人種の脱構築へ向けた政治連合の新たな可能性を示していると見ることもできるだろう。「アメリカニズム」がグローバル化時代に必要とされる真の普遍的倫理の内実を備えるものに進化してゆけるような，人種を超えた新しい政治的連合がアメリカ合衆国で創出されつつあることに，執筆者を代表して大いなる期待を表明するものである[10]。

---

9) William Julius Wilson, *The Bridge Over the Racial Divide : Rising Inequality and Coalition Politics,* University of Los Angeles Press, 1999, p. 123. ウォルマート社などの労務管理の実態に関しては Barbara Ehrenreich, *Nickel and Dimed : Undercover in Low-wage USA,* Granta Books, 2001 に詳しい。

10) David A. Hollinger, *Postethnic America : Beyond Multiculturalism,* rev. and updated ed., Basic Books, 2000, p. 201, 藤田文子訳『ポストエスニック・アメリカ——多文化主義を超えて』明石書店，2002年，191頁。なおバラク・オバマ上院議員の公式ホームページは次のとおり。http://www2.obamaforillinois.com/splash.php

最後に，企画段階から編集・校正など煩瑣な作業にいたるまで大変に誠実に対応して下さった名古屋大学出版会の橘宗吾氏に，心より感謝する。

2005 年 5 月 17 日，「ブラウン」判決 51 年目の日に執筆者を代表して

川 島 正 樹

索　引

ア　行

アイゼンハワー，ドゥワイト（Dwight Eisenhower）　165, 167, 169
「アイデンティティ」政治　iii, 187, 365
アイルランド系　7, 115, 118, 130-132, 140, 155, 203, 250, 284
アジア系　ii, 22, 29, 118, 132, 140, 141, 149-154, 159-161, 213, 217, 218, 237, 250, 255, 256, 263, 266, 267, 269, 273, 274, 319, 336, 361, 363, 364
新しい社会運動　304-308
アツィ・ナーサイ　91, 92, 94-96
アッシュ，アーサー（Arthur Ashe）　292
アパルトヘイト　164, 337, 338, 346, 349, 355
アファーマティヴ・アクション　29, 30, 218, 222, 236, 238-240, 243-246, 267, 298-300, 360, 362
アフリカーナー　330, 331, 333, 335, 336, 338, 339, 341, 343-347
アフリカ民族会議（ANC）　340
アボリショニスト　63, 66, 69, 72-82, 84-86, 319
『アミスタッド』　339
アメリカ化（アメリカナイゼーション）　137, 141, 144-146, 148, 149, 157-159, 162, 218, 362
アメリカ黒人ゴルフ協会　286
アメリカ自由人権協会　211
アメリカ植民協会　74-76, 81
アメリカ・テニス協会　286
アメリカ（独立）革命（戦争）　ii, 5, 7, 49-53, 56-59, 62, 63, 65, 67, 68, 73, 79, 86, 100
アメリカニズム　i-v, 2, 3, 5, 6, 10, 12, 17, 18, 20, 24, 25, 27, 32, 90, 91, 140, 142, 143, 160, 164-166, 175, 182, 189, 218, 219, 278, 314, 325, 347, 348, 356, 360, 362, 364, 365
「アメリカの褐色化」　30, 32
「アメリカの分裂」　29
アメリカ労働総同盟　128, 135
アラバマ州キリスト教人権運動　173
アリ，モハメド（Muhammad Ali）　293, 295, 296
アリストテレス（Aristotelēs）　55, 56
アーレント，ハナ（Hannah Arendt）　261, 262
アングロ・コンフォーミズム　21
アングロサクソン　3, 21, 22, 48, 60, 134-136, 253, 295, 321, 329, 332
アングロ・ボーア戦争　→ボーア戦争
アンサルデューア，グロリア（Gloria Anzaldua）　273
「アンダークラス」　ii-iv, 142, 166, 182, 186, 218, 220, 319, 360
異人種間結婚禁止法　64, 78, 106, 162, 251-263, 268-270, 277
イーストン，ホウジーア（Hosea Easton）　66
一元的（学校）システム　230, 231, 233, 235
「一滴の血の掟」　48, 254, 266, 268, 271, 272
移民制限法（→排華移民法）　23, 27, 136, 147-151, 158, 160-162, 255, 363
移民制限連盟　134, 147
移民法（帰化法）（1790年）　ii, 118, 363
移民法（1965年）　29, 217, 363
インディアン　10-13, 17, 29, 31, 39, 45, 46, 55, 64, 66, 68, 80, 85, 88-91, 93, 95-99, 101, 103, 106, 118, 125, 126, 237, 250, 251, 254-256, 263, 267, 268, 270
インディアン自決運動　110
インディアン・テリトリー　88, 105, 106, 109
インディアン奴隷　65, 66, 96-98
インディアン奴隷交易　96-98
インディアン・ネイションズ　13
ヴァージニア覚書　49, 54, 55, 57
ウィルソン，ウィリアム・ジュリアス（Wilson, William Julius）　219, 364
ウィルソン，ウッドロー（Woodrow Wilson）　120, 149, 150
ヴェトナム戦争　27, 186, 194
ヴェトナム反戦運動　180
ウェブスター，ダニエル（Daniel Webster）　76, 84
ウォーカー，デヴィッド（David Walker）　75, 77, 81
ウォーカー，フランシス（Francis A. Walker）

147
ウォーカー、モーゼス（Moses Fleetwood Walker） 285
ウォルター＝マッカラン法 133, 363
ウォレン、アール（Earl Warren） 165, 225, 226, 255, 258
ウッズ、タイガー（Tiger Woods） 250, 267, 281
エヴァーズ、メドガー（Medgar Evers） 176, 177, 192
エスピー、マイク（Mike Espy） 187
エデュケーショントラスト 235
エドワーズ、ハリー（Harry Edwards） 281, 293-295, 297, 301
オーエンス、ジェシー（Jesse Owens） 287-289, 295
大きな政府 4
オコーナー、サンドラ（Sandra Day O'Connor） 242-245
オバマ、バラク（Barack Obama） 213, 365
オランダ改革派教会 330, 339
オランダ東インド会社 330, 331, 335
オリンピック人権プロジェクト 294
オールド・ボーイ・ネットワーク 300
オールバニー 172-174, 213, 214, 216

カ 行

街区破壊商法 201
ガーヴィー、マーカス（Marcus Garvey） 159, 352-354
革新主義 144, 146
学生非暴力調整委員会（SNCC） 172, 173, 175-177, 181, 183, 185, 186, 210
隔離教育（制度） 126, 164, 165, 223, 225, 226, 230
学力ギャップ 233, 234
カーサン、エディー（Edie Carthan） 187, 188
カダリー、クレメンツ（Clements Kadalie） 352, 353
合衆国憲法 →憲法
カトリック 31, 361
カーナー委員会報告 195
ガーネット、ヘンリー・ハイランド（Henry Highland Garnet） 81
カーマイケル、ストークリー（Stokely Carmichael） 181, 210, 294
「カラー」 4, 31, 66, 142, 149-152, 154-156, 158-162

カラーコンシャス 222, 244, 245
カラーブラインド 27, 32, 114, 119, 127, 130, 222, 244, 247
カラーライン（「カラー」の境界、肌の色の境界線） 23, 27, 140, 142, 150, 152, 154, 155, 157, 159-162, 165, 187, 304, 305, 314, 315, 326, 327
カリフォルニア勤労者党 128
カルフーン、ジョン（John C. Calhoun） 16, 18
元年者 123
帰化申請訴訟 151-154, 160, 162
帰化法（1790年） →移民法（1790年）
キプリング、ラデャード（Rudyard Kipling） 134
逆差別 iii, 246, 300
ギャリソン、ウィリアム（William L. Garrison） 76, 77, 79, 81, 82
ギャリティ、アーサー（Garrity, W. Arthur） 203, 205
競技における公平を求めるレインボー連合（Rainbow Coalition for Fairness in Athletic） 299
共産主義 25, 158, 337, 352
強制移住 88, 89, 105, 106, 109
共和主義 17, 67, 80, 129, 133
共和党 5, 57, 83-86, 113-116, 119, 126, 127, 129, 130, 132, 133, 135, 165, 167, 179, 182, 205, 252, 285, 313, 332, 359, 362
居住隔離 231, 234, 235
ギヨット、ローレンス（Laurence Guyot） 186
キーン、A・H（A. H. Keane） 152, 153
キング、M. L.（Martin Luther King, Jr.） 5, 27, 114, 166, 168, 169, 172-174, 180, 186, 194-196, 206, 209-211, 294, 323
ギンズバーグ、ルース（Ruth Bader Ginsburg） 244, 246
クークラックスクラン（KKK） 113, 121, 253
クォータ（割り当て）制 229, 236, 238-244, 300
グラッツ判決（2003年） 240, 243, 244
グラハム、スーザン（Susan R. Graham） 265, 270
グラント、マディソン（Madison Grant） 143, 145-147, 158, 159, 162
グリフィス、D. W.（David Wark Griffith） 121, 156

苦力貿易禁止法　124-126
クリントン，ウィリアム（ビル）（William (Bill) J. Clinton)　187, 290, 306, 316, 320, 359
グルッター判決（2003年）　237, 244-245
クレイ，カシアス（Cassius Clay）　293
クレヴクール，M. G. J. de（Michel-Guillaume Jean de Crèvecœr，筆名 J. Hector St. John de 〜）　6-9, 11-13, 21
グレゴリー，ディック（Dick Gregory）　301
グローバル化（グローバリゼーション）　i, iv, v, 186, 217, 315, 349, 355, 363, 365
啓蒙主義　2-4, 14, 15, 17, 18, 26, 28, 29, 32, 49, 54, 56
ケイン，マーティン（Martin Kane）　296
ゲットー　iii, 136, 188, 195, 196, 200, 206-210, 212, 217, 220, 315, 364
ゲティスバーグ演説　85, 86
ケネディ，ジョン・F（John F. Kennedy）　166, 174, 177, 304, 314
ケネディ，ロバート・F（Robert F. Kennedy）　186
建国の父祖　63, 68, 77, 78, 84-86
建国理念　25, 29, 54, 63, 77, 78, 81, 83-86
憲法（体制）　ii, 10, 13-19, 22, 24, 26, 29, 31, 32, 51, 59, 68, 69, 78, 81, 82, 114, 116, 127, 194, 195, 222, 258, 261
憲法修正第5条　62
憲法修正第13条　86, 113, 126
憲法修正第14条　86, 113, 127, 198, 199, 222, 225, 226, 237-239, 241-243, 258, 310, 313
憲法修正第15条　86, 130
権利革命　→公民権革命
「高貴なる野蛮人」　11
公正住宅法　195, 219
公民権運動　v, 5, 15, 24-27, 30, 115, 166, 168, 172, 175, 188, 194, 195, 197, 198, 213, 215, 217, 262, 266, 275, 277, 293, 307, 316
公民権革命（権利革命）　iii, 182, 199, 219, 304, 306, 307, 311-313, 320, 324, 325
公民権法（1866年）　113, 126
公民権法（1875年）　285
公民権法（1957年）　167, 173
公民権法（1964年）　5, 26, 27, 29, 166, 171, 174, 177, 180, 194, 206, 225, 228, 232, 236-238, 241-243, 305, 338
黒人解放民　110, 115, 116, 118
黒人自立化運動　186-189, 212, 220, 364

黒人性　→ブラックネス
黒人選挙権　73
黒人大学対抗競技協会　286
国勢調査（センサス）　4, 30, 250, 255-268, 274
『国民の創生』　121, 156
個人主義　28, 187, 351
コスモポリタニズム　2, 5
ゴートルー，ドロシー（Gautreaux, Dorothy）　211, 212
ゴートルー・プログラム　211, 212, 219
ゴビノー（Joseph-Arthur Gobineau）　132, 133, 343
5分の3条項　113
コモン・ロー　308
雇用機会均等法　267
ゴンパーズ，サミュエル（Samuel Gompers）　128, 136

サ　行

再隔離　222, 233, 235, 245
財産権　40, 41, 50, 51, 53, 54, 56, 58, 67, 68, 71, 83, 113
サインド裁判　154, 160, 162
サッフィン，ジョン（John Saffin）　41, 42
サミー，ソーサ（Sammy Sosa）　282, 290, 300
サムナー，チャールズ（Charles Sumner）　119, 126, 130
産業別組合会議（CIO）　307
シェイクスピア　39, 43, 44
ジェノサイド　13, 25, 361
ジェファソン，トマス（Thomas Jefferson）　11-13, 49, 52-59, 68, 79, 85, 86
シェプストン，セオフィラス（Theophilus Shepstone）　340
シェリー対クレマー判決　197-200
シェロッド，チャールズ（Charles Sherrod）　173, 213
ジェンダー　iii, 10, 28, 268-273, 277
シカゴ自由運動　194, 206-212
シカゴ住宅公社　211
識字テスト　130, 134, 144, 146, 147, 149, 150
自然権　15, 32, 41, 49-51, 56, 67, 70, 126
市民（市民権，市民社会，市民文化，シティズンシップ，産業の市民）　24, 26, 79, 83, 106, 107, 110, 111, 115, 116, 118, 126, 129, 130, 136, 141-149, 151-152, 157, 160, 165, 167, 304-306, 312, 313, 315, 320, 324

市民的ナショナリズム　22
ジムクロウ（人種隔離）　ii, 5, 23, 24, 56, 110, 114, 140, 155, 159, 160, 164-166, 197, 215, 253, 342, 347
社会主義　25, 318, 319
社会進化論（社会ダーウィン主義）　135, 136, 144, 344
社会保障法　316, 317
ジャクソン、ジェシー（Jesse Jackson）　212
シャトルズワース、フレッド（Freed Shutlesworth）　173
『自由規約』　64
自由黒人　16, 45, 47, 53, 56, 60, 62, 63, 66-68, 71-73, 75, 76, 79, 82, 106-108
「自由乗車運動の騎士」　176
終身奉公人　39, 40, 45
自由党　81-83
自由土地党　83
「自由なニューイングランド」の神話　83, 84, 86
「自由の夏」　174-180, 183, 187
自由労働イデオロギー　125, 133, 134
植民協会　75, 76
諸組織連絡協議会（COFO）　176-185, 187-189, 206
初等中等教育法（1965年）　228, 232
所有者社会　1, 3, 4, 32
ジョンソン、アンドルー（Andrew Johnson）　113
ジョンソン、ジャック（Jack Johnson）　286-290
ジョンソン、リンドン・B（Lyndon B. Johnson）　179-180, 182, 185, 194, 195, 202, 230, 288, 304, 317, 318
自立化　→黒人自立化運動
「白い黒人」　46, 48
新移民（南・東欧系）　ii, 20-22, 26, 134, 140-149, 151, 154-158, 160-162, 195, 202, 219, 362, 364
新移民（非ヨーロッパ系）　20-22, 27, 363-364
シングルマザー　318
人権防衛連合（PUSH）　212, 213
人種（社会的／政治的構築物としての）　iii, 30, 88, 113, 240, 332
人種意識　43, 100, 166
人種＝エスニック五角形　30
人種隔離（政策、制度）　25, 26, 29, 114, 116, 118, 121, 155, 164, 166-168, 170, 171, 173, 176-178, 185, 196-198, 203, 211, 222, 223, 225, 226, 228, 230-232, 234, 235, 246-247, 261, 282, 285, 286, 302, 304, 340, 331, 332, 335-337, 339, 340, 342, 347, 352-355
人種隔離廃止　169-173, 214, 222, 223, 226, 227, 229-236, 245
人種観　63, 66, 76, 78, 79
（異）人種間結婚　64, 66, 82, 115, 251-253, 258-262, 264, 268-270
人種混淆　46-48, 55, 64, 75, 77, 78, 80-82, 108, 125, 132, 162, 251, 252, 268, 278, 331, 336
人種主義（人種差別）　ii, 3-5, 18, 25, 29, 32, 48, 49, 54, 56-60, 62, 63, 68, 76, 78, 81-83, 86, 111, 113, 114, 116, 118-123, 128-130, 132, 134, 136-138, 157, 159, 165-166, 195, 219, 226, 266, 275, 276, 281, 283, 290, 293, 300, 302, 305, 313, 315-317, 330-332, 335, 337, 342
人種統合教育　164, 205, 216
人種的ナショナリズム　22
人種的民主主義　275, 277
人種奴隷制　16, 59, 62, 63, 68
人種の科学　145, 153, 154, 160
人種の均衡（バランス）・人種の不均衡　229, 230, 232-234, 239
人種の考慮　238-244, 246, 247
人種平等会議（CORE）　176, 179, 207, 208, 210
人種暴動（1919年シカゴ）　155-157
人種保存法（ヴァージニア）　48, 254, 268
人種劣等論　55-57
シンプソン、O・J（O. J. Simpson）　282, 283, 292
スウォール、サムエル（Samuel Sewall）　45
スクールバス通学　→バス通学
スタッキング　297, 298
スタンフォード、レランド（Leland Stanford）　125
ストウ夫人（Harriet (Elizabeth) Beecher Stow）　81, 84
ストッダード、ラスロップ（Lothrop Stoddard）　158, 159
ストロング、ジョサイア（Josiah Strong）　135
スピッカード、ポール（Paul Spickard）　264, 265
スペンサー、ジョン・マイケル（John Micael

索　引　371

Spencer）　266
ズールー王国　333, 350
スローターハウス判決　310
座り込み　166, 169, 172, 175-177, 307, 309
制限的住宅協定　197, 199
政治的アボリショニズム　81-83
積極的差別是正政策　→アファーマティヴ・アクション
セン，アマルティア（Amartya Sen）　189
全国有色人地位向上協会（NAACP）　24, 149, 164, 165, 168, 171-173, 175, 176, 180, 181, 183, 185, 198, 199, 201, 223-225, 233, 262, 310, 361
「全国労働関係局（NRLB）対ジョーンズ・ラフリン鉄鋼会社事件」判決　308, 310, 311
全国労働組合　128
センサス　→国勢調査
先住民　→インディアン
漸進的奴隷解放法　65, 70, 81
「選択の自由」　214, 219
セントラル高校事件　169-171

タ　行

第一次世界大戦　120, 146, 148, 150, 154, 156-158, 160, 198, 207, 362
「大移動」　23, 24, 154, 156, 159, 160, 198, 207, 333
代数プロジェクト　188
大都市圏コミュニティ開放指導者会議　211
第二次世界大戦　5, 20, 165, 167, 195, 199, 207, 209, 253, 262, 269, 360
タイプとしての人種　14
大陸会議　49
ダヴェンポート，チャールズ（Charles Davenport）　135
「多から一を」　6-9, 21, 28, 29, 31, 32
ダグラス，スティーヴン（Stephen Arnold Douglas）　84, 86, 252, 313
ダグラス，フレデリック（Frederick Douglass）　81, 82, 113, 250
多人種主義　263-268, 270, 276, 277
多文化主義　21, 24, 28, 31, 32, 318, 321-324, 326
小さな政府　4, 220
チェロキー市民　107, 109-110
チェロキー・ネイション　103, 105-111
チェロキー・ネイション憲法　105, 106, 110
チカーノ／チカーナ　→メキシコ系

地方分権　165, 198, 219
中国系　ii, 16, 22, 31, 116, 118, 123-138, 140, 148, 256
デイリー，リチャード（Richard Daley）　210
デトロイト　169, 194, 196, 199-202, 231
デュボイス，W. E.（William Edward Burghard Du Bois）　18-20, 187, 261, 262, 276, 304, 314
動産奴隷　13, 14, 16, 17
投票権法　180, 206
投票権法（1965年）　5, 27, 166, 174, 194
逃亡奴隷　40, 72, 82, 98, 99, 107, 334
『遠い夜明け』　338
トクヴィル，アレクシス・ド（Alexis de Tocqueville）　73, 196, 329
独立革命　→アメリカ（独立）革命
独立宣言　ii, 7, 17, 12, 32, 41, 49, 51, 52, 56, 58, 59, 68-70, 77, 78, 135
ドーズ委員会名簿　110
トルーマン，ハリー（Harry S. Truman）　251
奴隷解放宣言　ii, 19, 85, 86, 113, 120, 130
奴隷狩り戦争　96, 97
奴隷所有共和国（奴隷制共和国）　52, 63, 68, 74, 82
奴隷制即時廃止運動　62, 76, 78, 81, 127
奴隷制賠償請求運動　360, 361
奴隷制廃止論者　→アボリショニスト
奴隷取締法　91, 105, 106, 108
奴隷貿易　ii, v, 14, 15, 36, 37, 39, 51, 52, 59, 65, 95-99, 123-126, 359, 360
ドレッド・スコット判決（1857年）　59, 72, 83

ナ　行

ナジャール裁判　142-153
ナショナリズム　2, 3, 5, 18, 25, 136, 156, 326
ナショナル・アソシエーション・ベースボール・オブ・プレイヤーズ　285
ナショナル・リーグ　285, 291
ナスト，トマス（Thomas Nast）　116
ナチス（ヒトラー）　60, 135, 165, 288, 338, 339, 345
「涙の旅路」　89
南部キリスト教指導者会議（SCLC）　169, 206-208, 212
南部宣言　227
「南部のこだま」　188

南北戦争　　ii, 5, 15, 17-19, 26, 41, 51, 57, 62,
　　63, 68, 74, 85, 86, 105, 110, 113-115, 120,
　　121, 126, 131, 164, 166, 167, 170, 174, 180,
　　182, 194, 252, 253, 283-285, 313, 336
「ニグロ」　　39, 40-43, 45-48, 50, 54, 58-60, 80,
　　140, 162, 254, 276, 280, 282
ニグロフォビア　　157, 159
20世紀国家　　311, 314, 318, 319, 324
日米紳士協定　　148, 150
日系　　22, 26, 31, 32, 123, 124, 138, 140, 148,
　　151, 256, 257, 263, 269, 271, 350, 360
ニューディール　　4, 200, 307, 308, 311, 312,
　　323, 324
ニュー・ナショナリズム　　145
「ニュー・ニグロ」　　159
ニューヨーク徴兵暴動　　115, 130
ネイティヴ・アメリカン（→インディアン）
　　236, 241, 243, 281, 352, 354
ネイティヴィズム（ネイティヴィスト）
　　122, 127, 128
ネオ・ラマルク主義　　145, 146
「ノアの呪い」　　41, 44
農民神話　　11, 12

ハ　行

排華移民法（→移民制限法）　　118, 133, 136,
　　137, 148
排他的占有　　2, 3
ハイフンつきアメリカ人　　22, 29
ハーヴァード公民権プロジェクト　　247
ハーヴァード方式　　239, 242
パウエル, ルイス（Lewis Powell, Jr.）
　　238, 239, 241-244
パウダリー, テレンス（Terence Powderly）
　　128, 136
白人性　　→ホワイトネス
「白人の責務」　　3, 135, 137
白人の逃亡　　195, 214, 216
パークス, ローザ（Rosa Parks）　　168, 169
（「人種」共学化のための）バス通学　　195,
　　203-206, 214, 216, 228-230, 232, 235, 236
パーセンテージプラン　　243
バッキ判決（1978年）　　237-241, 244, 246
パッシング　　263
ハティスバーグ　　216, 217
葉巻工国際組合　　128
バーミングハム　　166, 173, 174, 196, 210
「ハムの末裔」　　41, 45
バーリンゲイム条約　　127

バルク, エミリー（Emily G. Balch）　　144
ハンキー　　141-143, 156, 157, 162
万国黒人向上協会（UNIA）　　352
反帝国主義連盟　　122, 135
ピクォート戦争　　64
ヒスパニック系（ラティノス）　　29, 31, 32,
　　187, 213, 217, 218, 235, 236, 241, 243, 268,
　　320, 361, 363, 364
肥満　　315, 316
ビュフォン, ジョルジュ＝ルイ・ルクレール
　　（Buffon, Georges＝Louis Leclerc, Comte
　　de）　　79
ピューリタニズム（ピューリタン）　　3, 64,
　　83, 319, 321, 323, 324
「貧困との戦争」（貧困撲滅計画）　　182, 317,
　　318
「貧困の文化」　　186
貧者の行進　　186, 194, 211
プアホワイト　　336
ファン・リーベック, ヤン（Jan van
　　Riebeeck）　　330
フィッチ, ジョン（John A. Fitch）　　142
フェミニズム　　271
フォーテン, ジェームズ（James Forten）
　　69, 76-78
フォーバス, オーヴァル（Oval Faubus）
　　170, 228
フォーラン法（契約労働法）　　124
福祉　　4, 5, 142, 166, 189, 309, 312, 316-319
福祉依存　　iii, iv, 4, 186, 189, 317-319, 325
ブッシュ, ジョージ・W（George W. Bush）
　　1, 3-5, 31, 32, 320, 332, 361
普遍主義（普遍的価値, 普遍的理念）　　i, iii-
　　v, 3, 5, 10, 16-18, 21, 22, 24, 26-28, 31
プライヴァシーの権利　　310
ブラウン, H・ラップ（H. Rap Brown）
　　294
ブラウン, ラドクリフ（A. R. Radcliffe
　　Brown）　　344
ブラウン判決（1954年）　　114, 164-169, 171,
　　205, 222, 224-227, 230, 233-234, 236, 246,
　　247, 292, 304, 310, 311, 338
ブラウンII判決（1955年）　　165, 169, 226,
　　230
ブラジル　　37, 274-278, 331, 332, 343, 355
ブラセロ計画　　217
ブラックコード　　113
ブラック・ナショナリズム　　271
ブラックネス　　30, 81

索引　373

ブラック・パワー　iii, 27, 166, 181, 185, 187, 199, 202, 210, 212, 213, 351
ブラック・モスレム（Black Muslim）　293
プラトン（Platōn）　55
フランクリン，ベンジャミン（Benjamin Franklin）　52
プランター　40, 44, 46, 49, 54, 57, 95, 104, 187, 197
プランテーション　14, 16, 36-39, 45, 98, 102, 104, 124, 177, 284, 296
プランテーション・アメリカ　37, 59
プランテーション革命　36, 38
『フリーダムズ・ジャーナル』　76, 81
プレッシー対ファーガソン判決（1896年）　114, 164, 225, 226, 345
フレンチ・アンド・インディアン戦争　100
プロジェクト・レース（PR）　265, 267
プロテスタント　21, 361
文化戦争　iv, 29
文化相対主義　344
文化多元主義　20-22, 24-27, 29
「文明化」（政策）　12, 88, 99-103, 106, 108, 109, 136, 137
「分離すれども平等」　114, 222-225, 285, 345
分離発展　345
米西戦争　122, 134-137, 335
ヘイマー，ファニー・ルー（Fannie Lou Hamer）　177
ペイン，トマス（Thomas Paine）　51
ベーコンの反乱　45, 49
ページ法（1875年）　134
ヘッドスタート　182, 183, 185, 186
ベル曲線　302
ボーア戦争　134, 335, 336, 339, 342
ホイッグ党　82
奉公人　13, 14, 37-40, 43, 45-47, 49, 71, 95
ポカホンタス例外　255
補償教育　228, 230-232, 234, 236
ボストン　203-206
ホームランド　337, 341-344
ポリティカル・コレクトネス（PC）　321-323
ホワイトネス（研究）　22, 30, 119, 120, 126, 129-131, 141, 142, 150, 152-154, 160, 162

マ　行

マクダウェル，メアリー（Mary McDowell）　155
マグネット・スクール　171, 204, 216

マザー，コットン（Cotton Mather）　41, 42
マーシャル，サーグッド（Thurgood Marshall）　224, 231, 233
マディソン，ジェームズ（James Madison）　14-16, 51, 58, 68, 75
『招かれざる客』　258
マーフィー，アイザック（Isaac Murphy）　284
麻薬　319, 320
マルコムX（Malcom X）　237
マルティエスニック・アメリカ人連合（AMEA）　24, 265
マンデラ，ネルソン（Nelson Mandela）　346
ミシシッピ子供開発集団（CDGM）　182-186
ミシシッピ自由民主党　179-181, 183, 184, 186
ミズーリ協定　59, 75, 83
南アフリカ（共和国）　164, 294, 329-357, 360
ミリケン対ブラドリー判決（1974年）　203, 231, 232
民主主義（代議制デモクラシー）　i, iv, 25, 27, 31, 32, 49, 56, 58-60, 62, 73, 82, 85, 86, 122, 135, 142, 143, 146, 147, 165, 275, 287, 326, 329, 349, 350, 355, 356, 363
民主党　82, 115, 126, 130, 132, 138, 150, 178-181, 185, 186, 213, 306, 311, 314, 359, 361, 362
ムーア人　38, 42-44, 48
ムラトー　13, 45, 46, 48, 66, 106, 121, 125, 153, 250, 254, 256, 265, 274
メキシコ　83, 160, 217, 256, 272-274
メキシコ系（チカーノ／チカーナ）　217, 237, 256, 272-274
メスティーソ／メスティーサ　14, 272-275
メレディス行進　181, 185
メルティングポット　21, 143, 145, 146, 157, 162
モス，ヘンリー（Henry Moss）　79
モーゼズ，ロバート（ボブ）（Robert (Bob) Moses）　175, 176, 179, 180, 181, 188, 189
モントゴメリー　166-169, 172, 206

ヤ　行

優生学　122, 135, 143, 145-149, 158-160, 270
ユダヤ系　31, 128, 156, 161, 202, 218, 236, 284, 346, 361
ユーロ・アメリカ　22-24

ヨーロッパ系　ii, 7, 17, 22, 23, 29, 118, 129, 145, 150, 153, 154, 159, 207, 250, 251, 263, 275

ラ 行

ラヴィング判決　253, 258, 260, 262, 263, 265
ラガーディア（Fiorello LaGuardia）　288, 291
ラッシュ，ベンジャミン（Benjamin Rush）　79
ラッセル，ビル（Bill Russell）　292
リッキー，ブランチ（Branch Rickey）　291, 301
リトルロック　167, 169-171, 228, 235
リプリー，ウィリアム（William Ripley）　145
リンカーン，エイブラハム（Abraham Lincoln）　19, 84-86, 114, 115, 126, 252, 313
リンボー，ラッシュ（Rush Limbaugh）　314, 315
ルイス，ジョー（Joe Louis）　287-289, 291
ルソー，ジャン=ジャック（Jean-Jacques Rousseau）　350
ルート，マリア（Maria P. P. Root）　264
レイシズム　→人種主義
レーガン，ロナルド（Ronald Reagan）　5, 205, 315, 319
レッドスケア　157-160
労働騎士団　128, 136
ロサンゼルス暴動　217, 364
ロス，エドワード（Edward A. Ross）　143, 144, 147
ローズヴェルト，セオドア（Theodore Roosevelt）　134-137, 144-146, 157, 158, 162
ローズヴェルト，フランクリン，デラノ（Franklin Delano Roosevelt）　307, 309
ロック，ジョン（John Locke）　3, 32, 40, 49, 50
ロッジ，H. C.（Henry Cabot Lodge）　134, 144, 146, 147
ロビンソン，ジャッキー（Jackie Robinson）　290-292, 301
ロビンソン，ジョー・アン（Joe Ann Gibson Robinson）　168
ロールズ，ジョン（John Rawls）　iv

ワ 行

ワシントン，ジョージ（George Washington）　51, 53, 79
ワシントン，ブッカー・T（Booker T. Washington）　250, 340
ワシントン（大）行進　114, 166, 174, 265
ワトキンス，ホリス（Hollis Watkins）　181, 188

C, K, M, N, P, S

COFO　→諸組織連絡協議会
CORE　→人種平等会議
KKK　→クークラックスクラン
MLB　280, 300
NAACP　→全国有色人地位向上協会
NBA　280, 290, 292
NCAA　292
NFL　280, 290, 292
PUSH　→人権防衛連合
SCLC　→南部キリスト教指導者会議
SNCC　→学生非暴力調整委員会

執筆者一覧
(執筆順, *は編者)

*川島正樹（南山大学外国語学部）　　中野耕太郎（大阪市立大学大学院文学研究科）

古矢　旬（東京大学大学院総合文化研究科）　中村雅子（桜美林大学国際学部）

西出敬一（徳島大学総合科学部）　　松本悠子（中央大学文学部）

真下　剛（大阪音楽大学音楽学部）　小澤英二（椙山女学園大学国際コミュニケーション学部）

佐藤　円（大妻女子大学比較文化学部）　中野博文（北九州市立大学外国語学部）

貴堂嘉之（一橋大学大学院社会学研究科）　峯　陽一（大阪大学グローバルコラボレーションセンター）

アメリカニズムと「人種」

2005年8月10日　初版第1刷発行
2007年9月10日　初版第2刷発行

定価はカバーに表示しています

編　者　川島正樹
発行者　金井雄一

発行所　財団法人　名古屋大学出版会
〒464-0814　名古屋市千種区不老町1 名古屋大学構内
電話(052)781-5027／FAX(052)781-0697

© Masaki KAWASHIMA et al., 2005　　Printed in Japan
印刷・製本　㈱太洋社　　ISBN978-4-8158-0516-6
乱丁・落丁はお取替えいたします。

R 〈日本複写権センター委託出版物〉
本書の全部または一部を無断で複写複製（コピー）することは、著作権法上での例外を除き、禁じられています。本書からの複写を希望される場合は、日本複写権センター（03-3401-2382）にご連絡ください。

水野由美子著
〈インディアン〉と〈市民〉のはざまで　　A5・340頁
―合衆国南西部における先住社会の再編過程―　　本体5,700円

和田光弘著
紫煙と帝国　　A5・446頁
―アメリカ南部タバコ植民地の社会と経済―　　本体5,800円

高橋　章著
アメリカ帝国主義成立史の研究　　A5・382頁
　　本体5,800円

S・M・グインター著　和田光弘他訳
星条旗　1777〜1924　　四六・334頁
　　本体3,600円

K・E・フット著　和田光弘他訳
記念碑の語るアメリカ　　A5・354頁
―暴力と追悼の風景―　　本体4,800円

R・ベネディクト著　筒井清忠他訳
人種主義　その批判的考察　　四六・244頁
　　本体2,800円

A・D・スミス著　巣山靖司/高城和義他訳
ネイションとエスニシティ　　A5・384頁
―歴史社会学的考察―　　本体4,200円

梶田孝道/丹野清人/樋口直人著
顔の見えない定住化　　A5・352頁
―日系ブラジル人と国家・市場・移民ネットワーク―　　本体4,200円